El camino hacia el Lean Startup

El camino hacia el Lean Startup

Cómo aprovechar la visión emprendedora para transformar la cultura de tu empresa e impulsar el crecimiento a largo plazo

ERIC RIES

Traducido por Carla López Fatur

PAIDÓS EMPRESA

Obra editada en colaboración con Editorial Planeta – España

Título original: *The Startup Way*
Publicado por Currency, sello editorial de Crown Publishing Group, división
de Penguin Random House LLC, Nueva York, 2017

Diseño de portada: © Marcus Gosling
Fotografía del autor: © Nick Wilson

© 2018, Ediciones Culturales Paidós, S.A. de C.V.
Bajo el sello editorial PAIDÓS M.R.
Avenida Presidente Masarik núm. 111, Piso 2
Polanco V Sección, Miguel Hidalgo
C.P. 11560, Ciudad de México
www.planetadelibros.com.mx
www.paidos.com.mx

Primera edición impresa en España: abril de 2018
ISBN: 978-84-234-2919-6

Primera edición impresa en México: junio de 2018
Segunda reimpresión en México: marzo de 2021
ISBN: 978-607-747-530-9

Impreso en los talleres de Litográfica Ingramex, S.A. de C.V.
Centeno núm. 162-1, colonia Granjas Esmeralda, Ciudad de México
Impreso y hecho en México – *Printed and made in Mexico*

«Mi investigación se ha centrado en descubrir cómo las empresas consolidadas mantienen el éxito, y *El camino hacia el Lean Startup* proporciona orientación práctica sobre cómo hacerlo.»

CLAYTON CHRISTENSEN, autor y emprendedor,
y KIM B. CLARK, profesor de Administración de Empresas
en la Escuela de Negocios de Harvard

«Para triunfar en la Tercera Ola, una época en la que la tecnología lo transformará todo, desde la educación hasta la sanidad, las empresas necesitarán nuevas herramientas y enfoques. Eric Ries ofrece un plan de actuación para que las empresas sepan cómo valerse de los principios emprendedores para lograr un crecimiento transformador.»

STEVE CASE, expresidente de AOL Time Warner
y autor del bestseller *La tercera ola: el futuro de Internet
según uno de sus máximos impulsores*

«*El camino hacia el Lean Startup* presenta una visión y un modelo para una nueva forma de gestión que combina los conocimientos y las prácticas de la gestión emprendedora y la gestión general. Los inspiradores ejemplos de múltiples y diversas organizaciones demuestran que la integración de las habilidades y la mentalidad altamente iterativa y experimental de las startups en las organizaciones consolidadas es un factor clave para la innovación continua y el crecimiento sostenible [...]. Ofrece una guía útil y clara para afrontar los retos más difíciles.»

KATHY FISH, directora de tecnología, Procter & Gamble

«Una lectura fascinante y sumamente útil. Sobre los cimientos de su transformadora obra *El método Lean Startup*, Eric Ries ha construido un poderoso argumento a favor de la gestión emprendedora para permitir la transformación continua a escala. Como argumenta convincentemente, no es para todas las organizaciones: sólo para aquellas que quieran sobrevivir y tener éxito en el entorno actual.»

GENERAL STANLEY MCCHRYSTAL

«Las grandes corporaciones están luchando como nunca. Necesitan una nueva estrategia de principio a fin, y eso es exactamente lo que encontrarán en la obra de Eric Ries, *El camino hacia el Lean Startup*. El libro parte de *El método Lean Startup* y da un gran salto. La estrategia que Eric propone «no es opcional» para las organizaciones que luchan por salir adelante. ¡Bien hecho!»

TOM PETERS

«Si *El camino hacia el Lean Startup* puede transformar el gobierno federal —y lo ha hecho—, también puede transformar tu empresa. Para todos los que piensan "tiene que haber otra forma", aquí está la prueba, y el manual de estrategias para ponerla en práctica.»

JENNIFER PAHLKA, fundadora y directora ejecutiva de Code for America, exdirectora adjunta de Tecnología del gobierno de Estados Unidos.

«Como una persona profundamente comprometida con el sector público, me reconforta saber que los principios y las prácticas emprendedoras que describe Eric Ries en su nuevo libro, *El camino hacia el Lean Startup*, se aplican con la misma eficacia tanto a gobiernos y organizaciones sin ánimo de lucro como a or ganizaciones comerciales consolidadas. Si quieres visitar el futuro de la organización moderna, lee este convincente libro.»

GAVIN NEWSOM, vicegobernador de California

«Un clásico del futuro, un libro que inspirará en miles de empresas una reinvención muy necesaria.»

SETH GODIN, autor de *¿Eres imprescindible?*

«*El camino hacia el Lean Startup* es un fantástico anillo descodificador para quienes buscan desarrollar, nutrir y mantener la mentalidad emprendedora en empresas de cualquier tamaño y escala. Con abundantes casos de estudio que ilustran usos reales y lecciones aprendidas, *El camino hacia el Lean Startup* combina las técnicas de probada eficacia de *El método Lean Startup* con la próxima generación de mejores prácticas para las empresas de todos los tamaños y sectores.»

BRAD D. SMITH, presidente y consejero delegado de Intuit

«*El camino hacia el Lean Startup* enseña a las empresas de todos los tamaños una manera eficaz de incubar y mantener una cultura emprendedora a través del crecimiento que permite a los empleados descubrir su vena emprendedora. Un libro de obligada lectura, sobre todo para los directores que cargan con el peso de los procesos organizativos heredados.»

AARON LEVIE, confundador y consejero delegado de Box

«En *El camino hacia el Lean Startup*, Eric Ries se vale de sus años de trabajo con empresas como General Electric y Toyota para mostrarnos cómo será la empresa del futuro. Si quieres saber cómo harán las empresas para ser más ágiles, más innovadoras y más resilientes frente al implacable ritmo del cambio actual, lee este convincente libro.»

ARIANNA HUFFINGTON, fundadora y consejera delegada
de Thrive Global y autora de *La revolución del sueño*

«Eric Ries demuestra que la gestión emprendedora es la clave del éxito en este mundo en rápida transformación. En ING hemos incorporado los principios del Lean Startup a nuestra forma de innovar. *El camino hacia el Lean Startup* aporta nuevos y valiosos conocimientos.»

RALPH HAMERS, consejero delegado de ING Group

«La economía estadounidense depende de la cultura startup para desarrollar nuevos bienes y servicios, crear oportunidades de empleo y mejorar el nivel de vida. *El camino hacia el Lean Startup* de Eric Ries ofrece un convincente plan de actuación para que todas las empresas —antiguas y nuevas, grandes y pequeñas, de alta tecnología y de baja tecnología— creen una cultura startup para experimentar, iterar e innovar.»

ALAN KRUEGER, presidente del Consejo de Asesores
Económicos de la Casa Blanca durante la presidencia
de Barack Obama y profesor de Economía
y Asuntos Públicos de la Universidad de Princeton

«En *El camino hacia el Lean Startup*, Eric Ries ofrece a los líderes de los sectores público, privado y sin ánimo de lucro un plan de actuación para la gestión de la innovación continua, con independencia del tamaño o la complejidad de la organización. Como una persona que ayudó a implantar algunas de estas prácticas en el gobierno de Estados Unidos, he observado de primera mano cómo mejoran la vida de la gente.»

ANEESH CHOPRA, exdirector de Tecnología
del gobierno de Estados Unidos

«Un conjunto de herramientas del siglo XXI que permitirá prosperar a todas las empresas.»

RON CONWAY, fundador de SV Angel

«Eric Ries ha vuelto a conseguirlo, de manera brillante. En su nuevo libro, *El camino hacia el Lean Startup*, Ries sostiene que las empresas consolidadas deben desarrollar una nueva capacidad emprendedora a fin de innovar continuamente. A la mayoría de las grandes empresas les falta esta pieza fundamental del rompecabezas de la innovación corporativa. Desatiende su consejo por tu cuenta y riesgo.»

THALES S. TEIXEIRA, Escuela de Negocios de Harvard

«La gente suele asociar el término "startup" con la singularidad de la cultura creativa, la innovación y el aprendizaje continuo. Sin embargo, como demuestra Eric Ries, no hace falta encajar en el molde de la típica startup de Silicon Valley para priorizar el aprendizaje frente a la perfección y crear una cultura donde cometer errores no sólo se acepta, sino que se fomenta. *El camino hacia el Lean Startup* presenta una visión novedosa de lo que puede y deber ser una empresa moderna.»

RESHMA SAUJANI, fundadora de Girls Who Code

«En *El camino hacia el Lean Startup,* Eric Ries aplica los secretos de Silicon Valley a empresas consolidadas de todos los sectores. El hecho es que hoy en día todos estamos en modo de inicio. Todo líder y aspirante a líder debería leer este libro revelador.»

MARSHALL GOLDSMITH, autor de los bestsellers
Disparadores y *What Got You Here Won't Get You There*

«*El camino hacia el Lean Startup* es el conjunto de herramientas que toda empresa necesita para ser más emprendedora y eficaz.»

TIM O'REILLY, consejero delegado de O'Reilly Media

«Eric describe magistralmente las limitaciones de la vieja mentalidad de gestión en un momento en que los competidores sacan nuevos productos al mercado en un orden de magnitud mucho más rápido que las empresas heredadas. *El camino hacia el Lean Startup* explica cómo fomentar el liderazgo emprendedor fundamental para la supervivencia de las empresas en el siglo XXI.»

JEFF SUTHERLAND, consejero delegado de Scrum Inc.
y autor de *Scrum: el nuevo y revolucionario
modelo organizativo que cambiará tu vida*

«¡Eric ha vuelto a conseguirlo! Todas las empresas pueden —y deben— beneficiarse de estos principios startup, de lo contrario, es muy probable que las startups terminen comiéndose todo el pastel. Ésta es la revolución de internet y si tu empresa no transita *El camino hacia el Lean Startup,* está fracasando.

ALEXIS OHANIAN, cofundador de Reddit e Initialized Capital,
y autor del bestseller *Without Their Permission*

«Las empresas más importantes del mundo no se crearon de la noche a la mañana. Las empresas como Facebook y Airbnb no se detuvieron después del primer producto exitoso. Siguieron innovando, incluso frente a la competencia extrema de otras start-ups. Como inversor a largo plazo, busco empresas que puedan mantener esa ventaja innovadora durante décadas. Este libro ofrece un plan esencial para crear y mantener la cultura de la innovación independientemente del tamaño de la empresa.»

BRIAN SINGERMAN, socio de Founders Fund

Sumario

A Gabriel y Clara

Prólogo

Las empresas se oxidan y sus modelos de negocio caducan. Parece una ley física. Y aún no se ha encontrado el lubricante adecuado para evitarlo. Ni la fórmula de la eterna juventud. Sin embargo, estamos cada vez más cerca, y Eric Ries se va a convertir en el Elvis Presley de la transformación continua de las organizaciones para conservar su frescura y sostenibilidad. *El camino hacia el Lean Startup*, sin duda, se va a convertir en el equivalente al álbum de Elvis que pasará a la historia —en este caso de la gestión empresarial—, y que no podremos dejar de escucharlo, leerlo, consultarlo, pensarlo e inspirarnos.

Da igual que seas la mismísima General Electric, Google o cualquier mediana empresa industrial o de servicios. Fundamentalmente desde el siglo XX hemos destinado muchos recursos intelectuales a que las empresas pudieran producir en masa, cada vez de forma más precisa y eficiente y para mercados más globales y exigentes. Pero los clientes no piden permiso para cambiar de marca, simplemente lo hacen. La competencia no se mantiene quieta mientras actúas, reacciona y trata de hacerlo mejor que tú. Además, siempre hay mucho talento distribuido por el mundo para buscar soluciones nuevas a problemas nuevos, y también viejos, y desplazar a quien sea en el mercado que sea. Y qué decir de los empleados, las organizaciones a medida que van creciendo se van «deshumanizando», y esto se está convirtiendo en el centro de todo envejecimiento empresarial, de su oxidación y el caldo de cultivo para enfermedades.

No hay duda, toda gran organización quiere a las personas más formadas, con más experiencia y a quien tiene «hambre» por saber más y llegar más alto. Así se han construido las más grandes, emblemáticas e innovadoras organizaciones desde el siglo XX. Pero, en palabras de otro de los imprescindibles de esta nueva corriente de pensamiento sobre gestión, Gary Hamel, el problema surge porque «la obediencia, la diligencia y la competencia se están convirtiendo en bienes de consumo globales». Cada vez es más difícil diferenciar a las empresas o a las instituciones sólo por estas tres capacidades humanas. Tener trabajadores puntuales, que sepan desempeñar sus tareas y que tengan buenos incentivos económicos diferencia cada vez menos a las organizaciones. Son mínimos indispensables para sobrevivir. Y si estamos especializados en tareas muy automatizadas (tocar el botón), se abre la puerta para que personas formadas en cualquier parte del planeta (con sus dotes adecuadas de obediencia y diligencia) las puedan hacer, replicar y rehacer a un coste menor. Consecuencia, te oxidas.

Los procesos, el «esto siempre se ha hecho así y de esta manera», son protocolos a veces muy formales, otras informales, pero que con el tiempo crean los caminos por los que fluye el agua de una organización. Caminos muy difíciles de deshacer porque son los mecanismos que se usan para lograr que las cosas se hagan de la misma manera, con cambios muy graduales y medidos, y bajo unas premisas muy estructuradas desde un despacho, y no desde la trinchera. Esto ayuda a ser más eficientes, pero no a crear. Cualquier cosa que se salga de estos caminos no existe o es difícil de detectar. Consecuencia, empieza una muerte lenta porque no hay una *transformación continua*, en palabras de Eric Ries.

No se crean caminos más cortos, no se cierran los obsoletos y se abren otros, más bien se superponen y se experimenta lo justo, pero nunca lo necesario. Tampoco se crean caminos que conduzcan a nuevos destinos porque si algo mata la iniciativa en las empresas establecidas es la incertidumbre. Lo que no se puede medir o lo desconocido no se aborda, porque no hay procesos claros ni definidos para hacerlo. Al menos hasta ahora. Eric Ries ha encontrado la forma de crearlos llevando su metodología Lean Startup —su primer libro que abrió toda una línea de pensamiento mundial para crear en contextos de alta incertidumbre— al corazón de las empresas ya establecidas, burocratizadas, con todos sus caminos hechos y, en principio, inamovibles. El camino hacia el Lean Startup, el libro que tienes en las manos, te enseña cómo hacerlo.

Lo hace detallando su extraordinario trabajo en General Electric (GE), entre otros múltiples ejemplos. El vicepresidente de Recursos Humanos de GE dijo en una ocasión: «Thomas Edison, el fundador de GE, no solo inventó la bombilla (y muchas otras cosas) sino que literalmente inventó el inventar. No hay organización alguna que pueda sobrevivir únicamente con sus productos pero permanecerá viva si inventa e innova los procesos en torno a sus productos. De alguna forma, las mayores invenciones de siglo XXI no van a girar en torno a los productos o la tecnología, van a deberse a cómo nos vamos a organizar para que nuestra propuesta añada valor a los consumidores». Lo llevan en su ADN, y quizá por eso en la casa de Thomas Edison, y de la mano de su máximo responsable —el consejero delegado—, se embarcaron de forma decidida en crear nuevos caminos, nuevos procesos, nuevas recetas para crear productos. Crear contextos de experimentación, incertidumbre máxima y operar como verdaderas startups jóvenes que se enfrentan a escasos recursos, pocas limitaciones creativas y la máxima fundamental de validar lo antes posible que la solución embrionaria diseñada puede interesar al mercado. Lo que llevaba cinco años se podía reducir a dos. La cultura del «esto no se puede hacer» se ha convertido en «vamos a probarlo». Donde antes se necesitaban catorce autorizaciones ahora puedes probar, fallar, aprender, volver a probar y enfocarse en la necesidad de un mercado que cambia, aunque no te estés enterando, y menos aún seas capaz de predecirlo.

Para crear organizaciones singulares se necesita re-pensar

todo eso que llevamos aprendiendo generación tras generación cuando se crean las empresas. Eso duele, pero el progreso no es fácil, ni gratis ni, desde luego, se puede hacer sin personas, aquí los robots tienen poco que decir. Los pioneros del *management* de principios del siglo xx, cuando pensaron las empresas, asumían la organización casi como una disciplina científica. Todo se puede protocolizar, medir, mejorar y fijar. Se trata de poner orden para crear productos de calidad —sin fallos, con el menor residuo posible y de la forma óptima—. Llenar las estanterías de los supermercados, hacer cumplir las leyes o pagar impuestos. Esto ha permitido crear avances sin precedentes en la historia, y lograr que una chocolatina supiera igual en Madrid que en Estocolmo, y tratar de domar una complejidad creciente de nuestras sociedades, y gestionarla. Y lo hemos hecho bien, hemos dado pasos importantes para dar al consumidor miles de millones de referencias de productos y servicios y para lanzar nuevos negocios que bombean oxígeno a nuestras economías. Pero el oxígeno cada vez es de peor calidad.

Tenemos muchos desafíos pendientes: «Me parece obsceno hablar de inmortalidad cuando aún no podemos curar un solo caso de alzhéimer». Todo un golpe a la línea de flotación intelectual del profesor López Otín. Tenemos 6.000 enfermedades hereditarias que no sabemos tratar, todavía. En 1984, en pleno auge y máxima preocupación por el virus del sida, la secretaria de Estado de Estados Unidos declaró que en dos años tendríamos la solución, con una vacuna. Llevamos unas cuantas décadas de retraso. Las zapatillas que se ataban solas en Regreso al Futuro (1985) acaban de llegar, por parte de Nike, unas cuantas décadas después. Hemos usado, usamos y seguiremos usando durante un tiempo indeterminado combustibles fósiles a niveles insostenibles ambientalmente. Los coches no vuelan y contaminan (incluso los vehículos eléctricos tienen problemas ambientales). Te pasas una mañana en la sala de espera en cualquier hospital y rápidamente asumes que estamos lejos de curar todas las enfermedades. Las crisis, los ciclos, la pobreza, el desempleo, los problemas de movilidad en las ciudades, la contaminación de las aguas internacionales, el agotamiento de los caladeros, el cambio climático, la sequía, la seguridad... como sociedad seguimos enfrentándonos a los mismos problemas durante décadas. Hay mucho trabajo por hacer. Y el cómo hacemos ese trabajo es determinante. Por eso es importante resaltar que estamos ante un nuevo cambio de paradigma: las empresas a lo largo de este siglo se gestionarán de forma muy distinta a como lo han hecho hasta ahora las mejores empresas durante más de un siglo. ¿Y por qué? Tras leer la primera vez, porque lo harás más de una vez, este libro de Eric Ries, tendrás la respuesta clara y meridiana.

La transformación continua de una organización necesita de una inyección de nuevos procesos que permitan colocar la creatividad, el talento, la inspiración, la imaginación —y por supuesto los demás procesos— en el ADN, en la cultura, en la forma de operar, interaccionar y crear. Es el corazón que bombea oxígeno renovado y de calidad. Existe una gran diferencia entre tener o no trabajadores que ante un problema actúen, vean una oportunidad de mejora y no esperan a que les digan qué es lo que tienen que hacer. Entre tener o no empleados que están a la caza de grandes ideas para desafiar lo que tienen entre manos en su día a día, y mejorar con ello toda la organización. Sólo se puede construir algo grande y sorprendente cuando las personas asumen su trabajo con vocación, como una forma de establecer una diferencia positiva en el mundo. «En una organización donde prima la pasión, los empleados no están presentes sino comprometidos» como diría Gary Hamel.

Sólo se puede crear algo sólido y resistente a largo plazo cuando se crean ecosistemas vivos de ideas y mecanismos para lograr que las mejores lleguen rápido al mercado. Y eso requiere de iniciativa, imaginación y pasión —justo lo que no se puede comprar, las personas deciden si activan esos dones, o no, para ir a trabajar—. También se necesita método, el que describe Eric Ries. Pero esto es mucho más que un método o un proceso. Es una transformación muy amplia de la forma en la que tenemos que trabajar dentro de las organizaciones. Implica enfrentarse al gran reto de tejer esos ecosistemas internos para extraer lo mejor de cada profesional. Sabemos que la saturación de burocracia, la rigidez de protocolos, normas que se acumulan y solidifican y mantener el *statu quo* por encima de todo, no ayudan a crear estos ecosistemas, más bien los destruyen. Y éstos son los daños colaterales de los sistemas de gestión tradicionales.

El camino hacia el Lean Startup está estructurado en cinco principios filosóficos que se van desgranando a lo largo del libro, aportando ideas, método y, sobre todo, combustible intelectual sobre el cual crear nuevas organizaciones. La esencia de esos cinco principios es:

1. La innovación debe ser continua. Crecer a largo plazo requiere algo muy distinto a lo que estamos acostumbrados. Implica crear las capacidades necesarias para generar descubrimientos de manera reiterada, aprovechando la creatividad y el talento de todos los niveles de la organización.

2. La startup debe ser la nueva unidad de medida de una gran organización ya constituida. Eric Ries la define como «la unidad atómica de trabajo». Todas las empresas necesitan equipos capaces de experimentar. Y nada mejor para lograrlo que crear startups internas, y dotarlas de un sistema de apoyo, gestión y recursos. Esto no se puede hacer sin poner patas arriba las estructuras organizativas habituales.

3. Al incorporar startups al ecosistema institucional, éstas deben ser gestionadas de un modo que eche por tierra las técnicas tradicionales. La mayoría de las organizaciones carecen de una de las disciplinas centrales, el espíritu emprendedor, y en cambio es tan decisivo para el éxito futuro como el marketing o las finanzas.

4. Llevar a cabo un cambio tan profundo en la estructura de una organización es como volver a nacer, al margen de que tenga una antigüedad de cinco o cien años.

5. La transformación continua es tu aliada, es la capacidad para reescribir el ADN de la organización en respuesta a nuevos y diversos desafíos. Transformarse una sola vez y creer que con eso es suficiente es un error, un terrible error.

Sobre estos principios filosóficos se asientan una serie de ideas que van a «chirriar» en las mentes más tradicionales de la gestión empresarial. Déjanos que te rescatemos sólo algunas:

- Primera, la gran pregunta que fluye durante toda la obra: «¿Podríamos utilizar las técnicas Lean Startup para evitar que nuestras organizaciones caigan en el letargo y la burocracia a medida que van creciendo?». La respuesta es un contundente sí, pero requiere una nueva forma de pensarse y de hacer las cosas.

- Este libro es el descubrimiento de cómo «la gestión tradicional y la gestión emprendedora pueden funcionar juntas». Se trata de adoptar un proceso de transformación de la estructura organizativa a fin de avanzar hacia un método de trabajo más eficiente e iterativo.

- Eric Ries le hizo una pregunta tan sencilla como demoledora al CEO de General Electric, y después de saber la respuesta siguió haciendo la misma pregunta a muchas otras empresas. Piénsala y si tampoco tienes respuestas, ¡empieza a trabajar!: «Si yo eligiera un empleado al azar de cualquier nivel, departamento o región, y ese empleado tuviera una idea absolutamente brillante que abriera una fuente de crecimiento radicalmente nueva, ¿qué tendría que hacer para llevar su idea a la práctica? ¿Dispone la empresa de las herramientas de gestión necesarias para ampliar esa idea a fin de que genere el máximo impacto, aun cuando no se ajuste a ninguna de las líneas de negocio actuales? Eso es lo que hace una empresa moderna: aprovecha la creatividad y el talento de todos y cada uno de sus empleados».

- Quédate con la definición de empresa moderna, y grábala: «La empresa moderna es aquella que tiene la capacidad de fabricar productos de alta fiabilidad y calidad, pero también de descubrir nuevos productos para su fabricación. Una empresa moderna es aquella donde todos los empleados tienen la oportunidad de ser emprendedores. Una empresa que respeta a sus empleados y sus ideas a un nivel fundamental. Una empresa moderna es disciplinada y rigurosa en la ejecución de su actividad principal —sin disciplina la innovación no es posible—, pero también se vale de un conjunto complementario de herramientas de gestión emprendedora a fin de abordar las situaciones de incertidumbre extrema».

- El talento, el futuro, las buenas ideas, en definitiva, el espíritu emprendedor de una organización, fomenta conflictos. «Muchas startups internas se han creado de manera deliberada para cuestionar prejuicios y dogmas.» Esto también duele, sobre todo cuando las empresas crecen y quieren hacerlo en entornos predecibles, sin conflicto y sin cuestionarse nunca el *statu quo*. Pero esto es un arma de destrucción masiva de futuro y creatividad.

- «Nadie se convierte en emprendedor por el hecho de que en la sede central le asignen ese papel. Las buenas ideas surgen en lugares inesperados.» Hay que dar espacio, oxígeno, crear incentivos, fomentar vocaciones, y hacer que aflore el talento en cualquier momento, y a partir de ahí crear los mecanismos para gestionarlos.

- Piensa en grande. Empieza poco a poco. Crece deprisa.

- Lo importante es el equipo. Pero nunca olvides que «los equipos pequeños ganan a los grandes».

- El equipo tiene que poseer una extraordinaria capacidad de adaptación: «Es prácticamente imposible que se instale la burocracia cuando cada persona responde directamente ante los demás».

- La escasez es vida y foco: «Si crees fervientemente en la misión pero careces de los recursos necesarios para desarrollarla en todos sus aspectos, estás obligado a enfocarte». Pero lo importante es validar: «El dinero es vuestro, pero no obtendréis ni un centavo más si no demostráis aprendizaje validado».

- «Los equipos pequeños hacen hincapié en la reutilización de la tecnología existente y el ensamblaje de productos a partir de componentes preexistentes.» Hay mucho conocimiento sobre el que trabajar, para re-utilizar, pensar y construir. Y para ello hay que crear startups «intrínsecamente interfuncionales».

- «Todos los proyectos empiezan por el cliente.» No se puede construir nada de valor si no se coloca el cliente en el centro de todo y se llega a él lo antes posible para validar qué necesita y cómo se lo vamos a ofrecer de forma diferencial.

- Meritocracia: «Las buenas ideas están en todas partes, y las personas deben recibir recursos y atención en función de sus talentos, no de su estatus».

- «Sin visión no hay pivote. La visión es la parte no negociable de la misión del equipo. La veracidad de esta afirmación se sustenta en la definición misma de pivote: un pivote es un cambio de estrategia sin cambiar la visión.»

- «El hecho de que la innovación se caracterice por la descentralización y la imprevisibilidad no implica que no pueda gestionarse.»

- «La innovación sin restricciones no es una ventaja: la tasa de mortalidad de startups es excepcionalmente elevada para los proyectos que reciben exceso de financiación, con numerosos ejemplos nefastos.»

- «La gestión emprendedora constituye un marco de liderazgo creado específicamente para hacer frente a la incertidumbre del siglo XXI. No reemplaza a la gestión tradicional.» Porque sin un liderazgo fuerte no es posible emprender el camino hacia el *lean startup*».

Todas estas ideas sobre las que trabajar son muy sólidas y tienen un gran trasfondo. Piénsalas un minuto y después adéntrate con espíritu crítico y toda tu capacidad para absorber *El camino hacia el Lean Startup*, crear conocimiento y aplicarlo a tu organización, da igual que seas una ONG, una empresa o una administración pública. La transformación continua de las organizaciones es la forma para hacerlas útiles, humanas, adaptables, resistentes y el camino para que hagan contribuciones excepcionales en el mundo. La tarea es necesaria y urgente, pero también apasionante. ¡Adelante!

JAVIER GARCÍA (@Sintetia)
y JOSÉ ANTONIO DE MIGUEL (@YoEmprendo)

Introducción

Una tarde de verano, un equipo de ingenieros y un grupo de ejecutivos de una de las mayores empresas estadounidenses se reunieron en un aula ubicada en el corazón de su imponente centro de formación de ejecutivos con el fin de comentar el plan multimillonario a cinco años para el desarrollo de un nuevo motor diésel y a gas natural. Su objetivo consistía en acceder a un nuevo mercado; el entusiasmo era palpable. El motor, denominado Series X, tenía múltiples usos en diversas industrias, desde generación de energía eléctrica hasta fuerza locomotriz.

Esto era evidente para todos los reunidos en la sala. Excepto para una persona, que había asistido al encuentro sin tener conocimientos previos sobre motores, energía o fabricación de productos industriales y, por tanto, se vio obligado a formular una serie de preguntas al mejor estilo Doctor Seuss:

—¿Podría repetir para qué sirve? ¿Está en un barco? ¿En un avión? ¿Por mar y tierra? ¿En un tren?

Seguramente tanto los ejecutivos como los ingenieros se preguntaban: «¿Quién es este tipo?».

Ese tipo era yo. La empresa era General Electric (GE), una de las corporaciones más antiguas y venerables de Estados Unidos, con una capitalización bursátil (en aquel momento) de 220.470 millones de dólares y una plantilla compuesta por no menos de 300.000 empleados.

¿Qué hacía yo en esa reunión de General Electric en verano de 2012? No soy ejecutivo. No tengo experiencia en el sector energético ni en el sanitario, ni en la miríada de sectores industriales de General Electric.

Soy emprendedor.

El presidente y consejero delegado de General Electric, Jeffrey Immelt, y su vicepresidenta, Beth Comstock, me habían invitado aquel día a Crotonville (Nueva York) porque les intrigaba una idea que había propuesto en mi primer libro, *El método Lean Startup* (Ediciones Deusto, 2012): que los principios de la gestión emprendedora pueden aplicarse a cualquier industria, tamaño de empresa y sector económico. Ambos creían que General Electric tenía que comenzar a operar de acuerdo con esos principios. El objetivo consistía en encausarla por el camino del crecimiento y la adaptabilidad, y que Immelt dejara un legado para que la empresa pudiera prosperar a largo plazo.

Aquel día abordamos el plan del motor Series X con ojos nuevos y nos dimos cuenta de que el motor podía salir al mercado mucho más rápido si se construía una unidad más sencilla en cuestión de meses, en vez de años. Ésa fue la primera de muchas otras sesiones (que abordaré más adelante).

Al día siguiente mantuve una conversación que me pareció —en un principio— muy distinta. Fue con el fundador y consejero delegado de una de las startups tecnológicas de hipercrecimiento de próxima generación. Las dos empresas no podían ser más distintas: una era antigua y la otra nueva; una lideraba el mercado en muchos de los sectores donde tenía presencia, la otra luchaba por ganar terreno. Una fabricaba enormes productos físicos; la otra, el tipo de infraestructura de software con la que funciona internet. Una era de la Costa Este; la otra, de la Costa Oeste. En una de las empresas los ejecutivos vestían de traje, en la otra llevaban tejanos rotos.

El consejero delegado de esta empresa, una de las primeras en adoptar el método Lean Startup, se enfrentaba a una nueva serie de desafíos: ¿Cómo podían superar el éxito de su primera innovación y seguir creciendo? ¿Cómo podían lograr que sus empleados pensaran como emprendedores? Y sobre todo, ¿cómo podían hallar nuevas fuentes de crecimiento sostenible?

Me quedé atónito al descubrir que, a pesar de las diferencias superficiales, ambas conversaciones guardaban una similitud sorprendente. General Electric —al igual que otras empresas de éxito— buscaba revitalizar su cultura con energía emprendedora para seguir creciendo. La startup con la que me reuní aquella tarde intentaba averiguar cómo mantener su cultura emprendedora durante la etapa de crecimiento.

En los últimos años he pasado muchas veces por situaciones como éstas, y me asombra la similitud de los desafíos a los que se enfrentan las empresas que generalmente creemos que son muy distintas. A raíz de estas conversaciones mantenidas con directivos y fundadores, he llegado a comprender que las empresas de hoy —tanto las consolidadas como las emergentes— carecen de las aptitudes que toda organización necesita para prosperar en el próximo siglo: capacidad para experimentar rápidamente con nuevos productos y modelos de negocio, capacidad para brindar apoyo a los empleados más creativos y capacidad para acometer una y otra vez el proceso de innovación —y gestionarlo con rigor y responsabilidad— a fin de descubrir nuevas fuentes de crecimiento y productividad.

Este proceso —y cómo llevarlo de la «inexistencia» a la prosperidad en *cualquier* empresa u organización— constituye el tema central de este libro.

¿QUIÉN SOY?

El camino que me condujo a la reunión celebrada en Crotonville fue insólito —además de inesperado—. Al principio de mi carrera, me formé como ingeniero de software y luego me convertí en emprendedor. Si alguna vez te has imaginado al estereotípico emprendedor tecnológico de adolescente, trabajando en el sótano de la casa de sus padres, pues bien: ése era yo. Mi primera incursión en el mundo de la iniciativa emprendedora, durante la burbuja puntocom, fue un fracaso rotundo. Mi primer libro, el chispeante *Programación de juegos en Java* (Anaya Multimedia, 1998), publicado en idioma original en 1996, la última vez que lo comprobé, se vendía en Amazon.com por 0,99 dólares. Ninguno de estos proyectos parecía vaticinar, en aquel momento, los años que dedicaría a abogar por un nuevo sistema de gestión.

Después de mudarme a Silicon Valley, sin embargo, comencé a detectar varias pautas desencadenantes de éxitos y fracasos. Y, en el proceso, empecé a formular un modelo para dotar de mayor rigurosidad la práctica del espíritu emprendedor. Más tarde empecé a volcarlo por escrito, primero en línea a principios de 2008 y luego en un libro, *El método Lean Startup*, publicado en inglés en 2011 [y en castellano en 2012]. Lo que ha ocurrido desde entonces ha superado con creces mis expectativas. El movimiento Lean Startup se propagó a nivel mundial. Más de un millón de personas en todo el mundo leyeron el libro. Las probabilidades indican que, sin importar en qué lugar del mundo te encuentres en este momento, hay un grupo Meetup de Lean Startup cerca de ti. Miles de fundadores, inversores y otras figuras que componen el ecosistema startup se unieron para adoptar las ideas y las prácticas del Lean Startup.

En aquel libro sostuve algo que entonces parecía radical. Argüí que una startup debía entenderse en sentido estricto como «una institución humana concebida para la creación de un nuevo producto o servicio en condiciones de incertidumbre extrema». La definición era deliberadamente generalista. No especificaba el tamaño de la organización, su forma jurídica (sociedad mercantil, organización sin ánimo de lucro, etc.), ni el sector o la industria a la que pertenecía. Según esta definición general, cualquier persona —con independencia de su cargo— puede verse súbitamente arrastrada por la corriente emprendedora si el contexto de su trabajo se torna muy incierto. Sostuve que los emprendedores están en todas partes: en las pequeñas empresas, en las corporaciones mastodónticas, en el sistema sanitario, en las escuelas e incluso en los organismos públicos. Están presentes allí donde se realice la honorable y a menudo anónima tarea de probar una idea novedosa, crear un mejor método de trabajo o llegar a nuevos clientes mediante la introducción de productos o servicios en nuevos mercados.

En los seis años transcurridos desde la publicación de *El método Lean Startup*, las diversas organizaciones que adoptaron el método han demostrado una y otra vez la validez de esta afirmación. He tenido la oportunidad de viajar por todo el mundo y de colaborar con empresas de prácticamente todos los tamaños que puedas imaginarte. ¿Tres fundadores que están desarrollando una nueva aplicación? Hecho. ¿Pequeñas empresas? Hecho. ¿Organizaciones de culto sin ánimo de lucro? Por supuesto. ¿Empresas manufactureras medianas? Hecho. ¿Startups tecnológicas pre-IPO de hipercrecimiento? Desde luego. ¿Colosales burocracias gubernamentales? Hecho. ¿Algunas de las empresas multinacionales más grandes y lentas del mundo? Claro que sí. Todos estos tipos de organizaciones pueden utilizar el método Lean Startup para mejorar la eficacia de su trabajo y acelerar su desarrollo.

DESARROLLAR LAS CAPACIDADES FALTANTES

Estos viajes, en definitiva, me llevaron a aquella aula de General Electric. El éxito del motor Series X, junto con otros proyectos piloto similares, dio lugar a algo extraordinario. General Electric y yo establecimos un acuerdo de colaboración para desarrollar un programa llamado FastWorks, que representó un importante cambio cultural y de gestión en toda la empresa. Durante varios años, capacitamos a miles de directivos. Yo me encargué personalmente de orientar a más de cien equipos de proyecto, de cada una de las áreas funcionales, regiones y unidades de negocio de la empresa. En General Electric, todos los consejeros delegados y altos directivos han recibido formación sobre métodos emprendedores de trabajo, y las áreas funcionales internas han sido reformadas a fin de facilitar —en vez de obstaculizar— la innovación.

Sin embargo, me he sorprendido al descubrir que las startups también necesitan este tipo de capacitación y labor de transformación. Como muchos de mis colegas de Silicon Valley, inicié mi carrera con la convicción de que la gente que pertenecía a «grandes empresas» era radicalmente distinta de los emprendedores creativos y disruptivos como nosotros. Que cuando las organizaciones adquieren ciertas dimensiones, comienzan a morir poco a poco, desde el interior. Dejan de innovar. Las personas más creativas deciden marcharse. Así, las grandes corporaciones se convierten indefectiblemente en empresas anquilosadas, burocráticas, políticas.

Esta creencia entraña una extraña paradoja, una especie de disonancia cognitiva que afecta a todos los que aspiramos a la iniciativa emprendedora de rápido crecimiento. Después de haber trabajado con cientos de emprendedores, me he acostumbrado a preguntarles:

«Si tanto odias las grandes corporaciones, ¿por qué intentas crear una nueva?».

A menudo se quedan perplejos, porque en su mente su empresa será distinta. No se dejará arrastrar por reuniones inanes ni mandos intermedios entrometidos. Será eternamente una startup dinámica y aguerrida. Sin embargo, ¿con qué frecuencia el resultado es realmente esta organización ideal?

En los últimos años, los primeros fundadores y consejeros delegados en adoptar el método Lean Startup fueron retomando contacto conmigo. Al principio, estaban entusiasmados con los aspectos del Lean Startup relacionados con la rapidez de la puesta en marcha, como el *producto mínimo viable* y el *pivote*. Sin embargo, no se habían centrado en otros aspectos que son, francamente, más aburridos: la ciencia de la gestión y la disciplina contable. En tanto que sus empresas habían crecido y contaban con cientos, miles o, en algunos casos, decenas de miles de empleados, se dieron cuenta de que debían hallar el modo de mantener su método de trabajo emprendedor, aun mientras implantaban herramientas de gestión tradicionales, realizaban más previsiones y avanzaban hacia un organigrama más tradicional.

Esto es algo que he podido comprobar de primera mano en decenas de empresas magníficas: cuando los empleados están sujetos a estructuras organizativas e incentivos tradicionales, surgen comportamientos burocráticos específicos. Se trata de una consecuencia inevitable que se desprende del modo en que están diseñados esos sistemas.

Los fundadores querían saber lo siguiente: ¿Podríamos utilizar las técnicas Lean Startup para evitar que nuestras organizaciones caigan en el letargo y la burocracia a medida que van creciendo? Gracias al trabajo que había llevado a cabo en organizaciones de mayor envergadura, pude asegurarles que la respuesta era afirmativa.

Por este motivo, en los últimos cinco años he llevado una doble vida. Muchos días me reunía por la mañana con el director de una colosal organización líder del mercado y por la tarde me dedicaba a las startups, desde exitosos casos de hipercrecimiento de Silicon Valley hasta diminutos proyectos en etapa inicial. Las preguntas que me planteaban eran sorprendentemente similares:

¿Cómo fomento la mentalidad emprendedora en los empleados?

¿Cómo puedo crear nuevos productos para nuevos mercados sin perder a los clientes actuales?

¿Cómo exijo rendición de cuentas a las personas que trabajan de manera emprendedora sin poner en riesgo mi negocio principal?

¿Cómo puedo desarrollar una cultura que mantenga un equilibrio entre las necesidades de los negocios existentes y las nuevas fuentes de crecimiento?

Si estás leyendo este libro, seguramente tú también te hayas planteado estas preguntas con respecto a tu organización.

A partir del aprendizaje de las empresas con las que he trabajado, comencé a desarrollar un documento sobre los principios que son aplicables más allá de la «puesta en marcha», sobre todo en empresas consolidadas e incluso en grandes corporaciones.

- Se trata de la manera en que la gestión tradicional y lo que yo denomino gestión emprendedora pueden funcionar juntas.
- Se trata de lo que necesitan las startups, además del método Lean Startup, cuando se enfrentan a los problemas que afloran a raíz de la expansión y el crecimiento acelerados.

- Se trata de la forma que debería adoptar el proceso de transformación de la estructura organizativa a fin de avanzar hacia un método de trabajo más eficiente e iterativo.

He trabajado con miles de directores y fundadores con el propósito de probar y refinar este nuevo enfoque. He compartido trincheras con ellos: lanzando nuevos productos, fundando nuevas empresas, reinventando sistemas informáticos, auditando procesos financieros, reformulando prácticas de recursos humanos y estrategias de ventas... ¡Qué no hemos hecho! He trabajado con los directores de cada una de las áreas funcionales corporativas: desde cadenas de suministro hasta el área jurídica y de I+D. Y también en un sinfín de industrias: perforación del lecho marino, electrónica, automotriz, moda, asistencia sanitaria, fuerzas armadas y educación, por nombrar sólo algunas.

Este nuevo enfoque está basado no sólo en mi trabajo directo con las empresas, sino también en los conocimientos de todo un movimiento de líderes con ideas afines. Se ha nutrido de casos de estudio y de la sabiduría de distintas fuentes: multinacionales emblemáticas como General Electric y Toyota; pioneros tecnológicos consolidados como Amazon, Intuit o Facebook; startups de hipercrecimiento de próxima generación como Twilio, Dropbox y Airbnb; e infinidad de otras startups en ciernes de las cuales no has oído hablar... todavía. Y quizá más sorprendente aún, está basado en el trabajo de innovadores que han transformado algunas de las instituciones más antiguas y burocráticas, entre ellas el gobierno federal de Estados Unidos.

Los líderes visionarios de todos los sectores empiezan a descubrir nuevas posibilidades, aquellas que combinan lo mejor de la gestión general con la incipiente disciplina de la gestión emprendedora.

Trabajando con ellos, he comprobado que el espíritu emprendedor tiene el potencial para revitalizar la mentalidad de la gestión del siglo XXI. Ya no se trata solamente del método de trabajo de un sector en concreto, sino de la manera en que trabajan —o quieren trabajar— las personas de todos los sectores.

Yo lo llamo el camino hacia el Lean Startup.

LOS CINCO PRINCIPIOS QUE SUSTENTAN EL CAMINO HACIA EL LEAN STARTUP

El camino hacia el Lean Startup combina el rigor de la gestión general con la naturaleza sumamente iterativa de las startups. Se trata de un sistema que puede utilizarse en cualquier organización que persiga la innovación continua, al margen de su tamaño, antigüedad o misión.

Repara en la definición de startup antes propuesta. Puesto que el espíritu emprendedor está siempre relacionado con la creación de instituciones, se trata necesariamente de una cuestión de gestión. En el camino hacia el Lean Startup, el espíritu emprendedor es una disciplina de la gestión, un nuevo marco para organizar, evaluar y asignar recursos dentro de la empresa. Es una filosofía que reemplaza al anticuado modelo que hoy frena el desarrollo de tantas empresas, y ofrece un nuevo programa sobre cómo deberían operar las empresas modernas para alcanzar el crecimiento sostenido a través de la innovación continua. A diferencia del sistema de gestión actual, que se rige por la planificación y las previsiones, el camino hacia el Lean Startup crea un sistema que no sólo admite rapidez e incertidumbre, sino que incluso se beneficia de ellas.

Los cinco principios clave que sustentan la filosofía del camino hacia el Lean Startup son:

1. **INNOVACIÓN CONTINUA:** Son muchos los líderes que quieren dar con una innovación clave. Sin embargo, el crecimiento a largo plazo requiere algo distinto: un método que permita lograr nuevos descubrimientos de manera reiterada, aprovechando la creatividad y el talento de todos los niveles de la organización.

2. **LA STARTUP COMO UNIDAD ATÓMICA DE TRABAJO:** A fin de crear ciclos de innovación continua y abrir nuevas fuentes de crecimiento, las empresas necesitan equipos capaces de experimentar. Estos equipos constituyen startups internas, y para brindarles apoyo se requiere una estructura organizativa distinta.

3. **LA FUNCIÓN FALTANTE:** Si incorporas startups al ecosistema institucional, éstas deben ser gestionadas de un modo que eche por tierra las técnicas tradicionales. La mayoría de las organizaciones carecen de una de las disciplinas centrales, el espíritu emprendedor, tan decisivo para el éxito futuro como el marketing o las finanzas.

4. **LA SEGUNDA FUNDACIÓN:** Llevar a cabo un cambio tan profundo en la estructura de una organización es como volver a fundar la empresa, al margen de que tenga una antigüedad de cinco o cien años.

5. **TRANSFORMACIÓN CONTINUA:** Todo esto exige el desarrollo de una nueva capacidad organizativa: la capacidad para reescribir el ADN de la organización en respuesta a nuevos y diversos desafíos. Sería una pena que la transformación ocurriera sólo una vez. Cuando la empresa ha descubierto cómo transformarse a sí misma, puede —y debe— estar preparada para volver a hacerlo muchas otras veces en el futuro.

Es importante aclarar enérgicamente que el compromiso que asume el conjunto de la organización con este método de trabajo no implica que todos los equipos deban reorganizarse en torno a los principios startup. Tampoco que todos los empleados deban empezar a actuar por arte de magia como emprendedores. El objetivo consiste en *permitir* que los equipos startup operen de manera fiable, y en ofrecer a los empleados la oportunidad de comportarse como emprendedores. Esto permite que surjan personas que son naturalmente propensas a trabajar de esa manera, o que pueden serlo si se las motiva y se las autoriza. Por consiguiente, todos los directores de la empresa deben estar familiarizados con las herramientas de gestión emprendedora, incluso aquellos que no participen directamente en las startups. Es necesario que entiendan por qué algunas personas trabajan de manera distinta, que sean capaces de exigirles rendición de cuentas de acuerdo con nuevas pautas y de reconocer cuando en el propio desempeño y cumplimiento de sus funciones habituales de vigilancia, como en el caso de recursos humanos, tecnología de la información o asuntos jurídicos, se interponen en su camino.

EL LIBRO

Este libro no es un manifiesto. Ya hay suficientes manifiestos. El mundo está repleto de gurús y expertos que nos dicen que avancemos más deprisa, que seamos más innovadores y que pensemos fuera de lo convencional. Sin embargo, nos faltan detalles específicos: ¿Cómo hacemos, exactamente, para llegar a esos resultados? Este libro intenta aportar esos detalles faltantes. Ofrece técnicas demostradas que reavivan el espíritu emprendedor de la organización, o evitan que se apague desde un principio.

Si eres director —tanto de una empresa como de un equipo— este libro te proporcionará un plan para transformar tu organización y dotarla de la capacidad necesaria para encontrar nuevas fuentes de crecimiento a largo plazo. Aprenderás a crear estructuras de rendición de cuentas que fomentan la innovación productiva, el tipo de innovación que aporta verdadero valor a la empresa. Aprenderás a organizar el trabajo para que resulte más gratificante. Además, alcanzarás un nuevo entendimiento de tu papel como líder, un papel que difiere en gran medida de lo que aún se enseña en muchos programas de MBA o del que desempeñan inversores y miembros de consejos de administración. Scott Cook, cofundador de Intuit y hoy presidente del comité ejecutivo de la empresa, describe el cambio como un cambio de perspectiva. Ésa es la diferencia entre «jugar a ser César» (decidir qué proyectos siguen adelante y qué proyectos se cancelan) y «jugar al científico» (estar constantemente abierto a la búsqueda y el descubrimiento). Así conseguirás que tu trabajo sea más interesante y eficaz.

A partir de experiencias reales de organizaciones que han llevado a la práctica estas ideas en un amplio abanico de sectores, industrias y escalas, *El camino hacia el Lean Startup* aborda en detalle un conjunto de iniciativas que pueden ayudarte a apostar por el espíritu emprendedor como disciplina central y mostrarte cómo cambiar la mentalidad del personal de alta dirección. Gracias a mi trabajo con General Electric, que generosamente me ha permitido compartir contigo la transformación FastWorks «entre bastidores», presentaré la experiencia a modo de caso de estudio dilatado a fin de ilustrar los conceptos que permitieron que General Electric se adaptara al futuro. No obstante, también compartiré relatos detallados de muchas otras organizaciones que han transitado un camino similar.

En la Primera parte, «La empresa moderna», revelaremos por qué las prácticas tradicionales de gestión ya no están a la altura de las circunstancias, y por qué en este momento histórico concreto resulta fundamental la inclusión de la gestión emprendedora. Abordaremos las nuevas capacidades y los nuevos métodos de trabajo necesarios en la actualidad.

La Primera parte define «la startup» como la nueva «unidad atómica de trabajo» en contextos de alta incertidumbre, y describe las condiciones necesarias para la creación de una cartera de startups dentro de la organización. Comentaremos cómo sentar las bases de rendición de cuentas para proyectos innovadores, incluso en situaciones de incertidumbre extrema, donde la planificación y las previsiones resultan complicadas o imposibles, y veremos cómo evitar el tipo de medidas de rendición de cuentas que acaban sistemáticamente con los proyectos de innovación que merecen la pena. Repasaremos además los puntos y procedimientos más importantes descritos en *El método Lean Startup*, como el producto mínimo viable, los pivotes y el ciclo crear-medir-aprender.

En la Segunda parte, «Plan de actuación para la transformación», ahondaremos en el «cómo» del camino hacia el Lean Startup. Cuando se brinda a los equipos la oportunidad de organizarse de acuerdo con el Lean Startup, gravitan naturalmente en torno a nuevos procesos que difieren de aquellos a los que la gente está acostumbrada. Examinaremos estas técnicas no convencionales, algunas de ellas basadas en conceptos de *El método Lean Startup* y otras que son completamente nuevas. Asimismo, veremos cómo gestionar los conflictos entre los nuevos procesos y los sistemas heredados, incluidos los conflictos con mandos intermedios, que históricamente han ejercido de asesinos del progreso.

Para la empresa moderna, las ventajas de la innovación continua no se limitan a la creación de productos, servicios y sistemas internos novedosos y punteros, ni a los beneficios comerciales que éstos proporcionan. La innovación también brinda la oportunidad de incubar una nueva cultura, una que dé rienda suelta a la creatividad emprendedora en todos los niveles de la organización. Veremos cómo la toma de decisiones acertadas en materia de procesos y rendición de cuentas posibilita el crecimiento y la prosperidad de esta nueva cultura. Examinaremos las necesidades de personal, contratación y desarrollo implícitas en este nuevo método de trabajo. Abordaremos, sin rodeos, la falsa creencia (aunque muy extendida) de que trabajar de manera emprendedora conlleva el despido de la plantilla actual y la búsqueda de superestrellas fuera de la organización. En todas las organizaciones con las que he trabajado —sin excepción, entre ellas algunas corporaciones emblemáticas de la lista Fortune 500— he encontrado verdaderos emprendedores. Veremos cómo sacar a estos talentos de la sombra, cómo crear una red de orientación y apoyo y, fundamentalmente, cómo ayudarlos a triunfar. Examinaremos la manera de transformar las áreas funcionales de una empresa, como recursos humanos, finanzas, tecnología de la información y compras, a fin de facilitar la innovación en lugar de obstaculizarla. Analizaremos los tipos de problemas únicos que surgen durante la innovación continua. Por último, examinaremos detalladamente los procesos y mecanismos de la «contabilidad de la innovación», la estructura financiera que secunda este nuevo método de trabajo.

En la Tercera parte, «La visión global», descubriremos qué ocurre una vez «concluido» el proceso de transformación. O más bien, caeremos en la cuenta de que nunca concluye. El objetivo último de *El camino hacia el Lean Startup* es que las organizaciones mantengan un estado de transformación continua que les permita prosperar bajo cualquier circunstancia. Creo que este tipo de flexibilidad puede utilizarse en un sentido mucho más amplio, así pues, en los capítulos finales abordaremos las principales consecuencias de la implementación de esta estructura en el ámbito de la política pública y los problemas a los que nos enfrentamos como sociedad.

UN CAMINO HACIA LA MENTALIDAD A LARGO PLAZO

Continuando con la temática de *El método Lean Startup*, en este libro a menudo retomaré una pregunta fundamental: ¿Cómo pueden realmente las empresas generar crecimiento y resultados a largo plazo? De todos los temas que trato en el día a día, éste es uno de los que posee mayor carga emocional para los directores y fundadores actuales. Una y otra vez, me encuentro con personas que quieren cumplir desesperadamente una visión a largo plazo para su empresa y dejar un legado de cambios significativos. Sin embargo, se sienten constantemente frustradas por las exigencias a corto plazo de los sistemas empresariales actuales. Basta con unos cuantos trimestres malos para que los inversores exijan cambios, y para que las políticas internas de la empresa produzcan grandes convulsiones, hasta lo más alto.

Se podría creer que una organización que evalúa a sus empleados siguiendo unos rigurosos plazos trimestrales, como hacen la mayoría de las empresas, funciona con una mentalidad que fomenta la experimentación rápida en períodos reducidos. No obstante, lo que ocurre es precisamente lo contrario. Debido a la presión cortoplacista, todo lo que pueda llevarse a cabo en un trimestre tiene que presentar un alto grado de previsibilidad para que se asuman compromisos futuros basados en esos resultados. En lugar de contemplar las oportunidades de innovación que vienen con el pensamiento en ciclos breves, las empresas se tornan conservadoras y se centran únicamente en los proyectos que creen que potenciarán al máximo el trimestre o el ejercicio fiscal. Lo cual significa que continuarán haciendo lo mismo, al margen de que lo que hagan funcione o no como en un principio. Asimismo, la empresa que exige previsibilidad a corto plazo no está preparada para exigir rendición de cuentas a los equipos que trabajan en proyectos más extensos.

Creo que el nuevo marco descrito en este libro ofrece una guía concreta para salir de este dilema y adoptar un sistema más sostenible a fin de generar crecimiento y flexibilidad a largo plazo.

Así pues, ahora que sabes lo que queremos lograr —un cambio en el funcionamiento de la empresa moderna—, pongámonos manos a la obra.

PRIMERA PARTE

La empresa moderna

«EL HIPERCRECIMIENTO DE LA EMPRESA REQUIERE TAMBIÉN EL HIPERCRECIMIENTO DE LA GENTE QUE TRABAJA EN ELLA.»

En 2006 seguro que nunca hubieras pensado en alquilar el apartamento de un desconocido en lugar de hospedarte en el Hilton. En el momento de redactar estas líneas más de 100 millones de personas lo han hecho, gracias a Airbnb. En esencia, la empresa ya es experimental. De lo contrario, nunca hubiera descubierto un mercado oculto ni crecido en apenas diez años hasta alcanzar una valoración de 30.000 millones de dólares. Así pues, ¿qué más podría aportar la mentalidad startup a una empresa que recientemente ha logrado un éxito rotundo y transformado todo un mercado?

Pocos años después de que se fundara Airbnb, el equipo original de la empresa empezó a buscar oportunidades de crecimiento. Habían añadido nuevas características a su producto para fomentar la confianza en la plataforma, entre ellas la verificación de usuario y el seguro de protección para el anfitrión, además de asociarse con Concur Technologies para captar a los viajeros de negocios. Sin embargo, sabían que para continuar creciendo tenían que crear algo totalmente distinto. «Dijimos: ¿qué viene a continuación? ¿Hacia dónde va esto?», recuerda Joe Zadeh, uno de los primeros empleados y en la actualidad vicepresidente de producto de Airbnb. Como expresó su fundador, Brian Chesky, en retrospectiva: «Tenía una sensación de urgencia o crisis. No podía seguir igual».

Zadeh y Chesky se dieron cuenta de que para crear algo completamente nuevo, necesitaban tiempo y espacio para experimentar: algo que habían tenido cuando fundaron la empresa, simple y llanamente por las circunstancias del momento, pero que no habían priorizado durante el crecimiento de Airbnb. Formaron un pequeño equipo especializado, dirigido por Chesky, cuya primera misión consistió en pasar una tarde en Fisherman's Wharf, un pintoresco lugar con vistas a la bahía de San Francisco, Alcatraz y el Golden Gate, donde abundan los turistas y las tiendas de *souvenirs*. El resultado, que salió a la luz años más tarde, fue el lanzamiento de Airbnb Trips, un servicio de planificación de viajes que marcó la primera gran etapa de expansión de la empresa. En el capítulo VIII veremos lo que ocurrió desde esa tarde hasta el momento del lanzamiento del producto, y aprenderemos más acerca de la estructura de Airbnb, que posibilita tanto el mantenimiento del producto principal como la experimentación con nuevas ideas, como Airbnb Trips. Lo que quiero poner de relieve es la filosofía que subyace a la capacidad de apostar por algo que puede compensar o no, en contraposición al mero perfeccionamiento de un éxito consumado. Zadeh lo resume con estas palabras: «El hipercrecimiento de la empresa requiere también el hipercrecimiento de la gente que trabaja en ella».

Airbnb constituye sólo un ejemplo de una estructura startup que permite la experimentación. A lo largo del libro exploraremos diversos aspectos de una variedad de startups, entre ellas Dropbox, WordPress y Emerald Cloud Lab.

Muchas startups, por supuesto, aún no han llegado a ese punto. No obstante, si logran tener éxito, pronto lo harán. Resulta crucial prever cómo se gestionará el crecimiento, en vez de pensar en ello cuando el crecimiento ya se ha producido y ha desencadenado una crisis. El conocimiento de las herramientas disponibles y el medio en que las utilizamos resulta clave para el éxito sostenido a largo plazo. Como afirma Ari Gesher, de Palantir: «El hipercrecimiento es doloroso: no hay forma de crecer con gracia. Si duele, no es que estés haciéndolo mal, es que vas por buen camino».

En esta parte del libro abordaremos las implicaciones de convertirse en una empresa moderna, así como de la estructura emprendedora necesaria para sobrevivir y proyectar una visión a largo plazo. La consecución de esa visión requiere paciencia y dedicación —las transformaciones nunca son soluciones rápidas—, pero las organizaciones que funcionan de este modo tienen mayores posibilidades de expansión continua. Haremos un recorrido por los elementos de la cultura y forma de trabajar startup que han convertido a Silicon Valley y otros centros de atracción de startups en sitios sumamente dinámicos, y abordaremos las lecciones y teorías del pasado que constituyen los cimientos sobre los cuales construiremos una nueva forma de concebir la gestión. Por último, sintetizaremos estas ideas en el camino hacia el Lean Startup.

I

Respeta el pasado, inventa el futuro: la creación de la empresa moderna

Cuando años atrás empecé a trabajar por primera vez con General Electric, mantuve una conversación con Jeff Immelt, el consejero delegado de la empresa. Aquel día dijo algo que se me ha quedado grabado: «Nadie quiere trabajar en una empresa anticuada. Nadie quiere comprar los productos de una empresa anticuada. Y nadie quiere invertir en una empresa anticuada».

A continuación tuvo lugar un profundo debate sobre las características que hacen que una empresa sea realmente moderna. ¿Cómo la reconoces cuando la ves?

Le pedí a Jeff que imaginara lo siguiente: Si yo eligiera un empleado al azar, de cualquier nivel, departamento o región, y ese empleado tuviera una idea absolutamente brillante que abriera una fuente de crecimiento radicalmente nueva para la empresa, ¿qué tendría que hacer ese empleado para llevar su idea a la práctica? ¿Dispone la empresa de un proceso automático para probar una idea nueva y determinar si realmente merece la pena? ¿Dispone la empresa de las herramientas de gestión necesarias para ampliar esa idea a fin de que genere el máximo impacto, aun cuando no se ajuste a ninguna de las líneas de negocio actuales?

Eso es lo que hace una empresa moderna: aprovecha la creatividad y el talento de todos y cada uno de sus empleados.

La respuesta de Jeff fue directa: «Ése debería ser el tema de tu próximo libro».

EL MERCADO DE LA INCERTIDUMBRE

Creo que la mayoría de los líderes empresariales reconocen que los desafíos cotidianos que comporta el desempeño de la actividad principal dejan poco tiempo y energía para aprovechar y probar nuevas ideas. Es lógico, puesto que las empresas de hoy en día operan en un contexto bastante distinto al de sus predecesoras. En los últimos años, he tenido el privilegio de conocer a miles de directores de todo el mundo. Una y otra vez, he sido testigo de su candente preocupación por la imprevisibilidad del mundo en que vivimos. Éstos son los motivos de preocupación más habituales que llegan a mis oídos:

1. La globalización y el surgimiento de nuevos competidores mundiales.
2. «El software se está comiendo el mundo» y la forma en que la automatización y la tecnología de la información (TI) parecen destruir los «fosos» competitivos de empresas que en el pasado fueron capaces de establecerse en torno a sus productos y servicios.
3. La rapidez de la evolución tecnológica y del cambio de preferencias de los consumidores.
4. La cantidad ingente de nuevas startups con elevado potencial de crecimiento que se incorporan a todos los sectores, aun cuando la mayoría de ellas fracasan.

Y éstos son sólo algunos ejemplos de las fuentes de incertidumbre externas a las que se enfrentan hoy los directores. Cada vez más, se los presiona para que siembren más incertidumbre: ya sea mediante el lanzamiento de productos nuevos e innovadores, la búsqueda de nuevas fuentes de crecimiento o la entrada en nuevos mercados.

ACELERACIÓN DE LA ADOPCIÓN TECNOLÓGICA

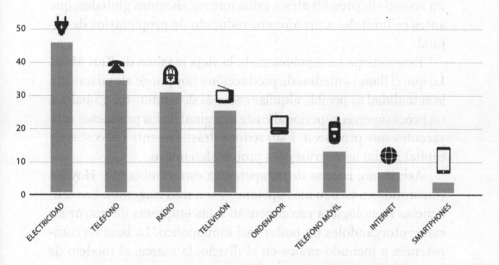

Años transcurridos hasta que una nueva tecnología es adoptada
por el 25 por ciento de la población de Estados Unidos.
Fuente: Censo de Estados Unidos, *The Wall Street Journal*.

Es importante entender esto como el cambio que realmente es. Durante la mayor parte del siglo xx el crecimiento de la mayoría de las industrias estaba limitado por la capacidad. Entonces se consideraba una obviedad absoluta lo que cualquier empresa habría hecho si hubiera tenido capacidad adicional: aumentar la producción y luego venderla. Los «nuevos productos» consistían principalmente en variaciones de los productos que la empresa ya fabricaba. El «nuevo crecimiento», por lo general, implicaba reforzar la publicidad para que los productos existentes llegaran a otros públicos. Las bases de la competencia radicaban sobre todo en el precio, la calidad, la variedad y la distribución. Las barreras de acceso eran considerables, y cuando los competidores aparecían en escena, entraban en el mercado y crecían con relativa lentitud en comparación con los parámetros actuales.

Hoy, las comunicaciones globales permiten inventar y fabricar nuevos productos en cualquier parte del mundo, y que los consumidores puedan descubrirlos a un ritmo sin precedentes.

Más aún, los particulares y las pequeñas empresas disponen de un acceso sin precedentes a estos nuevos sistemas globales, que antes se limitaba a un número reducido de propietarios de capital.

Este sistema ha revolucionado la vieja máxima de Karl Marx. Lo que él llamó «medios de producción» hoy puede alquilarse. En la actualidad es posible alquilar cadenas de suministro globales a un precio apenas superior al coste marginal de los productos subyacentes que producen. Esto reduce drásticamente los costes de capital inicial necesarios para probar algo nuevo.

Asimismo, la base de competencia está cambiando. Hoy los consumidores tienen más opciones y son más exigentes. Las tendencias tecnológicas recompensan a las empresas de mayor alcance otorgándoles un poder casi monopólico. La base de competencia a menudo radica en el diseño, la marca, el modelo de negocio o la plataforma tecnológica.

LA CARTERA DE GESTIÓN

Éste es el contexto en el que funciona la empresa moderna. Hay una miríada de empresas que aún fabrican productos básicos. Sin embargo, éstas suelen necesitar nuevas fuentes de crecimiento que sólo la innovación puede proporcionar, lo cual tiene repercusiones reales en lo que yo llamo la cartera de gestión de una empresa. Las mejoras graduales o las variaciones de productos existentes constituyen inversiones relativamente previsibles, al igual que ocurre con las mejoras de procesos destinadas a aumentar la calidad y los márgenes. En estos casos, las herramientas de gestión tradicional —desde las previsiones hasta los típicos objetivos de rendimiento— funcionan bien.

Sin embargo, para otras partes de la cartera de gestión, donde se intenta dar un salto innovador, las herramientas tradicionales de gestión no funcionan. La mayoría de las empresas no han sabido con qué reemplazarlas, hasta ahora.

POR QUÉ LAS HERRAMIENTAS TRADICIONALES DE GESTIÓN LUCHAN CONTRA LA INCERTIDUMBRE

Hace unos años compré uno de los clásicos de la gestión empresarial, *Mis años en la General Motors* (Universidad de Navarra, 1979), de Alfred Sloan, publicado originalmente en 1963. En el libro, Sloan cuenta que en 1921 General Motors se quedó prácticamente sin efectivo. ¿El motivo? No se trató de una catástrofe devastadora ni tampoco de un escándalo de malversación de fondos. No, sencillamente compraron materiales en exceso y cargaron sobremanera el inventario por valor de varios centenares de millones de dólares (¡en dólares de la década de los veinte!), sin percatarse de que ese año la economía en general se estaba contrayendo y que la demanda sería escasa en 1920-1921.

Después de rescatar la empresa adoptando medidas de emergencia, Sloan dedicó varios años a la búsqueda de un nuevo principio de gestión a fin de evitar que ese tipo de problema se repitiera. Al final, llegó a un gran descubrimiento, lo que él llamó «la clave del control coordinado de las operaciones descentralizadas».

El sistema estaba basado en cálculos rigurosos, para los directores de cada división, del número exacto de coches que General Motors tenía que vender en un año «ideal». Utilizando esos cálculos junto con una serie de objetivos internos y factores macroeconómicos externos, la empresa hacía una previsión del número de coches que tenía que vender por división. Los directores cuyas ventas superaban el número previsto se ganaban un ascenso. Una vez puesto en marcha, el sistema cumplía la función de evitar errores de cálculo y, por tanto, el derroche de recursos que había tenido lugar anteriormente en la empresa.

La innovadora estructura de Alfred Sloan se convirtió en la base de la gestión general del siglo XX. Sin ella resulta imposible gestionar una empresa multinacional, multiproducto y multidivisión, y sus cadenas de suministro. Se trata de una de las ideas más revolucionarias de los últimos cien años que sigue utilizándose ampliamente en la actualidad. Todo el mundo sabe a qué atenerse: supera las previsiones de venta, las acciones suben y te ascienden. Pero ¡pobres de aquellos que no igualen las previsiones!

No obstante, cuando leí por primera vez este relato, esto es lo que me rondaba la cabeza:

¿Me estás diciendo que...

hubo una época...

en que la gente hacía previsiones...

y se cumplían?

Más aún, ¿las previsiones eran tan precisas que podían utilizarse como un sistema justo para determinar quién ascendía y quién no? Como emprendedor, jamás he vivido algo semejante.

Las startups con las que siempre he trabajado, las que conocí en Silicon Valley, no podían realizar previsiones precisas porque carecían de cualquier tipo de historial operativo. Puesto que desconocían su producto y su mercado —y en algunos casos, hasta la funcionalidad de la tecnología en sí—, era totalmente imposible realizar una previsión exacta.

No obstante, las startups también elaboran previsiones, sólo que no son exactas.

Al inicio de mi carrera, supe por qué siempre había hecho previsiones para mi negocio: sin ellas es imposible recaudar fondos para una startup. Creía que las previsiones representaban una especie de ritual *kabuki* en que los emprendedores exhibían su fortaleza ante los inversores y les mostraban la cantidad de sufrimiento en forma de hojas de cálculo que podían tolerar. Se trataba de un ejercicio de imaginación motivado por nuestro afán de presentar un resultado remotamente factible para una idea que —por lo general, en ese momento— no había sido probada.

Sin embargo, al final descubrí que algunos inversores se *creían* realmente las previsiones. Incluso intentaban utilizarlas como instrumento de rendición de cuentas, igual que Alfred Sloan. Si la startup no igualaba las cifras del plan de negocio original, los inversores lo tomaban como un indicio de mala ejecución. Como emprendedor, esta reacción me parece desconcertante. ¿Acaso no sabían que todas las cifras eran inventadas?

Más tarde en mi carrera, entablé amistad con más directores que desempeñaban puestos corporativos tradicionales e intentaban fomentar la innovación. Cuantos más innovadores corporativos conocía, más oía hablar de la fe que sus jefes depositaban en las previsiones como herramienta de rendición de cuentas para los empleados, incluso para los altos directivos que desde luego (pensé) sabían más que nadie. El «plan de fantasía» de la presentación original suele ser demasiado optimista para usarlo como una previsión real. Sin embargo, como no disponen de otros sistemas, los directores tienen que aferrarse a algo. A falta de alternativas, recurren a las previsiones: aun cuando son inventadas.

Es probable que ya te hayas formado una idea del problema: seguimos utilizando un sistema de rendición de cuentas antiguo, que fue creado en un momento y un contexto muy distintos de los actuales, en situaciones en que no funciona. A veces, el hecho de no cumplir las previsiones implica mala ejecución por parte del equipo. No obstante, otras veces implica que la previsión en sí era pura fantasía. ¿Cómo diferenciar entre ambos?

¿CÓMO GESTIONAR EL FRACASO?

Sin duda has oído hablar de Seis Sigma, una de las transformaciones empresariales más famosas de la historia de la gestión. Implantado en General Electric en 1995 por el consejero delegado Jack Welch, Seis Sigma es un proceso para el desarrollo y la fabricación de productos casi perfectos. *Sigma* es un término estadístico que mide el grado de desviación en que un determinado proceso se aleja de la perfección. Para que un proceso alcance la meta de Calidad Seis Sigma, éste debe generar un máximo de 3,4 defectos por millón de eventos u oportunidades, es decir, como mucho ha de ser defectuoso en un 0,0000034 por ciento. Welch introdujo el proceso en General Electric con la finalidad de que toda la empresa alcanzara la meta de Calidad Seis Sigma en cinco años, alegando que «la calidad realmente puede convertir a General Electric, una de las mejores empresas, en la mejor empresa del mundo por excelencia».

Mientras recorría General Electric formando a ejecutivos, surgieron varios interrogantes, tanto por parte de los defensores como de los escépticos de Seis Sigma, con respecto a las probabilidades de que FastWorks se convirtiera en el próximo «gran éxito» de la empresa. ¿Dejaba obsoleta la capacitación en Seis Sigma? Si la idea consistía en que FastWorks funcionara a la par de Seis Sigma, ¿cómo saber cuándo usar uno u otro? ¿Acaso las certificaciones y los niveles del Lean Startup eran similares a los cinturones de colores de Seis Sigma?

Un día, durante una reunión que mantuve con un cinturón negro de Seis Sigma de uno de los negocios de General Electric —que era bastante escéptico—, me distraje al descubrir sobre su escritorio una taza con la frase «Fracasar no es una opción». «Nadie del mundo de las startups podría tener una taza como ésa —pensé—: sería ridículo». Mi experiencia está repleta de situaciones en que la realidad demostró ser demasiado imprevisible como para evitar el fracaso.

Pensé en los emprendedores más exitosos que conozco. ¿Qué dirían sus tazas? Me decanté por esta frase: «Todos los días desayuno fracasos».

El conflicto entre estos dos lemas constituye un excelente punto de partida para comprender no sólo por qué a las startups les ha costado tanto adoptar los métodos tradicionales de gestión —y a la inversa—, sino también lo que los une. Hubo una época en la que fabricar productos de alta calidad a gran escala dentro del plazo y el presupuesto previstos constituía uno de los mayores desafíos del momento. Para dotar de calidad a los productos de adentro hacia fuera había que dominar la nueva ciencia estadística de la variación, y posteriormente crear herramientas, metodologías y programas de capacitación para ponerla en práctica. La estandarización, la producción en serie, la producción ajustada (o lean) y Seis Sigma son todos frutos de este triunfo conceptual conseguido con gran esfuerzo.

Todos esos métodos presuponen que es posible evitar el fracaso mediante la preparación, planificación y ejecución diligentes. Sin embargo, el componente *startup* de la cartera de gestión pone en tela de juicio este supuesto. Teniendo en cuenta que algunos proyectos no cumplen las previsiones por su elevado nivel de incertidumbre subyacente, ¿cómo rinden cuentas los directores?

CAMBIAR LA MANERA
DE «CRECER» DE LAS EMPRESAS

Aditya Agarwal, que trabajó en Facebook en los primeros años de la empresa, cuando la plantilla aumentó de diez empleados a dos mil quinientos, hoy es vicepresidente de ingeniería de Dropbox. Así es como él percibe el dilema empresarial:

> Uno de los motivos por los que resulta complicado crear cosas nuevas en empresas de mayor envergadura radica en que la gente no tiene el modelo mental de «mi trabajo en realidad consiste en aprender». El modelo mental predominante es convertirse en el mejor haciendo algo en concreto y luego se espera que sigas haciendo lo mismo. Sí, hay un aprendizaje progresivo, pero se trata de perfeccionar tu trabajo más que de impulsarlo. Incluso las empresas que han lanzado un buen producto no saben muy bien cómo volver a hacerlo.

Uno creería que una startup innovadora y puntera como Dropbox, fundada en 2007 y en el momento de redactar estas líneas valorada en 10.000 millones de dólares, con 500 millones de usuarios y casi 1.500 empleados en todo el mundo, sortearía fácilmente el problema de replicar una estructura anticuada, ¿verdad? Al fin y al cabo, salió al mercado con un producto que nadie sabía siquiera que fuera necesario, y terminó siendo un éxito rotundo.

No obstante, también Dropbox se ha enfrentado a algunas de las dificultades que por lo general asociamos con empresas más tradicionales y consolidadas. ¿Por qué? Porque en el curso de su tremendo y rapidísimo crecimiento la empresa se construyó sobre un modelo conocido. De esta manera, perdió algunos de sus primeros principios sobre la mentalidad del producto que posibilitaron el éxito inicial. Los lanzamientos de sus nuevos productos estrella, Mailbox y Carousel, fueron, en palabras de Agarwal, «decepcionantes. No tuvieron la repercusión masiva que queríamos y terminamos prescindiendo de ellos». En Dropbox saben cuál fue el motivo de esos fracasos. En palabras de Agarwal: «No obtuvimos suficiente *feedback* relevante de los usuarios. Creábamos sin parar, pero no escuchamos lo suficiente».

La diferencia entre Dropbox y otras empresas de legado más consolidadas radicó en que el núcleo de la empresa conservaba su original y eficaz método para probar, comercializar y desarrollar nuevas ideas. «Fue la experiencia más dolorosa por la que ha pasado la empresa —comenta Agarwal—, pero también la más importante y gratificante. Nos enseñó mucho acerca de los errores que cometimos durante la creación de nuevos productos. Es importante aceptar el dolor, llevar a cabo una autopsia y aprender. Ésa es la manera de mejorar y de fortalecerte.»

Tras implementar una serie de cambios, algunos de los cuales describiré en otro capítulo, lanzaron al mercado Dropbox Paper, una nueva herramienta de colaboración y comunicación de la plataforma basada en el aprendizaje de intentos anteriores. En enero de 2017, Dropbox Paper se lanzó a nivel mundial en veintiuna lenguas.

Como explica el director de producto Todd Jackson: «Lanzar productos nuevos es una disciplina aparte». Ser consciente de la necesidad de proteger y fomentar el crecimiento de un producto existente y al mismo tiempo poder experimentar con productos nuevos es un aspecto fundamental para triunfar en el siglo XXI, y uno de los pilares de la empresa moderna.

EL PAPEL DE LOS LÍDERES

Hace unos años contesté preguntas en una reunión informativa celebrada en una startup «unicornio» —empresas valoradas en más de 1.000 millones de dólares— que había crecido rápidamente y superaba los mil empleados. Pese a que la empresa llevaba pocos años funcionando y disponía de tecnología de vanguardia, sus prácticas de gestión eran definitivamente convencionales. La reunión informativa se enfocó sobre todo en estas preguntas: ¿Qué le pasó a nuestro ADN startup? ¿Por qué nuestra velocidad y agilidad han caído tanto en este último tiempo? ¿Cómo podemos recuperarlas?

Al final de la sesión, la fundadora, frustrada, me describió su dilema como sigue: Un equipo le había presentado una idea que quería probar. Aunque entonces ella llevaba las riendas de una organización muy grande, en el fondo seguía siendo una emprendedora. Así pues, asignó fondos al equipo, dejó que los integrantes trabajaran en el proyecto y ella retomó su labor cotidiana de gestión. El nuevo equipo la mantenía al tanto periódicamente, como hacía el resto de los equipos, y todo parecía marchar sobre ruedas. Seis meses después decidió visitar al equipo para ver la evolución de su trabajo y descubrió que no habían despachado ni un solo producto. Aún no tenían clientes, y la fabricación del producto estaba a medias porque el proceso se había complicado mucho más de lo previsto.

El equipo alegó un millón de excusas sobre lo que había ocurrido: falta de recursos, la necesidad de anticipar otra decena de problemas que podían presentarse en el futuro, la necesidad de crear una estructura de apoyo, etc. Se trataba de un típico caso de arrastramiento de alcance, ya que el equipo añadía cada vez más características «esenciales» al producto. La fundadora no entendía qué había fallado. ¿Por qué nadie dijo nada? ¿Por qué su equipo no lo consideraba un desastre? La respuesta radicaba en que los integrantes del equipo no rendían cuentas de una manera que reflejara realmente los avances (o para el caso, su ausencia).

Esto me brindó la oportunidad de preguntar a la fundadora qué habrían dicho los primeros inversores si ella hubiera esgrimido esas mismas excusas. «Habrían volado, o alguien habría dicho: "Muy bien, pero no tienes tiempo para hacer una decena de cosas. Tienes tiempo para hacer bien una sola cosa. No dispones de los recursos para crear todo lo demás. Tienes que crear lo que realmente necesitas en este momento. Puedes inventar las excusas que quieras para justificar la falta de clientes, pero los clientes son como el oxígeno: sin ellos no puedes sobrevivir".»

Fue una situación extraña. La consejera delegada y fundadora estaba acostumbrada a verse como la valiente protagonista del clásico relato emprendedor. Los inversores y asesores no eran más que actores secundarios. Sin embargo, tenía que aprender a

considerarse una inversora entre los emprendedores que trabajaban para ella. Ella era la responsable de crear un programa
para secundar los esfuerzos de los emprendedores y de definir
los hitos y mecanismos para medir los resultados de su trabajo, y
ahí había fallado. Al examinar la situación desde esta nueva
perspectiva, se dio cuenta de que tenía que redefinir su papel.
Cuando lo hubo hecho, mantuvimos una fascinante conversación sobre quiénes eran los emprendedores de la empresa y cómo
podía apoyarlos.

BENEFICIARSE DEL FRACASO: EL CASO DE AMAZON

Algunas empresas, por supuesto, ya funcionan de esta manera:
son las que gozan de mayor éxito en la economía actual, porque
saben cómo pensar a largo plazo aun cuando actúan con celeridad y miden los resultados sobre la marcha. Piensa, por ejemplo,
en el teléfono Amazon Fire. En cuatro años, el proyecto pasó de
una idea detallada en un ambicioso esbozo de comunicado de
prensa a ser prácticamente una desilusión universal poco después de su lanzamiento en verano de 2014. Con un precio de venta inicial de 199 dólares, el teléfono Fire en poco tiempo comenzó a venderse a 0,99 dólares y, hacia el siguiente invierno, la
empresa sufrió una depreciación de 170 millones de dólares, en
gran parte por los teléfonos que no pudo vender. Allí donde una
empresa más convencional hubiera despedido gente y socavado
la moral de todos, Amazon aprovechó la oportunidad para aprender y reorganizarse. Como expresó entonces Jeff Bezos:

> He hecho miles de millones de dólares de fracasos en Amazon.com.
> Lo digo literalmente. No son para nada divertidos, pero tampoco
> importantes. Lo importante es que las empresas que no aceptan el
> fracaso o no siguen experimentando al final adoptan una postura
> que lo único que les permite hacer es apostar por un milagro al final
> de su existencia corporativa. No creo en las apuestas que se juegan
> la empresa.

En lugar de cerrar Lab126 (el equipo que diseñó el teléfono Fire) y despedir a los creadores del teléfono, Amazon les asignó otros proyectos: las tabletas, los altavoces Echo, el asistente de voz Alexa y muchos otros productos que veremos en el futuro. Entretanto, además de crear nuevos productos, la empresa incursionaba en el reparto de comida a domicilio, la creación de contenido original de televisión y el desarrollo de su propia línea de artículos para bebés. «Hay muchas formas de verlo, pero la realidad es que Amazon es un conjunto de varias empresas e iniciativas —afirmó Bezos ese año—. Es como si hace veinte años hubiéramos abierto un puesto de limonada, y con el tiempo ese puesto fuera muy rentable; pero también decidimos hacer uso de nuestras habilidades y los activos que hemos adquirido para abrir un puesto de hamburguesas y un puesto de frankfurts: estamos invirtiendo en nuevas iniciativas.»

Incluso en situaciones en las que no se puede prever, siempre se puede planificar. Sea cual fuese el plan de negocio original del teléfono Fire, es evidente que el plan no contemplaba ese desenlace. Pero con la fabricación del teléfono la empresa asumió un riesgo que le concedió un margen de reacción cuando las cosas no salieron como esperaba. Precisamente esa visión a largo plazo —la comprensión de que la limonada misma a la larga podría dejar de ser un éxito en ventas y ser reemplazada por otro producto—permite la creación de una cartera de experimentos.

UN ENFOQUE EN EL LEGADO

La mayoría de las empresas se esfuerzan por hacer frente a esta nueva realidad. Pero no porque en las organizaciones no abunden las personas inteligentes y ambiciosas, sino porque carecen de las herramientas para aprovecharlas.

Para muchos directores de empresas consolidadas esto supone la adquisición de nuevas habilidades. Algo que es cierto incluso para los directores que son emprendedores consumados, porque implica asumir un nuevo papel. Se trata de una experiencia surrealista que conlleva el abandono de hábitos y pautas que les sirvieron en otros momentos de sus carreras.

Cuando converso con directores que están haciendo esta transición, hay un concepto que me parece muy útil: el legado. Muchos hemos heredado la organización donde trabajamos de una generación anterior de directores. Esto es cierto para los gobiernos y las empresas mundiales como General Electric, pero también para cualquiera que no sea el fundador original de la organización donde trabaja. De modo que cabe preguntarse: ¿Queremos legar a la próxima generación de directores una organización más fuerte que la que hemos heredado nosotros? ¿Cuál queremos que sea nuestro legado?

Estas preguntas no están dirigidas únicamente a las empresas consolidadas más antiguas. Una de mis anécdotas preferidas de Sheryl Sandberg, la dinámica directora de operaciones de Facebook, surge a raíz de una reunión en la que los empleados se quejaron de la «injusticia» de que su desempeño se evaluara en función del éxito de los proyectos en los que participaban, en vez de en las aportaciones individuales a esos proyectos.

Sandberg tomó nota, pero su respuesta me ha acompañado durante años. Pidió a los empleados que pensaran en una de sus empresas favoritas que hubiera sufrido un deterioro. Kodak, por ejemplo, o RIM. Imagínate a los empleados de esa empresa sentenciada durante los meses y años previos a la debacle. Piensa en las personas que recibieron comentarios positivos, que ascendieron, que cobraron incentivos por sus magníficas contribuciones..., todo mientras la empresa sufría una vil derrota. ¿Realmente quieres ser uno de esos directores?

Cuanta más experiencia tienen los directores con los que converso, mayor es la importancia que cobra esta pregunta. Muchos directores ya han disfrutado de grandes éxitos profesionales y económicos, de hecho así es cómo llegaron a ser directores de nivel superior. Y pese a que aún tienen energía y ambición de hacer más, también son capaces de contemplar su labor desde el prisma a largo plazo de la trayectoria de la organización.

El objetivo final de este proceso consiste en elaborar una verdadera síntesis: una forma novedosa y moderna de pensar en las organizaciones y el liderazgo que puede convertirse en la base del crecimiento y la innovación del siglo XXI. En pos de este objetivo, sería un disparate tirar por la borda las lecciones de gestión aprendidas con tanto esfuerzo en el pasado. Aún más disparatado sería quedarse atrapado en ideologías pasadas frente al cambio y la disrupción. Al contrario, es hora de empezar a construir sobre ellos.

EL SISTEMA FALTANTE

La primera vez que recibí una invitación de Toyota para participar en una de sus reuniones debo admitir que estaba un poco nervioso. Para alguien que escribe sobre procesos lean, Toyota tiene un estatus casi mítico, puesto que fue la primera empresa en implantar los principios lean a gran escala. Denominé Lean Startup a la teoría que redacté en 2011 como un merecido homenaje a la deuda intelectual que contraje con Toyota y la anterior generación de pensadores lean, una deuda que se mantiene a lo largo de este volumen, cuyo título está inspirado en la magistral obra *Las claves del éxito de Toyota* (Gestión 2000, 2010), de Jeffrey Liker. Con *El método Lean Startup* quise demostrar que las ideas lean pueden aplicarse a un nuevo campo —el terreno emprendedor de incertidumbre extrema— y adquirir mayor relevancia para la nueva generación de directores. (Si no estás familiarizado con *El método Lean Startup*, no te preocupes: repasaremos las conclusiones más importantes en el capítulo IV.)

Teniendo en cuenta el estatus y el rendimiento empresarial legendarios de Toyota, hubiera sido perfectamente comprensible que rechazaran *El método Lean Startup* por tratarse de algo que «no inventamos nosotros». Desde luego mi falta de experiencia industrial o de capacitación formal en «el método Toyota» podía dar que pensar. Sin embargo, la cultura de Toyota es muy abierta, y nunca surgieron estos temas. Mientras trabajábamos juntos, varias personas de la empresa revelaron por qué creían que podía ser beneficioso incorporar el Lean Startup al Sistema de Producción de Toyota (SPT).

Toyota se ha convertido en el líder mundial de la fabricación de productos en serie de alta calidad, en el plazo y presupuesto previstos, y con los costes más competitivos del sector. La empresa ha creado innovaciones muy exitosas, como la tecnología de conducción híbrida del Prius, pero en la época en que asistí a la reunión, no habían tenido el mismo éxito con la incorporación de plataformas digitales innovadoras a sus productos. Con la evolución de las preferencias de los consumidores y la tecnología de los vehículos autónomos, esto amenazaba con convertirse en una vulnerabilidad que definiera a la empresa.

Para la aprobación del proyecto original (que describiré en el capítulo VI), me reuní con directores de todos los niveles jerárquicos de la empresa, y al final mantuve una reunión con uno de los principales directores de nivel superior de Toyota, Shigeki Tomoyama (entonces director de Tecnología de la Información y de los grupos de Sistemas y Tecnologías de la Información). Al igual que otros directivos de Toyota, Tomoyama pasa la mayor parte del tiempo viajando para observar de primera mano lo que ocurre en el vasto imperio de la empresa. Seguro que puedes imaginarte la situación cuando vino a verme. Fiel al tradicional estilo japonés, Tomoyama llegó acompañado de un gran séquito. Mis colegas estadounidenses de la pequeña sucursal de la empresa y yo nos sentamos al otro lado de la mesa. Francamente no tenía idea de cómo saldría la reunión.

Entablamos una conversación profunda y detallada sobre *El método Lean Startup* y su posible implantación en Toyota. Seguramente alguien de su séquito lo había leído, se acababa de traducir al japonés. Sin embargo, Tomoyama no pronunció ni una sola palabra al inicio de la reunión, y yo no entendía su lenguaje corporal.

Cuando finalmente rompió su silencio, dijo algo que jamás olvidaré: «Ésta es la mitad que le falta al Sistema de Producción de Toyota. Tenemos un sistema que es extraordinario produciendo de acuerdo con nuestras especificaciones, y con resultados de alta calidad, pero no tenemos un sistema equivalente para averiguar qué producir». Tomoyama explicó que Toyota había avanzando tanto en el proceso de fabricación eficiente de productos existentes que en cierta medida había perdido su espíritu innovador inicial. Por supuesto, Toyota tenía un método para descubrir nuevas ideas, pero era preciso mejorarlo e integrarlo en la empresa en su conjunto. Decir que me sentí honrado por su comparación sería quedarse corto.

Una empresa moderna es aquella que posee ambas mitades, ambos sistemas. La empresa moderna tiene la capacidad de fabricar productos de alta fiabilidad y calidad, pero también de descubrir nuevos productos para su fabricación.

UNA EMPRESA REALMENTE MODERNA

De modo que, a tenor de lo anterior, ¿cómo reconocerías a una empresa moderna? Y más importante aún, como líderes, ¿qué podemos hacer por ella?

Una empresa moderna es aquella donde todos los empleados tienen la oportunidad de ser emprendedores. Una empresa que respeta a sus empleados y sus ideas a un nivel fundamental.

Una empresa moderna es disciplinada y rigurosa en la ejecución de su actividad principal —sin disciplina la innovación no es posible—, pero también se vale de un conjunto complementario de herramientas de gestión emprendedora a fin de abordar las situaciones de incertidumbre extrema.

UNA EMPRESA ANTICUADA se basa en el crecimiento continuo a través de la gestión y los controles normativos, y está sometida a una enorme presión para obtener resultados a corto plazo, como los informes trimestrales.

UNA EMPRESA MODERNA se basa en el impacto sostenido a través de la innovación continua, y se centra en resultados a largo plazo.

———————

UNA EMPRESA ANTICUADA está formada por expertos en silos funcionales especializados; el trabajo pasa por un proceso etapa-puerta o proceso en cascada que envía proyectos de área en área con hitos específicos vinculados a cada entrega.

UNA EMPRESA MODERNA está formada por equipos interfuncionales que trabajan juntos para atender a los clientes a través de procesos altamente iterativos y científicos.

UNA EMPRESA ANTICUADA tiene tendencia a emprender programas inmensos.

UNA EMPRESA MODERNA emprende experimentos rápidos.

UNA EMPRESA ANTICUADA utiliza las áreas funcionales, como los departamentos jurídico, financiero y de tecnología de la información, para atenuar el riesgo mediante el cumplimiento de procedimientos detallados.

UNA EMPRESA MODERNA utiliza las áreas funcionales para ayudar a que sus empleados alcancen el objetivo de atención al cliente, y comparte la responsabilidad en la mejora de los resultados empresariales.

UNA EMPRESA ANTICUADA prioriza incluso los proyectos más inciertos en función del rendimiento de la inversión (ROI), la contabilidad tradicional y la cuota de mercado. Para medir el éxito, los equipos de proyecto persiguen cifras que fueron proyectadas para reflejar el mejor panorama posible («métricas de vanidad»), aunque no revelen necesariamente la verdad.

UNA EMPRESA MODERNA intenta maximizar las probabilidades y dimensiones del futuro *impacto*. Los equipos de proyecto presentan y miden indicadores avanzados utilizando la contabilidad de la innovación. En un contexto lucrativo, este objetivo por lo general sigue la recomendación de Jeff Bezos de «centrarse en el crecimiento a largo plazo del flujo de caja libre por acción» en vez de en los tradicionales indicadores contables.

UNA EMPRESA ANTICUADA está repleta de *multitasking*: reuniones y deliberaciones donde los participantes se centran parcialmente en la tarea en cuestión. En la sala hay muchos mandos intermedios y expertos opinando, aun cuando no son responsables directos de la ejecución de la tarea. Y la mayoría de los empleados reparten su creatividad y atención en varios tipos de proyectos a la vez.

UNA EMPRESA MODERNA tiene una nueva herramienta en su arsenal: la startup interna, formada por un número reducido de fervorosos creyentes que se centran en un único proyecto. Como la famosa máxima de Amazon de los «equipos de dos pizzas» (no más integrantes que el número total de comensales que puedan alimentarse con dos pizzas), estos pequeños equipos tienen la capacidad de experimentar a gran velocidad y aumentar el impacto. Su filosofía es: «Piensa en grande. Empieza poco a poco. Crece deprisa».

UNA EMPRESA ANTICUADA está compuesta por directores y subordinados.

UNA EMPRESA MODERNA está compuesta por directores y emprendedores a los que brindan medios y apoyo.

UNA EMPRESA ANTICUADA suele buscar proyectos grandes, caros y de lento desarrollo para asegurarse de que sean «adecuados», y utiliza un sistema de financiación similar de un año a otro.

UNA EMPRESA MODERNA busca una cartera de experimentos inteligentes y amortigua los costes de los fracasos apostando por los experimentos que funcionan; además, utiliza un sistema de financiación dosificada que va aumentando a medida que se va probando el éxito.

UNA EMPRESA ANTICUADA es una empresa donde la eficiencia implica que todos tienen que estar constantemente ocupados, lo que propicia «el fracaso» de crear eficientemente el producto equivocado.

UNA EMPRESA MODERNA es una empresa donde la eficiencia implica averiguar qué más se puede hacer por los clientes, por todos los medios que sean necesarios.

UNA EMPRESA ANTICUADA cree que «el fracaso no es una opción», y los directores son hábiles encubriendo los fracasos y fingiendo que no existen. Tal vez de puertas afuera aboguen a favor de «aceptar el fracaso», pero los sistemas de retribución, promoción y evaluación transmiten un mensaje completamente distinto.

UNA EMPRESA MODERNA recompensa los *fracasos productivos* que conducen a cambios de dirección y proporcionan información útil.

UNA EMPRESA ANTICUADA se protege de la competencia por medio de barreras de acceso.

UNA EMPRESA MODERNA vence a la competencia por medio de la innovación.

Si examinas esta lista de diferencias, advertirás varias paradojas. En términos generales, incluso entre las empresas anticuadas que se enfocan en resultados a corto plazo (como los informes trimestrales), la mayoría de las iniciativas son extremadamente lentas, presentan aversión al riesgo e invierten sobre la base del «todo o nada». La gestión moderna exige una filosofía a largo plazo acompañada de un proceso de experimentación extremadamente rápido a fin de descubrir las estrategias que respaldan la visión a largo plazo.

II

El espíritu emprendedor: la «función faltante»

Probemos un experimento mental: imagina por un momento cómo eran las empresas antes de que el marketing surgiera como una disciplina reconocida. No existían los directores de marketing, ni los directores de marketing de producto o marca tal como los conocemos hoy. Era imposible que te promovieran sólo por tus habilidades de marketing. En aquella época, todo el mundo —en realidad, nadie— estaba a cargo de lo que hoy denominamos marketing: publicidad, material publicitario e incluso gestión de producto.

Hay un motivo por el que hoy el marketing se considera un componente esencial en casi todas las organizaciones: requiere excelencia, y alguien tiene que estar a cargo de esa función. Lo mismo es válido para el resto de las principales áreas funcionales: ingeniería, finanzas, tecnología de la información, cadenas de suministro, recursos humanos y jurídica.

En la estructura organizativa tradicional, ¿quién se encarga de lidiar con la incertidumbre de abrir nuevas e inesperadas fuentes de crecimiento e impacto, de convertir los resultados de las investigaciones en productos viables y de aprovechar las fuerzas disruptivas de la organización? En el caso de las organizaciones pequeñas, la respuesta es obvia: los fundadores. No obstante, cuando las organizaciones crecen bastante la respuesta sincera suele ser: nadie.

Pero incluso si hubiera un responsable, ¿de qué se encargaría exactamente esa persona? La ausencia de un sistema para la puesta en marcha de nuevas ideas representa un inmenso problema para las corporaciones que durante décadas —o más— se han visto entorpecidas por varias capas de burocracia u obstaculizadas por onerosas prácticas de «así es como lo hemos hecho siempre». Sin embargo, se trata de un problema no poco frecuente en las startups de hipercrecimiento. Al final de la extraordinaria expansión de una startup, los empleados originales, los que vivieron las primeras etapas de desarrollo de la empresa, son ampliamente superados en número por los que no estuvieron durante esa etapa, a menudo en una proporción de cinco o diez a uno. Imagínate dónde trabajaban antes esos cientos o miles de empleados nuevos. ¿Cuántos de ellos, en tu opinión, participaron en las primeras etapas de otra startup exitosa? La ley de los grandes números nos dice que muy pocos.

De manera que con el crecimiento y la contratación las startups exitosas reciben de manera inadvertida, aunque inevitable, una cantidad ingente del ADN de las grandes empresas en su propia organización. A continuación se enfrentan al desafío de reorientar a esas personas hacia la cultura startup. ¿Y qué herramientas tienen a su disposición? Formación, retribución, estructura de equipos, entorno físico... todos los atributos de las organizaciones tradicionales.

LA FUNCIÓN EMPRENDEDORA

Cuando me reúno con consejeros delegados, suelo preguntarles: En este momento, en tu empresa, ¿quién es el responsable de estas dos tareas?:

1. Supervisar las iniciativas de alto potencial de crecimiento que algún día podrían convertirse en nuevas divisiones de la empresa.

2. Infundir en el trabajo diario de toda la organización una mentalidad emprendedora, experimental e iterativa.

Pocas veces se contemplan estas responsabilidades en el organigrama. En el mejor de los casos, son responsabilidades no prioritarias que recaen en alguno de los directores de área (por lo general, ingeniería, marketing o tecnología de la información) o, peor aún, son «responsabilidad de todos». Nadie se despierta cada mañana con la determinación de invertir en la siguiente generación de líderes emprendedores, combatir las fuerzas disruptivas o aprovecharlas para el crecimiento, ni garantizar que todas las personas de la organización sean vistas como un potencial recurso de nuevas ideas.

Así que es hora de ir más allá de estos planes a medias y de entender el espíritu emprendedor como una disciplina central de la empresa moderna. El espíritu emprendedor es el supervisor del «ADN startup» de la organización: infunde la mentalidad y las técnicas emprendedoras en toda la organización para que invierta de forma continua en la próxima generación de innovaciones.

Muchos empleados y directores de departamento se forman en herramientas y procedimientos específicos de un área funcional, por ejemplo, en la elaboración de presupuestos o modelos financieros. Y la función financiera desempeña un papel importante a la hora de definir las pautas a las que todos los equipos deben ceñirse para informar sobre sus avances o solicitar recursos. En la mayoría de las organizaciones, el área financiera no es la encargada directa de tomar decisiones de asignación de recursos. Eso corresponde a los ejecutivos de la sede central. No obstante, los financieros son los responsables de establecer la forma en que se desarrolla el proceso: qué información se considera relevante, cómo se evalúan los avances y cómo se asignan los recursos.

Algún día el espíritu emprendedor funcionará de manera similar: como un área especializada con su propia trayectoria profesional de emprendedores corporativos, y también como una fuente de conocimientos generales básicos, responsable de la difusión de los métodos emprendedores en toda la organización.

Como veremos, los grandes emprendedores pueden (y deben) provenir de diversas áreas de la organización. A veces las grandes ideas surgen en los lugares menos esperados. De manera que la función emprendedora debe integrarse con sumo cuidado en el tejido de la organización.

Las empresas modernas necesitan algo más que otro laboratorio de innovación. Algo más que investigación y desarrollo (I+D), prototipos y los proyectos *skunkworks* de antaño. Necesitan poder apostar de manera consistente y fiable por proyectos de alto riesgo y alto beneficio sin que por ello peligre toda la empresa. Encontrar y capacitar al tipo de líderes que puedan hacerlo, y retenerlos. Después de haber visto cómo luchan por sacar adelante esta función en varias empresas con las que he trabajado, tanto grandes como pequeñas, creo que sencillamente deberíamos llamarla «función emprendedora».

La startup como unidad atómica de trabajo

La primera responsabilidad de la función emprendedora consiste en supervisar las startups internas de la empresa. Los directivos necesitan entender la startup como una unidad atómica de trabajo, distinta de otros equipos de proyecto más tradicionales. No todo lo que hace la empresa moderna se gestiona mejor con una startup. Sin embargo, se trata de la forma organizativa que mejor rinde en contextos de incertidumbre extrema. Debido a que los tipos de proyectos que llevan a cabo las startups se entienden mejor como experimentos, las startups internas deben combinar el rigor científico del área de investigación y desarrollo, el enfoque en el cliente de ventas y marketing, y la disciplina de procesos del área de ingeniería. ¿Es de sorprender que no tengan un lugar lógico en el organigrama tradicional?

No sólo eso, sino que los emprendedores que dirigen las startups deben ostentar una trayectoria profesional distinta, con sus propias normas de desarrollo del desempeño e indicadores de éxito, incluido el manejo de técnicas de alto impacto que aceleran el crecimiento. Parte de la fórmula secreta de Silicon Valley ha consistido en dilucidar esta cuestión.

Integración de startups en la empresa matriz

La segunda responsabilidad de la función emprendedora consiste en gestionar la cuestión del éxito. Aunque reconozco que la mayoría de las startups fracasan, para muchas organizaciones la parte más difícil es saber qué hacer cuando triunfan. En una organización consolidada, una startup que renquea sólo representa una amenaza moderada para el orden establecido. Pero una realmente exitosa entraña mayor peligro. Sean cuales fueren las excepciones que se hayan hecho para permitir que los mandos intermedios de la organización aceptaran la creación del nuevo experimento se verán sometidas a una tremenda presión.

Cuando me reúno con directores de laboratorios de innovación, en contadas ocasiones tienen un plan para hacer frente a esta situación. Y como el contragolpe puede ser rápido (y mortal), conviene no esperar a que se presente el problema para abordarlo. Establecer los indicadores que determinan el éxito, crear «islas de libertad» con limitaciones de responsabilidad adecuadas (y ampliables) y convencer a los altos cargos de la adopción de este nuevo enfoque entrañan difíciles negociaciones que requieren dedicación profesional exclusiva. En esencia, el planteamiento es el siguiente: cuando un experimento arroje buenos resultados, ¿cómo encontrará su lugar en la organización? ¿Será absorbido por una división existente o se convertirá en una división completamente nueva? ¿Cómo se toma esa decisión? ¿A quién le corresponde tomarla? (Abordaré estos temas en detalle en la Segunda parte).

A continuación presento una forma de visualizar lo que ocurre cuando se pone en marcha un experimento startup en una empresa de mayor envergadura.

LAS IDEAS SE VALIDAN, SE ADOPTAN Y SE AMPLÍAN

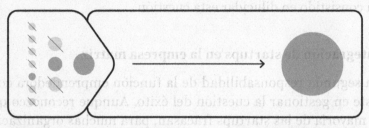

PRINCIPALMENTE EXPERIMENTACIÓN   PRINCIPALMENTE EJECUCIÓN

La trayectoria de una startup interna en el tiempo, dentro de una división. Comienza como parte de una cohorte de experimentos en etapa incipiente que, con el tiempo, va creciendo. En tanto que otras mueren porque no logran ganar terreno, ésta sigue adelante. Con el paso del tiempo, la relación entre experimentación y ejecución se va modificando, hasta que la startup queda dominada por actividades de ejecución. Entonces, y sólo entonces, la división matriz puede asumir la plena responsabilidad de su gestión.

Cada división debe disponer de métodos de prueba, refinamiento y ampliación de nuevas ideas a fin de innovar y crecer. Pero las ideas por sí mismas no tienen ningún valor. Sólo son valiosas cuando se afianzan en un equipo especializado que las persigue sin tregua, permanece fiel a la visión del experimento al tiempo que tiene suficiente flexibilidad para pivotar cuando resulta necesario (véase capítulo IV) y, en definitiva, descubre su verdadero potencial.

Varios pensadores de un tiempo a esta parte han defendido a capa y espada que la gestión emprendedora difiere de la gestión general. Sin embargo, esto conduce a una confusión habitual: que estas distintas formas de gestión pueden mantenerse de manera aislada y funcionar por separado; lo cual no es posible.

Una startup diminuta con un producto nuevo se encuentra en uno de los extremos del continuo experimentación-ejecución. Una división madura con un producto existente y un crecimiento constante de un trimestre a otro se encuentra en el extremo opuesto.

Sin embargo, hasta las startups de más reciente creación tienen que realizar acciones de ejecución. Aunque apenas tenga diez clientes debe comenzar a plantearse cuánta energía invertirá en atender a los clientes existentes y cuánta en la captación de nuevos clientes. Y las leyes de gravedad corporativa siguen siendo válidas: la escasez de recursos a la que se enfrenta la mayoría de las startups exige mayor disciplina financiera.

De modo similar, hasta los equipos de producto más convencionales realizarán algo de experimentación y *algo* de innovación, una cuestión que el autor de *The Innovator's Dilemma*, Clayton Christensen, ha planteado durante años. En la mayoría de los casos, las buenas prácticas empresariales se traducirán en la pérdida de oportunidades, porque a fin de brindar una buena atención a los clientes existentes, las empresas no quieren hacer nada radical. El equipo puede verse atrapado en este dilema y ser incapaz de producir algo verdaderamente disruptivo, si bien continúa comprometido con la innovación, algo que ya de por sí puede ser bastante radical.

FLUJO DE IDEAS EN LA EMPRESA MODERNA

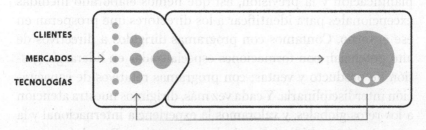

CLIENTES
MERCADOS
TECNOLOGÍAS

IDEAS DE LOS EQUIPOS DE PRODUCTO EN EJECUCIÓN

Por tanto, cada unidad organizativa se entiende mejor como una *cartera* compuesta por una mezcla de experimentación y ejecución. A medida que las startups van madurando, la relación entre ambas actividades se modifica de manera natural. Lo mismo ocurre cuando las organizaciones existentes reinvierten en su propio ADN startup. Además, esto repercute en el flujo de ideas de toda la empresa. Las startups internas pueden crecer hasta convertirse en líneas de negocio consolidadas o incluso en divisiones completamente nuevas. Pero los equipos de innovación de líneas de negocio consolidadas también constituyen una importante fuente de nuevas ideas que pueden someterse a prueba. De esta manera, la gestión emprendedora sirve de contrapeso al dilema del innovador y otras formas de inercia corporativa.

Sin embargo, esta cartera híbrida en una empresa existente ocasiona un nuevo problema, a saber...

Exige un nuevo estilo de liderazgo

Seamos sinceros. Los emprendedores no son las personas más fáciles de manejar del mundo. Incluso los mejores emprendedores que conozco luchan por crear un entorno en el que otros emprendedores quieran participar. Y todos se enfrentan a la cuestión elemental de cómo diferenciar entre un empresario y un renegado que sencillamente carece de disciplina y voluntad para acatar normas.

Las herramientas tradicionales de gestión se centran en la planificación y la previsión, así que hemos elaborado medidas excepcionales para identificar a los directores que prosperan en ese entorno. Contamos con programas dirigidos a directivos de alto potencial; con formaciones especializadas en liderazgo, gestión de producto y ventas; con programas rotativos de capacitación interdisciplinaria. Y cada vez más, dirigimos nuestra atención a los retos globales, y valoramos la experiencia internacional y la capacitación multidisciplinaria de los directivos. Pero ¿cómo trasladamos esto a los emprendedores? ¿Cómo los identificamos? ¿Cómo los dirigimos?

El espíritu emprendedor no es sólo para productos

Es normal, en este momento, creer que una startup interna consiste únicamente en la creación de nuevos productos y que la «función faltante» de las empresas es estrictamente análoga a las funciones convencionales, como ingeniería o marketing. Esto daría lugar a un organigrama similar a éste:

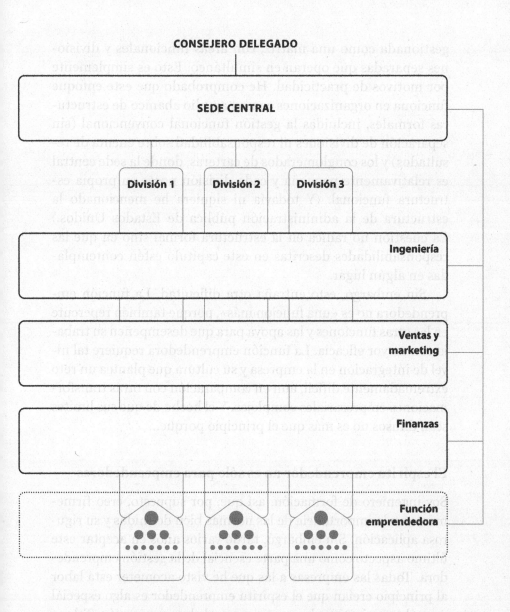

Si bien se trata de un buen punto de partida, no representa el panorama completo. Como veremos en el transcurso de *El camino hacia el Lean Startup*, en la gran mayoría de las organizaciones hay un sorprendente número de otras startups no aparentes. (Retomaremos el organigrama en los capítulos V y X.) Los organigramas de este libro suponen una organización gestionada como una matriz, con áreas funcionales y divisiones separadas que operan en simultáneo. Esto es simplemente por motivos de practicidad. He comprobado que este enfoque funciona en organizaciones con un amplio abanico de estructuras formales, incluidas la gestión funcional convencional (sin separación de divisiones ni responsabilidad sobre cuenta de resultados) y los conglomerados de carteras, donde la sede central es relativamente pequeña y cada división posee su propia estructura funcional. (Y todavía ni siquiera he mencionado la estructura de la administración pública de Estados Unidos.) La cuestión no radica en la estructura formal sino en que las responsabilidades descritas en este capítulo estén contempladas en algún lugar.

Sin embargo, esto entraña otra dificultad. La función emprendedora no es «una función más», porque también repercute en las otras funciones y las apoya para que desempeñen su trabajo con mayor eficacia. La función emprendedora requiere tal nivel de integración en la empresa y su cultura que plantea un reto extremadamente difícil, aun en comparación con otras transformaciones empresariales complejas. Y el hecho de que sus límites sean difusos no es más que el principio porque...

El espíritu emprendedor no es sólo para emprendedores

Soy ingeniero de formación, así que, por supuesto, creo firmemente en la importancia de las normas bien definidas y su rigurosa aplicación. Sin embargo, tardé varios años en aceptar este último aspecto como una parte esencial de la gestión emprendedora. Todas las empresas a las que he visto acometer esta labor al principio creían que el espíritu emprendedor es algo especial que sólo concierne a algunas personas de la organización. Tal vez involucre a unos cuantos equipos de productos experimentales, como en el caso de FastWorks, o a algunas iniciativas de cambios internos, como el programa Becas Presidenciales de Innovación que la Administración de Obama puso en marcha para llevar al gobierno a tecnólogos e innovadores del sector privado durante una breve temporada, una iniciativa que describiré más adelante. Pero, con el paso del tiempo, la definición se va ampliando. Se añaden otros tipos de proyectos más variados. Intervienen más funciones. Y, al final, todos acaban dándose cuenta de que parte de la ventaja del nuevo método de trabajo consiste en las repercusiones que puede tener en las personas no emprendedoras de la organización.

Pese a mis objeciones explícitas (aunque, al final, incorrectas), muchas de las empresas con las que he trabajado se han empeñado en utilizar la misma terminología para referirse a dos cosas totalmente distintas: por un lado, al tipo de proyectos que incorporan la idea de la startup como «unidad atómica de trabajo» (como en los proyectos FastWorks u otros tipos de startups internas dentro de organizaciones más grandes) y, por otro, a la idea de que en la empresa todo el mundo puede comportarse como emprendedor y utilizar las herramientas emprendedoras para desempeñar su trabajo con mayor eficacia (mediante iniciativas como el programa FastWorks Everyday de General Electric, que abordaré en el capítulo VIII). Incluso relaté en *El método Lean Startup* el episodio del consejero delegado de Intuit, Brad Smith, cuando dijo a toda la empresa: «Este método de trabajo nos concierne a todos y cada uno de nosotros». No obstante, he tardado algún tiempo en comprender las implicaciones de esta afirmación.

Pese a mi resistencia inicial, llegué a aceptar esta mentalidad, después de haberla visto en acción muy de cerca en varias oportunidades. En definitiva, los no emprendedores son clientes tan importantes de la función emprendedora como los propios emprendedores, por tres motivos:

1. Las herramientas tipo Lean Startup son sumamente útiles en una amplia variedad de contextos que no comportan la incertidumbre extrema de un nuevo producto pero sí cierto grado de incertidumbre. He oído decenas de episodios de gente que participó de manera tangencial en formaciones de Lean Startup y luego utilizó algunas de las técnicas en proyectos aparentemente menores —a veces tan humildes como la creación de una presentación en

PowerPoint para su jefe— con excelentes resultados. La experimentación, en general, es una herramienta muy útil.

2. Los directores que no forman parte de la startup tienen que estar al tanto de lo que está ocurriendo. Esto es fundamental, ya que no hay forma de evitar que los emprendedores ocasionen problemas. En otras palabras, los emprendedores fomentan conflictos. Muchas startups internas se han creado de manera deliberada para cuestionar prejuicios y dogmas. Este conflicto siempre —reitero, siempre— terminará escalando la cadena de mando. Aun cuando el director inmediato de la startup se haya capacitado en la metodología Lean Startup, ¿qué pasa con sus superiores?

3. Nunca se sabe quiénes van a ser los emprendedores. Retomaremos esta idea en el siguiente capítulo, pero la meritocracia de la startup difiere un poco de lo que la mayoría de la gente cree. Aunque quisieras crear un programa sólo para emprendedores, sería imposible. Nadie se convierte en emprendedor por el hecho de que en la sede central le asignen ese papel. Las buenas ideas surgen en lugares inesperados.

De hecho, una de las lecciones del auge de las aceleradoras de startups como Y Combinator (YC) y Techstars es que el gran impacto que tuvieron en todo el mundo se debe, en parte, a que incluyeron nuevas personas al ecosistema emprendedor. Éste es uno de los aspectos más sorprendentes al revisar las primeras solicitudes de YC en particular. Muchos fundadores de startups multimillonarias no estaban seguros de tener madera de emprendedores. Al reducir las barreras que obstaculizan la puesta en marcha y facilitar un medio de arranque de bajo riesgo y modelos eficaces, YC ha sido capaz de aportar un inusitado talento al ecosistema.

A fin de sacar partido del talento emprendedor latente, la organización tiene que invertir en sensibilizar al amplio conjunto de sus empleados sobre el potencial que tiene el espíritu emprendedor como carrera profesional. La organización tiene que aceptar que la meritocracia implica que las buenas ideas realmente pueden surgir en cualquier nivel de la organización, no sólo entre los administrativos o las personas con ciertos perfiles. He visto pruebas de ello tanto en plantas de producción como en despachos ejecutivos. La organización tiene que erradicar las diversas formas de prejuicios que impiden que las personas propongan ideas o que los demás las tomen en serio. Debe invertir en sistemas y procesos para que los empleados sepan qué hacer cuando llegue el aluvión de ideas. Y como la mayoría de las ideas suelen ser realmente malas, la organización debe poner a disposición de los empleados plataformas para la experimentación a fin de que descubran esto por sí mismos.

Una de las responsabilidades clave de la función emprendedora consiste en entretejer la mentalidad startup en el tejido cultural de la organización, reclutando empleados de todos los niveles y ámbitos. Debido a este amplio mandato, la transformación Lean Startup termina centrándose inevitablemente en la manera de lograr que la empresa sea más meritocrática: eliminando los sesgos, fomentando la toma de decisiones científicas y mejorando la asignación de recursos y las políticas de recursos humanos.

Más adelante retomaremos estas ideas sobre quiénes son los emprendedores, sobre todo en el capítulo X. Pero por ahora deseo centrarme en la realidad actual a la que se enfrentan las empresas. Paradójicamente, en el momento histórico en que necesitan recurrir con urgencia al talento emprendedor, están desconcertadas porque no saben dónde encontrarlo. La mayoría de las organizaciones están repletas de emprendedores, sin embargo, no sólo son incapaces de reconocerlos, sino que además los han obligado a esconderse. En general, las empresas tienden a despedir a quienes muestran iniciativa emprendedora en lugar de ascenderlos.

LA RED SUBTERRÁNEA

En todas las empresas hay personas que están dispuestas a asumir riesgos para atender mejor al cliente, aunque ello pueda comportar consecuencias para su popularidad. Más que infringir las reglas o no respetarlas, son simplemente personas que están preparadas para descubrir qué políticas de la empresa ayudan a mejorar el servicio al cliente y reformular aquellas que no lo hacen.

En General Electric, una de esas personas, Cory Nelson, estuvo a cargo del primer proyecto FastWorks: el motor Series X. Nelson entonces era director general del programa Series X de GE Distributed Power, y afrontó con gusto el desafío. No le importaba ser el primero en hacerlo: sólo quería centrarse en los resultados positivos. O en sus propias palabras: «Me atraen los objetos brillantes. Me gusta lo nuevo; de lo contrario, no lo hubiera hecho».

Hacía años que Beth Comstock sabía que en la empresa había personas como Nelson. Sólo que carecía de un método formal para ayudarlas a crecer. «Creo que siempre hay personas muy intuitivas en la organización —afirma—. Están esperando que alguien descubra su potencial. No sabes dónde están, pero una vez que les brindas la oportunidad y las herramientas, lo dan todo.» Otra persona que encajaba en esta categoría era Michael Mahan, director de Producto de la línea de electrodomésticos de General Electric. Él se refería a su equipo, que experimentaba con impresiones 3D y buscaba excepciones a protocolos normalizados para probar neveras nuevas, como «los niños locos de la esquina». Para Comstock, sin embargo, Mahan aportaba algo mucho más valioso: «Tuvimos el programa Imagination Breakthrough durante casi un decenio, y cada vez que brotaban ideas buenas, solían llevar su marca». La cuestión era cómo lograr que los talentos de Mahan formaran parte del trabajo habitual que desempeñaba en General Electric, en vez de que fueran destellos ocasionales.

Hasta el gobierno federal descubrió personas creativas en su equipo: ellas constituyeron la base de la transformación tecnológica que comenzó con la toma de posesión del presidente Obama y aún sigue en marcha. La transformación incluyó, además del rescate de la página web HealthCare.gov —inaugurada en 2013 en virtud de la Ley de Asistencia Sanitaria Asequible—, que había colapsado momentos después de su lanzamiento, la creación de nuevas organizaciones gubernamentales, como el Servicio Digital de Estados Unidos o el Servicio de Transformación Tecnológica, que abordaré en los próximos capítulos.

Estas personas están presentes en todas las organizaciones, también en la tuya. Son personas que están dispuestas a admitir: «Mis colegas creen que estoy loco por haber aceptado este proyecto, pero yo creo en él». A estos empleados recurren los directores cuando algo parece ir por mal camino. A primera vista, son iguales a los demás, van ascendiendo y desempeñan bien su trabajo. Pero también forman parte de una especie de red subterránea a la que se asignan proyectos extraordinarios de vez en cuando. A menudo, cuando les dan luz verde para trabajar en un proyecto, acometen la tarea con poco o ningún apoyo por parte de sus colegas o del conjunto de la organización.

Todos los directores que conozco saben con quién pueden contar para los proyectos de alto riesgo y alto beneficio. Saben quiénes están dispuestos a arriesgarse al suicidio profesional sólo para darle una oportunidad al proyecto. Y la pregunta que les planteo es: ¿Qué pasaría si...? ¿Qué pasaría si proporcionáramos a estas personas creativas y enérgicas una estructura para trabajar de manera inteligente en el tipo de proyectos que ellos quieran? ¿Qué pasaría si reconociéramos sus habilidades y los recompensáramos en consecuencia? La promesa de que el espíritu emprendedor constituya una función representa una oportunidad para crear un entorno donde se fomente la experimentación, donde las ideas puedan ser sometidas a prueba y luego asimiladas a la cultura, donde la pasión por la búsqueda de lo inesperado no se excluya ni se frene, sino que se sistematice y se impulse.

Sin excepción, todos los directores inteligentes ven el potencial de esta idea. Lo que necesitan saber es cómo ponerla en práctica.

LAS CAPACIDADES ORGANIZATIVAS FALTANTES

A fin de respaldar este método de trabajo, debemos resolver una serie de desafíos complejos que requieren un nuevo conjunto de capacidades organizativas.

1. ¿Cómo creamos un espacio para la experimentación con limitaciones de responsabilidad adecuadas?

Las limitaciones preestablecidas crean una «isla de libertad» o un «arenero» donde los equipos autónomos pueden experimentar en un contexto de responsabilidad limitada. En el Lean Startup estos experimentos de responsabilidad limitada se denominan productos mínimos viables (PMV). Comentaremos las características de un buen PMV en los capítulos IV y VI. Por ahora quiero centrarme en el reto de liderazgo que implica conceder libertad de experimentación a los equipos al tiempo que continúan ateniéndose a estrictas normas de rendición de cuentas.

Cuando converso con directivos (fundadores, sobre todo) acerca de las islas de libertad les pido que recuerden lo gratificante que es controlar presupuestos y tomar decisiones claves para la empresa sin tener que pedirle permiso a nadie. A continuación los animo a que se pregunten: ¿cómo puedo transmitir esa experiencia a los demás? ¿Cómo puedo convertirme en el curador de la experiencia emprendedora de otras personas?

No todos los emprendedores son imprudentes, contrariamente a la caricatura habitual. Los mejores emprendedores poseen la capacidad de trabajar con ciertas limitaciones. En empresas incipientes, donde los recursos son escasos, las limitaciones surgen de manera natural: sólo tenemos tantas personas, tanto dinero o tantos meses para la consecución de una tarea. En empresas de mayor envergadura deben establecerse de forma más consciente. Piensa, por ejemplo, en la típica reunión de gestión de producto. Realmente no hay nada mejor que poder decir: «Oíd, sólo tenemos dinero suficiente para que la empresa continúe operando seis semanas más. Sé que nos gustaría poder hacer más, pero si de todas estas cosas no logramos que como mínimo funcione una antes de ese plazo, estamos perdidos». Parece estresante —¡y lo es!—, pero también es liberador. Es la manera más productiva de trabajar que conozco. Y uno de los pocos entornos donde existe una fuerza compensatoria que contrarresta constantemente el arrastramiento de alcance.

2. ¿Cómo financiamos proyectos cuando no sabemos cuál será el rendimiento de la inversión (ROI)?

Como veremos en reiteradas ocasiones a lo largo del libro los proyectos innovadores en un primer momento casi siempre parecen juguetes o pésimas ideas. Pero lo mismo ocurre con cualquier idea genuinamente mala. Aprender a invertir basándonos en las pruebas, la experimentación y la visión —sin derrochar dinero en proyectos vanidosos— constituye una habilidad sumamente difícil aunque fundamental.

3. ¿Cómo establecemos hitos adecuados para los equipos que funcionan de manera autónoma?

¿Cómo definimos el éxito y los hitos si somos modestos en lo que respecta a nuestra capacidad para prever el futuro? Sin previsiones exactas, muchas herramientas tradicionales de gestión dejan de funcionar. Como veremos en el siguiente capítulo, hace tiempo que los inversores de las startups lidian con este problema. Idealmente, los inversores querrían saber con anticipación qué es lo que van a obtener por cada ronda de financiación. Por ejemplo, después de la tradicional inversión «serie A» respaldada por capital riesgo, querríamos tener la certeza de que la startup lanzará su nuevo producto, tendrá un millón de clientes y generará ingresos recurrentes por valor de 10 millones de dólares.

Sin embargo, en la vida real eso no sucede. Por lo general, se logran algunos hitos, pero no todos. Quizá la startup consigue lanzar el producto, pero los clientes que quería captar con la primera versión no muestran ningún interés. Tal vez los primeros clientes fascinados con el producto estén en otro segmento de mercado. A lo mejor los ingresos brutos están muy por debajo de lo previsto, pero los ingresos por cliente superan el nivel esperado. ¿Qué hacemos en esas situaciones ambiguas?

A los profesionales de la financiación corporativa, en términos generales, los han educado para interrumpir la financiación de los equipos que no cumplen los objetivos de rendición de cuentas incluso por unos escasos puntos porcentuales. Ser inversor de startup a menudo exige redoblar la apuesta por equipos que no alcanzan los objetivos de rendición de cuentas por órdenes de magnitud. Esto supone la creación de un nuevo tipo de hito que pueda funcionar aun en situaciones en que no sea posible hacer previsiones exactas.

4. ¿Cómo ofrecemos desarrollo y orientación profesionales para ayudar a que los empleados mejoren su capacidad emprendedora?

Para muchos directivos esto implica orientar a las personas a través de un tipo de liderazgo completamente distinto. ¿Te imaginas siendo mentor de alguien como Steve Jobs? Y sin embargo, muchos líderes afirman que si «el próximo Steve Jobs» trabajara en su empresa, querrían que aportara su visión y talento para beneficio de toda la organización, no que renunciara y emprendiera por su cuenta. Sin embargo, las personas que tienen una personalidad como la de Jobs a menudo terminan en despidos, y las personas que encuentran la manera de permanecer en el entorno corporativo saben que es sumamente difícil mantener una carrera profesional con un historial de fracasos en el currículum. No obstante, quienes hemos tenido éxito como emprendedores sostenemos casi universalmente que nuestros fracasos fueron los mejores maestros. Y muchos tuvimos la suerte de que nuestros mentores e inversores nos guiaran y nos ayudaran a desarrollar nuestro talento emprendedor. Como veremos en el siguiente capítulo, Silicon Valley dispone de una extensa red para las personas que quieren dedicarse al espíritu emprendedor como una carrera profesional. Las organizaciones que deseen retener a este tipo de empleados tendrán que imitar ese sistema de apoyo.

5. ¿Cómo creamos una red de contactos entre personas afines dentro y fuera de la empresa para que la gente entienda su nueva identidad: «Soy emprendedor corporativo»?

No hay publicaciones, ni asociaciones profesionales y, en la mayoría de las organizaciones, tampoco iniciativas de apoyo de recursos humanos relacionadas con esta categoría de trabajo incipiente. Juntos, como embajadores del camino hacia el Lean Startup, debemos crear redes de apoyo si queremos que esta nueva función prospere. La mayoría de las personas que están leyendo este libro ya tienen algún tipo de identidad profesional, como ingenieros, promotores, desarrolladores, comerciales, etc. Piensa en los diferentes tipos de apoyo que recibes de tus colegas de otras divisiones, tus superiores directos e indirectos, tus homólogos de organizaciones similares, las exposiciones sectoriales y las conferencias. En la mayoría de las áreas incluso hay premios en reconocimiento a los logros profesionales y el liderazgo intelectual. Algunos de ellos se otorgan a fundadores respaldados por capital riesgo; no obstante, los empleados emprendedores que trabajan en organizaciones —¡incluso en organizaciones startups de alto crecimiento!— no reciben ningún tipo de apoyo.

6. ¿Cómo ponemos a la persona adecuada en el equipo adecuado?

«A nadie lo eligen para trabajar en una startup», me comentó desdeñosamente un emprendedor corporativo. Muchas startups internas tienen equipos a los que el éxito les resulta completamente indiferente. Algunos directores han encontrado el modo de sortear este problema, pero la tarea de identificar al emprendedor perfecto para que asuma el mando de un proyecto o una iniciativa no debería hacerse a hurtadillas, sino a través del departamento de recursos humanos. Hoy, la mayoría de los directores poseen la habilidad de que los asignen a los proyectos que creen que contribuirán a su crecimiento profesional. A menudo bromeo con los altos directivos y les digo que, por mucho que ellos crean que se encargan de la asignación de proyectos, sus subordinados no son tan tontos como para dejar que los asignen a un proyecto que no quieren y, para evitarlo, se valen de distintas herramientas. Todo este politiqueo y estas maniobras son una tremenda pérdida de energía. Hay que procurar un método más racional para atraer al personal emprendedor a los proyectos de alto riesgo y resultados inciertos que nadie quiere asumir.

7. ¿Cómo creamos nuevos sistemas de incentivos y promoción?

Se requiere cierta habilidad para distinguir entre una persona que tiene una mancha en su expediente laboral por incompetente y alguien que tiene un buen motivo para eludir las normas. Asimismo, se requiere habilidad para no tragarse la magistral pantomima de los «falsos emprendedores», que hasta puede incluir «ponerse un jersey negro de cuello cisne» para que asocien su vestimenta con la de Steve Jobs. (Este problema también está presente en Silicon Valley, como han demostrado algunos de los fracasos recientes más mediáticos.) Una broma recurrente en una conocida empresa de capital riesgo de Silicon Valley es: «¡A ese tipo [casi siempre se trata de un hombre] realmente se le subió el fracaso a la cabeza!». La broma alude al tipo de persona que se empeña una y otra vez en conseguir financiación para el mismo tipo de startup que no funciona. Uno se ríe hasta que recuerda que los emprendedores más exitosos de la historia tienen una o más startups fallidas en su haber.

Si te parece que el desarrollo de estas nuevas capacidades es una tarea colosal o algo que nunca podría ocurrir en tu empresa, no te desanimes. Precisamente porque los sistemas de gestión que hemos heredado conllevan muchos derroches, podemos aprovechar una gran cantidad de energía latente.

Hasta las startups respaldadas por capital riesgo operan en el marco de una red de relaciones y reglas que limitan lo que los fundadores pueden hacer. A menudo no las mencionamos porque las damos por sentadas. Sin embargo, esto puede causar grandes problemas cuando las startups «maduran» y se olvidan de las primeras lecciones.

Es por eso que tenemos que examinar con mayor profundidad las estructuras y los sistemas de Silicon Valley, el tema que abordaré en el siguiente capítulo.

problemas cuando las startups maduran, y se olvidan de las primeras lecciones.
Es por eso que tenemos que examinar con mayor profundidad las estructuras de Silicon Valley, el tema que
abordaré en el siguiente capítulo.

III

La actitud startup

«PIENSA EN GRANDE. EMPIEZA
POCO A POCO. CRECE DEPRISA.»

Las personas de las startups somos rebeldes. Discrepamos en muchas cosas. Sin embargo, nuestras facciones y contiendas esconden una verdad más profunda: todos en la comunidad startup se adhieren universalmente a un conjunto de convicciones profundamente arraigadas. Estas convicciones constituyen los verdaderos cimientos de las estructuras que permiten que las startups al estilo de Silicon Valley ostenten una combinación única entre asunción de riesgos y crecimiento rápido.

Lo que sigue no pretende ser una lista exhaustiva del funcionamiento de Silicon Valley. Muchos otros libros ya han abarcado ese terreno, y no quiero repetir obviedades. En cambio, me propongo abordar las estructuras de gestión distintivas de las que el movimiento startup ha sido precursora y que, aunque raras veces se reconoce explícitamente, son clave para el éxito.

Tras muchos años de prueba y error, hemos desarrollado un novedoso sistema para la gestión de riesgos, la mejora de la productividad y el descubrimiento de nuevas fuentes de hipercrecimiento. Este sistema, a su vez, ha dado lugar a una cultura que apoya la visión a largo plazo en lugar de los resultados inmediatos.

A muchas personas les sorprenden nuestras soluciones a problemas habituales. Por medio del estudio de estas estructuras podemos hallar herramientas nuevas y valiosas para el contexto corporativo.

Cuando a lo largo de este capítulo hablo de «Silicon Valley» y de «startups al estilo de Silicon Valley», no me refiero a los casi 130 kilómetros cuadrados que se extienden más allá de mi casa. Cada vez más, Silicon Valley es una actitud, un conjunto de creencias y prácticas comunes arraigadas en muchos centros de startups de todo el mundo. A efectos prácticos, utilizo «Silicon Valley» para referirme a esas creencias. (A modo de ejemplo, véanse organizaciones como Rise of the Rest, fundada por Steve Case, que trabaja con emprendedores de focos tecnológicos emergentes.)

Así que comencemos: ¿Cómo funciona el movimiento startup? ¿Cuáles son nuestras creencias universales? ¿Cómo pueden recrearse estos sistemas y estructuras en otras organizaciones?

«TODO SE TRATA DEL EQUIPO.»

La creencia más generalizada en Silicon Valley es que «todo se trata del equipo». Esta frase encierra una profunda reflexión sobre la manera en que los inversores adoptan decisiones que determinan cuáles serán las startups que recibirán financiación y tendrán la oportunidad de hacer realidad la visión de su fundador.

La mayoría de los directores corporativos buscan ideas buenas, así como una estrategia y un plan de negocio sólidos. Una vez que determinan *qué* hay que hacer, intentan hallar a la persona o las personas adecuadas dentro de la organización para que lo lleven a cabo. La evaluación de personal se basa en criterios tradicionales: desempeño pasado, currículum y trayectoria. (Y para ser sinceros, en una buena dosis de politiqueo.)

Los inversores de Silicon Valley, en cambio, basan sus decisiones de inversión principalmente en la calidad del equipo: primero se fijan en las personas, *después* en la idea. Por supuesto, creen que un equipo fuerte con una idea y una estrategia aparentemente sólidas tendrá mayores probabilidades de éxito —pero no porque estén necesariamente de acuerdo con esa idea o estrategia—. De hecho, la mayoría de los inversores experimentados saben que es muy factible que el equipo cambie de idea y de estrategia sobre la marcha. Es decir, para los inversores la habilidad para trazar un buen plan es un indicador de éxito futuro, aun cuando el plan sufra modificaciones.

De manera similar, un equipo que muestra una proyección prometedora en términos de ingresos y presenta las reacciones de los primeros grupos de clientes de referencia así como el aprendizaje validado (percepciones basadas en datos reales) tiene más probabilidades de ser una buena inversión. Pero, de nuevo, no por su prometedor panorama de crecimiento, sino por lo que eso dice acerca de la capacidad de ejecución del equipo.

En *El método Lean Startup* conté una anécdota sobre la búsqueda de financiación para IMVU, la empresa que fundé en 2004, y mencioné una presentación que habíamos hecho en la que constaban ingresos bastante modestos, a pesar de que nuestro patrón de crecimiento seguía una curva con la típica forma de palo de hockey. Estábamos avergonzados, pero no debimos estarlo. El inversor vio en la presentación una ventana hacia nuestra forma de pensar —y actuar—. Demostramos rapidez en el tiempo de ciclo, una rigurosa toma de decisiones científicas, un producto y un diseño inteligentes, y buen uso de los recursos limitados. Nos dijo que si había una oportunidad en ese sector, nuestro equipo la encontraría, y al final estaba en lo cierto. Éste es el atributo más preciado entre los inversores profesionales de startups: convicción, la capacidad para formular juicios independientes basados en información limitada pero reveladora.

LOS EQUIPOS PEQUEÑOS VENCEN A LOS EQUIPOS GRANDES

Ésta es una de las ideas más preciadas y universales del movimiento startup. Creemos en el poder de los pequeños equipos, mientras que en las estructuras corporativas tradicionales el tamaño del equipo es proporcional a la relevancia del proyecto. O en palabras de Mikey Dickerson, exdirector del Servicio Digital de Estados Unidos: «Si el gobierno desarrolla un sistema grande e importante, éste, por definición, no será importante si no se asignan cientos o miles de personas al proyecto». Por otro lado, señala, «Google intenta por todos los medios producir algo del tamaño de su motor de búsqueda que funcione con el menor número posible de empleados. Si con diez o quince personas se puede reunir todo el conocimiento necesario para depurar el buscador, ése será el total de integrantes del equipo. Exigen tanto como pueden..., tienen el menor número de personas posibles con la máxima carga de responsabilidad que puedan asumir».

Hay algo extraordinariamente poderoso en los equipos pequeños y dedicados que intentan cambiar el mundo. Hablo desde la experiencia, por supuesto, ya que he tenido el honor de formar parte de equipos de startups en varias ocasiones. Existe un motivo por el cual en el ecosistema startup todo el mundo venera este tipo de estructura de equipo: la hemos visto lograr lo imposible una y otra vez.

Así pues, ¿qué es lo que dota a los pequeños equipos de las startups de estos poderes aparentemente mágicos? Primero, hay vínculos fuertes y una comunicación poderosa, que nacen de la proximidad entre verdaderos aliados. Todos los que están allí quieren estar allí, sobre todo en los primeros años —muchos empleados han asumido riesgos económicos y profesionales considerables para unirse al equipo— y todos hacen sencillamente lo que hay que hacer. El equipo posee además una capacidad de adaptación extraordinaria; es prácticamente imposible que se instale la burocracia cuando cada persona responde directamente ante los demás (y mantiene una comunicación directa con ellos). Muchos problemas de gestión que en las organizaciones grandes dificultan el proceso de rendición de cuentas en la startup se resuelven gracias a la proximidad física y emocional, por eso los equipos pueden poner en práctica fácilmente el concepto de pivote del Lean Startup: cambiar la estrategia sin cambiar la visión (examinaremos con más detalle este concepto en el capítulo IV).

No obstante, existe otro factor importante: la escasez. Si crees fervientemente en la misión pero careces de los recursos necesarios para desarrollarla en todos sus aspectos, estás obligado a enfocarte. Sencillamente no hay tiempo ni dinero extra, y la defunción corporativa acecha en todo momento.

Por eso, sobre todo en el sector tecnológico, los equipos pequeños hacen hincapié en la reutilización de la tecnología existente y el ensamblaje de productos a partir de componentes preexistentes. Hoy más que en ningún otro momento histórico es posible combinar estos componentes sin necesidad de solicitar permisos explícitos o entablar vínculos de desarrollo comercial. Como escribió Alexis Ohanian, cofundador de Reddit y Hipmunk, en su libro *Without Their Permission*: «Internet es un sistema abierto: funciona porque para ser creativo no tienes que pedirle permiso a nadie y porque todas las direcciones son igualmente accesibles». Imagínate cómo sería Facebook si Mark Zuckerberg hubiera tenido que firmar veinte contratos de colaboración antes de comenzar a experimentar con su idea en el campus de Harvard.

Existe una gran paradoja en la veneración que profesa Silicon Valley por el poder de los equipos pequeños. Las startups difieren de las empresas pequeñas: la mayoría de ellas definitivamente no quieren continuar siendo pequeñas. Sus equipos son como partidas de cazadores que buscan desesperadamente el encaje producto-mercado. Una vez que lo encuentran, deben reorganizarse rápidamente para formar toda una legión. Y esta metamorfosis comporta nuevos problemas.

TODOS LOS EQUIPOS POSEEN UNA ESTRUCTURA INTERFUNCIONAL

Las startups son intrínsecamente interfuncionales. Aun cuando empiezan, pongamos por caso, con un equipo de ingenieros que trabajan en un nuevo producto, inevitablemente se enfrentarán a problemas que escapan a la ingeniería: financiación, captación de clientes, marketing y atención al cliente. A veces las startups tienen el éxito y la financiación suficientes para contratar a expertos en otros campos. Por lo general, sin embargo, los fundadores y el primer equipo tienen que implicarse de lleno y solventar por sí mismos estos problemas. (Esta capacitación interfuncional en ocasiones arroja resultados inesperados. Muchas de mis primeras experiencias con técnicas que más tarde se convirtieron en aspectos centrales del Lean Startup surgieron porque me vi obligado a ejercer de director de marketing de facto de mi startup. Como de marketing sabía poco o nada, naturalmente acometí la tarea con la mentalidad de ingeniero.)

Por esta razón Silicon Valley da prioridad a los equipos interfuncionales. Éstos pueden adquirir distintas formas, dependiendo de la naturaleza del proyecto así como del personal y los recursos disponibles, pero el principio rector siempre es el mismo. Para un proyecto industrial, el equipo puede recurrir a un diseñador de producto y una persona de producción para determinar los aspectos que realmente valoran los clientes, y a un comercial con experiencia en ese ámbito concreto. Para un proyecto informático, el equipo puede estar compuesto por un ingeniero, una persona de producto, otra de marketing y un contable. Las combinaciones son infinitas, dependiendo de lo que haya que hacer.

TODOS LOS PROYECTOS EMPIEZAN POR EL CLIENTE

No sabes cuántas veces he trabajado con equipos de empresas tradicionales que no tienen ni remota idea del problema que intentan solventar desde el punto de vista del cliente. Una vez trabajé con un equipo que tenía previsto introducir un producto de imitación (inspirado en uno ya existente) en un mercado de productos básicos que estaba dominado por múltiples competidores. Cuando les pedí a los integrantes que plantearan el problema, respondieron: «El problema es que nuestra empresa no tiene suficiente cuota en ese mercado». Eso es ridículo: a los clientes no les importa nuestra cuota de mercado; lo único que les importa es si podemos hacerles la vida más fácil.

En el caso de muchos proyectos internos —de tecnología de la información (TI), recursos humanos y finanzas— y productos comercializados a través de terceros o distribuidores, la gente suele desconocer el significado de la palabra «cliente». Trabajé con el equipo de TI de una empresa grande que se negaba a considerar a los empleados que utilizaban su producto como clientes. Insistían en que los empleados no tenían elección y que desde TI podían exigir el uso de cualquier producto. Sin embargo, la palabra «cliente» implica siempre elección, así que en lugar de discutir, decidimos dejar que lo comprobaran por sí mismos.

Le pedí al equipo que entrevistara a varios usuarios internos del sistema informático a fin de conocer su grado de satisfacción. El equipo se escandalizó al enterarse de que los empleados odiaban el software hasta el punto de que, para evitarlo, recurrían a cualquier otro medio. Algunos hasta duplicaban los cálculos del sistema a mano, en papel. Los clientes, incluso los internos, siempre tienen elección. Ningún mandato corporativo puede exigir un ciento por ciento de satisfacción con el producto si los empleados no lo aceptan.

Amazon utiliza un método llamado «trabajo retrospectivo» para asegurarse de que el equipo se centre primero y ante todo en descubrir un problema real del cliente. El proceso comienza con uno de los comunicados de prensa internos que comenté en el relato del teléfono Amazon Fire del capítulo I. El documento está dirigido a un público compuesto por clientes, internos o externos, de productos nuevos o actualizados y en él se detalla no sólo el problema, sino también las soluciones y la forma en que éstas solventarán el problema mejor que cualquier otra solución anterior. En tanto que el equipo no sea capaz de expresar realmente el problema desde el punto de vista del cliente, no hay desarrollo. Esta hipótesis es crucial a fin de mantener el enfoque en el aprendizaje.

La palabra clave en este proceso es «mejor». No basta con resolver el problema del cliente. Las empresas al estilo de Silicon Valley quieren deleitar a los clientes ofreciendo una solución notablemente mejor que cualquier otra que se haya visto antes.

LAS STARTUPS DE SILICON VALLEY POSEEN UNA ESTRUCTURA FINANCIERA ESPECÍFICA

A pesar del discurso sobre la importancia de alinearse con la misión y la idea de cambiar el mundo, las startups por lo general son empresas con ánimo de lucro. No obstante, no es un requisito. Con los años, he trabajado con organizaciones a las que cariñosamente llamo «empresas deliberadamente sin ánimo de lucro». En el capítulo IX analizaremos por qué el impacto es la mejor forma de evaluar las startups, puesto que durante los primeros años casi ninguna de ellas genera beneficios. Una parte esencial del método de trabajo de Silicon Valley consiste en asegurarse de que todos los empleados participen en los resultados, lo cual en el caso de las startups con ánimo de lucro y aquellas respaldadas por capital riesgo implica ofrecer a los empleados una participación en el capital social.

La participación en el capital de una startup constituye un derivado financiero complejo que impulsa todo el ecosistema startup-capital-riesgo. No se trata de una participación en los beneficios. No es un sindicato. Pero es la mejor herramienta que conozco para apoyar a los empleados. ¿Cuánto vale la participación en una startup? Esta pregunta confunde a las personas ajenas a las startups y también a las no tan ajenas. Cada vez que una startup recibe fondos los inversores y los fundadores negocian la valoración de la empresa. Aunque ésta se expresa en una única cifra, en realidad es el resultado de dos componentes. Uno es el valor de los activos creados hasta el momento de la valoración: producto, relación entre equipo y proveedor, e ingresos. Eso es fácil de calcular. La parte más difícil es el reparto ponderado en función de las probabilidades de los futuros resultados: el experimento. Un 1 por ciento de probabilidad de convertirse en una empresa de 100.000 millones de dólares vale 1.000 millones de dólares (¡en este preciso momento!). Ésa es la parte más difícil de entender para muchas personas.

De manera que ¿cómo aumenta el valor de una startup?

1. Adquiriendo activos de valor, por ejemplo, con el desarrollo de nuevos productos, la contratación de personal y el aumento de los ingresos.
2. Modificando las probabilidades del éxito futuro (el 1 por ciento que se obtiene a partir de los 100.000 millones de dólares antes mencionados).
3. Modificando la magnitud del éxito futuro (los 100.000 millones de dólares del ejemplo anterior).

Esto en parte explica por qué a veces las valoraciones de las startups sufren cambios drásticos, muy desproporcionados en relación con los signos visibles de su progreso. Cuando están experimentando, ambos componentes revelan la posible magnitud del impacto y aumentan las probabilidades de que éste se produzca (y a menudo también aumenta el valor de los activos, por la captación de clientes reales y la atención que se les brinda). Estos factores en —raras— ocasiones se combinan exponencialmente.

El valor de los activos sólo es visible desde el exterior. No obstante, una startup de rápido crecimiento representa un doble triunfo desde el punto de vista de los inversores: el valor de los activos aumenta a la vez que la startup aprende, lo cual esclarece las probabilidades de éxito futuro así como sus repercusiones. El valor de la innovación radica en el impacto que ésta podría generar a futuro.

Al ofrecer a los empleados la posibilidad de participar en el capital social, las startups incentivan directamente el aprendizaje. La participación en el capital no es un incentivo en metálico. Es un indicador de lo que la startup ha aprendido sobre los futuros beneficios a largo plazo. Es una manera de financiar el aprendizaje.

La participación en el capital permite retribuir, asumir riesgos e invertir en aquello que sea necesario. Esto implica que durante los primeros años de la startup la gestión será idéntica a la de una organización sin ánimo de lucro: todo estriba en el impacto y en el futuro impacto.

Otra diferencia entre la participación en el capital de una startup y la participación en el capital de una pequeña empresa tradicional está relacionada con los incentivos para invertir en la empresa. Un propietario único tiene que decidir qué hacer con los beneficios de un año rentable. Cada dólar invertido en el crecimiento de la empresa es un dólar que el propietario saca de su propio bolsillo. Se trata de una dolorosa decisión que hay que tomar una y otra vez. Las inversiones de riesgo son especialmente dolorosas por el fenómeno psicológico de aversión a las pérdidas.

Durante la etapa inicial, como la participación en el capital retribuye a cada empleado en función del crecimiento y el éxito de la empresa, se establece una coherencia mucho mayor entre los incentivos económicos de los empleados y directores y la prosperidad a largo plazo de la organización. No estoy diciendo que este vínculo sea siempre perfecto y, por supuesto, muchas startups ofrecen otros tipos de incentivos económicos además del salario.

Los incentivos económicos no lo son todo: las investigaciones han demostrado que las bonificaciones y otros beneficios económicos destinados a la mejora de la productividad suelen ser contraproducentes. De cualquier forma, la mayoría de las personas no se involucran en una startup por el dinero. Lo hacen por su compromiso con la misión y el deseo de crear un impacto a través de la consecución de la visión de la empresa. En comparación con otras formas de retribución (propietario único, organización sin ánimo de lucro, incentivos corporativos, etc.), la participación en el capital social es el conjunto de incentivos menos distorsionador. Y permite que la creatividad, el compromiso y la motivación de los empleados florezcan.

NOS CENTRAMOS EN INDICADORES ADELANTADOS

Las startups aumentan su valor cuando a través del aprendizaje descubren aspectos importantes sobre el futuro impacto de la empresa. Estas métricas específicas, si bien son distintas para cada empresa, sirven como barrera de protección que atenúa los riesgos en cada etapa.

Un aspecto implícito en este enfoque centrado en los indicadores es la clara compresión de la diferencia entre los indicadores retrasados (como los ingresos brutos, los beneficios, el rendimiento de la inversión y la cuota de mercado) y los indicadores avanzados que podrían prever el éxito futuro (como el compromiso y la satisfacción del cliente, el uso reiterado de la economía unitaria y las tasas de conversión). Los planes de negocio suelen contener previsiones y pronósticos, siempre expresados en indicadores generales (lo que en el movimiento Lean Startup denominamos «métricas de vanidad»). Silicon Valley ha aprendido por las malas en las últimas décadas que «ningún plan de negocio sobrevive al primer contacto con el cliente», como afirma Steve Blank (parafraseando al estratega militar prusiano Helmuth von Moltke). O si prefieres las palabras del general Eisenhower: «Los planes son inútiles, pero la planificación es indispensable».

Así pues, ¿a qué tipo de métricas podemos recurrir durante la inevitable etapa plana del palo de hockey? En *El método Lean Startup* ofrecí varios ejemplos de la industria del software, entre ellos, uno de mis propios fracasos. Estaba celebrando el hecho de que, durante varios meses, el número total de clientes de nuestra startup continuaba al alza, a pesar de que la tasa de conversión de clientes de un nivel a otro del embudo de ventas se mantenía constante. Y sin embargo, durante ese mismo período, realizamos muchísimas mejoras al producto. Lo único que nos salvó de una muerte segura fue nuestro cuadro de mando. Nos obligó a reconocer que aunque el producto estaba «mejorando», esas mejoras no se traducían en cambios favorables en el comportamiento de los clientes. (Veremos más ejemplos de este tipo de métricas en el capítulo IX.)

Toda startup moderna posee un cuadro de mando con métricas que tanto el equipo como el consejo de administración revisan con una cadencia regular (programa). La tendencia más reciente consiste en colocar grandes monitores de pantalla plana a la vista de toda la oficina y transmitir versiones de este cuadro de mando en tiempo real. Esto forma parte de la transparencia por la que suelen abogar las startups, que aterra a muchas empresas grandes. Sin embargo, como mecanismo de coordinación, resulta extremadamente útil. No puede haber ningún tipo de duda acerca del curso de la empresa cuando todo el mundo comparte el mismo conjunto de hechos.

RIESGO EN LAS ETAPAS DE FINANCIACIÓN DOSIFICADA

Una vez invité a Silicon Valley a un equipo de ejecutivos de una empresa grande. Visitamos startups exitosas en etapa avanzada que trabajaban en flamantes complejos de oficinas —espacios modernos, decorados con ladrillos a la vista— y también algunas startups en etapa inicial, una de ellas ubicada en la parte trasera de una bodega remodelada del entonces modesto barrio de South Park (San Francisco), a la que accedimos por las escaleras y la puerta de emergencia.

En el interior encontramos la típica dualidad que uno esperaría de cualquier startup tecnológica: muebles económicos de segunda mano y cajas de golosinas de Costco apiladas hasta el techo; calorías rápidas al lado de equipos informáticos de última generación e impecable diseño. Todo un choque cultural para los ejecutivos de traje.

Durante la sesión de preguntas y respuestas que guié entre ambos grupos, los ejecutivos planteaban una y otra vez la misma pregunta: «¿Cómo rendís cuentas a vuestros inversores?», «¿Con qué frecuencia les comunicáis los avances?», «¿Cómo se aseguran de que no os desviáis del proyecto y hacéis tonterías con su dinero?».

El fundador y consejero delegado de la startup se quedó perplejo, porque yo era uno de los inversores de la empresa. Los ejecutivos se horrorizaron porque yo les permitía gastar mi dinero sin supervisarlos ni exigirles explicaciones.

Ésa era mi oportunidad de explicarles que en Silicon Valley atenuamos los riesgos mediante algo que llamamos financiación dosificada. (La financiación dosificada es lo opuesto al típico enfoque presupuestario corporativo que yo llamo financiación por derecho, del cual hablaré en el capítulo VII.)

La financiación inicial de esta empresa ascendía apenas a unos cientos de miles de dólares. Conseguir el capital inicial supuso muchísimo tiempo y energía para el equipo fundador, que probablemente visitara a más de veinte o treintena inversores en unos meses. Sin embargo, una vez concluido el proceso, el dinero les pertenecía. Se transfirió directamente a la cuenta bancaria del equipo.

En Silicon Valley el dinero que consigues es tuyo. Puedes gastarlo en lo que quieras con una supervisión mínima (sobre todo durante las primeras etapas). Pero que Dios te ayude si intentas obtener fondos y no has hecho ningún avance. (Abordaremos la manera de medir este avance, como *aprendizaje validado*, en el capítulo IV.)

La financiación inicial proporciona un excelente equilibrio entre atenuación de riesgo y libertad para innovar. La estructura de la startup limita la responsabilidad total del equipo al total de dinero recaudado. Además, limita estrictamente la cantidad de tiempo y energía que el equipo debe invertir para defender y obtener su presupuesto. Pero al mismo tiempo, sirve como un aliciente para mantener informados a los inversores cuando hay alguna novedad relevante que merece la pena compartir; de este modo querrán seguir invirtiendo y dar buenas referencias al próximo grupo de inversores.

No todas las startups tienen una política tan informal en lo que respecta a la comunicación con los inversores. Conforme la startup crece y la apuesta es más importante, la periodicidad de las reuniones del consejo de administración tiende a aumentar. Ésa es una de esas normas que se cumplen universalmente, aunque en contadas ocasiones se recogen en el reglamento. La empresa es la encargada de programar las reuniones y establecer el orden del día. Esto representa una inversión de roles con respecto al típico equipo corporativo, cuyo comportamiento está estrictamente supervisado por la dirección.

LA DINÁMICA ENTRE EL CONSEJO DE ADMINISTRACIÓN Y LOS INVERSORES ES CLAVE

La startup tiene un consejo de administración con el cual se reúne cuando los fundadores lo estiman oportuno, en vez de hacerlo en función de un calendario fijo. La revisión se basa en avances reales, no en un calendario artificial. La función del consejo de administración consiste en ayudar a la empresa a reflexionar sobre cuestiones estratégicas para que determine si debe pivotar o no. El proceso funciona porque está vinculado a la financiación dosificada.

Los inversores no controlan el día a día de la empresa y, por lo general, ni siquiera tienen mayoría de voto en el consejo. Su influencia se debe a la necesidad de obtener fondos adicionales en el futuro. Los nuevos inversores siempre querrán oír comentarios positivos de los inversores existentes. Y los inversores tienen todos los alicientes para ser sinceros, puesto que las startups se enmarcan en la economía de la reputación (y los nuevos inversores son, naturalmente, escépticos). El inversor exitoso debe ser capaz de estar a ambos lados de esta negociación en reiteradas ocasiones.

El consejo también actúa como un mecanismo para poner al día a muchas otras personas que ostentan intereses económicos en la startup. La mayoría de las empresas de capital riesgo están estructuradas como sociedades y, por lo general, sólo uno de sus socios es miembro del consejo de administración de la empresa en la que invierte la firma. Los otros socios (por no mencionar a las decenas de asociados y otros cargos) no tienen derecho a acudir a los fundadores para conocer el estado de los asuntos de la startup. Si desean esa información, tienen que hablar con el socio que forma parte del consejo de administración. Tradicionalmente, las sociedades de capital riesgo se reúnen una vez a la semana (en los viejos tiempos, los lunes) para la puesta en común de información sobre las distintas empresas en cartera. Las reuniones pueden incluir extensos análisis y debates, pero cualquier labor que se estime necesaria corre por cuenta de la sociedad de capital riesgo, no de la startup.

Es importante recordar que la mayoría de las empresas de capital riesgo no invierten su propio dinero. Los socios pueden representar los intereses de cientos de «socios comanditarios» —instituciones y particulares adinerados, como fundaciones familiares, fondos de pensiones y fondos de dotación universitaria—. Los socios comanditarios querrán conocer el rendimiento de sus inversiones. Pero ellos tampoco pueden acudir a las startups en cartera. Deben solicitar esa información al socio que participa en el consejo de administración. Tradicionalmente, las empresas de capital riesgo celebran una reunión anual con los socios comanditarios, en la que presentan información detallada y actualizada de las startups en cartera.

Compara lo anterior con la vida del típico director de producto de cualquier empresa. La mayoría de las organizaciones someten a sus equipos internos a un sinfín de reuniones: evaluaciones formales, actualizaciones de presupuesto y un constante aluvión de revisiones de los mandos intermedios. He conversado con muchos directores que afirman que el simple hecho de estar al día con las reuniones (y las políticas que las acompañan) consume más del 50 por ciento de su tiempo, día tras día. Esto constituye un notable obstáculo a la productividad. En el movimiento startup, en cambio, somos partidarios de un sistema que fomenta el flujo de información sin entorpecer los avances, para que tanto los empleados como los directores puedan dedicarse a producir resultados en vez de simplemente comunicarlos.

CREEMOS EN LA MERITOCRACIA

Ésta es una de las creencias más extendidas en el movimiento startup: las buenas ideas están en todas partes, y las personas deben recibir recursos y atención en función de sus talentos, no de su estatus.

Utilizo la palabra «meritocracia» con cautela, sería una negligencia por mi parte no mencionar expresamente hasta qué punto este tema es objeto de controversia. He escrito en reiteradas ocasiones acerca de los defectos de la meritocracia de Silicon

Valley, que provocan que muchos grupos meritorios se vean injustamente perjudicados por nuestras prácticas de financiación y contratación. Y para empeorar la situación, una extensa investigación académica revela que las empresas que se consideran meritocráticas tienen mayor propensión al sesgo implícito.

Sin embargo, resulta imposible entender Silicon Valley sin este concepto, porque todos los que trabajan y viven allí quieren que sea una realidad. Aunque a menudo no alcanzamos el objetivo, he comprobado muchas veces que esta creencia permite que la presión externa ejercida por activistas, socios comanditarios y otros actores conduzca a verdaderos cambios. También he comprobado de primera mano lo difícil que resulta implementar estos cambios en las empresas que no aprecian el concepto.

Para Silicon Valley el verdadero significado de meritocracia radica en que tus credenciales o títulos profesionales no determinan si eres buen fundador. Esta idea está implícitamente relacionada con la relevancia que se da a los equipos. Quizá te preguntes cómo es posible que, por un lado, Silicon Valley se centre en los fundadores y equipos de alto nivel y, por otro, se proclame una meritocracia abierta a los inadaptados y la gente con profesiones para nada tradicionales. La respuesta es que no inferimos en la calidad de los fundadores por su estatus sino por los resultados que son capaces de generar con recursos limitados, apostando por la posibilidad de que el éxito temprano sea el sello distintivo de la grandeza futura. Muchos inversores creen que así como el equipo gestione el proceso de recaudación de fondos, gestionará la empresa, por eso utilizan este criterio como un indicador avanzado.

Hay una entrevista a Mark Zuckerberg muy conocida, de la época en que estaba desarrollando lo que él llamaba «TheFacebook.com», en la que se muestra muy entusiasmado con su idea, a pesar de que no tiene muy claro de qué se trata. En el ámbito empresarial tradicional nadie hubiera invertido en su idea después de oír su descripción. Dijo: «En realidad sólo quiero crear un producto que sea un directorio universitario muy bueno y relevante para los estudiantes. No sé lo que es eso». Sin embargo, la cultura startup permitió que los inversores lo tomaran en serio y le ofreció la oportunidad de experimentar con su idea. El hecho de que le costara expresarse pero que los primeros resultados fueran satisfactorios también es importante. Por lo general, basta con un indicador adelantado fuerte para ganarse la confianza de los inversores. A diferencia del ámbito corporativo, donde todo tiene que estar en perfecto orden para poder avanzar, la startup no necesita tenerlo todo resuelto. Asimismo, no hay un indicador adelantado «adecuado». Hasta los mejores inversores discrepan en cuanto a qué indicadores son los más importantes. Sin embargo, cada inversor profesional que financia la Primera etapa de una startup tiene una opinión formada con respecto al indicador adelantado más relevante, y gran destreza para evaluar las oportunidades basándose en información parcial.

Si se han implantado las estructuras adecuadas, esto también puede ocurrir durante la expansión de la empresa. Hace varios años en Intuit una asistente ejecutiva de la división TurboTax asistió a un taller impartido como parte del programa Lean Start-IN de la empresa con la idea de crear un curso —llamado Turbo-Tax Training Wheels— para aprender a preparar la declaración de impuestos en el programa TurboTax. Ella creía que los usuarios no sólo se beneficiarían de esta herramienta, sino que además recomendarían el software a otras personas. En los pocos días que duró el taller, su equipo demostró, por medio de un conjunto de experimentos, que la hipótesis era correcta. A continuación llevaron a cabo otros experimentos a mayor escala y, poco después, lanzaron TurboTax Parties. El programa comenzó con 500 usuarios, en pocos años alcanzó los 13.000 y continúa creciendo en la actualidad.

La meritocracia no es una disyuntiva. Las meritocracias configuran todo un espectro. Todos podemos mejorar y ser más meritocráticos. Y sin embargo, ¿cuántas organizaciones honran realmente este ideal?

NUESTRA CULTURA
ES EXPERIMENTAL E ITERATIVA

Mediante las estructuras esbozadas en este capítulo, las startups llevan a cabo experimentos para probar cosas sin que ello suponga la ruina financiera. La clave es inspirar una cultura de confianza. Cuando una startup se establece de manera adecuada, carece de alicientes para ocultar el fracaso: todo se basa en la búsqueda de la verdad. El sistema dista mucho de la perfección: en los últimos años hemos visto que aún quedan algunos vacíos legales que se prestan a que algunos fundadores carismáticos cometan fraudes. Y, como veremos en capítulos posteriores, es fácil que las empresas pierdan su fuerza inicial y mermen su sentido de la responsabilidad y la cultura experimental a medida que crecen.

No obstante, es importante no dar por hecho el nivel de experimentación que admite el sistema. En combinación, el hecho de buscar buenas ideas en todas partes, trazar límites estrictos de financiación (y por consiguiente, de responsabilidad) y crear una cultura que tolere el fracaso permite que el ecosistema resultante desarrolle un amplio abanico de ideas de negocio —muchas de ellas pésimas, aunque algunas pueden ser verdaderamente disruptivas.

Para quienes trabajamos en Silicon Valley, una broma recurrente es que todo el mundo tiene una anécdota sobre alguna startup en la que no invirtió o cuya oferta de trabajo declinó, que al final resultó ser un megaéxito. Yo mismo he rechazado oportunidades de empleo e inversión en muchas de las empresas de mayor éxito de la era de internet, entre ellas Google y Facebook. (Así que... ¡no prestes atención a mis consejos de inversión!)

Y no soy el único. Una de mis firmas de capital riesgo preferidas tiene una «anticartera» de empresas en las que decidió no invertir cuando tuvo la oportunidad, y hoy generan un rendimiento estelar que esa misma firma continúa analizando y publicando.

La moraleja de estas anécdotas —y el motivo por el cual se han convertido en un cliché— es que en un primer momento resulta imposible saber con certeza cuáles serán los experimentos que van a funcionar bien. Incluso los mejores inversores, a los que elogiamos por su «instinto dorado», se equivocan más de lo que aciertan.

La única manera de triunfar en este mundo es lanzando más disparos a puerta. Prueba cosas más radicales. Presta mucha atención a lo que funciona y lo que no. Y redobla la apuesta por los ganadores.

LAS STARTUPS ESTÁN IMPULSADAS POR LA MISIÓN (Y LA VISIÓN)

Fuera de Silicon Valley, la declaración de Mark Zuckerberg «No creamos servicios para ganar dinero: ganamos dinero para crear mejores servicios» fue recibida con sarcasmo. Sin embargo, en Silicon Valley realmente creemos eso.

Silicon Valley está obsesionado con la visión y con el fundador visionario que pueda llevarla a la práctica de forma única. Este enfoque ha sido motivo de controversia a medida que el método Lean Startup ha tenido mayor difusión. Puesto que hacemos hincapié en la ciencia, los indicadores y la experimentación, una crítica habitual (aunque infundada) es que el Lean Startup pretende sustituir la visión o, de algún modo, restarle importancia. (Hice todo lo posible por aclarar este malentendido en *El método Lean Startup* —ide la página 9 en adelante!—. Existe una razón por la que la Primera parte de *El método Lean Startup* se titula «Visión».) Ninguna metodología ni proceso puede reemplazar este elemento esencial de la startup.

¿Por qué, entonces, es tan importante la visión? Algunos motivos resultan evidentes: la visión deja muy claro lo que la startup espera lograr. Es el principal mecanismo de coordinación a medida que el equipo actúa de forma descentralizada. Como escribió el general Stanley McChrystal en *Team of Teams*: «La razón fundamental que explica el éxito en la ejecución radica en algo anterior a ella: en los cimientos de una consciencia común». La visión aporta profunda motivación y energía, y una ventaja de reclutamiento sin parangón. Ten en cuenta que las startups contratan sistemáticamente a personas a las que no puede pagar ni por asomo los salarios del mercado. A lo largo de mi carrera, a menudo he trabajado con personas mayores que yo, cuyo talento superaba con creces el mío, que han accedido a importantes reducciones salariales a cambio del privilegio de sacar adelante una misión prometedora. Esto sólo es posible gracias a una visión inspiradora.

Sin embargo, existe otro motivo igualmente importante que justifica la primacía de la visión y el papel que ésta desempeña en la startup. Este motivo asimismo explica por qué la startup como unidad atómica de trabajo difiere de otros conceptos de gestión anteriores, como la «célula de trabajo interfuncional» del método Lean o cualquier número de estructuras funcionales de equipos o comités «de acción» tan frecuentes en el contexto empresarial.

Sin una visión es imposible pivotar.

La veracidad de esta afirmación se sustenta en la definición misma de pivote: un pivote es un cambio de estrategia sin cambiar la visión. La visión es la parte no negociable de la misión del equipo. Antes que renunciar a la visión, preferirías cerrar la empresa. La visión es la resistencia esencial contra la que empujan los equipos para encontrar extraordinarias estrategias innovadoras. (Volveremos sobre este tema con más detalles en el capítulo IV.)

Como afirma Jeff Lawson, consejero delegado de la empresa de comunicaciones en la nube Twilio: «No llegarás a ningún lado si tienes una gran visión pero no estás solucionando el problema del cliente. Si no solucionas problemas, nunca vas a adquirir la capacidad necesaria para hacer realidad esa gran visión». Y la manera de resolver problemas es descubrirlos sobre la marcha y luego pivotar para afrontarlos.

La visión a menudo se descubre durante el proceso de creación de la startup. Y a medida que el proceso se desarrolla y el visionario se ve obligado a tomar decisiones difíciles para determinar lo que modificará y lo que mantendrá, se da cuenta de que ciertos aspectos de la visión original son prescindibles, y otros, fundamentales.

La visión explica a menudo por qué los equipos de una startup pueden pivotar de una manera que a los equipos de producto tradicionales les resulta muy difícil. La estructura del equipo de la startup obliga a la empresa a afrontar la realidad y sus desagradables peculiaridades, siempre valiéndose de la visión como guía.

CREEMOS EN EL ESPÍRITU EMPRENDEDOR COMO CARRERA PROFESIONAL

Resulta importante entender que el enfoque emprendedor de la visión es válido a todos los niveles, no sólo para el consejero delegado y los socios fundadores de la empresa. Silicon Valley tiene un profundo aprecio por la «mentalidad fundadora» que los empleados emprendedores han desarrollado en las startups. Los primeros empleados de una startup exitosa tienen muchas oportunidades para asumir nuevas responsabilidades a un ritmo bastante más rápido que en otros tipos de organizaciones. Estos cambios bruscos no son para todo el mundo, pero quienes prosperan en ese entorno enseguida se forjan mucho más que una buena reputación como ingeniero, vendedor o director. Pasan a ser conocidos como tenientes clave que poseen la capacidad de generar logros en el contexto sumamente incierto de las startups. Y, desde luego, son considerados futuros fundadores de elevado potencial.

La capacidad tanto de trabajar en equipos de alto rendimiento como la de liderarlos requiere habilidades específicas. Habilidades que no siempre se dan de manera natural en todas las personas, y que son completamente distintas de otras que en el ámbito corporativo conducen al éxito. (Hay un debate muy activo sobre si estas habilidades son innatas o pueden aprenderse. Creo que el Lean Startup ha demostrado que es posible enseñarlas de una manera que nunca se había contemplado.)

El espíritu emprendedor no es una carrera lineal. He trabajado para personas que, posteriormente, han trabajado para mí. He contratado exfundadores para que desempeñaran puestos ejecutivos clave, y yo mismo he alentado a mis exempleados para que se convirtieran en fundadores. Y por supuesto, muchas de las personas que triunfan en Silicon Valley se convierten en *business angels*, aunque sea a pequeña escala. De modo que los papeles están íntimamente relacionados. Se trata de una red mutua de confianza, experiencia y reputación que explica en gran medida el éxito emprendedor de los centros de startups.

No fue hasta una época muy reciente que el espíritu emprendedor se empezó a difundir como una carrera en las economías contemporáneas. No obstante, creo que estamos ante la punta del iceberg en lo que respecta a la futura evolución de esta identidad profesional que tendrá lugar en los próximos años y décadas. El talento está muy bien distribuido, pero, de momento, las oportunidades no. A medida que cada vez más gente tenga la oportunidad de probar el espíritu emprendedor, el mundo no será el mismo.

Este recorrido por las prácticas de las startups no pretende calificar nuestro sector de infalible, ni tampoco sugerir que la ingenua imitación de estas prácticas hará que otras industrias sean más innovadoras. Pretende, en cambio, servir de lengua común para abordar estas prácticas que afectan y dan forma al sistema de gestión presentado en este libro.

Una de las principales lecciones que aprendí al redactar *El método Lean Startup* es que la formalización de las prácticas en un sistema racional, con un vocabulario común, permite que más personas utilicen ese sistema en reemplazo del viejo método de aprendizaje. Esto ha propiciado la difusión de ideas, así como la mejora de las prácticas del mismo Silicon Valley. De hecho, estoy en continuo contacto con nuevos graduados de las universidades de Stanford y Berkeley a quienes conceptos como el producto mínimo viable les parecen tan obvios que ¡no pueden creer que alguien tuviera que escribir un libro al respecto! (Y tendrías que ver la expresión de sus caras cuando descubren que el libro se publicó en 2011, no en 1981.)

Es necesario tener un entendimiento claro de las herramientas de este método antes de adentrarnos en el camino hacia el Lean Startup. En el capítulo siguiente abordaremos los métodos de trabajo que conforman el Lean Startup, con herramientas y ejemplos. Para los nuevos en esta disciplina, el próximo capítulo ofrece una introducción a los conceptos que constituyen la base del Lean Startup. Para quienes ya estén familiarizados, he intentado examinarlos desde otro punto de vista: como líderes, ¿cómo podemos contribuir a que nuestros equipos vivan día a día de acuerdo con estos principios?

IV

Lecciones del Lean Startup

Existe un motivo por el que el Lean Startup ha surgido fuera del movimiento homónimo. Siempre ha habido líderes que quieren trabajar de manera más innovadora. Lo que ha faltado es un marco global que ayude a las startups —ya sean internas o externas— a descifrar qué hacer y cómo hacerlo en el día a día. ¿Cómo miden los avances para asegurarse de que se están acercando a los objetivos? ¿Cómo aprovechan el talento que ya poseen? ¿Cómo descubren la verdad por medio de la experimentación? Eso es lo que aporta el Lean Startup.

Así, pues, antes de proseguir, analicemos los principios elementales.

CÓMO FUNCIONA EL LEAN STARTUP

A continuación presento un resumen de los conceptos básicos del método Lean Startup. Iremos desarrollando con más detalles cada uno de ellos así como los términos de especialidad.

1. Identifica las creencias que deberían ser válidas para el éxito de la startup. A estas creencias las llamamos supuestos de fe.

2. Crea un experimento de bajo coste para probar esos supuestos lo antes posible. A este esfuerzo inicial lo llamamos producto mínimo viable.
3. Piensa como un científico. Considera cada experimento como una oportunidad para descubrir lo que funciona y lo que no. Esta «unidad de progreso» en las startups se denomina aprendizaje validado.
4. Utiliza el aprendizaje extraído de los experimentos y comienza de nuevo el ciclo. Este ciclo de iteración se llama ciclo de retroalimentación crear-medir-aprender.
5. Decide con periodicidad (cadencia) si tienes que cambiar de estrategia (*pivotar*) o mantener el rumbo (*perseverar*).

Como vimos en el capítulo III, en las startups prevalece, primero y ante todo, la visión. El objetivo del Lean Startup consiste en encontrar el camino más rápido posible hacia la consecución de la visión. Claro que los detalles específicos para llegar a las respuestas serán distintos en función de cada proyecto, aunque seguirán los mismos pasos fundamentales y utilizarán el método científico para desglosar sistemáticamente el plan en sus distintos componentes a través de la experimentación rápida.

EL MÉTODO LEAN STARTUP EN EL MINISTERIO DE EDUCACIÓN

En agosto de 2013, el presidente Obama anunció que estaba en busca de un sistema mejor para que los colegios universitarios y las universidades rindieran cuenta de su desempeño en relación con el servicio prestado a los estudiantes. Si tienes hijos en edad universitaria, es probable que hayas consultado algunas listas: la de las mejores universidades del estado donde resides o las que destacan en las carreras que interesan a tus hijos. En muchas guías universitarias, sin embargo, los criterios de evaluación de las instituciones no guardan relación con la calidad de la educación que reciben los estudiantes ni con la preparación para el mercado laboral. Las inversiones en nuevas instalaciones o el dinero que recaudan de los alumnos poseen la misma relevancia que el número total de graduados, la tasa de graduados por grupos de ingresos, el importe de la deuda contraída por el alumno para poder asistir a la universidad y el salario que los estudiantes pueden llegar a percibir una vez graduados. Lisa Gelobter, directora del Servicio Digital del Ministerio de Educación y encargada del proyecto, recuerda: «Al utilizar indicadores relacionados con el acceso, la asequibilidad y los resultados, el presidente quiso cambiar la conversación sobre lo que define el valor de una institución educativa».

En el departamento de Gelobter, todos tenían ideas para determinar los criterios a incluir en la herramienta de búsqueda que querían crear. ¿Se tendría que poder buscar, además del «precio de etiqueta» de la universidad, el importe que pagarían los estudiantes de bajos ingresos que reciben ayudas económicas? ¿Cómo podía explicar el equipo a una persona que no estuviera familiarizada con los datos que una institución educativa con una tasa de graduados del 15 por ciento probablemente no representara una buena apuesta? El número de factores a tener en cuenta así como las posibles formas de abordar el proyecto eran abrumadores.

En ese momento el equipo decidió pulsar el botón de pausa. «Dimos un paso atrás y dijimos: "Un momento. ¿Cuál es el problema que intentamos resolver?" —recuerda Gelobter—. Queríamos cambiar la conversación sobre los factores que determinan si una universidad es buena, luego permitir la toma de decisiones informadas a los clientes para que puedan actuar en consecuencia.» Al centrar el proyecto en el cliente, el equipo de Gelobter cayó en la cuenta de que tenía que ponerse manos a la obra y comenzar a experimentar.

A fin de averiguar lo que realmente había que probar, empezaron a contactar con clientes reales. «Definimos con quiénes queríamos hablar: estudiantes, padres y orientadores académicos. Si queríamos ayudar a los alumnos en la toma de decisión, teníamos que hablar con ellos.» Esto fue algo prácticamente inaudito en el gobierno. O en palabras de Gelobter: «Fue un poco inusual».

Muchos proyectos como éste se estancan porque conllevan meses o años de estudios de mercado y sufren «parálisis por análisis». Este equipo optó deliberadamente por la sencillez. Fueron a la Explanada Nacional, en Washington, y comenzaron a buscar estudiantes de secundaria para preguntarles acerca de su experiencia con el proceso de solicitud de ingreso a la universidad. Acudían a la Explanada Nacional como mínimo una vez por semana, hacían a los estudiantes seis preguntas sencillas y utilizaban las respuestas para pulir las hipótesis sobre las características que creían que interesaban a los clientes.

No tardaron mucho en convertir esas ideas en experimentos tangibles. En vez de utilizar herramientas informáticas costosas, crearon móviles de cartón con paneles deslizantes que simulaban la experiencia de la aplicación que tenían previsto desarrollar y los llevaron a la Explanada. «Fue fantástico —comenta Gelobter—. La gente usaba el pulgar para deslizar los paneles.»

El equipo lo probó todo y descubrió qué tipo de información buscaba el público y qué características no tenía en cuenta. «Originalmente teníamos una opción que permitía añadir los resultados de la búsqueda a una lista comparativa de universidades —recuerda Gelobter—. Luego podías compararlas entre sí. Ni una sola persona mostró interés en esta función. Nadie preguntó por esta opción. Nadie hizo clic sobre ella.»

Cada prototipo de cartón funcionaba un poco mejor que el anterior. Cuando el equipo estuvo satisfecho con el diseño, emprendió el desarrollo de la herramienta para el usuario y una versión API (interfaz de programación de aplicaciones) para permitir el acceso a los datos desde otros puntos distintos de la página web del Ministerio de Educación.

LAS HERRAMIENTAS Y LOS PROCESOS DEL LEAN STARTUP

Éstos son los métodos que permitieron que el equipo del proyecto College Scorecard creara un producto extraordinario en tan poco tiempo.

1. Supuestos de fe (SF)

Recuerda que en el capítulo I comentamos que el Lean Startup está pensado para operar en situaciones en que nos enfrentamos a un grado de incertidumbre tan extremo que no podemos hacer previsiones exactas. En esas circunstancias, lo mejor que podemos hacer es formular un conjunto de hipótesis —en el sentido científico— sobre lo que nos gustaría que ocurriera. Estas hipótesis se denominan *supuestos de fe*. En un plan de negocio tradicional, están representados por los supuestos de la empresa sobre el modo en que la estrategia llevará a la consecución de la visión. En el método Lean Startup, esos supuestos deben explicitarse para que podamos averiguar lo antes posible cuáles son verdaderos y cuáles no. El equipo del College Scorecard, por ejemplo, estaba seguro de que el público quería comparar universidades. No fue hasta que probaron esa función (incluso antes de programarla) que descubrieron que a los usuarios no les interesaba en absoluto.

Cuando ponemos a prueba los supuestos de fe, resulta tentador preguntar directamente a los clientes qué es lo que quieren, tanto en las entrevistas individuales como en los grupos focales o las encuestas. A muchos nos han inculcado este tipo de estudio de mercado. Sin embargo, este enfoque presenta un inconveniente: la gente, por lo general, cree que sabe lo que quiere, pero en realidad se equivoca.

Por este motivo el equipo del College Scorecard no llevó una encuesta a la Explanada Nacional, sino un prototipo del producto. Así pudieron observar cómo lo utilizaban realmente los clientes. El propósito de los experimentos consiste en descubrir las preferencias que los clientes revelan a través de su comportamiento. En otras palabras, no preguntes a los clientes qué es lo que quieren. Crea experimentos que te permitan observarlo.

«Un momento»

Hace unos años impartí un taller de un día de duración a un grupo de equipos de software de una colosal empresa. Aunque trabajaban en el sector de la alta tecnología, aún utilizaban el clásico modelo en cascada, caracterizado por entregas etapa-puerta e hitos.

Mientras analizábamos los supuestos de los proyectos en los que trabajaban, alguien de repente dijo: «Un momento. Acabo de darme cuenta de que hemos trabajado dos años en este proyecto y ni siquiera tenemos la certeza de que haya clientes para el producto». Habían dado por sentado que las proyecciones del plan de negocio se iban a cumplir cuando el producto estuviera terminado.

Cuando les pregunté a quién correspondía esa función y por qué en dos años nadie se había encargado de ella, cada miembro del equipo alegó una excusa distinta. Uno dijo: «Yo soy gestor de proyecto. Mi trabajo consiste en garantizar la puntualidad del proyecto». Otro añadió: «Yo soy director de ingeniería. Mi trabajo consiste en asegurar que el software y el hardware funcionen como deben: de acuerdo con el documento de especificaciones». El director de producto creía que su trabajo consistía en garantizar que el producto cumpliera los requisitos preestablecidos en el plan de negocio. Y así sucesivamente.

Finalmente, después de que el director de proyecto dijera «Me pidieron que creara el proyecto, así que mi trabajo es llevarlo a cabo», se dieron cuenta de que no había ningún responsable de garantizar que el producto tuviera clientes reales. Habían basado todo su trabajo en un enorme supuesto de fe —que la gente quería el producto— y nunca lo habían reconocido ni sometido a prueba.

Formulación de supuestos

Todos, en efecto, formulamos supuestos por naturaleza. La visión de una empresa está basada en supuestos sobre lo que es posible crear, lo que quieren los clientes, qué tipo de clientes lo quieren, los canales de distribución disponibles, etc. Todas las partes del plan de negocio contienen supuestos.

No obstante, es fundamental que los equipos, los directores y los líderes examinen con franqueza los planes de la empresa y reconozcan que están repletos de supuestos técnicos sobre las características y especificaciones del producto, así como de supuestos comerciales sobre estrategias de marketing y ventas. Tenemos que someter a prueba esos supuestos mediante la experimentación, medir lo que hemos aprendido y luego avanzar al siguiente paso: mantener el curso de acción con las modificaciones que sean necesarias o cambiar por completo la estrategia.

Formula los supuestos antes de emprender el proceso de creación. Afortunadamente, no tiene por qué ser una tarea complicada. Una manera sencilla de hacerlo es adquiriendo el hábito de apuntar las expectativas puestas en las interacciones con clientes o colegas. «Creo que el cliente estará dispuesto a participar en una llamada de seguimiento», «Creo que esta función del programa resultará relevante y atractiva para el departamento financiero de mi empresa» o «Creo que el hospital estará interesado en comprar el instrumento médico que estoy desarrollando».

Luego plantéate este tipo de preguntas:

- ¿Qué supuestos tendrían que ser válidos para el éxito del proyecto? ¿Son supuestos relacionados con los clientes? ¿Con los socios? ¿Con la competencia?
- ¿Qué sabemos realmente acerca de los hábitos y las preferencias de los clientes y su necesidad de una solución como la nuestra?
- ¿Cuáles son las pruebas de que los clientes *realmente* tienen un problema que necesitan solventar y cuya solución desean vehementemente (por la que están dispuestos a pagar)?
- ¿Qué sabemos realmente de lo que buscan los clientes en la solución?

Cuando los integrantes del equipo se anticipan y toman nota de lo que creen que sucederá, recuerdan que no siempre tendrán razón. Pero está bien. El objetivo consiste en aprender.

Simplifica

Esto es lo que comentó el emprendedor Pedro Miguel, miembro de la comunidad virtual de mi libro en la plataforma Kickstarter,

The Leader's Guide, sobre el proceso de formulación de preguntas como primer paso en el desarrollo de un nuevo producto o proceso:

> Validar las ideas hablando con las personas es difícil, pero fundamental para saber si tienen realmente el problema que estás intentando resolver. Un método que a mí me da resultado es elaborar una encuesta simple de tres preguntas que valide los supuestos clave:
>
> 1. ¿Tienen realmente el problema que tú crees?
> 2. ¿Cómo lidian hoy con el problema?
> 3. ¿Es tu concepto una alternativa mejor?
>
> Sólo después de ponerlos a prueba con los clientes comienzo la etapa de desarrollo.

No lo compliques. Por muy tentador que sea apuntar cada uno de los supuestos de fe que surgen en las reuniones de equipo, intenta limitar el análisis a los que se ajustan a la verdadera definición del término: los supuestos de fe son las afirmaciones del plan de negocio que tendrán *mayor impacto* en su éxito o fracaso.

Evita a toda costa la parálisis por análisis, lo cual en términos generales implica abarcar menos supuestos (un equipo con el que trabajé identificó más de cien para un solo proyecto). Un buen método para reducir la lista es identificar las partes más arriesgadas del plan y enfocarse en ellas al principio. Por otro lado, algunos equipos tienden a centrarse en exceso en supuestos a muy largo plazo, como las tendencias del sector, los precios del petróleo o el plan comercial a muchos años. No tiene nada de malo documentarse sobre esos supuestos, pero es mucho más importante dar prioridad a los más inmediatos.

¿Por qué? Porque todos tendemos a girar en torno a la comodidad, es decir, a las áreas que más dominamos y con las que más seguros nos sentimos. Cuando ya no estamos tan cómodos, es porque entramos en áreas que no conocemos lo suficiente para obtener buenos resultados, de ahí la importancia fundamental de poner a prueba esos supuestos.

Una manera sencilla de atenuar el riesgo es ésta: céntrate en las acciones que presentan mayores oportunidades de aprendizaje. En el caso del equipo del College Scorecard, los supuestos más arriesgados estaban relacionados con las características del producto que querían los clientes, por lo que decidieron basar sus primeras pruebas en esos supuestos.

PRIORIZAR LOS SUPUESTOS DE FE

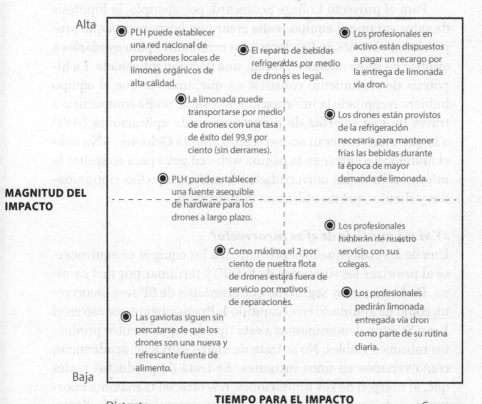

«Puesto de Limonada de Hipercrecimiento (PLH)»

MAGNITUD DEL IMPACTO (eje vertical, de Alta a Baja)

TIEMPO PARA EL IMPACTO (eje horizontal, de Distante a Cercano)

- PLH puede establecer una red nacional de proveedores locales de limones orgánicos de alta calidad.
- La limonada puede transportarse por medio de drones con una tasa de éxito del 99,9 por ciento (sin derrames).
- PLH puede establecer una fuente asequible de hardware para los drones a largo plazo.
- Las gaviotas siguen sin percatarse de que los drones son una nueva y refrescante fuente de alimento.
- El reparto de bebidas refrigeradas por medio de drones es legal.
- Como máximo el 2 por ciento de nuestra flota de drones estará fuera de servicio por motivos de reparaciones.
- Los profesionales en activo están dispuestos a pagar un recargo por la entrega de limonada vía dron.
- Los drones están provistos de la refrigeración necesaria para mantener frías las bebidas durante la época de mayor demanda de limonada.
- Los profesionales hablarán de nuestro servicio con sus colegas.
- Los profesionales pedirán limonada entregada vía dron como parte de su rutina diaria.

Determinar la hipótesis de valor y la hipótesis de crecimiento

Entre los supuestos de fe de una startup hay dos hipótesis fundamentales: la hipótesis de valor, que constata si el producto o servicio realmente deleita a los clientes una vez que empiezan a utilizarlo, y la hipótesis de crecimiento, que, dado cierto número de clientes, constata cómo ampliar la clientela. (Véase la tabla de la página siguiente.)

Por lo general, mi recomendación es que los equipos empiecen estableciendo las hipótesis de valor antes de abordar las hipótesis de crecimiento. Tiene sentido asegurarse de que un pequeño número de clientes quiere lo que ofrecemos antes de pensar en cómo aumentar los esfuerzos.

Para el proyecto College Scorecard, por ejemplo, la hipótesis de valor era que el equipo podía crear una herramienta que proporcionara buenos indicadores a los estudiantes para ayudarlos a evaluar las universidades y tomar una decisión informada. La hipótesis de crecimiento consistía en que, una vez que el equipo hubiera recopilado la información necesaria, podía compartirla a través de una interfaz de programación de aplicaciones (API) a la que todos tuvieran acceso (como apunta Gelobter: «No todo el mundo va a entrar en la página web <ed.gov> para consultar la información de las universidades»), incluso aquellas comunidades y clientes que no utilizaran la aplicación.

¿Y si mi análisis de sf es incorrecto?

Una de las cosas que más preocupan a los equipos es equivocarse al priorizar los supuestos de fe (SF) y terminar por mal camino. De hecho, estoy seguro de que el análisis de SF será incorrecto, como he apuntado en el capítulo I. Precisamente por eso en el Lean Startup denominamos a este tipo de experimentos productos mínimos viables. No se trata de meros ejercicios académicos, como veremos en unos instantes. Se trata de productos reales que, al margen de sus limitaciones, nos ofrecen la máxima oportunidad de sorprendernos con el comportamiento del cliente. Esas sorpresas a menudo desmantelan todo nuestro marco de supuestos de fe.

DETERMINAR LAS HIPÓTESIS DE VALOR Y CRECIMIENTO

	DEFINICIÓN	EJEMPLOS	PREGUNTAS A FORMULAR
HIPÓTESIS DE VALOR	Prueba si el nuevo producto o servicio aportará valor al cliente.	**Ejemplo 1** Los clientes desean limonada artesanal de alta calidad.	1. ¿Es ésta una propuesta de valor para mi público objetivo?
		Ejemplo 2 Los clientes pagarán un recargo por el reparto de limonada por medio de drones.	2. ¿Los clientes estarán dispuestos a pagar por el producto? 3. ¿Volverán a comprar?
HIPÓTESIS DE CRECIMIENTO	Prueba cómo adoptarán los nuevos clientes el producto o proceso.	**Ejemplo 1** Creemos que los clientes estarán encantados con PLH y por eso recomendarán el producto a sus colegas y compañeros.	1. Una vez que el proyecto se ha probado y ha demostrado su valor, ¿qué mecanismos utilizaremos para que crezca?
		Ejemplo 2 Creemos que los clientes comprarán como mínimo dos limonadas por pedido, porque querrán compartirlas con sus compañeros o servirlas en reuniones.	2. ¿Cómo sabremos que lo aprendido en la zona piloto será válido en múltiples zonas geográficas? 3. ¿Cómo podemos fomentar y recompensar las recomendaciones de boca en boca?

Existe además otra razón por la que el proceso de análisis de SF debería ser lo más sencillo posible. Como afirmó Mark Zuckerberg en su famoso manifiesto con motivo de la presentación del modelo S-1 ante la SEC: «Intenta crear los mejores servicios a largo plazo lanzando rápidamente pequeñas iteraciones y aprendiendo de ellas, en vez de intentar hacerlo todo perfecto de una vez [...]. Hemos pintado en las paredes el lema "Hecho es mejor que perfecto" para que nos recuerde que siempre hay que seguir despachando».

2. Producto mínimo viable (PMV)

Una vez que hemos reunido las previsiones y los supuestos, y formulado las hipótesis de crecimiento y de valor, el siguiente paso consiste en la creación de un experimento denominado *producto mínimo viable* o PMV.

Un PMV es una primera versión de un nuevo producto que permite al equipo extraer la mayor cantidad de aprendizaje validado sobre los clientes (aprendizaje basado en la recolección de datos reales en vez de en suposiciones sobre el futuro). Idealmente, este aprendizaje maximizará el número de supuestos de fe probados y minimizará costes, tiempo y esfuerzos.

En el actual mercado de la incertidumbre, quien aprende más rápido, triunfa. El concepto de «ciclo fundamental» del *lean manufacturing* se define por el tiempo transcurrido entre la recepción de un pedido del cliente y la entrega de un producto de alta calidad a buen precio. Para la «fábrica de innovación» de una startup, el ciclo fundamental se define por el tiempo que transcurre entre el nacimiento de una idea y el momento en que esa idea se valida como brillante o descabellada. Los equipos que disminuyen el tiempo de ciclo de validación tienen muchas más probabilidades de encontrar el encaje producto-mercado, puesto que la brevedad del ciclo incrementa (aunque no garantiza, por supuesto) las probabilidades de éxito.

El PMV transforma rápidamente una idea en algo real —aunque quizá imperfecto— para iniciar el proceso de iteración y repetición de pruebas. Aunque los PMV no sean perfectos, el objetivo último consiste en la creación del mejor proceso o producto posible con el mínimo derroche.

Ya hemos hablado del PMV inicial del proyecto College Scorecard. En lugar de lanzar el software al público, construyeron maquetas de cartón y observaron la interacción de los clientes con el prototipo. De esa forma, pudieron experimentar con el producto de forma inmediata, modificarlo rápidamente y volver a probarlo.

La mayoría de las personas no acometen el trabajo de esa manera. Resulta incómodo sacar a la calle un producto incompleto e imperfecto, sobre todo cuando estamos cautivados por la gran visión de nuestro proyecto, como suele ocurrirle a la gran mayoría de los emprendedores.

«Lo que pasa con el producto mínimo viable es que mientras tú defines qué es mínimo, el cliente decide si es viable —escribe David Bland, consultor y uno de los primeros partidarios del método Lean Startup—. La primera vez, tendrás que sacar a tu equipo del pozo depresivo en el que va a caer. Los productos mínimos viables se optimizan para aprender, no para crecer. Éste es uno de los mensajes más difíciles de transmitir a las personas que durante toda la vida han creado por crear, en lugar de crear para aprender.»

Tipos de PMV

Hay productos mínimos viables de todos los tamaños y colores. Todo depende de lo que intentes aprender. Cada empresa debe establecer sus propias directrices para la experimentación rápida, formar a los empleados en el uso de estas técnicas y definir un sistema para que rindan cuentas de lo que han aprendido.

En Intuit describen el proceso de la siguiente manera: «El objetivo de los experimentos rápidos consiste en aprender de los clientes reales lo más rápido posible, a partir de sus comportamientos, antes de invertir recursos adicionales en una idea o un curso de acción determinados». Para consultar ejemplos de distintos tipos de productos mínimos viables, consulta el Apéndice II (página 401), donde me complace compartir con los lectores el catálogo de PMV y las directrices internas de Intuit, con la autorización de la empresa, por supuesto.

El PMV es una actitud

El equipo interno de una startup que participó en uno de mis talleres protagonizó una anécdota sobre un producto mínimo viable «oculto a plena vista». Estaban creando un producto de consumo que con el método tradicional hubieran tardado entre tres y cinco años en diseñar y despachar. En el transcurso del taller, empezamos a explorar cómo podían utilizar nuevas tecnologías, como la impresión 3D, para reducir el tiempo de ciclo. Pero el equipo seguía tenazmente obstinado en un único aspecto: la fabricación. Yo intentaba que se centraran en aprender más rápido.

Como se trataba de un programa informático, supuse que la parte más complicada sería hallar el modo de crear un prototipo funcional para presentar a los clientes. Sin embargo, el equipo me explicó que eso ya lo había hecho. Habían tenido que construir un prototipo funcional para obtener las certificaciones de seguridad: estaba en su oficina.

Supuse, pues, que el problema radicaba en que no tenían acceso a los clientes. Quizá necesitaban buscar un distribuidor local y llegar a un acuerdo especial para acceder a sus clientes. Volví a equivocarme: «Ya tenemos una tienda modelo en nuestro centro, donde los clientes pueden ir a ver nuestros productos más recientes y novedosos». Entonces debía tratarse de un problema de política corporativa, pensé. ¿Conocían al director de la tienda modelo? «Claro, siempre nos pide más productos para exhibir.»

Entonces, ¿cuál era el problema? ¿La tienda estaba muy lejos de la oficina? No, ambas estaban en el mismo edificio. ¿El prototipo era muy pesado? ¿Necesitaban una plataforma rodante para transportarlo?

Al final resultó que no había ningún tipo de barrera física, organizativa, política o normativa que impidiera llevar a cabo un experimento ese mismo día. El único impedimento era la arraigada fuerza de la costumbre que hacía que el equipo no contemplara esta sencilla solución. Como veremos en los siguientes capítulos, esto es muy común. El problema no radica en que los ingenieros no sepan cómo construir un PMV, sino en que nunca han creído que mereciera la pena hacerlo. Cuando en el paisaje mental imperan los hábitos de gestión, cuesta mucho avanzar. El Lean Startup está diseñado para eliminar ese obstáculo psicológico.

Tabla de calificación de PMV

No hay instrucciones que establezcan lo que es posible crear como producto mínimo viable, siempre y cuando sea algo que maximice el aprendizaje.

Lo más importante, sin embargo, es contemplar siempre múltiples PMV para un proyecto dado. En Intuit, uno de los pilares fundamentales del programa Design for Delight (su versión del programa Lean Startup, similar a FastWorks) es «Go Broad to Go Narrow» («Ampliar para reducir»).

Aferrarse prematuramente a una solución forma parte de la naturaleza humana. No sabes cuántos equipos con los que he trabajado en todos estos años están convencidos de que su plan original constituye el único PMV que pueden crear.

Es importante ayudarlos a que contemplen otras alternativas radicalmente distintas. En talleres más elementales suelo pedir a los equipos que elijan un único supuesto de su plan y luego propongan tres PMV distintos. Comenzamos con el más fácil: el producto que ya quieren crear. Seguimos con otro divertido: uno muchísimo más caro (la versión definitiva y dorada). Por último, les pido que piensen en una tercera posibilidad: un producto que, en cuanto a complejidad y coste, diste tanto del diseño original como el PMV dorado, *pero* en dirección de la simplicidad. Es decir, algo tan tonto y simple que casi les dé vergüenza admitir que pensaron en ello.

Este tipo de tormenta de ideas no sólo resulta útil en los talleres. Scott Cook de Intuit una vez me explicó una técnica que había utilizado en una reunión de personal. El ejercicio sólo tomaba quince minutos en total. Scott pidió a los empleados que pensaran en el proyecto en que trabajaban en ese momento y dedicaran cinco minutos a escribir supuestos de fe (SF). Luego les pidió que eligieran *un único* SF y pensaran durante cinco minutos en los indicadores que podían utilizar para evaluar la validez de ese SF. Por último, les pidió que escogieran un único indicador y propusieran distintos PMV que pudieran crearse a partir de esa información. Scott cayó en la cuenta de que, en tan sólo quince minutos, su equipo pudo articular propuestas mucho más variadas e interesantes.

PROBAR HIPÓTESIS CON LOS PMV

Supuesto de fe más importante

Los clientes quieren limonada artesanal.

Formulación de la hipótesis

Si fuera posible pedir limonada artesanal de calidad a domicilio, los clientes consumirían más limonada.

Propuestas de posibles PMV

PREGÚNTATE:
• ¿Para quién se creará el nuevo producto o proceso?
• ¿Cuál es el producto o proceso más sencillo que puede crearse para empezar a aprender?

PMV 1 Puesto de limonada callejero con mesas, sillas y la cantidad mínima indispensable de carteles publicitarios.

PMV 2 Página web de destino (landing page) que admita pedidos; entregas realizadas por personas.

PMV 3 Página web y aplicación que admitan pedidos; entregas vía dron al barrio de SoMa (San Francisco).

PMV 4 Página web y aplicación que admitan pedidos; entregas realizadas por medio de una flota de drones a cualquier parte del estado de California.

Para los equipos que estén preparados para una técnica más avanzada, a continuación presento un gráfico que he utilizado con varios clientes para ayudarlos a decidir qué PMV vale la pena desarrollar. El resultado es una tabla de calificación para evaluar la viabilidad de los PMV propuestos. (Véase la tabla de la página anterior.)

En primer lugar, la tabla nos ayuda a reconocer que no todos los PMV guardan relación directa con todos los SF. No te preocupes. A veces la respuesta consiste simplemente en optar por un PMV que sea lo suficientemente bueno para empezar. Otras veces, resulta conveniente trabajar con varios PMV en paralelo para llevar a cabo un conjunto de pruebas más completo.

Lo que no deja de sorprenderme cuando hago este ejercicio con los equipos es la frecuencia con la que las startups contemplan múltiples PMV que responden exactamente a los mismos supuestos pero entrañan costes totalmente distintos. En estos casos, casi siempre podemos descartar los PMV más costosos, aun cuando nos cueste hacerlo.

3. Aprendizaje validado

En *El método Lean Startup* conté la bochornosa anécdota de la vez que estuve seis meses creando un programa que, al final, los clientes ni siquiera quisieron descargar. Una página web sencilla ofertando el producto hubiera revelado la misma información en apenas un día, en lugar de malgastar seis meses en un trabajo demoledor. Éste es el tipo de eficiencia extraordinaria que brinda el Lean Startup: no nos dice cómo lograr las especificaciones con menos esfuerzo, sino cómo obtener el mismo valor de aprendizaje a partir de especificaciones sumamente más sencillas.

La información que hubiera podido obtener de esa simple página web —pero no obtuve— constituye aquello que denominamos aprendizaje validado. Eso es lo que aporta el PMV: conocimiento real de lo que quiere la gente, en contraposición a lo que nosotros creemos que quiere. El objetivo de la secuencia de PMV es conseguir tracción: demostrar que cada experimento mejora sustancialmente el comportamiento de los clientes.

TABLA DE CALIFICACIÓN DE PMV

Determina qué experimentos llevarás a cabo, y en qué orden. Marca los supuestos que probarán los PMV y calcula el coste de cada experimento y el tiempo necesario para llevarlo a cabo. Algunos experimentos pueden resultar innecesarios debido a que los supuestos pueden probarse con un PMV más económico o más rápido.

	PMV 1	PMV 2	PMV 3	PMV 4
	Puesto de limonada callejero / mesas y sillas	Página web de destino con botón de pedidos	Prototipo de dron con servicio de reparto a domicilio	Servicio de reparto a domicilio vía dron
SUPUESTOS DE FE				
Los clientes quieren limonada artesanal.	✓	✓	✓	✓
Los clientes pagarán un recargo por la limonada elaborada con ingredientes orgánicos y locales.	✓	✓		
Los pedidos bajo demanda aumentan el consumo de limonada de los clientes.		✓	✓	✓
Los clientes están dispuestos a pagar un extra por la entrega vía dron.			✓	✓
Los clientes se encuentran en zonas que son accesibles para los drones.				✓
Los clientes prefieren pagar con bitcoins.	✓	✓		

Cálculo del coste de cada experimento y el tiempo necesario para llevarlo a cabo

COSTE	250 $	2.500 $	25.000 $	1.500.000 $
TIEMPO	1 semana	1 mes	6 meses	18 meses

Con el tiempo, eso no se tradujo necesariamente en el aumento del número de clientes, sino en que a cada cohorte de clientes le gustaba más el producto que ofrecíamos. Ése fue nuestro indicador adelantado, pero cada empresa o equipo tiene que definir qué es lo que va a medir para aprender lo que quiere saber.

La mayoría de las startups consideran que la métrica adecuada para ellos es evidente. Una empresa de comercio electrónico hará énfasis en las compras de los clientes y las consiguientes tasas de conversión. Los bienes de consumo, desde las aplicaciones hasta los juguetes, exigen un producto que los clientes adoren y usen con regularidad. No hay un comportamiento universalmente correcto que sea más importante de medir.

Sin embargo, todos estos comportamientos tienen algo en común: el intercambio de valor. El valor puede ser cualquier cosa, por pequeña que sea, a la que el potencial cliente esté dispuesto a renunciar para acceder al producto: en ocasiones se trata de dinero, pero también pueden ser otras cosas, como tiempo, energía, reputación o comentarios sobre el producto. Así como el equipo del College Scorecard supo que había dado con algo importante cuando comprobó que nadie quería comparar las universidades, también se dio cuenta de que estaba avanzado cuando la gente que probaba los móviles de cartón pasaba más y más tiempo con ellos.

El aprendizaje validado es la conclusión científica que podemos inferir de las mejoras en el intercambio de valor de un experimento a otro. (Ampliaremos la información sobre las métricas en los capítulos VI y IX.) Para que las métricas corroboren una conclusión válida, éstas deben responder a las tres A, es decir, deben ser accionables, accesibles y auditables.

ACCIONABLES. Para que un informe se considere accionable, los datos deben demostrar una clara relación causa-efecto y estar vinculados a las modificaciones del producto. De lo contrario, son meras métricas de vanidad. El hecho de que una página web incremente su número de visitas no implica necesariamente la mejora del producto. ¿Qué implica entonces? ¿Por qué tiene más visitantes? ¿Qué hacen esos visitantes? ¿Qué modificaciones del producto desencadenaron ese resultado?

ACCESIBLES. Todos los que participan en el proyecto deben poder consultar y entender esos informes, de lo contrario no servirán de nada. Muchas organizaciones utilizan pantallas públicas para realizar el seguimiento de los datos. Un ejemplo reciente es el de *The Washington Post*: cuando Jeff Bezos adquirió la empresa, crearon una plataforma tecnológica llamada Arc con el objetivo de trasladar el concepto de experiencia del usuario de Amazon al sector de la prensa. Arc analiza la interacción de los lectores con la página web y las aplicaciones, e integra acciones de marketing dirigido basadas en la experiencia del usuario. Hoy la empresa ofrece el servicio Arc a periódicos de todo el mundo.

AUDITABLES. Los datos deben ser creíbles. A menudo cuando un proyecto se cancela por métricas deficientes, el equipo o algunos de sus integrantes cuestionan la decisión. ¿En qué se fundamenta? Tanto las cifras como el análisis deben ser claros y sólidos, en vez de complicados e inconsistentes.

Dan Smith, un director de producto que compartió sus ideas en la comunidad de *The Leader's Guide*, comenta:

Si no intervienen otros factores (algo que nunca ocurre), prefiero centrarme en mi «única métrica que importa», ya sean conversiones de pago, compras, circulación a través de la acción «compartir», etc., y observar si alcanzo cierta velocidad. Idealmente, y esto depende de la tasa de cancelación de clientes y de la unidad de tiempo del modelo, espero ver un crecimiento semanal o mensual sostenido y exponencial. Para hacer una analogía con el comercio minorista: si nunca tengo suficientes artículos en stock, sé que ya tengo algo. Creo firmemente en observar todo a través de la función del tiempo y las cohortes. He descubierto que ambos ponen de relieve los posibles fallos del modelo así como las oportunidades para acelerar el crecimiento. Esto supone, claro, que ya he validado mi cliente.

A menudo la parte más complicada de dirigir una startup consiste en lograr que todos los integrantes del equipo estén de acuerdo con el mismo conjunto de hechos. Sólo entonces podemos descubrir si estamos avanzando.

4. Crear-medir-aprender

La creación de un PMV no es un proceso que se acometa una única vez. Después de medir y analizar el PMV, es posible ver dónde la idea tiene tracción (aceptación) y dónde no. Luego procedemos a la creación de otro PMV y posteriormente a su lanzamiento para continuar aprendiendo.

CICLO CREAR-MEDIR-APRENDER

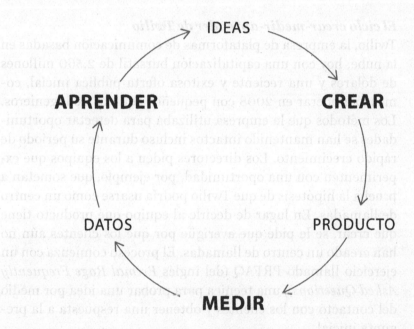

Por ejemplo, durante las pruebas del PMV con clientes potenciales, el equipo del College Scorecard aprendió cuáles eran las páginas web que el público visitaba cuando buscaba información sobre universidades y por qué accedía a ellas. Aprendió que la gente daba por sentado que las universidades públicas eran más asequibles. Aprendió que la mayoría del público emprendía la búsqueda de universidades cuando ya sabía lo que quería estudiar. A continuación, el equipo añadió algunas características al producto teniendo en cuenta los intereses reales de los clientes potenciales y volvió a someterlo a prueba. Y continuó este ciclo de retroalimentación crear-medir-aprender hasta que hubo creado un PMV que claramente fascinaba y entusiasmaba a los clientes.

Paradójicamente, cuando la búsqueda de la perfección se reemplaza por la voluntad de experimentar con la idea original para luego adaptarla, el resultado final es un producto más perfecto. La clave siempre está en disminuir el tiempo total que se tarda en completar este ciclo.

El ciclo crear-medir-aprender de Twilio

Twilio, la empresa de plataformas de comunicación basadas en la nube, hoy con una capitalización bursátil de 2.560 millones de dólares y una reciente y exitosa oferta pública inicial, comenzó a operar en 2008 con pequeños equipos de ingenieros. Los métodos que la empresa utilizaba para detectar oportunidades se han mantenido intactos incluso durante su período de rápido crecimiento. Los directores piden a los equipos que experimenten con una oportunidad, por ejemplo, que sometan a prueba la hipótesis de que Twilio podría usarse como un centro de llamadas. En lugar de decirle al equipo qué producto tiene que crear, se le pide que averigüe por qué los clientes aún no han creado un centro de llamadas. El proceso comienza con un ejercicio llamado PRFAQ (del inglés *Primal Rage Frequently Asked Questions*), una técnica para probar una idea por medio del contacto con los clientes y obtener una respuesta a la pregunta inicial.

Durante el ejercicio, el equipo redacta un comunicado de prensa (similar al proceso de Amazon) y un documento de preguntas frecuentes para el cliente que incluye, entre otros, la fecha de lanzamiento del producto y su coste (o por lo menos una aproximación). Luego el equipo se reúne con los clientes que han recibido el comunicado para escuchar sus opiniones y comentarios. «Tratamos de obtener la mayor cantidad de información posible del cliente sobre el producto final antes de dedicar tiempo a crearlo», comenta Patrick Malatack, vicepresidente de gestión de producto. A veces los clientes —tanto los internos como los externos— dirán que no les interesa la idea. Otras veces dirán que no ven la hora de empezar a usarlo, en cuyo caso el equipo profundizará más en el asunto. Otras, la respuesta incluye peticiones de funciones que el equipo ni siquiera había contemplado.

Una vez que se recopila toda la información, el equipo decide si quiere avanzar o no. Si la respuesta es afirmativa, crean un producto «muy, muy básico» que puedan comenzar a iterar inmediatamente (algunos esfuerzos recientes incluyen la incorporación de los servicios de videollamada y mensajería multimedia [MMS] a los habituales servicios de voz y mensajería). No hay plazos establecidos para acometer estos pasos. Los tiempos varían dependiendo del equipo. No obstante, todos los equipos rinden cuentas ateniéndose a los mismos criterios de aprendizaje. «Cada equipo independiente hace suyo el proyecto», afirma el exdirector de Operaciones Roy Ng. «La única regla que quieres implantar es la recolección de la opinión del cliente, tienes que obtener esa información lo antes posible —explica Malatack—. Y luego tienes que experimentar e iterar mediante la formulación de una hipótesis que debes ir probando con cada iteración. Eso es lo único que inculcamos a los equipos de pruebas, pero más allá de eso no existe una fórmula.»

5. Pivotar o perseverar

El objetivo de la experimentación consiste en aprender y luego mantener una reunión «pivotar o perseverar» para evaluar si la estrategia actual funciona. Si cada experimento parece más productivo que el anterior —si hay una gran cantidad de aprendizaje y de datos que respalden por lo menos algunos supuestos de fe—, el siguiente paso será *perseverar*, crear una versión más refinada del PMV y continuar con el ciclo crear-medir-aprender.

En cambio, si recibimos una y otra vez comentarios negativos (o indiferentes) de los clientes a pesar de que el producto «ha mejorado», o si los datos refutan fehacientemente un supuesto clave, es momento de *pivotar*. Quizá la frase más famosa (o infame, dependiendo del punto de vista) de la jerga del Lean Startup sea la definición de pivote: un cambio de estrategia sin cambiar la visión.

EL PIVOTE
Un cambio de estrategia sin cambiar la visión

PRODUCTO → **OPTIMIZACIÓN**
Mejora del producto «poniendo en marcha el motor»

ESTRATEGIA → **PIVOTE**
Un cambio de estrategia para volver a alinearse con la misión

- VISIÓN -

Los fundadores siempre tienen una visión. Para alcanzar sus objetivos y hacer realidad la visión, deben definir una estrategia. No hay ningún motivo para mantener siempre la misma estrategia, pero sí para conservar la visión; de hecho, la visión casi siempre se mantiene intacta. Con el pivote, el mercado objetivo o el conjunto de las características del producto pueden cambiar sin que cambie la visión global del problema. Cada pivote genera un nuevo conjunto de hipótesis, y así el proceso vuelve a empezar.

La historia de las startups está repleta de casos de pivotes. Entre ellos destacan los de PayPal, que pasó de ser un mecanismo de transferencia de dinero exclusivo de las primeras PDA de la empresa Palm (conocidas como Palm Pilots) a la versión web que hoy conocemos; Netflix, que pasó del reparto a domicilio de DVD al *streaming*, y algunas de las empresas cuyas historias describí en *El método Lean Startup*, como Wealthfront (que comenzó como la casa de apuestas en línea KaChing) y Groupon.

Sin embargo, los pivotes no son sólo para las startups. Una ejecutiva de una de las principales editoriales me comentó hace poco que la empresa recientemente había «modificado la manera de acometer el típico proceso de publicación».

La editorial había probado distintos diseños de portada, contenidos y títulos, sobre todo entre el público de autor, aunque también en grupos que no estaban familiarizados con el autor ni con sus obras.

Antes las editoriales no solían buscar la opinión de los grupos de prueba ni de las comunidades de los autores. «Nos limitábamos a confiar en nosotros mismos —explica la ejecutiva—. Confiábamos en nuestra opinión sesgada y en la arrogancia de creer que sabíamos más que el cliente.»

Sin embargo, a medida que el mercado editorial ha ido cambiando, de un mercado que dependía principalmente del tráfico de clientes que entraban y salían de las librerías a uno en el que predominan las ventas en línea, la empresa ha tenido que pivotar para adaptarse a los hábitos de sus clientes. «Nosotros, como industria, nos dimos cuenta de que teníamos que encontrar la manera de llegar directamente al cliente.»

En una ocasión, la editorial sometió a prueba un manuscrito entero. El libro ya estaba en producción, pero la ejecutiva y su equipo querían conocer la reacción de los potenciales lectores, aunque no tenían previsto realizar cambios significativos en el manuscrito.

Según fueron recibiendo comentarios y recopilando información, se quedaron atónitos al descubrir que la edad del público al que esperaban llegar, comprendida entre treinta y sesenta años, no constituía ni mucho menos el público principal de la obra. Quienes se identificaron con el libro fueron los milenials. En ese momento pivotaron para potenciar el éxito del libro. «Descartamos toda la campaña de marketing y publicidad que habíamos orientado a un público de mayor edad y la redirigimos hacia los milenials», apunta la ejecutiva. Su visión del libro no cambió, lo único que cambió fue el público.

Cuándo pivotar

Si alguna vez has vivido una situación de pivote en la vida real, ya sabes lo estresante que puede llegar a ser. A menudo cuando contemplamos la posibilidad de pivotar, es demasiado tarde. El techo está en llamas. Las paredes se derrumban. Al día siguiente se reúne el consejo de administración. Estamos a punto de quedarnos sin dinero. Éste no es realmente un entorno propicio para la toma racional de decisiones.

Existen motivos perfectamente válidos para demorar el pivote. El simple hecho de preguntar «¿funciona nuestra estrategia?» puede parecer una crítica al rumbo actual del equipo. Pone en riesgo la moral. Es raro que todos los del equipo estén de acuerdo con el grado de eficacia de la estrategia, por lo que pivotar puede ser motivo de conflictos. Por otro lado, tenemos el eterno optimismo de la mentalidad startup: tal vez, si le damos otra oportunidad, el crecimiento se materialice.

Una última observación con respecto a las reuniones pivotar o perseverar: casi todas las startups exitosas tuvieron que pivotar en algún momento. Se trata de una consecuencia universal de las condiciones de incertidumbre extrema que caracterizan a las startups. Sin embargo, si tenemos la certeza de que vamos a tener que pivotar, ¿por qué esperar hasta último momento para abordar el tema? Propongo lo siguiente: programa la reunión pivotar o perseverar con antelación. Apúntala en la agenda. Conviértela en una actividad cotidiana más.

Encuentra la cadencia adecuada para la startup en cuestión. Por lo general, recomiendo programar una reunión cada seis semanas, desde luego no más de una al mes, ni menos de una al trimestre. Asiste a la reunión, no es nada del otro mundo. No se trata de una crisis existencial. No se trata de admitir que no sabemos lo que estamos haciendo. Se trata simplemente de una oportunidad para preguntarnos: «¿Qué indicios tenemos de que la estrategia actual nos esté acercando a nuestra visión?».

De esta forma no sólo creamos un entorno más tranquilo para adoptar la decisión, sino que además nos beneficiamos de otra ventaja. El hecho de programar la reunión pivotar o perseverar con antelación sirve como un dispositivo de enfoque para todo el equipo. Sobre todo al principio, los integrantes del equipo se preguntarán entre una reunión y otra: esto que estoy haciendo ahora, ¿nos va a ayudar de aquí a seis semanas en la próxima reunión pivotar o perseverar? Esta reflexión puede eliminar enormes fuentes de derroche, como la creación de planes elaborados para prever acciones posteriores al lanzamiento del producto, la añadidura de características o funciones que los clientes aún no necesitan, los intentos por atender a los clientes generalistas cuando el producto ni siquiera tiene sus primeros usuarios, la contratación de personal para el servicio de atención al cliente en previsión de la demanda futura, y (mi preferida) las inversiones prematuras en infraestructura ampliable.

Pivote al olvido

En ocasiones, un pivote lleva a otro, y luego a otro, hasta que el equipo agota los pivotes y descubre que su visión, por muy impresionante que pueda parecer, no tiene una base sólida. Eso es precisamente lo que le ocurrió a uno de los equipos de Turbomachinery Solutions de General Electric, que, pese a ello, considera la cancelación del proyecto como un resultado satisfactorio.

El plan del equipo consistía en el desarrollo de un nuevo componente para mejorar la eficiencia y la producción de las plantas de gas natural. El dispositivo de expansión o FLE (del inglés *Flash Liquid Expander*) iba a incrementar la capacidad de licuefacción de las plantas y crear nuevas fuentes de ingresos para la empresa. Además, el nuevo proceso proporcionaba un beneficio adicional: energía recuperada que podía utilizarse con otros fines en la misma planta, aumentando de esta manera la eficiencia global.

El equipo, en palabras de Silvio Sferruzza, líder de excelencia y director del proyecto FastWorks de la división GE Oil & Gas, sabía que «desde el punto de vista tecnológico, el proyecto era perfectamente viable. Si entendiéramos cómo salir al mercado, no había duda de que el FLE se podía fabricar». El equipo había elaborado un caso de negocio admirable para el proyecto que se basaba, por un lado, en el gran número de plantas en las que se podía instalar el FLE y, por otro, en el supuesto de que a la luz de los beneficios previstos para los potenciales clientes (hasta 100 millones de dólares anuales), las empresas explotadoras de las plantas de gas querrían instalarlo. Asimismo, el equipo creía que el nuevo componente sería un producto muy solicitado entre las plantas de gas que se construyeran a futuro.

«El caso de negocio sobre el papel era fabuloso», recuerda Sferruzza. Abordaba de forma directa el enunciado del problema de cliente: «El cliente querrá mejorar la eficiencia de la planta sin que ello incida en la disponibilidad. El aumento de la producción generará ingresos adicionales». No obstante, todo el caso de negocio se basaba en supuestos. En palabras de Sferruzza: «Somos una empresa tecnológica. Nos hemos enfocado en cómo hacer las cosas, en las dificultades técnicas. Todo el mundo está contento de trabajar en eso».

La pregunta que tenía que plantearse tanto el equipo, que incluía personas de ventas, ingeniería y operaciones comerciales, como el orientador de FastWorks no era si *podían* fabricar el FLE, sino si debían hacerlo. ¿Gustaría lo suficiente el nuevo producto a los clientes como para pagar por él? «En el pasado, antes de que adoptáramos el enfoque FastWorks, hubiéramos trabajado de principio a fin en el proyecto sin cuestionarnos mucho los supuestos relacionados con el cliente —dice Sferruzza—. Hubiéramos acometido el proceso de desarrollo evaluando ante todo los riesgos técnicos.»

A continuación detallo los supuestos de fe comerciales del equipo:

- Ningún competidor había sacado esa idea al mercado.
- La licenciadora del proceso de gas natural licuado (GNL) —la empresa que posee la patente del proceso de licuefacción y se encarga de estudiar y aprobar las nuevas tecnologías a fin de garantizar el cumplimiento de las normas— estaba dispuesta a entablar conversaciones con General Electric sobre el nuevo proceso (es decir, no existían obstáculos preexistentes, como acuerdos de exclusividad suscritos con otras empresas).
- La licenciadora del proceso de GNL estaría dispuesta a

adoptar la solución propuesta por General Electric, convirtiéndola en la nueva norma del sector.

- La tecnología sería escalable, es decir, podría tener otros usos en otros mercados.
- Los clientes serían socios comprometidos con el proceso de iteración y la rápida creación de prototipos del nuevo producto.

El equipo de Turbomachinery Solutions, en estrecha colaboración con el equipo de ventas, contactó con los clientes con los que mantenía buena relación. Durante esta etapa inicial, su PMV no era más que una presentación que detallaba el funcionamiento del nuevo componente. Como explicó el orientador del programa FastWorks, Giulio Canegallo: «El intercambio de valor constaba sobre todo de información: compartir información sobre el proceso con los clientes y recabar información de los clientes».

Este PMV les permitió probar muchos supuestos de fe. Enseguida descubrieron que varias de sus ideas clave para salir al mercado eran erróneas.

Con esta información en mano, el equipo regresó al punto de partida para comprobar si había otro mercado que pudiera beneficiarse del FLE a fin de pivotar. Se enteraron por uno de sus clientes de que tal vez podían suministrar el nuevo componente al mercado de la criogenia (aplicaciones de refrigeración industrial), lo cual aumentaba el potencial del producto.

Después de sondear el mercado de la criogenia durante dos meses y medio y gastar unos cuantos miles de dólares, el equipo llegó a la conclusión de que el mercado no era lo suficientemente grande para justificar la inversión necesaria para el desarrollo y la creación del FLE, ni siquiera como un PMV. Llegado ese punto, en la reunión pivotar o perseverar del equipo acordaron cancelar el proyecto.

La reunión en la que presentaron sus conclusiones resultó bastante incómoda para la mayoría de los integrantes del equipo, que naturalmente se sentían decepcionados por el fracaso del proyecto. No obstante, hubo un aspecto positivo. Canegallo lo resume de esta forma:

Hubo sentimientos encontrados. Por un lado, el equipo estaba triste porque tenía un producto fascinante y con mucho potencial que, al final, no resultó como esperaban. Por otro, estaban contentos y orgullosos de haber descubierto el problema en una etapa temprana y de una forma mucho más económica que si lo hubieran hecho después del desarrollo del producto. Reconocieron que habían ahorrado dinero a la empresa y tiempo a los empleados, que desde entonces se han dedicado a actividades más rentables.

Y, por supuesto, los integrantes del equipo estaban personalmente agradecidos por no haber tenido que invertir tiempo y energía durante años en un producto que, al fin y al cabo, más que crear valor para los clientes, hubiera constituido un fracaso para la empresa. Al final, el equipo gastó 30.000 dólares y tardó siete meses en probar sus supuestos, en vez de gastar millones de dólares y desperdiciar años de esfuerzo, sólo para ver cómo fracasaba el proyecto. El consejo interno encargado de supervisar la financiación —llamado *consejo de crecimiento* — no sólo reconoció el mérito del equipo, sino que lo alabó. «Reconocieron su esfuerzo por verificar los supuestos, valoraron el aprendizaje extraído y los felicitaron por su valor a la hora de reconocer y admitir que se habían equivocado. Todos los miembros del equipo fueron recompensados por eso», añade Canegallo. En este caso, incentivar el aprendizaje evitó que la empresa perdiera tiempo y dinero. «Celebramos la actitud del equipo y la consideramos un ejemplo de buena práctica en Turbomachinery Solutions.»

LEAN STARTUP PARA DIRECTIVOS

En la metodología Lean Startup, una de las principales funciones de los directores consiste en formular preguntas a las personas que desempeñan la labor de crear-medir-aprender. Las preguntas más importantes son las siguientes:

1. ¿Qué aprendiste?
2. ¿Cómo lo sabes?

Como veremos una y otra vez en el curso de este libro, gran parte del cambio en el enfoque de gestión se reduce a la cultura, la mentalidad y los hábitos. Una de las ideas más difíciles de desarraigar es la del director como experto máximo: el director elabora el plan y los subordinados lo ejecutan. En momentos de incertidumbre, el director ofrece respuestas definitivas. Y si un subordinado no cumple los objetivos, el director impone el castigo correspondiente, porque fallar en la ejecución del plan se considera una muestra de incompetencia.

A estas alturas, espero que hayas reparado en la cantidad de situaciones del mundo moderno que desafían este antiguo paradigma. Muchos fracasos no son fruto de una ejecución incompetente, sino la consecuencia de una realidad que no se ajusta a los supuestos del plan. ¡Si los clientes tan sólo leyeran el plan de negocio, sabrían cómo comportarse!

Por tanto, una parte del nuevo paradigma de liderazgo está cambiando el viejo paradigma y orientándolo hacia el aprendizaje. Scott Cook lo llama «definir el gran desafío» y crear las plataformas de experimentación que los equipos necesitan para obtener respuestas por sí mismos. Cuando los directores preguntan sobre el aprendizaje —en lugar de gritar por los fracasos— crean nuevas y mejores oportunidades para la experimentación.

Para quienes dirigen equipos startups, esto representa a todas luces una ventaja. Sin embargo, el cambio de mentalidad puede trasladarse a cualquier tipo de contexto distintivo del de la startup. Un ejecutivo con el que trabajé en estrecha colaboración me contó algo que no he podido olvidar. Se había formado en el método Lean Startup y era patrocinador ejecutivo de la startup interna de una empresa. Se reunía regularmente con su equipo.

Un día estaba ultimando algunos detalles con su equipo de innovación tras haber acordado un nuevo pivote. Como es habitual para la mayoría de los ejecutivos, ésa sólo era una de muchas otras reuniones que mantendría aquel día. Asistió a la siguiente reunión con diligencia: una llamada con el director de ventas regional que iba a informar sobre los resultados trimestrales de su territorio de ventas, Europa central. El director de ventas tenía malas noticias: la estrategia de mercado del nuevo producto estaba muy por debajo de la cuota de ventas.

El ejecutivo me dijo que sabía muy bien lo que debía hacer. Tenía años de práctica «cortando cabezas». Estaba a punto de regañar a su subordinado cuando se le ocurrió una idea. ¿Y si manejaba esa llamada como la reunión para pivotar o perseverar que había mantenido minutos antes? En lugar de acribillar a preguntas a su subordinado, se limitó a preguntarle: ¿qué aprendiste? ¿Cómo lo sabes?

El director de ventas regional se quedó atónito, al punto de que casi se le cae el teléfono. Resultó que la estrategia de mercado había revelado algunos hechos inusitados. En la región regía una normativa específica, distinta a la de Estados Unidos. (¿Por qué las empresas estadounidenses siempre se sorprenden cuando se enteran de esto?) Los competidores locales ya tenían productos buenos en el mercado. Y la marca de la empresa matriz no era muy fuerte en esa región, de modo que la distribución había resultado más complicada de lo previsto. En otras palabras, aunque nadie se había percatado de ello, el plan de salida al mercado había sido un experimento desde el primer momento. A primera vista parecía una iniciativa segura de bajo riesgo y, por tanto, adecuada para las técnicas clásicas de gestión. Pero la realidad se interpuso en el camino.

Después de tantear un poco el terreno para asegurarse de que lo que oía era verdad y no un montón de excusas, el ejecutivo elaboró un plan exitoso para salir al mercado en esa región. Se dio cuenta de que con sólo plantear un conjunto de preguntas distintas había logrado un resultado que su formación anterior hubiera pasado por alto.

Ésta es sólo la anécdota de un directivo que pudo obtener nuevos resultados a raíz de un cambio en su conducta y mentalidad. En los próximos capítulos abordaremos muchas otras anécdotas. Todas ellas tienen en común la síntesis de las herramientas del Lean Startup y las prácticas de gestión que posibilitan la innovación continua. En el siguiente capítulo veremos la forma que adopta este nuevo enfoque sistémico en la práctica.

V

Un sistema de gestión para
la innovación a escala

Mi trabajo con empresas me ha llevado a lugares exóticos; sin embargo, el destino de uno de los viajes que más me marcaron no fue tan glamuroso: me encontraba en la zona industrial de Rust Belt, caminando por la planta de producción de una fábrica de la vieja escuela que había funcionado ininterrumpidamente durante décadas produciendo miles de electrodomésticos. La empresa pasaba por una plena etapa de transformación *lean* y había logrado avances formidables eliminando excesos de existencias y mejorando tanto la calidad de sus productos como la seguridad de la planta.

Uno de los directores de producto de la empresa me llevó de visita a la planta para que observara de primera mano el progreso que habían alcanzado. En los años que llevo estudiando *lean manufacturing* y hablando de él, pocas veces he tenido la oportunidad de aceptar el consejo más importante de esta disciplina: *genchi genbutsu*, «ve y compruébalo por ti mismo». A raíz de esta visita, he llegado a apreciar profundamente el arte y la habilidad necesarios para fabricar incluso el más humilde de los electrodomésticos. Cada pequeño botón está conectado a mano a la placa de circuito ubicada en la parte trasera del artefacto, una operación que se repite miles y miles de veces al día. Incluso hoy, en la era de la automatización, casi todos los productos que compramos conllevan una cantidad francamente formidable de mano de obra especializada.

Mientras conversaba sobre este tema con la dirección de la empresa, no podía dejar de pensar en el microondas barato que tengo en la cocina. El panel frontal tiene veintinueve botones (los había contado). Aun siendo muy generoso, creo que nunca he usado más de cinco. Los veinticuatro restantes, en mi caso, no sirven para nada. Les pregunté a los directivos de la empresa: «En promedio, ¿cuántos de los botones que colocáis a mano con tanta destreza y esmero no son pulsados ni siquiera una vez por los clientes? ¿Qué porcentaje es completamente inútil?».

No lo sabían. Supongo que esto en otra época no hubiera llamado la atención. Recabar este tipo de información sobre el terreno es complicado o, por lo menos, solía serlo.

Sin embargo, estamos en el siglo XXI. Los técnicos de mantenimiento descargan periódicamente información de uso de los electrodomésticos. Muchos de los aparatos disponen de conexión a internet. Nunca ha sido más fácil realizar encuestas directas a los clientes o solicitarles el registro de uso de los dispositivos. Cuando pregunté a los directivos por esta cuestión, admitieron que, en efecto, la información existía. Sólo que no la habían analizado.

¿Por qué crees que hicieron la vista gorda, aun sabiendo que disponían de la información? Creo que, en el fondo, sabían que revelaría datos deprimentes. Visualiza, si puedes, la cantidad de horas de mano de obra especializada necesarias para conectar minuciosamente miles y miles de botones que nadie presiona jamás. Si te tomas en serio la imagen, debería parecerte dolorosa. ¡Qué tremendo desperdicio de energía y potencial humano!

¿Por qué ocurre esto? ¿Es culpa de los trabajadores de la fábrica? Claro que no, todos y cada uno de ellos desempeñan su trabajo a la perfección.

¿Del supervisor? Claro que no. Con destreza y dedicación, esa persona supervisa la ejecución de un sistema diseñado para la calidad y la eficiencia.

¿Es culpa de los expertos en *lean manufacturing* que velan

por reducir los derroches de la fábrica? No. Los botones no forman parte del «inventario de trabajos en proceso» que tienen que recortar. De todas formas, como los botones están incluidos en las especificaciones de un producto existente, carecen de autoridad para quitarlos del proceso.

Entonces, seguramente sería culpa de los directores de producto. Al preguntárselo, ellos también negaron enérgicamente que fuera responsabilidad suya. «¡Nosotros simplemente respondemos a lo que quiere el cliente!»

¿Cómo podrían querer los clientes más botones que no usan para nada? No recuerdo haber oído a nadie que se lamentara de que la interfaz de usuario fuera «demasiado simple... ojalá tuviera más botones».

Al final, cuando los directores de producto decían que los clientes querían más botones, en realidad no se referían a los clientes, puesto que los consumidores finales no son *sus* clientes. «El cliente es el encargado del departamento de compras de los grandes almacenes donde se vende la mayoría de nuestros electrodomésticos —me explicaron—. Nuestro equipo de ventas pasa mucho tiempo con el cliente averiguando lo que quiere que fabriquemos.»

Entonces... ¿es culpa del equipo de ventas? En realidad, no. Si hablas con los integrantes del equipo, descubrirás que hacen lo que les pide el cliente. Al fin y al cabo, en eso consiste su trabajo.

¿Es culpa de la encargada de compras? No, sus necesidades también son completamente racionales. Los microondas son productos básicos. De algún modo tiene que organizar las inmensas estanterías repletas de microondas. ¿Y cuál es la forma más fácil de hacerlo? Asegurándose de que los más caros tengan más accesorios (o, en este caso, botones). Luego los coloca en fila según el número de botones para facilitar la elección a los clientes.

En toda esta «cadena de valor», nadie se ha hecho cargo de responder a una pregunta sencilla: ¿Cuáles son las pruebas de que a mayor cantidad de botones, mayores probabilidades de que los clientes compren el electrodoméstico y que, con el tiempo, quieran seguir comprando productos de la marca?

Todas las áreas funcionales cumplen con su trabajo. Todos

ganan dinero. Los directores ascienden y son recompensados. Así que nadie tiene la culpa.

Sin embargo, este tipo de situaciones ocurren. Una y otra vez. Todos los santos días. Miles de operarios cualificados conectan miles y miles de botones que nadie presionará jamás. Ahora multiplica este derroche por miles de productos similares que se fabrican en todo el mundo.

Esto no es una novela distópica, sino lo que está ocurriendo en la actualidad. Tiene que haber algo mejor.

¿QUÉ PODEMOS HACER?

Cuando las empresas consolidadas empezaron a pedirme que trabajara como consultor, creí que mi labor primordial consistiría en llevar «el método de trabajo de Silicon Valley» a las empresas. Y, en cierta medida, así fue. Sin embargo, la mayor sorpresa ha sido el extraordinario interés que mostraron mis colegas de Silicon Valley por aprender de mis relatos de guerra sobre la implantación de las técnicas del Lean Startup en el entorno empresarial. A raíz de esto me di cuenta de que el camino hacia el Lean Startup exige mejoras y cambios a ambos lados de la tradicional brecha que separa a las startups de las empresas.

Una empresa moderna no basa su trabajo en un único método —el de Silicon Valley o el de la gestión empresarial actual—. De ser así, no tendríamos más que recomendar a todas las grandes empresas que persiguen la innovación que compraran algunas startups. Además, si la respuesta estribara en la forma en que las empresas y las organizaciones consolidadas trabajan en la actualidad, nos limitaríamos a enseñar esos principios de gestión a las próximas generaciones.

Pero la verdad es que cada uno de estos sistemas comporta una serie de problemas. En las empresas consolidadas, se desperdicia una inmensa cantidad de talento y energía porque las estructuras y los protocolos arcaicos e inflexibles frenan la innovación.

Al otro lado de la brecha, las startups de Silicon Valley sufren un problema que es consecuencia de su propio éxito: el crecimiento. Ninguna startup, cuando crece, quiere estructurarse según el modelo de las grandes empresas donde las áreas funcionales están tan compartimentadas que ni siquiera se comunican entre sí. Sin embargo, eso es lo que suele ocurrir cuando el crecimiento de las startups es tan grande que no pueden seguir gestionándose como un único equipo. Los sistemas que tan bien funcionan en las empresas pequeñas no pueden trasladarse al ecosistema más grande que necesitan las empresas en crecimiento, por lo que la empresa llega a un punto de estancamiento.

LA RENDICIÓN DE CUENTAS ES LA BASE DE LA GESTIÓN

La gestión emprendedora constituye un marco de liderazgo creado específicamente para hacer frente a la incertidumbre del siglo XXI. No reemplaza a la gestión tradicional. Se trata de una disciplina pensada para ayudar a que los directivos sean tan rigurosos con la parte emprendedora de la cartera de gestión como lo son con la parte de gestión general. El hecho de que la innovación se caracterice por la descentralización y la imprevisibilidad no implica que no pueda gestionarse. Sólo que requiere herramientas y protecciones distintas que aquellas que estamos acostumbrados a ver en entornos donde predomina la gestión tradicional. El poder del camino hacia el Lean Startup radica en que combina las ventajas de dos métodos de trabajo distintos.

En *El método Lean Startup* intenté explicar por primera vez el método de trabajo de las startups con un gráfico sencillo (inspirado en el famoso diagrama de *Las claves del éxito de Toyota*):

La base del camino hacia el Lean Startup se compone de esos mismos elementos, siendo el primero de ellos la **RENDICIÓN DE CUENTAS**: los sistemas, las recompensas y los incentivos que motivan el comportamiento de los empleados y representan el centro de su atención. ¿Cuáles son los motivos de compensación, promoción, celebración o despido en la organización? ¿Qué objetivos de desempeño son relevantes para las carreras de los empleados? Los sistemas de rendición de cuentas deben estar en consonancia con los objetivos a los que aspira la empresa —tanto a largo como a corto plazo.

EL MÉTODO LEAN STARTUP

El **PROCESO** se refiere a las herramientas y tácticas que utilizan los empleados en el día a día para desempeñar su trabajo; a modo de ejemplo: planificación de proyectos, gestión, coordinación de equipos, colaboración, etc. El proceso emana de la rendición de cuentas, porque los sistemas de rendición de cuentas de las empresas limitan indefectiblemente las decisiones. La mayoría de los equipos, cuando reciben los incentivos adecuados (o más concretamente, en ausencia de incentivos perjudiciales), son capaces de autoorganizarse en torno a nuevas tácticas y herramientas. Por ejemplo, si un sistema de rendición de cuentas castiga los fracasos, resultará imposible implementar los procesos necesarios para la rápida experimentación e iteración (que siempre conllevan una cantidad ingente de fracasos).

Con el tiempo, estos hábitos y métodos de trabajo se funden en la **CULTURA**: las creencias comunes, y por lo general tácitas, que determinan lo que los empleados consideran factible, porque «así son las cosas por aquí». La cultura es la memoria muscular de la empresa, que no está basada en el modo en que la organización quiere funcionar, sino en el modo en que lo ha hecho en el pasado. No puedes cambiar la cultura con carteles que exhorten a los empleados a «ser más innovadores» o «pensar fuera de la caja». Aunque pintes en aerosol la famosa frase de Facebook «¡Muévete rápido y rompe cosas!», no surtirá ningún efecto. La cultura se construye con el tiempo, con las sobras residuales de las decisiones en materia de procesos y rendición de cuentas adoptadas por la empresa en el pasado.

Cada cultura atrae a cierto tipo de **PERSONAS**: el máximo recurso empresarial. Las culturas tóxicas o anticuadas repelen el talento innovador. Al final, el éxito de toda organización depende del calibre de las personas que puede atraer y retener. Recuerda la dramática declaración de Jeff Immelt del capítulo I acerca de que ninguna empresa quiere ser percibida como «anticuada», ya que esta etiqueta dificulta la contratación de personas magníficas. O los relatos que todos conocemos de emprendedores que fueron rechazados en algunas empresas pese a su increíble talento.

Para incubar una nueva cultura es necesario que los equipos se autoorganicen. Las nuevas culturas nacen de la experiencia de ver que algo nuevo funciona. Esos equipos pueden convertirse en las semillas de una nueva cultura, si se los nutre con esmero. De hecho, en muchas transformaciones exitosas que he presenciado, los futuros líderes que se convirtieron en agentes de cambio clave empezaron trabajando como empleados rasos en los primeros proyectos piloto. Una vez que descubrieron lo que era posible, tomaron la decisión de dedicar sus carreras a llevar esos beneficios a otras personas de la empresa.

Como mencioné en el capítulo I, este nuevo método se sus-

tenta en los pilares de revoluciones pasadas: la gestión científica, la producción en serie, el *lean manufacturing*, el método
Seis Sigma, el desarrollo ágil de software, el desarrollo de clientes, la guerra de maniobras y el pensamiento de diseño, entre
otros. Incluso dentro de la propia organización, los principios
emprendedores y los principios de la gestión general tienen fun-
damentos en común —sobre todo la importancia de la mentalidad a largo plazo— y valores en común —rigor y disciplina en la
ejecución—. He intentado resumir las similitudes y las diferencias entre ambos conjuntos de principios en el gráfico de la página siguiente.

UN NUEVO SISTEMA ORGANIZATIVO

Aun cuando las herramientas de gestión emprendedora se utilizan en el conjunto de la organización para los proyectos que requieren innovación u operan en contextos de incertidumbre, el
espíritu emprendedor necesita su propio espacio dentro de la organización. Una vez que reconocemos que el espíritu emprendedor requiere un conjunto específico de conocimientos especializados y buenas prácticas, podemos asignarle un espacio en el
organigrama, como un área funcional tan relevante como la de
ingeniería, marketing, ventas, tecnología de la información, recursos humanos y finanzas, entre otras. (Véase el organigrama
de la página 156.)

Como veremos con más detalle en la Segunda parte, la función emprendedora altera el funcionamiento de las otras áreas al
incorporar técnicas emprendedoras en proyectos y procesos puramente internos. Incluso ofrece la posibilidad de incubar nuevas áreas funcionales y divisiones en la empresa, como veremos
en la Tercera parte.

«Un momento —podrías pensar—: si esto implica cambiar el
organigrama, las áreas funcionales, la cultura de la empresa, las
personas a las que contratamos y promovemos... la transformación es bastante compleja.» En efecto. No pretendo suavizar las
cosas. Se trata de crear un nuevo tipo de organización como res-

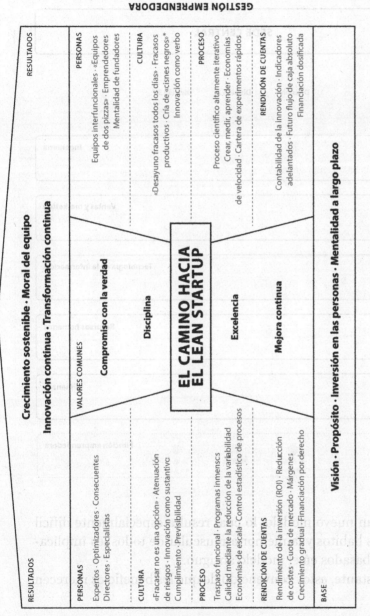

GESTIÓN EMPRENDEDORA

RESULTADOS

Crecimiento sostenible · Moral del equipo

Innovación continua · Transformación continua

VALORES COMUNES

Compromiso con la verdad

Disciplina

EL CAMINO HACIA EL LEAN STARTUP

Excelencia

Mejora continua

PERSONAS

Equipos interfuncionales · «Equipos de dos pizzas» · Emprendedores
Mentalidad de fundadores

CULTURA

«Desayuno fracasos todos los días» · Fracasos productivos · Cría de «cisnes negros»*
Innovación como verbo

PROCESO

Proceso científico altamente iterativo
Crear, medir, aprender · Economías de velocidad · Cartera de experimentos rápidos

RENDICIÓN DE CUENTAS

Contabilidad de la innovación · Indicadores adelantados · Futuro flujo de caja absoluto
Financiación dosificada

GESTIÓN GENERAL

RESULTADOS

PERSONAS

Expertos · Optimizadores · Consecuentes
Directores · Especialistas

CULTURA

«Fracasar no es una opción» · Atenuación de riesgos · Innovación como sustantivo
Cumplimiento · Previsibilidad

PROCESO

Traspaso funcional · Programas inmensos
Calidad mediante la reducción de la variabilidad
Economías de escala · Control estadístico de procesos

RENDICIÓN DE CUENTAS

Rendimiento de la inversión (ROI) · Reducción de costes · Cuota de mercado · Márgenes
Crecimiento gradual · Financiación por derecho

BASE

Visión · Propósito · Inversión en las personas · Mentalidad a largo plazo

* *N. de la t.*: En el contexto empresarial, el término fue acuñado por Nassim Nicholas Taleb en *El cisne negro: el impacto de lo altamente improbable* (Ediciones Paidós Ibérica, 2008).

Se refiere, en términos generales, a descubrimientos, innovaciones y logros atípicos que surgen en contextos de incertidumbre extrema.

CONSEJERO DELEGADO

SEDE CENTRAL

División 1 | División 2 | División 3

Ingeniería

Ventas y marketing

Tecnología de la información

Recursos humanos

Finanzas

Función emprendedora

puesta a un nuevo modelo, lo cual resulta especialmente difícil porque los hábitos y la memoria muscular de todos los implicados están basados en el modelo antiguo.[1]

No obstante, estoy convencido de que los beneficios merecen la pena.

1. Esto también es cierto para las startups, puesto que muchos de sus empleados provendrán de empresas heredadas.

LOS RESULTADOS DE LA TRANSFORMACIÓN

1. Ofrece muchas más oportunidades de liderazgo

Uno de los problemas de las jerarquías actuales radica en que hay muy pocos puestos de dirección general con plena responsabilidad sobre cuentas de resultados. Y en las empresas donde se crean puestos directivos menores, éstos por lo general no cuentan como cargos directivos, precisamente porque son menores. En la mayoría de las organizaciones, lo pequeño se considera irrelevante. Las startups internas aportan lo mejor de ambos mundos: oportunidades reales y tangibles, pero con una carga de responsabilidad pequeña y bien definida. Las personas que poseen la habilidad para obtener frutos de esas semillas tienen la oportunidad de demostrar su valor como líderes aun cuando sus trayectorias profesionales parezcan demasiado arriesgadas como para concederles plena responsabilidad sobre cuentas de resultados.

2. Ayuda a que las personas innovadoras continúen en la empresa en lugar de incentivarlas a que se marchen

Cuando la gente con talento se marcha para crear su propia empresa, esto a menudo representa un aspecto positivo para la economía en general.[2] Pero para la empresa es una pérdida.

Cuando una empresa adquiere una startup exitosa, el acontecimiento se vive como una victoria de desarrollo corporativo. Sin embargo, yo argumentaría que cuando los fundadores de la startup son exempleados de la empresa matriz, más que de una victoria de desarrollo corporativo se trata de un fallo de recursos humanos. No se tendría que haber permitido que los fundadores se marcharan de la empresa; pero la vieja burocracia los obligó a irse.

---

2. Los empleados pueden marcharse de las empresas y fundar otras sin estar limitados por cláusulas de no competencia, lo cual constituye una protección jurídica fundamental. Este régimen normativo explica gran parte del éxito de Silicon Valley. Para más información, consultar el capítulo XI.

3. Evita pérdidas de tiempo y energía

«¿Cómo sabes que el trabajo que desempeñas a diario crea valor para otras personas?» La gran mayoría de las personas no pueden responder a esa pregunta. Piensa en los trabajadores que conectan a mano los veintinueve botones del microondas.

La teoría del *lean manufacturing* identifica siete tipos de pérdidas o desperdicios: transporte, exceso de inventario, movimientos y esperas innecesarios, sobreprocesamiento, sobreproducción y defectos. Recientemente, la comunidad *lean* ha contemplado otras categorías además de las tradicionales. Tenemos que reconocer que el desempeño eficaz de una labor que nadie quiere constituye otra forma sustancial de desperdicio. Este problema afecta por igual a empresas de todos los tamaños, tanto a startups como a organizaciones consolidadas: invertimos tiempo y energía en la creación del producto equivocado.[3]

El camino hacia el Lean Startup centra desde un principio el esfuerzo de gestión en descubrir los productos adecuados.

4. Mejora la manera de cancelar proyectos

Muchas personas cuyos proyectos son cancelados creen que alguien les tenía manía: «Mi idea era buena, pero tal o cual no quiso que siguiera adelante». Esta forma de pensar, acertada o no, socava terriblemente la moral y genera conflictos internos. Además, impide que las personas expresen opiniones discrepantes, ya que podrían desencadenar una serie de acontecimientos nefastos: resulta mucho más fácil dejar que un proyecto siga cojeando como un zombi. La cancelación de proyectos a menudo acarrea graves consecuencias políticas. A resultas de ello, las empresas casi nunca adoptan la decisión cuando deberían hacerlo. Una vez que un proyecto ha cobrado impulso político, es difícil

---

3. Como afirmó Peter Drucker: «Ciertamente no hay nada más inútil que hacer con gran eficiencia algo que nunca se debería haber hecho». Drucker, P., «What Executives Should Remember», *Harvard Business Review*, vol. 84, n.º 2, febrero de 2006, <http://hbswk.hbs.edu/archive/5377.html>.

que un proceso etapa-puerta lo detenga.[4] Los mandos intermedios se ven obligados a ejercer de verdugos y cuando tienen que cancelar un proyecto suele ser bastante doloroso.

De hecho, he participado en muchas evaluaciones de desempeño a lo largo de los años. La mayoría de las empresas utilizan un sistema de evaluación «verde, amarillo, rojo» para determinar la situación del equipo en lo que respecta a la consecución de los hitos necesarios. En términos generales, si hay diez criterios de evaluación, da la sensación de que los equipos siempre obtienen siete cartulinas verdes, dos amarillas y una roja. Es mágico, ¡siempre el mismo resultado!

¿Por qué? Porque los directores saben que si sacan demasiadas cartulinas verdes, el resultado perdería credibilidad. Por otro lado, si los problemas abundan, el proyecto podría cancelarse. Los directores calibran a la perfección las actualizaciones de estado a fin de que los proyectos cumplan los requisitos necesarios para pasar por todas las puertas. La cantidad de tiempo y energía que se invierte en la construcción de esta narrativa, que a menudo guarda escasa relación con el progreso real del proyecto, es enorme.[5]

Las startups, en cambio, fracasan constantemente. La causa directa e inmediata siempre es la misma: se quedan sin dinero antes de que lleguen a ser rentables y no pueden recaudar más fondos. Aunque quizá algunos fundadores se quejen de los inversores que no los apoyaron, en general la cultura startup acepta que el fracaso de la empresa se debe a los directivos y sus decisiones. Eso no implica que pongamos fin a sus carreras —créeme, yo mismo he sido el causante del fracaso de una startup—, pero esperamos que asuman la responsabilidad. Si no pueden recaudar más dinero es porque los resultados que obtuvieron no

4. Para un ejemplo de cómo debería funcionar el modelo etapa-puerta, véase: Cooper, Robert G., *Winning at New Products: Creating Value Through Innovation*, Basic Books, Nueva York, 2011, 14.ª ed.

5. He conocido varios equipos que ponen una fecha anterior a sus pronósticos para cumplir con la nueva directriz de moda de gestión. George Orwell estaría impresionado.

fueron suficientemente convincentes para avanzar a la siguiente etapa.

La mayoría de los proyectos corporativos carecen de este nivel de responsabilidad. Nuestro objetivo como directivos debería ser éste: si un proyecto fracasa, la responsabilidad recae sobre el fundador del proyecto. El *emprendedor* no logró resultados. Fue él quien dejó morir el proyecto, no alguien «de arriba». Asumir la responsabilidad del fracaso resulta difícil a corto plazo, fracasar con honor es toda una habilidad.[6] Pero permite beneficiarse de la lección más importante del método científico: sin fracaso no hay aprendizaje. Con los experimentos rápidos los equipos aprenden de primera mano lo que es importante, en tanto que las lecciones aprendidas —sobre los clientes, el mercado y ellos mismos— son mucho más profundas. No hay que olvidar que muchos proyectos fallidos —como el teléfono Fire de Amazon que vimos en el capítulo I— sientan las bases para futuros éxitos.

5. La habilidad para solventar problemas heterogéneos con rapidez y agilidad

Hay ciertos problemas que, cuando surgen, requieren que toda la organización se reinvente para resolverlos, como en el caso de una retirada masiva de productos u otra crisis muy evidente.

Sin embargo, ¿qué ocurre con los problemas urgentes que, por algún motivo (real o político), no llaman la atención del consejero delegado? ¿Qué sucede con los problemas que requieren la colaboración entre un área funcional o una división que se ve sumamente afectada y otra que no? ¿Y con los frustrantes problemas del día a día que «sólo» afectan a los trabajadores rasos? Los sistemas de gestión actuales tienen dificultad para volcar la atención y los recursos de la empresa hacia estas situaciones. El enfoque emprendedor proporciona una mejor respuesta: pon

---

6. Para que la creación de esta estructura sea realmente funcional, en vez de otro sistema susceptible de manipulación, hay que acometer la ardua labor de implantar comités de crecimiento y otros mecanismos. Consultar el capítulo IX.

una startup. Realiza un experimento. Mide los resultados. Escálalo —quizá hasta puedas poner en conocimiento al personal de alta dirección—, siempre y cuando los resultados merezcan la pena. Aprovecha el hecho de que la gran mayoría de los experimentos fracasan y, por tanto, no tienen que pasar por el ancho de banda de la alta dirección (ni tampoco se benefician necesariamente de su intervención). Para cuando la organización necesite entablar una conversación estratégica para decidir si redobla la apuesta por la nueva idea, podrá mantener un debate racional con datos reales de los clientes.

Y hablando de problemas, ¿qué ocurre con aquellos que podrían resolverse de manera más eficiente y cambiar o incluso salvar vidas? Eso es lo que los fundadores de Emerald Cloud Lab (ECL), un laboratorio digital de ciencias biológicas, creen que pueden lograr con este nuevo método de trabajo. «La biotecnología es lo más lejos del lean que puedes ir», afirma el cofundador Brian Frezza.[7] La cura del cáncer, la respuesta al Alzheimer, un fármaco más efectivo contra la depresión..., todos estos potenciales avances de la medicina se originan en laboratorios. Y cada laboratorio supone un desembolso mínimo de 10 millones de dólares —y en ocasiones el doble— sólo para realizar pruebas y ensayos durante años. Eso convierte a la biotecnología en un campo complicado y costoso. Hasta que un nuevo fármaco sale al mercado suelen transcurrir once años.

En general, los laboratorios se estructuran de la siguiente manera: hay un director al que los científicos informan, que a su vez dirige a varios investigadores, en tanto que todas las investigaciones pasan lentamente por una criba hasta llegar al director. Algunas nunca llegan a esta última instancia, y muchas tardan años en hacerlo. «Las personas que desempeñan un papel decisivo en la toma de decisiones tienen que adivinar lo que quieren los niveles superiores —explica Frezza—. Muchos proyectos no pasan la criba porque sólo quieres presentar a tu jefe los mejores resultados.»

Mientras tanto, los gastos sanitarios aumentan. De hecho, las

7. Brian Frezza impartió una charla en la Conferencia Lean Startup de San Francisco de 2013: <https://www.youtube.com/watch?v=I2l_Cn8Fuo8>.

ciencias biológicas sufragan más gastos de investigación y desarrollo por persona que cualquier otro sector.

Asimismo, se tarda entre seis y doce meses en preparar los experimentos de laboratorio, y entre seis y doce meses más en llevarlos a cabo. Todo esto suponiendo que no hay ningún contratiempo. Si hay un error o el laboratorio sufre algún inconveniente, transcurrirían entre seis y doce meses más antes de la reanudación de las pruebas. «Supón que eres programador de software y tu administrador te dice: "Esperamos volver a estar en línea el próximo año"», comenta Frezza.

ECL funciona de forma muy distinta. Los clientes pueden especificar las pruebas de laboratorio en línea. Luego la empresa utiliza la plataforma tecnológica para llevarlas a cabo.

ECL dispone en todo momento de un equipo de operadores capacitados en el manejo de todos los equipos. Nadie se especializa para que todos puedan trabajar en varios tipos de experimentos, dependiendo de los pedidos y los clientes. Los pedidos llegan a través de un sistema en línea y se almacenan en un servidor, los datos se generan y se vuelcan de nuevo al servidor, y los investigadores pueden analizarlos y pasar a la siguiente etapa. El sistema permite que el sector y, sobre todo, los datos crezcan exponencialmente. Cada vez que se resuelve un problema, la solución queda codificada y a disposición de la próxima generación. De esta manera, no hace falta repetir el proceso cada vez que se crea un nuevo laboratorio.

6. ... ¿Beneficios?[8]

Al abordar la incertidumbre y ayudar a las empresas a crear productos nuevos, el camino hacia el Lean Startup permite que los directores tengan mayor capacidad de adaptación y agilidad en el mercado.

Una vez llevé de visita a Intuit a un grupo de ejecutivos financieros de empresas cotizadas para que aprendieran sobre la transformación Lean Startup. La cultura de Intuit es muy abier-

8. <http://knowyourmeme.com/memes/profit>.

ta y amigable, muy Silicon Valley, muy enfocada en el cliente y el diseño. Durante el encuentro se produjo un choque cultural. Mientras el equipo de Intuit presentaba su enfoque Design for Delight (literalmente, «Diseño para el deleite»), pude observar el creciente escepticismo en el rostro de los financieros. Al final, empezaron a presionar al equipo: ¿Qué indicadores usáis para medir el éxito? ¿Cómo sabéis que las mejoras están realmente impulsadas por este cambio en la cultura y el proceso? Para conmoción de los ejecutivos, el equipo de Intuit sacó el cuadro de mando de la empresa y lo colocó delante de ellos. Les mostraron los objetivos de alta innovación de la empresa, así como la forma en que se dividían en divisiones y equipos. Los financieros se quedaron estupefactos: ¿dónde estaban los indicadores financieros? Casi todo se centraba en el cliente y el producto.

Hasta ese momento, creo que los ejecutivos estaban bastante seguros de que iban a poner en su lugar a Intuit y su moderno método de trabajo. Una empresa que no está orientada a las finanzas seguramente está en graves problemas. Así pues, dispararon las preguntas financieras más difíciles: ¿cómo van las acciones de Intuit? ¿Cómo evolucionan los múltiplos y las ratios precio-beneficio? El equipo de Intuit fue completamente sincero al admitir que no lo sabía. Ellos se centraban en los clientes, no en las finanzas, y confiaban en que los buenos productos con el tiempo generarían buenos resultados.

Al final, uno de los ejecutivos financieros decidió contestar la pregunta que él mismo había formulado. Sacó su ordenador portátil y consultó los documentos públicos de la empresa. Volvió a quedarse atónito: las cotizaciones de las acciones habían subido durante el período de la transformación. Pero no sólo en términos brutos, también había aumentado la ratio precio-beneficio. En ese momento captamos la atención de los ejecutivos.

Después de la reunión, los ejecutivos financieros me comentaron lo que habían aprendido. Para ellos, esto fue lo más destacado: «Las cotizaciones de nuestras acciones están estancadas en el tramo inferior porque no conseguimos que los mercados apuesten por nuestro crecimiento a futuro. Aun cuando tenemos un buen año o lanzamos un producto innovador, nos resulta difícil convencer a los analistas de que el resultado no es mera casualidad. Creen que la historia de nuestra innovación es —francamente— una trola. Intuit no sólo ha conseguido cambiar su trayectoria de crecimiento, sino que además ha demostrado a los mercados que ese crecimiento está impulsado por un proceso comprensible. Esto significa que, con el tiempo, han sido capaces de convencer a los mercados de que su crecimiento no es casual».

En mi opinión, ésta es la promesa de trabajar con un nuevo método: nuevas fuentes de crecimiento y un sistema para hallarlas que puede explicarse tanto a inversores y empleados como al resto del mundo.

Hemos visto cómo la estructura compartimentada en silos funcionales dificulta en gran medida la resolución de problemas como el de los botones de los microondas. Estos pequeños derroches revisten la misma importancia que los grandes avances. Una empresa moderna puede erradicar los derroches con un sistema experimental que esté en todo momento a disposición de todos los niveles de la organización. Y eso no es todo, este sistema además de reducir los derroches y acrecentar la moral, genera una rentabilidad adicional. A veces al solucionar un problema uno descubre una magnífica oportunidad.

¿Cómo resolvería una empresa que sigue el camino hacia el Lean Startup la cuestión de los botones inútiles del microondas? Llegados a este punto, espero que la respuesta sea obvia: formando un pequeño «equipo de dos pizzas» que funcione como una startup interna. Pide a la startup que cree algunos productos mínimos viables e intente vendérselos a los clientes. Eso fue lo que hizo uno de mis clientes industriales: llevó todos los PMV a varios distribuidores locales y evaluó las diferencias en la tasa de interés del cliente y la tasa de conversión de pedidos. Este método determinará enseguida si el hecho de que haya más o menos botones es un factor clave para impulsar el comportamiento que buscamos en los clientes. Tal vez estos experimentos revelen una estrategia radicalmente distinta para toda la línea de producto, en cuyo caso el equipo tendría que duplicar la apuesta y ampliar la nueva solución. O quizá el experimento demuestre que los actuales métodos de diseño e inventario de los microondas son adecuados.

En cualquier caso, este conocimiento es sumamente valioso: ya sea para buscar nuevas oportunidades de negocio o para que las personas que trabajan en el producto tengan la certeza de que su labor es importante para los clientes.

La cuestión es que, en el gran esquema de las cosas, el problema es demasiado pequeño para trasladarlo al nivel del consejero delegado o el personal directivo superior. Para resolverlo, la capacidad para experimentar, pivotar y aprender ha de estar integrada en el tejido de la empresa. Y al alcance de todos los empleados.

Y sin embargo, a la mayoría de los directores que conozco, este nuevo método de trabajo les suena a ciencia ficción. Los derroches de nuestro paradigma actual nos parecen normales. Si queremos cambiar, ¿cómo hacemos para ir desde donde estamos hasta donde queremos estar? Este tema lo abordaremos en la Segunda parte.

SEGUNDA PARTE

Plan de actuación para la transformación

«¿QUIÉN HABLA Y DE QUÉ ESTAMOS HABLANDO?»

Cuando la gente me dice que no cree que estos métodos funcionen en sus organizaciones me gusta contarles el caso de HealthCare. gov. Es decir, claro, tu organización puede ser política y burocrática. Pero ¿es comparable al Departamento de Salud y Servicios Sociales (con aproximadamente 80.000 empleados)?[9] ¿A la vorágine política de la reforma sanitaria Obamacare? ¿Realmente tu situación es más compleja?

En octubre de 2013, Mikey Dickerson, ingeniero de fiabilidad de sistemas informáticos de Google, hizo una llamada telefónica que cambió no sólo su vida, sino la de millones de estadounidenses. Dickerson había trabajado en la campaña de reelección de 2012 del presidente Obama y, horrorizado, miraba las últimas noticias sobre <HealthCare.gov>, el eje tecnológico de la Ley de Asistencia Sanitaria Asequible que el gobierno de Obama había lanzado el 1 de octubre. La plataforma en línea, que costó 800 millones de dólares y fue creada en tres años por un grupo de cincuenta y cinco contratistas,[10] no tardó en colapsar. Al final del primer día sólo seis personas pudieron solicitar el seguro médico. Al final del segundo día la cifra ascendió, pero a un total de apenas 248 personas.[11] HealthCare.gov, el logro mayúsculo de décadas de arduo trabajo político, no sólo era un desastre, sino un desastre público. El fracaso de la página web fue la noticia del momento en periódicos, programas de televisión, páginas web y redes sociales, destrozando prácticamente la piedra angular del legado de Obama.

Cuando un amigo de Dickerson de la época de la campaña electoral le envió un número de teléfono al que tenía que llamar el viernes por la mañana, creyó que le iban a dar más detalles sobre los problemas de la página web. Dickerson marcó los números en la oscuridad de la madrugada —eran las 5.30 en California— y se preparó para lo que él creía que iba a ser una teleconferencia rutinaria.

Sin embargo, se encontró con algo completamente distinto. Al parecer, se había conectado a una reunión que ya estaba en curso, donde «la gente hablaba de lo que iba a hacer y de la forma en que el equipo se iba a encargar de <HealthCare.gov>», recuerda. «Al final tuve que interrumpir y preguntar: "¿Quién habla y de qué estamos hablando? No entiendo lo que está pasando".»

Fue entonces cuando Todd Park, en aquel momento director de Tecnología de Estados Unidos, una persona de la que Dickerson jamás había oído hablar y a la que obviamente desconocía, se presentó y presentó al resto de los participantes, incluido Dickerson, que estaba ocupado buscando los nombres en la Wikipedia e intentando comprobar que la llamada fuera real. «En realidad no era una teleconferencia con un plan y un orden del día para comentar cómo se iba a abordar el problema, qué estaban buscando y si yo estaba interesado», reparó Dickerson. En cambio, estaba participando en una conversación con un grupo de personas de dentro y fuera del gobierno que habían sido seleccionadas para formar parte del equipo que iba a trabajar en la página web. «Fue una situación muy confusa y extraña la que viví a

---

10. <https://www.fastcompany.com/3046756/obama-and-his-geeks>.
    11. <https://www.nbcnews.com/news/other/only-6-able-sign-healthcare-gov-first-day-documents-show-f8c11509571>.

las cinco y media de la madrugada sentado en el puf pera de mi salón», explica Dickerson. No obstante, tres días más tarde estaba en un avión de camino a Washington.

Ya en destino, Dickerson, junto con el pequeño equipo de tecnólogos que Todd Park había reunido, se abocó de lleno al problema que, en un principio, guardaba escasa o ninguna relación con la tecnología. Para empezar, implicaba a decenas de contratistas de varias empresas que trabajaban en el proyecto desde múltiples ubicaciones, sin ningún mecanismo de coordinación. Algo que, como pronto descubriría Dickerson, no era nada atípico en el gobierno. Pero representaba la antítesis de todo lo que había aprendido en el sector privado. «Pasaron tres o cuatro semanas y lo único visible era que todos nos reuníamos en un lugar —recuerda—. Cuando algo salía mal, nos limitábamos a buscar al responsable.»

Por otro lado, la arquitectura de la página web era tan mala que ante el mínimo problema, colapsaba. No había forma de rastrear los problemas, faltaban los mecanismos de tolerancia a fallos o de conmutación por error habituales en un sistema de esa envergadura.

Frente a ese atolladero, el equipo planteó una única pregunta: «¿Por qué la página web no está funcionando a 22 de octubre?». Luego trabajaron en retrospectiva y aplicaron las prácticas tecnológicas y de gestión que a estas alturas ya te resultarán familiares: equipos pequeños, iteración rápida, parámetros de rendición de cuentas y una cultura de transparencia sin temor a la recriminación. Esta última cuestión era especialmente inextricable. Dickerson mantenía dos breves «reuniones de pie» al día, a las 10.00 y a las 18.30, y estableció tres reglas para acometer el proceso de reactivación de la página web, que colgó en la puerta de la habitación a la que terminaron llamando «sala de guerra».

REGLA 1: La sala de guerra y las reuniones son para resolver problemas. Hay muchos otros sitios donde la gente puede emplear su energía creativa para culpar a los demás.

REGLA 2: Los que deben tener la palabra son las personas que más saben del tema en cuestión, no los que desempeñan cargos superiores. Si alguien está sentado pasivamente escuchando cómo los directivos y ejecutivos dan información poco precisa, nos hemos apartado del camino y me gustaría saberlo.

REGLA 3: Tenemos que enfocarnos en las cuestiones más apremiantes, aquellas que pueden perjudicarnos en las próximas 24 o 48 horas.[12]

En otras palabras, Dickerson ayudó a guiar a los equipos de la manera que a raíz de su experiencia en Google sabía que era más útil (métodos que te sonarán de capítulos anteriores). Convocó a todos a la sala, consiguió que trabajaran en colaboración, priorizó, impuso la cultura de la meritocracia y exigió sinceridad. Dos meses después, cuatro de cada cinco personas que accedían a la página web podían presentar la solicitud para el reconocimiento de la prestación, en tanto que el sistema continuaba mejorando día a día. Según *The Washington Post*, «la recuperación estuvo promovida principalmente por un cambio abrupto en la cultura que permitió que funcionarios del gobierno, contratistas y tecnólogos trabajaran codo con codo».[13]

En parte gracias al liderazgo de Dickerson, a 1 de diciembre el sistema podía recibir a 50.000 usuarios en simultáneo: se habían subsanado más de cuatrocientos errores de programación, y el tiempo de funcionamiento sin interrupciones del 43 por ciento registrado a principios de noviembre había ascendido al 95 por ciento.[14]

EL «CÓMO» DETRÁS DEL CAMINO HACIA EL LEAN STARTUP

Por muy emocionante que pueda parecer la anécdota del rescate de la página web HealthCare.gov, ésta sólo es un capítulo de un

12. <https://www.advisory.com/daily-briefing/2014/03/03/time-inside-the-nightmare-launch-of-healthcaregov>.

13. <https://www.washingtonpost.com/national/health-science/hhs-failed-to-heed-many-warnings-that-healthcaregov-was-in-trouble/2016/02/22/dd344e7c-d67e-11e5-9823-02b905009f99_story.html?utm_term=.3b3657f5bdf5>.

14. <https://www.advisory.com/daily-briefing/2014/03/03/time-inside-the-nightmare-launch-of-healthcaregov>.

relato mucho más extenso: la imponente transformación en la manera de implementar y gestionar la dimensión digital en el gobierno federal. Los otros capítulos que, al igual que en General Electric, incluyen esfuerzos iniciales que revelan agentes de cambio y luego dan lugar a un período de crecimiento son ejemplos del tema que desarrollaremos en esta parte del libro. La Segunda parte aborda los detalles reales y complejos de la transición hacia un método de trabajo más efectivo y emprendedor, y ofrece respuestas a tres preguntas fundamentales:

1. ¿Cuáles son, exactamente, los sistemas y las estructuras que tenemos que implantar?

2. ¿Cómo, exactamente, convencemos tanto a los directores como a los empleados de que prueben algo distinto de lo que han hecho durante toda su carrera? (Recuerda que, incluso en las startups de hipercrecimiento, la mayoría de los empleados no estuvieron presentes durante la fundación de la empresa.)

3. ¿En qué momento, exactamente, una empresa está preparada para llevar a cabo esta transformación?

LAS TRES ETAPAS

La Segunda parte se estructura en torno a las tres etapas comunes de transformación que he observado. La **Primera etapa** consiste en sentar las bases por medio de la experimentación, la adaptación y la transformación. Se trata de prepararse para el momento en que el cambio decisivo sea factible, mediante la creación de una masa crítica de casos de éxito y la demostración de que el nuevo método de trabajo no sólo es viable, sino también conveniente. En el gobierno ya se había formado un dedicado grupo de tecnólogos que acometió la labor de esta primera etapa, recolectó datos y se preparó para asumir un papel más importante.

Llegado el momento, la organización pasa a la **Segunda etapa**, para la rápida ampliación e implantación. Los detractores y opositores salen de debajo de las piedras. En ese momento la transformación desarrolla su propio peso político o muere. Cuando Mikey Dickerson descolgó el teléfono, en realidad se incorporó a mitad de camino de la transformación que había emprendido el gobierno.

Si estos esfuerzos iniciales surten efecto, al final tendrán suficiente fuerza para afrontar la **Tercera etapa**, que se ocupa de los sistemas profundamente arraigados en la empresa. Aquí, finalmente, es posible abordar las estructuras que provocan que la gente caiga, una y otra vez, en los viejos hábitos. Para Dickerson y el gobierno, esto supuso la creación del Servicio Digital de Estados Unidos y, posteriormente, del Servicio de Transformación Tecnológica. Si desatendemos esas estructuras, los cambios no serán más que temporales. Pero si tocamos este «tercer raíl» antes de tiempo, no tendremos la fuerza necesaria para reacondicionarlo.

Del capítulo VI al VIII veremos cómo conducir a la organización por cada etapa de transformación, y conocerás los sorprendentes relatos de las personas que han acometido esta labor en sus propias empresas, así como las lecciones que aprendieron.

Explicaré el desarrollo de estas transformaciones, primero de forma muy simple y gradualmente de forma más compleja, pero no tomes estos capítulos como una guía paso a paso de lo que hay que hacer. En cambio, utiliza estos relatos y herramientas a fin de prepararte para los retos específicos que inevitablemente irán surgiendo. Cada organización es distinta, de hecho muchas de las técnicas que veremos a continuación se valen de la experimentación para determinar lo que funciona mejor en cada contexto. Presta atención a la mentalidad de estos emprendedores y el modo en que crearon los experimentos que revelaron el mejor camino a seguir, en lugar de intentar copiar servilmente sus historias.

El gráfico de la página siguiente presenta una visión general del modo en que las tres etapas tienden a desarrollarse en la organización a distintas escalas. Se trata de una especie de resumen o mapa preliminar del terreno en el que vamos a entrar. Abordaremos los temas del gráfico en detalle a medida que vayamos avanzando. Hacia el final de la Segunda parte nos dedicaremos de lleno al funcionamiento de las estructuras y los mecanismos financieros que respaldan el camino hacia el Lean Startup.

ETAPAS Y ESCALAS

	PRIMERA ETAPA: MASA CRÍTICA	SEGUNDA ETAPA: CRECIMIENTO	TERCERA ETAPA: SISTEMAS ARRAIGADOS
NIVEL DE EQUIPO	Empieza poco a poco; averigua lo que funciona y lo que no funciona en tu empresa; abarca varias divisiones, áreas funcionales o regiones.	Amplía el número de equipos; crea cuantos programas y aceleradoras sean necesarios. Incluye a todas las divisiones, áreas funcionales y regiones.	«Así es como trabajamos.» Herramientas y formaciones a disposición de todos los equipos, sin limitarse únicamente a los proyectos con alto grado de incertidumbre.
NIVEL DE DIVISIÓN	Elige a un pequeño grupo de altos cargos como «paladines» para hacer las excepciones a las políticas empresariales que sean necesarias.	Forma a los altos cargos, incluso los que no sean directamente responsables de la innovación, para que estén versados en el nuevo método.	Establece consejos de crecimiento, implanta la contabilidad de la innovación y un estricto mecanismo de rendición de cuentas a fin de que los altos cargos destinen recursos al cambio.
NIVEL EMPRESARIAL	Establece con los altos cargos qué aspectos determinan el éxito (tiempo de ciclo, moral, productividad, etc.). Céntrate en métricas adelantadas. Establece los criterios para la Segunda etapa. A medida que se corra la voz de los éxitos logrados, busca los primeros adoptadores en todos los niveles.	Crea una transformación de peso en la empresa. Incorpora orientadores, elabora un manual de estrategias y desarrolla nuevas herramientas financieras y de rendición de cuentas, como los consejos de crecimiento.	Aborda los sistemas que están profundamente arraigados en la empresa: remuneración y ascensos, finanzas, asignación de recursos, cadena de suministro, aspectos jurídicos.
OBJETIVO GLOBAL	> Crear una masa crítica para que los altos cargos procedan a la implantación en toda la empresa. Traducir el camino hacia el Lean Startup a la cultura de la empresa.	> Crear influencia institucional para contar con el capital político necesario para abordar las espinosas cuestiones de la Tercera etapa.	> Construir capacidad organizativa para la transformación continua.

VI

Primera etapa: masa crítica

En agosto, General Electric celebra su reunión anual de directores en Crotonville (Nueva York), en el centro de formación de ejecutivos de la empresa. En esa reunión, en concreto en la de 2012, impartí una charla a los ejecutivos de nivel superior de la empresa sobre *El método Lean Startup* a petición de Beth Comstock y Jeff Immelt. A la charla sucedió, durante la segunda mitad del día, un taller con el equipo del motor Series X y unos cuantos directores de General Electric que se sentaron al final de la sala «sólo para observar». Fueron reuniones decisivas, en las que manifesté mi absoluto desconocimiento de los motores diésel (y aun así tuvieron la amabilidad de escucharme), como mencioné en la introducción. Esas reuniones terminaron siendo el inicio del camino de transformación de General Electric.

Impartí mi presentación en la planta baja de una sala de conferencias tipo auditorio. Frente a mí se alzaban las gradas con un público compuesto por casi doscientos ejecutivos —todos escépticos—. Como los describió Beth Comstock, con quien compartí escenario aquel día: «Muchos eran ingenieros y financieros. Gente que dirige regiones enteras. Directores funcionales. Cruzaron los brazos. Se transformaron. Podías leerles el pensamiento: "Muy bien, listillo de la informática. Puedes modificar una orden de software cincuenta veces por día, pero intenta hacer eso con un motor a reacción"».

No fue casualidad que eligieran el motor Series X como el primer proyecto de prueba: nada más alejado del software que un inmenso motor multiplataforma. Creían que si podíamos lograr que el proyecto saliera adelante con un nuevo método de trabajo, el Lean Startup podría implantarse sin restricciones en toda la empresa, lo cual estaba perfectamente en consonancia con el deseo de General Electric de simplificar el método de trabajo de todas las líneas de negocio.

SERIES X: «LEVANTAD LA MANO SI CREÉIS ESTA PREVISIÓN»

Horas después de la charla que impartí a los directivos, me encontraba en un aula al mejor estilo escuela de negocios, situada en algún lugar del edificio, junto con los ingenieros que representaban los negocios implicados en el desarrollo del motor Series X, los consejeros delegados de esos negocios y un pequeño grupo interfuncional de ejecutivos de alto nivel que habían organizado mi visita de aquel día. Y no nos olvidemos de los directores de General Electric que estaban allí «sólo para observar».

Nos habíamos reunido para intentar responder a una de las preguntas más persistentes de Jeff Immelt: «¿Por qué llevo cinco años intentando crear un motor Series X?».

Abrí el taller pidiendo al equipo del motor Series X que nos presentara su plan de negocio a cinco años. Cory Nelson, entonces director general del programa Series X,[15] describe la situación mucho mejor que yo: «Les dije que era como una caída libre». Mi papel consistía en formular preguntas a fin de valorar lo que el equipo realmente sabía en contraposición a lo que suponía. ¿Qué sabemos sobre el funcionamiento de este producto?

---

15. Cory Nelson en la actualidad es director general de los productos de compresión de gas y generación eléctrica de la división Distributed Power de GE Power.

¿Quiénes son los clientes, y cómo sabemos que querrán el producto? ¿Qué aspectos del programa están condicionados por las leyes de la física y qué aspectos por los procesos internos de General Electric? (A raíz de la disertación del capítulo IV, podrás reconocer que son supuestos de fe.)

El equipo procedió a la presentación del caso de negocio del motor Series X, que incluía una previsión de ingresos representada en un gráfico de barras con una progresión ascendente que mostraba que el motor aún sin construir generaría miles de millones de dólares al año para General Electric, en una proyección a treinta años. Recuerda Beth Comstock: «Era idéntico a todos los planes de negocio que solíamos ver, con un gráfico en forma de palo de hockey que en cinco años se dispara a la Luna, todo va a salir perfecto».

Recuerdo que pensé: «Tal vez no sepa demasiado de motores diésel, pero este plan de negocio me resulta terriblemente familiar: contiene las mismas fantasías absurdas que proyectan las startups. ¡A mi oficina!». Así pues, formulé una simple petición a la sala: «Levantad la mano si creéis esta previsión».

No me lo invento: ¡Toda la sala levantó la mano! Y para ser franco, parecían molestos por la pregunta y por el hecho de tener que explicarle al tipo del software que no sabía un pimiento de motores que si no hubieran creído en el plan, no habrían invertido millones de dólares en él. Al fin y al cabo, el equipo había dedicado meses a reunir los requisitos. Las mentes más lúcidas y refinadas de la empresa habían evaluado a fondo el proyecto y lo habían aprobado. Ahora ya entiendes por qué se tomaron mi pregunta como un insulto a su inteligencia.

No obstante, seguí adelante, esta vez señalando una barra específica del gráfico: «En serio, ¿quién cree *realmente* que en el año 2028 el motor generará exactamente estos miles de millones de dólares?».

En esta ocasión nadie levantó la mano.

Todos sabían que era imposible pronosticar el futuro con esa precisión. Y sin embargo, muchos ejecutivos talentosos que estaban presentes en la sala se habían forjado una exitosa carrera profesional haciendo precisamente eso.

Tras un dilatado momento de incomodidad, pasamos a otro tema. El equipo me dijo que su principal competidor en ese sector tenía una larga trayectoria dominando el mercado con un producto inferior al motor Series X, desde el punto de vista técnico. General Electric tenía previsto crear un motor con un 20 o un 30 por ciento más de eficiencia energética y se valdría de esa superioridad para convencer a los clientes de que cambiaran de marca.

Escondido en una nota a pie de página del plan de negocio encontré un pequeño detalle: la clave del éxito de la competencia radicaba en su red de franquicias locales, lo que significaba que contaba con un colosal sistema de apoyo que fomentaba las relaciones con los clientes. Evidentemente se trataba de una ventaja competitiva considerable, por lo que le pregunté al equipo en qué consistía su plan de distribución. «Crearemos nuestra propia red de distribución», me contestaron. «¿Sabéis cómo hacerlo? —pregunté—. ¿Lo habéis hecho antes?» Más importante aún: «¿Cuándo lo haréis?». La respuesta a esta última pregunta fue la más reveladora de todas: «Después de crear el producto».

Eso implicaba que el equipo tardaría cinco años en crear el producto y luego otro período considerable en desarrollar la red de distribución, todo por un producto que para entonces podría haber estado listo casi diez años antes.

Aun así, la pregunta se cernía en la sala: «¿Por qué se tarda tanto tiempo en construir este motor?».

No pretendo subestimar los desafíos técnicos que dieron lugar al plan original a cinco años. Las especificaciones requerían un audaz esfuerzo de ingeniería que combinaba un complejo conjunto de parámetros de diseño con la necesidad de una nueva planta para la producción en serie y una cadena de suministro global. Muchas personas brillantes habían llevado a cabo una ardua labor para garantizar la viabilidad técnica y económica del plan.

Sin embargo, gran parte de la dificultad técnica del proyecto estribaba en las especificaciones. Recuerda que este producto tenía que admitir cinco usos distintos en relieves de terreno muy dispares (imagina las distintas condiciones en el mar, en las perforaciones estacionarias, en un tren, en la generación eléctrica y en las fracturas hidráulicas). Los usos del motor se basaban en una serie de supuestos sobre el tamaño del mercado, la oferta de los competidores y los beneficios económicos que podían obtenerse por medio de la captación simultánea de distintos tipos de clientes.

Estos «requisitos» se habían reunido utilizando técnicas de investigación de mercado tradicionales. Pero las encuestas y los grupos focales no son experimentos. Los clientes no siempre saben lo que quieren, aunque a menudo se muestran más que dispuestos a comunicarlo. Los incentivos que rigen la mayoría de las investigaciones de clientes promueven una cantidad ingente, más que exigua, de requisitos (sobre todo cuando se recurre a terceros).

Y el hecho de que con un mismo producto seamos capaces de atender a múltiples segmentos de clientes no implica que tengamos que hacerlo. (De hecho, esto constituye una típica fuente de arrastramiento de alcance. A fin de proyectar un plan de fantasía más atractivo, aumentamos la complejidad de los motores.) Si podíamos encontrar la forma de simplificar los requisitos técnicos, tal vez podíamos hallar el modo de reducir el tiempo de ciclo.

También surgieron varias preguntas sobre los supuestos comerciales del plan. Uno de los ejecutivos presentes, Steve Liguori, entonces director ejecutivo de innovación global y nuevos modelos, explica: «Teníamos toda una lista de supuestos de fe en torno al mercado y los clientes. ¿Qué ventajas porcentuales buscan los clientes? ¿Venderéis el producto a través de un equipo de ventas directo o indirecto? ¿Vais a alquilarlo, a venderlo o a alquilarlo con opción a compra? ¿Tendréis que pagar por la distribución? Teníamos casi dos docenas de preguntas de este estilo, y al final, cuando preguntamos a los integrantes del equipo cuántas de ellas creían que podían responder, nos dijeron que sólo dos de las veinticuatro». Liguori lo recuerda como un momento revelador. La empresa se había enfocado tanto en los riesgos técnicos (¿podemos crear este producto?) que no tuvo en cuenta los riesgos relacionados con el marketing y las ventas (¿deberíamos crear este producto?).

Como la mejor forma de probar los supuestos de mercado es ofreciendo algo a los clientes, hice una propuesta radical, a juzgar por la sala: crear el producto mínimo viable de un motor diésel. El equipo intentaba diseñar un motor que funcionara en múltiples entornos. Debido a la complejidad que ello entrañaba, no sólo no tenía un mercado objetivo específico, sino que estaba atado de pies y manos por las limitaciones políticas y presupuestarias que los proyectos polifacéticos como éste comportan. ¿Y si nos centrábamos en un único uso, simplificando así el problema de ingeniería?

La sala se descontroló. Los ingenieros alegaron que no era posible. Luego, uno de ellos bromeó: «Bueno, en realidad imposible no es. Quiero decir, podría ir con nuestro competidor y comprar uno de sus motores, luego le borramos su logo y ponemos el nuestro». Se oyeron risas nerviosas en la sala.

Por supuesto, nunca hubieran hecho eso, pero la broma dio paso a una conversación sobre cuál de los cinco usos del motor era más sencillo de desarrollar. El uso marino implicaba que el motor fuera resistente al agua. El uso destinado a la fracturación hidráulica móvil requería rodetes. Al final, el equipo concluyó que lo más simple desde el punto de vista técnico era un generador estacionario. Uno de los ingenieros creía que de esa forma se podía disminuir el tiempo de ciclo de cinco a dos años.

«Pasar de cinco a dos años es una mejora considerable —dije—. Pero continuemos: con este nuevo cronograma, ¿cuánto tardaríamos en construir el primer motor?» La pregunta, una vez más, pareció irritar a la sala. Los participantes comenzaron a explicarme minuciosamente los aspectos económicos de la fabricación en serie. Montar una fábrica y una cadena de suministro comporta la misma cantidad de trabajo con independencia del número de motores que posteriormente se fabriquen.

Me disculpé una vez más. «Perdonad mi ignorancia, pero no pregunto por una línea de motores. ¿Cuánto se tardaría en fabricar una sola unidad? Seguro que tenéis un proceso de prueba, ¿verdad?» En efecto, tenían un proceso de prueba y requería que el primer prototipo funcional estuviera probado y listo durante el primer año. Cuando pregunté si alguien en la sala tenía algún

cliente que pudiera estar interesado en comprar el primer prototipo, uno de los vicepresidentes enseguida contestó: «Hay una
persona que viene todos los meses a mi despacho a pedirme eso.
Estoy seguro de que querrá comprarlo».

Entonces la energía de la sala empezó a cambiar. El plazo
para que un cliente real tuviera en sus manos un producto real
había pasado de cinco años a uno. Pero el equipo continuó:
«Bueno, si sólo quieres vender un motor a un cliente en concreto
—dijo uno de los ingenieros— ni siquiera tenemos que crear un
producto nuevo. Podríamos modificar alguno de los productos
existentes». Todos en la sala lo miraron con incredulidad. Resultó que tenían un motor llamado 616 que, con unas pocas modificaciones, cumplía las especificaciones para la producción de
energía. (Claro que el motor 616 no sería tan rentable como el
Series X, ya que no tenía el perfil de coste adecuado. Sin embargo, como se trataba de una única unidad, pregunté si podíamos
vender el motor 616 con las modificaciones al mismo precio que
el motor Series X más barato, sólo para probar la demanda. El
balance general de General Electric podía amortiguar ese golpe.)

Este nuevo PMV era un orden de magnitud más rápido que
el plan original: pasamos de un período de más de cinco años a
uno de menos de seis meses.

En unas pocas horas, formulando algunas preguntas aparentemente sencillas, recortamos de manera drástica el tiempo de
ciclo del proyecto y encontramos la manera de que el equipo
aprendiera con celeridad. En caso de que decidieran seguir ese
curso de acción, era muy factible que la empresa pudiera aho-
rrarse millones de dólares. ¿Y si el primer cliente al final no quería comprar el PMV? ¿Y si la falta de una red de servicio y apoyo
rompía el trato? ¿No querrías saberlo ahora en vez de en cinco
años?

Seré sincero: Estaba bastante entusiasmado. Parecía el final
perfecto.

¿O lo era? Hacia el final del taller, uno de los ejecutivos sentado al final de la sala ya no pudo aguantar más. Hasta ese momento había guardado silencio, pero finalmente decidió hablar: «¿Qué
sentido tiene vender sólo un motor a un cliente?», preguntó. En

su opinión, habíamos pasado de un proyecto que podía generar miles de millones de dólares a otro que prácticamente no valía nada.

Sus objeciones continuaron. Aun dejando a un lado la futilidad de vender sólo un motor, el hecho de centrarnos en un único uso reducía el mercado objetivo del producto en un 80 por ciento. ¿Qué implicaciones tendría eso en el rendimiento de la inversión?

Nunca olvidaré lo que ocurrió a continuación. «Tienes razón —respondí—. Si no tenemos nada que aprender, si crees en el plan y en las previsiones que hemos analizado hace unos minutos, entonces lo que estoy describiendo no es más que una pérdida de tiempo. Las pruebas son una distracción, el verdadero trabajo consiste en la ejecución del plan.» No miento: el ejecutivo parecía satisfecho.

Y ése habría sido el final de mi paso por General Electric, si no hubiera sido por el hecho de que varios de sus homólogos se opusieron. ¿Acaso no acabamos de admitir hace un momento que no tenemos la certeza de que las previsiones sean exactas? Los propios ejecutivos empezaron a enumerar las cosas que podían salir mal y que el PMV podía revelar: «¿Y si las necesidades de los clientes son otras?». «¿Qué pasa si las necesidades de servicio y apoyo son más difíciles de lo que anticipamos?» «¿Y si el entorno físico de los clientes es más complejo?» «¿Y si el cliente no confía en nuestra marca para este nuevo segmento de mercado?».

Cuando la conversación cambió de «¿qué piensa este forastero?» a «¿qué creemos nosotros?», el panorama dio un giro de 180 grados.

Hasta el responsable técnico con más experiencia de toda la empresa en aquel momento, Mark Little, posteriormente vicepresidente sénior y director de tecnología del Centro de Investigación Global de General Electric, cambió de parecer. Era la persona más admirada por los ingenieros de la sala, que estaban preocupados por el escepticismo que Little había manifestado claramente aquel día. Mark Little concluyó el taller con unas palabras que dejó a todos atónitos: «Ya lo entiendo. El problema soy yo». Realmente entendió que para que la empresa avanzara más rápido, como quería Jeff Immelt, él y el resto de los directivos tenían que adaptarse. Los procesos normalizados estaban frenando el crecimiento, y él, como guardián de los procesos, tenía que cambiar.

«Lo que me pareció verdaderamente importante e interesante —recuerda— es que el taller cambió la actitud del equipo, que pasó del miedo cerval a cometer errores al compromiso, la reflexión y la buena predisposición para asumir riesgos y experimentar, lo cual hizo que el equipo directivo pensara más en probar los supuestos que en los fracasos. Fue muy liberador.»

Como veremos, la historia no termina aquí. El equipo del motor Series X se convirtió en uno de los muchos proyectos del programa al que terminamos llamando FastWorks. El equipo sacó el motor de prueba al mercado mucho antes de lo previsto e inmediatamente recibió un pedido de cinco unidades. El tiempo que con el proceso tradicional hubieran dedicado a investigación y desarrollo, esperando lo que Mark Little denomina «el *big bang*», lo aprovecharon para obtener información del mercado y generar ingresos a partir del PMV.

En el siguiente capítulo retomaremos el papel que desempeñan los orientadores que ayudan a los equipos a aprender estos nuevos métodos. No obstante, por el momento, me gustaría hacer hincapié en un hecho importante. Durante este taller —y los meses de orientación que siguieron— nadie tuvo que decir a los ingenieros lo que tenían que hacer. Ni yo, ni Beth Comstock, ni Mark Little, ni siquiera Jeff Immelt. Una vez presentado el marco adecuado para que reconsideraran los supuestos, los ingenieros idearon un nuevo plan valiéndose de su propio análisis y conocimientos. Resultó evidente para todos los presentes en la sala que el método había funcionado y que el equipo había llegado a un resultado que la empresa no hubiera podido conseguir por otros medios.

«El Lean Startup lo simplificó todo —comenta Cory Nelson—. Arrastrábamos un exceso de complejidad y costes indirectos. El Lean Startup nos dijo: "No lo compliquéis tanto. Id paso a paso". Saquemos un motor, aprendamos algo, pivotemos cuando sea necesario. Tal vez haya paradas intermedias en el camino.

No se llega en línea recta, pero se trata de tener fe en que vas a descubrir la manera de llegar a destino.»

PRIMERA ETAPA: PAUTAS COMUNES

En General Electric, la transformación comenzó con el proyecto que describí hace un momento: el motor Series X. Claro que no todas las empresas tienen un motor multiplataforma, de modo que, en ese sentido, los esfuerzos iniciales de la empresa encaminados al cambio fueron únicos. Sin embargo, en muchos aspectos, el proyecto presentó las típicas características iniciales de todo proceso de transformación. Con independencia del tamaño o del tipo de empresa, las primeras etapas de implantación de este nuevo método de trabajo son locales, *ad hoc* y caóticas. Los primeros en adoptarlo experimentan con enfoques novedosos, en ocasiones con la ayuda de un orientador externo o interno que ayuda a unos cuantos equipos individuales. El comienzo de la transformación Lean Startup se lleva a cabo a un nivel muy básico. Se avanza de un proyecto a la vez, a fin de probar una tesis más amplia, tanto a la dirección (de arriba abajo de la jerarquía) como a los equipos que llevan a cabo las pruebas (de abajo arriba de la jerarquía). La forma que adopta la transformación varía dependiendo de la organización, aunque he observado algunas pautas comunes que se repiten en organizaciones de todo tipo:

- Empieza con un número limitado de proyectos y a partir de allí crece hasta abarcar un amplio conjunto de casos, experiencias y resultados que revelan cómo funciona el nuevo método en esa organización en concreto.
- Crea dedicados equipos interfuncionales para que emprendan proyectos piloto, a fin de integrar varias áreas funcionales desde un principio.
- Crea un sistema de consejos de crecimiento que permite a los ejecutivos adoptar decisiones claras y rápidas en relación con los proyectos que les presentan los equipos.

- Enseña a los primeros equipos a crear los experimentos tipo Lean Startup que ayudarán a trazar un rumbo a través de terreno incierto.
- Utiliza los indicadores del Lean Startup adecuados para medir los resultados de esos experimentos.
- Crea una red de directores en la organización que pueden ayudar a resolver los problemas que van a surgir cuando el nuevo método de trabajo entre en conflicto con los métodos arraigados. Trabaja por excepción desde el principio para avanzar deprisa y diferir los cambios profundos de las estructuras organizativas hasta etapas más avanzadas.
- Traduce los nuevos conceptos al lenguaje y las herramientas específicos de la empresa.

LA ENERGÍA PARA LA TRANSFORMACIÓN

Los pasos antes esbozados implican, claro, una cantidad considerable de trabajo. ¿Dónde encuentran las organizaciones la motivación para embarcarse en el camino de la transformación Lean Startup? He observado tres fuerzas que impulsan este tipo de cambio:

1. **CRISIS:** A veces las crisis obligan al cambio. Antes he contado cómo el fracaso público de la página HealthCare. gov —una crisis de primer orden— sirvió de catalizador para producir cambios reales en varios organismos gubernamentales, empezando por una lección épica sobre lo que puede ocurrir cuando uno confía en los métodos de gestión tradicionales y «seguros».

2. **ESTRATEGIA:** Otras veces la adopción de una nueva estrategia organizativa exige a todas luces un nuevo método de trabajo. En General Electric e Intuit el cambio fue impulsado por los niveles más altos de la organización, que reconocieron que los nuevos imperativos estratégicos requerían una reforma radical. Esto sólo funciona cuando el personal de alta dirección de la empresa ha aceptado el nuevo enfoque y está decidido a llevarlo a

buen término. Por otra parte, no se trata de un tipo de decisión que pueda tomarse a la ligera, razón por la cual resulta crucial, después de las primeras etapas, demostrar cómo funcionan los nuevos métodos y sentar las bases para la transformación completa a nivel de toda la organización.

3. **HIPERCRECIMIENTO:** El éxito también puede ser una forma de crisis. Cuando una startup consigue el encaje producto-mercado puede verse obligada a crecer a un ritmo extremadamente rápido. Como expresó el legendario inversor de Silicon Valley, Marc Andreessen, también fundador de Netscape y socio colectivo de la empresa de capital riesgo Andreessen Horowitz, en uno de los artículos más famosos del movimiento startup:

> En un mercado grande —donde los clientes potenciales abundan— el mercado extrae el producto de la startup [...]. Siempre puedes notar el encaje producto-mercado cuando se está produciendo. Los clientes compran el producto tan rápido como puedas fabricarlo (o el uso del producto crece tan rápido como puedas aumentar el número de servidores). El dinero de los clientes se acumula en la cuenta corriente de la empresa. Contratas personal de ventas y atención al cliente con la máxima celeridad posible. Los periodistas te llaman porque han oído hablar de tu nuevo producto y quieren conversar contigo. Empiezas a recibir premios al mejor emprendedor del año de la Escuela de Negocios de Harvard. Los banqueros de inversión vigilan tu casa.[16]

El factor común a los tres panoramas es que todos ellos liberan una tremenda cantidad de energía. Al igual que la fisión de los enlaces nucleares del átomo, esta descarga debe manejarse con cuidado. El tipo de energía que se desprende de cada situación es distinta, pero una vez liberada lo que sucede a continuación sigue el mismo patrón. Si los enlaces se rompen de manera aleatoria y no se han establecido los mecanismos para gestionar

16. <http://pmarchive.com/guide_to_startups_part4.html>.

el flujo de energía, el proceso puede tener repercusiones devastadoras. Quien disponga de un método para transformar esa energía en un cambio positivo ostentará una ventaja decisiva.

CÓMO EL ÉXITO DEL SERIES X INFLUYÓ EN GENERAL ELECTRIC

El taller del motor Series X marcó el inicio del proceso de transformación. A raíz del éxito que tuvo, continuamos formando y orientando a nuevos equipos hasta que logramos una masa crítica que abarcaba todas las combinaciones posibles de áreas funcionales, regiones y unidades de negocio de la empresa. Los primeros participantes no fueron seleccionados al azar. El trabajo que realizaron tampoco constituía un fin en sí mismo —aunque sí una labor real e importante—. En cambio, estas pruebas iniciales de concepto se crearon para demostrar a la alta dirección la viabilidad del nuevo método de trabajo en toda la organización.

General Electric adoptó en un primer momento una decisión clave que fue la gran impulsora del posterior éxito del programa FastWorks. El consejero delegado nombró a un equipo interfuncional de altos directivos para que supervisara la iniciativa. El equipo, compuesto por ejecutivos de alta dirección de las principales disciplinas —ingeniería, marketing, recursos humanos, tecnología de la información y finanzas—,[17] funcionaba de manera similar a un comité directivo. (Más tarde lo organizaríamos formalmente como un consejo de crecimiento.) Resulta crucial designar a las personas adecuadas como responsables de esta iniciativa.

---

17. El número exacto de miembros del Consejo de Crecimiento FastWorks, como llegó a conocerse, varió un poco de un año a otro, al igual que la participación de los directores de los negocios individuales de General Electric. Para los primeros ocho proyectos piloto, el consejo estuvo compuesto por Jamie Miller (en aquel momento director de Tecnologías de la Información), Susan Peters (vicepresidenta sénior de Recursos Humanos), Matt Cribbins (entonces vicepresidente del Personal Auditor de GE), Mark Little (vicepresidente sénior y director de Tecnología del Centro de Investigación Global de GE) y Beth Comstock.

Jeff Immelt enseguida se dio cuenta de que habían dado con algo importante, no sólo para los productos nuevos. Beth Comstock recuerda el entusiasmo de Jeff después de que leyera el informe del proyecto Series X: «Jeff me dijo: "Verás, creo que aquí tenemos algo. ¿Podemos llevarlo más allá del producto? ¿Podemos usarlo para terminar con la burocracia?"». Como recuerda Viv Goldstein: «Con el motor Series X el único propósito era conseguir por lo menos una prueba que respondiera a lo siguiente: "¿Puede funcionar en un entorno muy complejo y difícil?". Y en caso afirmativo, ¿qué hacemos a continuación?».

Lo que hicimos fue empezar a formar a más equipos. Primero, no más de un equipo a la vez. Luego cuatro a la vez y después grupos de ocho equipos, que incluían proyectos relacionados tanto con nuevos productos como con nuevos procesos. Había equipos enfocados en frigoríficos, motores e incubadoras neonatales, un equipo de reformulación de procesos corporativos, un proyecto de planificación de recursos empresariales (ERP) para las cadenas de producción y suministro, un proyecto de tecnología de la información y un proyecto de contratación de recursos humanos. Todos fueron seleccionados de manera deliberada.

El objetivo consistía en probar tantos equipos y áreas funcionales como fueran posibles a fin de demostrar que la metodología FastWorks podía funcionar en el amplio abanico de líneas de negocio, áreas funcionales y regiones geográficas que abarcaba la empresa. Esa masa crítica al final generó una reacción en cadena de cambios en toda la empresa, motivada e impulsada por el apoyo y la confianza de la alta dirección.

---

1. Empieza poco a poco

La Primera etapa consiste en analizar los resultados de proyectos anteriores y reflexionar sobre lo que salió bien y lo que salió mal. ¿Qué comportamientos y prácticas apoyan la experimentación y la conducta emprendedora? ¿Qué empleados han demostrado ser agentes de cambio que ayudarán a ampliar la escala de la iniciativa?

En General Electric las dimensiones del programa se establecieron en función de la cantidad de personas que la empresa quiso formar en cada etapa. El total de personas que participaron en los primeros equipos que formamos representó una pequeña fracción de los más de 300.000 empleados de General Electric. En una startup la escala del programa está determinada por el tamaño de la empresa.

El hecho es que no existen empresas de sesenta personas. Una empresa de sesenta personas estará en vías de convertirse en una empresa de sesenta y cinco personas, luego en una de cien, luego en una de seiscientas y más tarde en una de seis mil personas, dependiendo de la tasa de crecimiento. Por eso es importante entretejer poco a poco aquello que funcionaba bien cuando la empresa era joven en el proceso de gestión global, para que éste sea integrador más que retroactivo. En palabras de Patrick Malatack, de Twilio: «El patrón del fracaso es éste: a medida que la empresa crece, dejas de hacer lo que antes hacías por necesidad cuando la empresa era pequeña. Dejas de experimentar como antes, cuando estabas obligado a hacerlo porque no disponías de los recursos suficientes para asumir un proyecto de tres años que no llegara a ninguna parte. A medida que la organización crece, tienes que asegurarte de que eres capaz de seguir experimentando y probando cosas nuevas». La plantilla de Twilio aumentó de los treinta y cinco empleados a los seiscientos cincuenta, y durante ese período de crecimiento la empresa se ha esforzado mucho por conservar su estructura inicial. «Es curioso cómo el tamaño de tu organización crea este patrón del fracaso en cuanto te descuidas», afirma Malatack.

La transformación del gobierno federal

El relato sobre HealthCare.gov y Mikey Dickerson puede parecer el inicio del camino de transformación del gobierno, pero en realidad se trata de la etapa intermedia. Mucho antes de HealthCare.gov, Todd Park y un grupo de jóvenes tecnólogos del equipo de transición del presidente Obama probaron varios proyectos piloto y equipos de innovación. Intentaban encontrar la manera de implementar una reforma tecnológica absolutamente necesaria.

En ese grupo participó Haley van Dyck, que había llegado a Washington después de haber concluido su trabajo en el equipo tecnológico que desarrolló e implantó las plataformas móviles y de mensajes de texto de la campaña presidencial, las primeras de su género en el ámbito político. Ella y muchos de sus colegas estaban en Washington con «un cometido muy parecido: utilizar la tecnología para conectar a los ciudadanos con el gobierno, en lugar de a los votantes con la campaña».

Durante su primer día en el cargo, el presidente Obama promulgó el Memorando sobre Transparencia y Gobierno Abierto. Pocos meses después, nombró a Aneesh Chopra, entonces secretario de Tecnología del estado de Virginia, para el recién creado puesto de director de Tecnología del gobierno federal de Estados Unidos. Junto con Vivek Kundra, el primer director de Información de Estados Unidos, y posteriormente con Jeffrey Zients, responsable de la Oficina Presupuestaria de la Casa Blanca, Chopra era el encargado de «promover la innovación tecnológica para abordar nuestras prioridades más urgentes». La labor se iba a llevar a cabo en una organización interconectada compuesta por decenas de agencias donde trabajaban 2,8 millones de personas con sistemas informáticos de la década de los cincuenta: el gobierno federal.[18]

Los equipos aterrizaron en algunas agencias con el nombre de «Nuevos Medios». Asimismo, en la Casa Blanca se creó un equipo para mejorar las comunicaciones digitales y el compromiso cívico con el público, aprovechando el gran éxito de la campaña.

Fue una época de desenfreno experimental bastante caótica, algo típico de la Primera etapa. La organización y coordinación entre los equipos era escasa o inexistente, no había una estructura coherente en cuanto a quién rendía cuentas a quién, ni tampoco un acuerdo sobre la misión de las personas.

No obstante, estos pioneros aprendieron que en el gobierno

18. <http://www.aei.org/publication/has-government-employment-really-increased-under-obama/>; <http://www.gao.gov/assets/680/677436.pdf>; <http://politicalticker.blogs.cnn.com/2009/04/18/Obama-names-perfor mance-and-technology-czars/>; <https://cei.org/blog/nobody-knows-how-many-federal-agencies-exist>.

había un lugar real para la tecnología y el talento startup. Era la primera vez que alguien reunía pruebas reales de ello a gran escala. (Hubo una versión lean de <HealthCare.gov> antes del lanzamiento fallido de la página web oficial, pero en cuanto vio la luz del día, ¡era demasiado pequeña para ser relevante!) Van Dyck se incorporó a un exitoso equipo en la Comisión Federal de Comunicaciones (FFC). Como casi siempre ocurre, su equipo descubrió que en la agencia había varias personas que estaban listas para el cambio. Sólo faltaba un sistema que lo propiciara. Si no hubiera sido por estos primeros esfuerzos, el rescate de HealthCare.gov no habría existido.

El programa Becas Presidenciales de Innovación

Después de varios logros, Todd Park, que había ascendido a director nacional de Tecnología tras la dimisión de Aneesh Chopra, propuso un programa llamado Becas Presidenciales de Innovación (PIF, del inglés *Presidential Innovation Fellows*), en el que los líderes del sector tecnológico realizarían «períodos de servicio», en colaboración con los funcionarios públicos de las agencias, a fin de abordar algunos problemas puntuales del gobierno que parecían inextricables. La idea era combinar el conocimiento y la experiencia de los funcionarios con las habilidades y el talento de los emprendedores, diseñadores e ingenieros externos, como fue el caso de Park durante el colapso y posterior rescate de la página HealthCare.gov. Explica Park: «Planteamos lo siguiente: ¿Qué intentáis hacer? ¿Qué tipo de habilidades y conocimientos técnicos queréis traer al gobierno para facilitar vuestro trabajo? Formemos un equipo con los mejores funcionarios y traigamos profesionales externos que tengan los conocimientos que necesitáis, y que luego ese equipo ejecute [las operaciones] al estilo del Lean Startup a fin de conseguir mejores resultados que los que podrían obtenerse individualmente y cumplir con éxito la misión».[19]

El programa en sí era un experimento. Nadie sabía si la gente

19. Chopra, Aneesh P., *How Technologies Can Transform Government*, Atlantic Monthly Press, Nueva York, 2014, pp. 215-216.

de Silicon Valley querría trabajar en el gobierno, de modo que ésa fue la primera hipótesis del equipo. Para probarla, Park se subió a un avión y anunció el nuevo programa en TechCrunch Disrupt, un encuentro que reúne a emprendedores, inversores, hackers y aficionados a la tecnología.

La respuesta fue abrumadora: se presentaron casi setecientas personas.[20] Park terminó seleccionando a dieciocho becarios de ese primer grupo y «nada más asignarlos a un pequeño número de proyectos, estábamos listos para ver el tipo de resultados que obtenían», comenta Van Dyck. Hasta 2017, por el programa han pasado 112 becarios, de los cuales más de la mitad se quedó en el gobierno para continuar con su labor.[21]

El programa PIF fue la versión gubernamental de los proyectos piloto FastWorks que llevamos a cabo en General Electric. Fue creado no sólo para sacar adelante una labor importante, sino también para continuar reuniendo pruebas de que el nuevo método de trabajo podía instaurarse en una amplia variedad de agencias y proyectos.

2. Forma equipos interfuncionales dedicados

El objetivo de formar equipos interfuncionales consiste en aprovechar y compartir la energía colaborativa de las distintas áreas funcionales de la organización, lo cual con el tiempo permite aumentar la interdisciplinariedad. Lo más probable es que los primeros equipos no abarquen la combinación ideal de disciplinas, pero resulta importante incorporar tantas como sea posible. A veces esto implica incluir a personas que oficialmente no forman parte del equipo pero están dispuestas a ofrecer su tiempo y pericia de manera voluntaria.

En un equipo con el que trabajé en una empresa grande, el director quería incluir a un diseñador industrial a jornada completa. Sin embargo, el equipo no disponía del presupuesto ni del

20. <https://obamawhitehouse.archives.gov/the-press-office/2012/08/23/white-house-launches-presidential-innovation-fellows-program>.

21. <https://presidentialinnovationfellows.gov/faq/>.

capital político necesarios para contratar a una persona con el perfil idóneo. En esa empresa el diseño estaba considerado como un área independiente de producto, por lo que existía una férrea resistencia a incorporar a una persona de un área rival. Convencer a los directores de que los equipos, además de ser realmente interfuncionales, deben dedicarse exclusivamente al proyecto es uno de los retos más importantes a los que suelo enfrentarme cuando trabajo con empresas de todos los tamaños. Éste fue el ejemplo perfecto.

No obstante, el director del equipo conocía a una diseñadora que creía en su visión, así que contactó con ella y le preguntó si quería trasladar su escritorio a la sala donde el equipo se había instalado. La diseñadora no trabajaba para ellos ni tampoco estaba asignada oficialmente al proyecto. El equipo no le pagaba de su presupuesto. Sólo era una voluntaria que se sentaba cerca de ellos, con quien podían consultar las dudas que iban surgiendo. Como el equipo además trabajaba en la creación de prototipos físicos, la diseñadora podía intervenir si observaba algo que sabía que no iba a funcionar.

Claro que no todos los equipos necesitan un diseñador industrial, ni todos los equipos necesitarán apoyo jurídico o de tecnología de la información, pero quizá sí de ingeniería, marketing o ventas. La clave radica en identificar las áreas funcionales que el equipo necesita para lograr avances.

Susana Jurado Apruzzese, directora de la Cartera de Innovación de Telefónica, afirma que uno de los mayores desafíos a los que se enfrenta la empresa en los proyectos de innovación es la transferencia de conocimientos del área de innovación a la unidad de negocio de comercialización. Para llevar el éxito de un proyecto a la siguiente etapa —es decir, al mercado—, el proyecto debe ser transferido a ventas y marketing. Jurado Apruzzese cree que incluyendo desde un principio el aspecto comercial en el equipo la aceptación del producto resulta mucho más fácil. Además, es una manera ideal de garantizar que la gente de ventas y marketing esté versada en el conocimiento del producto y entienda cabalmente lo que van a vender cuando llegue el momento.

«Nos hemos dado cuenta de que si no haces partícipe a la

unidad de negocio como patrocinador o parte interesada del proyecto desde el primer momento el resultado no será tan satisfactorio, porque no sienten el producto como suyo», comenta Jurado Apruzzese.

Qué hacer si un área funcional no está representada

La mayoría de las organizaciones se resisten a trabajar de manera interdisciplinaria. De por sí, las cuestiones políticas y presupuestarias pueden frustrar la iniciativa. Sin embargo, en un inicio, este tipo de fracasos pueden convertirse en valiosas oportunidades de aprendizaje para la organización.

Durante mis primeros meses en General Electric, trabajé con un equipo médico de la división de biociencias en la creación de un producto muy avanzado que tenían previsto comercializar durante varios años a un precio de 35 millones de dólares. Este complejo instrumento de tecnología punta regulado por la FDA había estado en investigación y desarrollo varios años, hasta que finalmente la empresa consideró que la tecnología estaba lo suficientemente desarrollada para proceder a su comercialización.

Después de pasar por el proceso FastWorks, el equipo decidió crear un PMV para enseñárselo a un cliente en unas pocas semanas (en lugar de esperar años). Construyeron el prototipo que, aunque no era funcional, mostraba tanto el aspecto como la funcionalidad del producto, y concertaron una reunión con el cliente.

La noche anterior a la gran revelación recibí una llamada urgente del equipo. «El departamento jurídico dijo que no a nuestro experimento», me informaron preocupados. El equipo, naturalmente, no contaba con un abogado entre sus integrantes, por lo que dependía del área jurídica de la empresa para la aprobación del producto.

Debido a la naturaleza de su trabajo, sabían que en algún momento tendrían que consultar con el departamento jurídico, pero no lo habían previsto con antelación. Imagina si hubieran pedido asesoramiento jurídico desde un principio a alguien que supiera que el instrumento no entrañaba ningún riesgo real para el paciente ni para cualquier otra persona relacionada con el PMV (es decir, que no existía responsabilidad alguna para la empresa hasta que el cliente encargara el producto y luego, dieciocho meses después, pagara por él). Dieciocho meses es un plazo considerable para solventar cualquier problema relacionado con la responsabilidad. Al final les aprobaron el proyecto, pero para ello hubo que hacer una excepción de último minuto que añadió mucha tensión al proceso.

Embajadores de áreas funcionales

Quiero hacer hincapié en otro aspecto fundamental de la interfuncionalidad. Los miembros del equipo de distintas áreas desempeñan no sólo el papel de la conciencia del equipo en su área de especialización, sino también el de entusiastas embajadores. A medida que el método de trabajo Lean Startup empieza a difundirse, es importante que haya gente a bordo que cuando regrese con sus colegas de departamento les hable del nuevo método.

Los embajadores también ejercen de traductores, ya que pueden explicar su papel en términos comprensibles para el resto de los integrantes del equipo. Yo mismo he observado esto en el equipo de un importante fabricante. Habían puesto a un ingeniero para garantizar el rigor del proceso mientras experimentaban y creaban productos mínimos viables. El ingeniero entendió tan bien los principios que pudo traducirlos al lenguaje técnico de la ingeniería mecánica que para mí resultaba extraño, pero el equipo comprendió con facilidad. A menudo le pedíamos que se reuniera con los equipos que nos decían: «Nos encantaría hacer esto, pero no podemos comprometer el proceso de desarrollo de nuestro nuevo producto». ¿Su respuesta? «Ayudé a redactar ese proceso para nuestra división. Podemos replantearlo de esta manera para garantizar que se cumplan las normas de seguridad, aun cuando modifiquemos el sistema de trabajo.»

3. Blandir la Espada Dorada

En General Electric al final de las formaciones de tres días manteníamos reuniones de revisión con los equipos de la Primera etapa. La segunda parte de la reunión parecía la versión corporativa del programa de televisión «Deal or No Deal». Explicábamos lo que hacía falta para que el nuevo plan saliera adelante con éxito. Yo animaba a los equipos a que fueran sinceros y pidieran lo que realmente necesitaban, en lugar de presentar el típico presupuesto maquillado con jerga corporativa.

Para sorpresa del personal de alta dirección, los equipos raras veces pedían más financiación. Lo que pedían era apoyo y protección, y que allanáramos los obstáculos burocráticos. Un equipo necesitaba reducir su número de integrantes, de un comité compuesto por veinticinco personas que trabajaban a media jornada a un equipo de cinco personas con dedicación exclusiva. Otros equipos necesitaban incorporar expertos de otras áreas a tiempo completo. Y muchos otros sencillamente necesitaban que los altos cargos les garantizaran que si trabajaban con el nuevo método, los mandos intermedios no se los comerían vivos. Mediante este procedimiento, por lo general, obtenían lo que pedían con extrema eficacia.

Con los años, muchas veces me he sorprendido al ver la cantidad de problemas «imposibles» que pueden resolverse con un sencillo proceso que yo llamo «la Espada Dorada», porque, de un golpe seco, corta por lo sano la burocracia. La Espada Dorada interviene en las reuniones entre equipos y ejecutivos, y consiste en lo siguiente: el equipo presenta una oferta a los altos cargos, y les informa de lo que obtendrán, un tiempo de ciclo más rápido, mayor conocimiento de lo que sucede en el terreno, la promesa de una solución definitiva al problema y el control de los gastos. Y éste es el precio: apoyo y protección, financiación segura y colaboradores interfuncionales. Desde el punto de vista de la mayoría de los ejecutivos, es un negocio redondo. Es decir, hablamos de un proceso de rendición de cuentas más riguroso y mayor confianza en que el equipo logrará resultados reales a cambio de algunas maniobras políticas, que es algo en lo que sobresalen.

Por supuesto, el hecho de que el equipo obtenga lo que quiere no garantiza el éxito de forma automática. Cuando en una empresa lanzamos la primera cohorte de proyectos, mantuve una charla con los ejecutivos y les expliqué, con el debido respeto, que sería todo un triunfo si uno de los equipos lograba tener éxito. Fiel al estilo corporativo, había una gran presión por asegurar una tasa de éxito del ciento por ciento. Esa mentalidad, desde luego, resulta incompatible con la mentalidad startup, que entiende el fracaso y la experimentación como parte de la metodología. Blandir la Espada Dorada ayuda a que el liderazgo se convierta en parte de ese proceso.

Transparencia y un sistema de alimentación de reserva

Un equipo de General Electric con el que colaboré estaba trabajando en un sistema de alimentación ininterrumpida (SAI) de próxima generación, un sistema que se vende a centros de macrodatos y que, en caso de cortes del suministro eléctrico, proporciona una fuente de energía hasta que se conecte un segundo generador. El equipo creía que podía fabricar un sistema más eficiente empleando una arquitectura de mayor voltaje. Cuando el equipo llegó al taller, su plan consistía en destinar tres años y casi 10 millones de dólares al proyecto, seguido de un importante lanzamiento público.

Éste fue uno de los primeros equipos de General Electric en organizar un consejo interno. Mantenían regularmente reuniones para pivotar o perseverar en las que evaluaban los últimos PMV, y el consejo tomaba decisiones en materia de financiación formulando una serie de preguntas sobre el aprendizaje del equipo: qué habían aprendido y cómo.

Después del primer taller, el equipo acordó crear un PMV en tres meses en vez de en tres años. Estuvieron unas semanas con los esquemas eléctricos para asegurarse de que podían crear el producto. Luego llegó el momento de la verdad: un cliente solicitó que le presentaran una propuesta y, al ver los esquemas, la rechazó al instante. El equipó volvió a intentarlo con otro cliente y luego con un tercero. Cuando las negativas se acumularon, supieron que, en esencia, el plan era malo.

Esto no fue fácil de admitir para el patrocinador ejecutivo. Pero, por suerte, gracias al proceso de la Espada Dorada resultó más sencillo enfocar la conversación en lo que el equipo había aprendido a raíz de las visitas de los clientes. Cuando el equipo tuvo el valor de reconocerlo, pudo pivotar varias veces hasta que finalmente dio con un nuevo sistema que fue todo un éxito (y sólo guardaba una relación tangencial con las especificaciones del producto original).[22]

4. Crea un buen experimento

Para que un experimento nos diga lo que necesitamos saber, es decir, si merece la pena continuar, éste debe reunir ciertas características. Los equipos no realizan experimentos sólo para ver qué ocurre (si lo hicieran, el resultado sería indefectiblemente satisfactorio ¡porque siempre ocurrirá algo!). Los experimentos se llevan a cabo para adquirir conocimientos mediante la evaluación de las acciones, no sólo las opiniones de los clientes. Todo experimento debe incluir:

- *Una hipótesis clara y refutable.* Sin una visión clara de lo que se supone que debería ocurrir, no podemos juzgar ni el éxito ni el fracaso. Y si no puedes fracasar, tampoco puedes aprender.
- *Una acción inmediata evidente.* Crear-medir-aprender es un ciclo, lo que implica que todo experimento debe conducir a una acción subsiguiente. Un experimento no basta para extraer las conclusiones necesarias. Sólo un conjunto de experimentos puede revelar la verdad.
- *Una estrategia de contención de riesgos estricta.* «¿Qué es lo peor que puede ocurrir?», solemos preguntarnos con indiferencia. Sin embargo, realmente tenemos que conocer la respuesta, y asegurarnos de que podemos vivir con ella. El objetivo no consiste en evitar que ocurra algo malo, sino en asegurarnos de que, al modificar el experimento, por muy malo que sea lo que ocurra, el resultado no será catastrófico. Las estrategias de contención de riesgos restringen el número de clientes expuestos al riesgo y procuran no incluir la marca de la empresa en el PMV, no comprometer las nor-

22. Uno de los mayores aprendizajes, de hecho, se refleja en el modo en que he relatado esta anécdota. El equipo se dio cuenta de que en lugar de crear un único dispositivo, tenía más sentido conceptualizar el nuevo producto como un sistema de venta al cliente.

mas de seguridad (mejor aún si en el equipo hay un experto que vela por su cumplimiento) y ofrecer a los clientes una garantía adicional a la de reembolso así como el pago de compensaciones por incumplimiento. Comprométete a hacer lo mejor para y por el cliente, con independencia del coste (recuerda que al principio no tendrás muchísimos clientes).

- *Una relación entre lo que se mide y al menos uno de los supuestos de fe (SF).* Si no realizamos el experimento para probar algún supuesto, la información que nos proporcione no será útil.

El coche conectado

Después de la reunión que mantuve con los ejecutivos de Toyota descrita en el capítulo I, tanto Matt Kresse, investigador del InfoTechnology Center (ITC) de Toyota, como los ejecutivos que habían asistido a la reunión estuvieron de acuerdo con la idea del proyecto Lean Startup. En marzo de 2013, Kresse y Vinuth Rai, director del InfoTechnology Center, iniciaron una serie de experimentos con el objetivo de descubrir y desarrollar tecnologías de vanguardia para un coche con conexión a internet.

El primer paso consistió en probar un supuesto: pusieron un anuncio en Craigslist titulado «¿Detestas el viaje de casa al trabajo?», en el que invitaban a la gente al centro de investigación para que se quejara de su experiencia de conducción. Al cabo de una hora trescientas personas habían respondido. «La respuesta fue brutal e inmediata—recuerda Kresse—. No creamos nada hasta haber escuchado todos los puntos débiles que expresaron los clientes. Era la primera vez, creo, que obteníamos datos en bruto de los clientes. La experiencia fue muy satisfactoria, porque hasta entonces habíamos operado sobre todo en un ambiente de laboratorio donde el entorno es bastante estéril. Ese ambiente es poco propicio para que alguien te dé una respuesta sincera, así que la experiencia fue muy reconfortante.»

El equipo ofreció un prototipo a cinco de los treinta entrevistados para que lo colocaran en el coche durante un mes y les dijo que si les gustaba podían quedárselo; y si no, recibirían 100 dólares por su participación. El PMV no era más que una tableta Android con un sistema de navegación muy básico conectado a un microcontrolador que a su vez estaba conectado a los controles de encendido y dirección, con una placa de recubrimiento que llevaba el logo de Toyota. «Tienes que ser capaz de poner algo en manos de los clientes, conocer la opinión de la gente desde el principio», recuerda Kresse.

Era la primera vez que el grupo de Kresse podía contrastar sus ideas con clientes reales. Hacían el seguimiento en tiempo real de las aplicaciones que utilizaban los conductores. Luego se reunían periódicamente para averiguar qué les gustaba y qué no les gustaba a los usuarios. «Estábamos en un proceso de rápida reiteración de aplicaciones», comenta Kresse. En un mes el 60 por ciento de las personas que habían probado el prototipo del sistema de navegación quiso quedárselo, y el 40 por ciento dijo que se lo recomendaría a otra persona.

Este tipo de información captó la atención de los ejecutivos de Toyota. De nuevo, comportaba riesgos muy escasos, la clave de todo PMV inteligente. Kresse y Rai no lanzaron ningún PMV fuera del ITC que funcionaba al estilo incubadora. Pero una vez que su trabajo fue reconocido, les dieron luz verde para comenzar a trabajar con los grupos de producto de la empresa.

En noviembre de 2016, Toyota lanzó su nueva Plataforma de Servicios de Movilidad —*Mobility Service Platform* (MSPF)— a través de la empresa Toyota Connected, presidida por Shigeki Tomoyama. Han recorrido un largo camino desde la publicación del humilde anuncio de Craigslist que buscaba conductores frustrados.

Experimentos de modelos de negocios

Uno de los primeros equipos con los que trabajé en General Electric estaba diseñando una nueva turbina de gas para una central eléctrica de ciclo combinado. Su objetivo consistía en crear una turbina que fuera un 5 por ciento más eficiente que cualquier otro producto del mercado. El equipo calculó que el proceso de fabricación tardaría unos cuatro años e implicaría la creación de una nueva cadena de suministro. Durante la etapa de planificación, uno de los miembros del equipo dijo: «Un momento. De aquí a cuatro años, la competencia habrá mejorado su eficiencia. Deberíamos asegurarnos de extrapolar el nuevo objetivo de eficiencia y superarlo en un 5 por ciento». Muy bien. Pero entonces tuvieron que ajustar los cálculos y descubrieron que el lanzamiento iba a tener lugar en seis años. Llegado ese punto alguien añadió: «Un momento. En seis años, ¿la eficiencia no debería ser mayor?». Antes de emprender cualquier tarea, el equipo intentaba anticipar si la eficiencia del producto lideraría el mercado en el momento en que el motor estuviera fabricado. Fue una espiral descendente hacia un arrastramiento de alcance prácticamente infinito.

La solución fue elaborar un nuevo modelo de negocio. En el viejo modelo la actividad principal de General Electric consistía en vender equipos. Si los clientes en algún momento regresaban por mantenimiento, intentaban venderles mejoras y soluciones más eficientes. El equipo imaginó un nuevo modelo: incluir el mantenimiento desde el principio y comprometerse a efectuar mejoras a futuro. También había una cláusula que estipulaba que General Electric asumía la responsabilidad frente a los perjuicios que pudieran derivarse del incumplimiento de los plazos.

Un integrante del equipo resumió la propuesta de valor: «Qué tal si hablamos con el cliente y le decimos que en lugar de tener que esperar diez años por una turbina con una superioridad de eficiencia del 5 por ciento le vendemos ahora mismo una que ya es muy buena, con el valor añadido de que a partir de este momento le ofrecemos un mantenimiento anual que incluya el reemplazo de los álabes y los ventiladores, y la puesta a punto para aumentar la eficiencia». Y el equipo añadió: «El cliente, una vez al año, tendría la opción de solicitar la instalación de estas piezas y nosotros tendríamos un contrato preexistente que establezca que cobraremos por cada punto de eficiencia adicional que consigamos con la mejora del producto».

Presentamos el plan a los ejecutivos, que quedaron encantados con la idea. El tiempo de ciclo al mercado era muchísimo más rápido, además de que cada iteración iba a proporcionar mayor eficiencia. El cliente podía comprar una turbina que tuviera eternamente la mejor eficiencia de su clase. A continuación alguien formuló la pregunta mortal: «¿Los ingresos anuales provenientes de la instalación de piezas mejoradas serían por la venta de productos o por la prestación de servicios?».

Ingenuamente respondí: «¿Qué más da? Son ingresos al fin y al cabo». Pero para ellos la respuesta importaba, y mucho. Desató una disputa territorial en la empresa imposible de resolver en aquel momento. Aun así, el equipo siguió adelante, y la reacción de los clientes fue positiva. Al final, los ejecutivos entendieron que tenían que pensar en lo que fuera mejor para el cliente en lugar de aferrarse a los viejos paradigmas. Guy DeLeonardo, director de producto de la turbina de gas de GE Power, recuerda: «Tuvimos que correr el riesgo de perder un acuerdo de 1.000 millones de dólares con una importante empresa de servicios públicos que era un cliente muy valioso para que los directores de división (los dueños territoriales) encontraran el modo de resolver el problema. Tienes que entender algo: así hemos trabajado durante más de treinta años».

Cuando se hubo aprobado el nuevo modelo, el equipo lanzó la turbina de gas 7HA.02, hoy el producto líder en eficiencia del mercado, que en 2016 generó un total de ventas por valor de 2.000 millones de dólares. El equipo puede incorporar nuevas innovaciones al producto una vez al año, sabiendo que los clientes no sólo las desean, sino que pagarán por ellas en virtud de las condiciones comerciales pactadas con antelación. «No importa si los ingresos se destinan al cliente —afirma DeLeonardo—. Encontramos nuestra propia forma de hacer lo más conveniente para el cliente.»

Al experimentar con modelos de negocio[23] debemos tener en cuenta algunos aspectos:

- ¿En qué balance de situación debería estar el producto? ¿Realmente tiene sentido obligar a una pequeña empresa o a un cliente al pago en efectivo y por adelantado?
- ¿Por qué distinguir entre productos y servicios? Si los pro-

23. Para más información sobre modelos de negocio véase: Osterwalder, Alexander e Yves Pigneur, *Business Model Generation: A Handbook for Visionaries, Game Changers and Challenger*, John Wiley & Sons, Nueva Jersey, 2010. Versión castellana de Lara Vázquez Cao, *Generación de modelos de negocio*, Ediciones Deusto, Barcelona, 2011.

ductos requieren mantenimiento periódico, ¿por qué no ofrecerlo?

- ¿Debería una empresa beneficiarse de un producto que tal vez no satisfaga las necesidades del cliente? Al cobrar únicamente cuando el producto da buenos resultados —retribución por uso o en función del rendimiento— la empresa se mantiene en plena consonancia con las necesidades del cliente.

- Los tiempos de ciclo son más rápidos cuando la empresa controla todos los aspectos de la prestación de servicios. ¿Podemos asumir la responsabilidad de las etapas intermedias para llevar nuevas innovaciones al mercado de forma más rápida?

- Cuando una empresa se pone del lado del cliente (ganamos sólo cuando ellos ganan), podemos descubrir otras formas de aportar valor añadido.

- ¿Disponemos de nuevas dinámicas competitivas para aumentar la cuota de mercado? Por ejemplo, en la división de iluminación comercial de General Electric tienen contratos de mantenimiento que establecen el cobro de una tarifa por portalámparas en vez de por bombilla. Es decir, General Electric es responsable del mantenimiento de los portalámparas y del suministro de bombillas. Este tipo de acuerdo a largo plazo reduce el total de mercado disponible para los competidores tradicionales.

En el Lean Startup entendemos el tiempo de ciclo como crear-medir-aprender, lo cual implica que a veces las partes no técnicas del ciclo pueden venirse abajo por las modificaciones del modelo de negocio. Un equipo de producto con el que trabajé se enfrentó a un problema de esta índole. Cuando su producto estuvo diseñado y fabricado, los clientes tuvieron que esperar un año más para poder comprarlo. ¿Por qué? Porque para ofrecerlo a los clientes, los distribuidores tenían que comprar el nuevo producto y renovar los artículos en exposición. Muchos distribuidores creían que era muy costoso y tenían escasos alicientes para renovar los artículos a menudo. En mercados con pocos distribuidores, se ejercía poca presión para que lo hicieran. A ninguna de las partes le parecía extraño ese acuerdo, sencillamente así era como había funcionado siempre el sector. Y en lo que respecta a la rentabilidad del producto, es probable que supusiera poca diferencia. Aun así, desde el punto de vista del tiempo de ciclo, es un sistema bastante costoso. En comparación con el coste de desarrollo de un nuevo producto, el coste de ayudar al distribuidor es bastante modesto. ¿Por qué no añadir el coste de exhibición a nuestro balance general?

5. Crea nuevas formas de medir el éxito

En esta Primera etapa de la transformación la organización crea equipos interfuncionales y experimenta. Sin embargo, ¿cómo saben los equipos si están avanzando? Mediante el uso de métricas adelantadas que miden el aprendizaje validado.

Métricas adelantadas

Existen diversas métricas adelantadas. Su propósito es rastrear los indicios de que el proceso está funcionando bien a nivel de equipo. El objetivo consiste en mostrar el aumento de las probabilidades de que ocurra algo favorable. Por ejemplo, un ejecutivo con el que trabajé se enfocaba mucho en el tiempo de ciclo como métrica adelantada del éxito. Se ponía muy contento cuando sus equipos de producto lograban mejorar el tiempo de ciclo por órdenes de magnitud, aun cuando no generaban otros beneficios tangibles de forma inmediata. Estaba convencido de que saliendo más rápido al mercado y aprendiendo cuanto antes de los clientes al final se obtenían mejores resultados comerciales. La mayoría de las veces estaba en lo cierto. Y esta convicción permitió que sus equipos tuvieran una mentalidad más audaz.

Otra buena métrica inicial es la satisfacción y el compromiso del cliente. Como aprendió Todd Jackson, vicedirector de producto de Dropbox: «Tener usuarios apasionados que apoyen tu producto significa que además correrán la voz entre otros usuarios. La mejor forma de marketing es el boca oreja».

El cliente de un equipo de General Electric se disgustó al enterarse de que la entrega de un producto perfecto suponía un plazo adicional de entre cinco y diez años. Después de pasar por FastWorks e idear un nuevo plan, el equipo contactó con el cliente y le planteó lo siguiente: «En lugar de ofrecerte perfección, ¿qué te parece si te ofrecemos algo notablemente superior a lo que tienes ahora, aunque sólo se trate de una primera versión? Podríamos entregártelo el próximo año en vez de en cinco años si nos ayudas participando en el proceso». Al cliente la idea le entusiasmó y aceptó la colaboración de inmediato; para el equipo se trataba de una experiencia completamente nueva. Hasta entonces no habían hecho más que mantener una conversación, pero la relación con el cliente ya había cambiado radicalmente. Sabían que iban por buen camino.

El entusiasmo por entablar nuevas relaciones con clientes reales y descubrir el potencial de esas relaciones se asocia con otra métrica adelantada importante: la moral del equipo. Los cambios son difíciles, pero también contagiosos. El entusiasmo por un nuevo método de trabajo puede influir profundamente en los demás. Por lo general, basta un breve contacto con algún equipo verdaderamente comprometido para que la gente diga cosas como «quiero que todo mi equipo trabaje así», o incluso «ojalá toda mi división pensara y actuara de esa manera». La moral es poderosa.

Observa el patrón universal en todas estas anécdotas: en todos los casos, el personal de alta dirección tiene la opinión —y la convicción— de que las métricas adelantadas hacia los cuales se orienta el trabajo de los agentes de cambio apuntan a buenos resultados futuros. Sin este acuerdo, toda la experimentación de la Primera etapa no servirá de nada. Por supuesto, quedará mucho trabajo por realizar en etapas posteriores a fin de confirmar que las métricas adelantadas apuntan, en efecto, a resultados empresariales positivos. No obstante, sin la convicción de la dirección de la empresa no hay forma de avanzar a las siguientes etapas.

Métricas

Un poco más adelante en el camino de la experimentación resulta importante crear métricas para medir el éxito de los proyectos emprendedores. Esto supone reemplazar las métricas tradiciona-

les —por lo general, el ROI— por *aprendizaje validado*: información científica recopilada de experimentos frecuentes. Por ejemplo, cuando Dropbox estaba creando Paper, para no repetir los
errores cometidos con Carousel y Mailbox, el equipo tuvo en
cuenta dos comportamientos fundamentales: «Fuimos muy dis-
ciplinados a la hora de registrar a los primeros usuarios represen-
tativos de nuestra base de clientes y usuarios —explica Aditya
Agarwal—. Nos aseguramos de no aislarnos».

Las dos métricas fundamentales de Dropbox fueron las siguientes:

1. *Viralidad.* «No queríamos que Paper fuera una herramienta monousuario. No nos interesaba que alguien usa-
   ra Paper en sustitución de Evernote [software de listas de
   tareas]. Queríamos que fuera una herramienta más amplia y colaborativa.»
2. *Retención de usuarios durante la segunda semana.* «En-
   viábamos invitaciones, la gente probaba el servicio. ¿Regresaban a la segunda semana?»

Las métricas no tienen por qué ser complicadas. Jeff Smith se
incorporó en 2014 a IBM como director de tecnologías de la información para llevar a cabo una transformación ágil en la división de
TI. Comenta: «Solíamos medir una cantidad ingente de cosas que
nada tenían que ver con el valor añadido que aportaba la empresa».
En la actualidad, tienen una lista con cuatro elementos: 1) cuánto
tarda el equipo en completar una nueva tarea, 2) cuántas tareas puede completar un equipo en un ciclo de trabajo normal (con independencia de la duración del ciclo), 3) cuánto tiempo tarda una tarea
extraída de la lista de pendientes en entrar en producción y 4) cuánto
tiempo han estado las tareas en la lista de pendientes, incluidos los
proyectos que con el paso del tiempo han perdido relevancia.

«Cuanto más simples sean tus métricas, más simples serán tus
objetivos —sostiene Smith—. Si todos pueden entender eso sin recurrir a un manual, la gente empieza a mejorar más rápido.»

Eso es válido para todos los contextos. Como afirma Brian Lefler, un ingeniero de software que hizo la transición al sector públi-

co: «Las empresas de software tienen varias secciones que no generan beneficios visibles u ostensibles. En Google, cuando trabajaba en Ads estaba clarísimo: sabía cuánto dinero generábamos por el número de personas que integraban el equipo de ingeniería. Pero éste no fue el caso cuando trabajé en Amazon Ordering, que era un centro de costes. Allí costeábamos nuestros salarios o nuestros salarios más el total de ventas perdidas, porque estábamos en bancarrota. Descubrimos cómo medir el éxito de los equipos para tener una idea aproximada de las interacciones del mercado».

Cuando Lefler trabaja en un proyecto del gobierno federal, en colaboración con una agencia, éstos son algunos de los indicadores que le gusta usar desde el principio para no tener que preguntar «¿Cómo vamos esta semana?»:

- ¿Cuántos errores de programación ha habido?
- ¿Cuál ha sido la frecuencia de funcionamiento del sistema?
- ¿Cuántos minutos tardan los usuarios en tramitar la solicitud?
- ¿Cuántas tarjetas (en el caso de los proyectos de inmigración que implican visados) expedimos hoy?

Las métricas son de vital importancia, explica Lefler, porque «cuando la dirección no puede medir los resultados, suelen exigir que la toma de decisiones se transfiera a su nivel. El efecto de primer orden de un buen sistema de medición es que se toman mejores decisiones. El efecto de segundo orden es que la dirección concede autonomía a los equipos de alto desempeño para que actúen más rápido y centren su atención en lo que sea pertinente».

6. Trabaja por excepción

Todos los equipos que transitan el camino hacia el Lean Startup deben contar con una persona en la dirección de la empresa a la que puedan acudir, de ser necesario, para resolver los problemas más difíciles que afrontan en su interacción con el conjunto de la organización. Para las startups internas la ausencia de esta figura puede ser mortal en el peor de los casos, y una inmensa pérdida de tiempo en el mejor de ellos. Sin este patrocinador, el equipo tendrá que destinar recursos muy valiosos para explicar y poner en práctica sus métodos, y justificarse ante otras personas de la organización.

Los patrocinadores ejecutivos se dividen en dos categorías. Una de ellas abarca al patrocinador ejecutivo de los agentes de cambio de la empresa. En General Electric los agentes de cambio fueron Viv Goldstein y Janice Semper, ambas encargadas de dirigir el proyecto principal destinado a impulsar el nuevo método de trabajo en la empresa. El mayor interés de los agentes de cambio radica en asegurar que el programa pase de la Primera etapa a la Segunda etapa. Ellos son los «hombres y mujeres sobre el terreno», de modo que necesitan la protección de la cúpula de la empresa, a menudo de alguien con el oído del consejero delegado, a fin de garantizar que el cambio siga su curso. El otro papel que desempeñan los patrocinadores ejecutivos consiste en ofrecer protección a los equipos individuales. En las grandes organizaciones, cualquier persona que esté en condiciones de allanar el camino a los equipos piloto puede ejercer de patrocinador ejecutivo. No todos los equipos deben tener el mismo patrocinador, pero cada equipo ha de tener como mínimo uno.

En *El método Lean Startup* hice hincapié en que la creencia común de «proteger a la startup de la colosal y malvada sociedad matriz» en realidad está mal enfocada. La cuestión radica en cómo convencer a la empresa matriz —y a los nerviosos mandos intermedios— de que el trabajo que lleva a cabo la startup es seguro. Por eso los métodos de innovación basados en el secretismo no suelen surtir efecto. El único camino hacia la transformación total de la empresa es innovar abiertamente. Pero, entonces, ¿cómo allanamos los obstáculos?

En las startups, incluso en las que han crecido hasta los miles de empleados, quien desempeña el papel de patrocinador ejecutivo suele ser el fundador o el cofundador, una persona que posee tanto la autoridad moral como las conexiones necesarias para erradicar los problemas. Todd Jackson de Dropbox, que ha comprobado esto de primera mano en Dropbox y Google, afirma: «Tienes que lograr que los fundadores o el consejero delegado digan "No; estamos invirtiendo en esto". Y eso tiene que salir de su boca, porque de lo contrario el proyecto será engullido por la gran cantidad de energía e inercia interna del producto principal».

En organizaciones de mayor envergadura el patrocinador ejecutivo ha de ostentar un cargo suficientemente elevado para despejar obstáculos, pero no demasiado elevado al punto de que no pueda reunirse con los equipos individuales.

¿Quién es «jurídico»?

En una empresa tecnológica, trabajé con un equipo que quería sacar al mercado un software nuevo en varios países. Su plan original consistía en realizar un lanzamiento mundial a bombo y platillo al cabo de dieciocho meses. Durante la formación Lean Startup, se dieron cuenta de que con Facebook Ads podían medir mucho más rápido el interés que suscitaba el producto en cada país. El objetivo era averiguar si podían lograr que la gente facilitara su número de tarjeta y se comprometiera a encargar el software por anticipado (antes del lanzamiento) para evitar que el equipo desperdiciara tiempo y dinero en la creación de nuevas versiones.

Todos estuvieron de acuerdo con el plan. A continuación, se quedaron paralizados. ¿Y qué hay de «jurídico»?

A toda prisa, el equipo presentó una serie de argumentos de por qué el departamento jurídico iba a rechazar el experimento. Argumentaron que de ninguna manera les permitiría recoger los datos de las tarjetas de crédito sin realizar la entrega del producto. Y una vez que dispusieran de los números de las tarjetas, tenían que asegurarse de que esos datos estuvieran protegidos contra ataques informáticos, puesto que no iban a utilizar los sistemas de procesamiento habituales de la empresa. Necesitaban hallar el modo de que los clientes aceptaran explícitamente que en el supuesto de no realizarse la entrega del software, se reembolsaría el importe de la compra. El equipo tenía una detallada lista de normas que consideraba infranqueables. Estaban a punto de retomar el plan original.

Así que formulé una pregunta tonta: «¿Quién es "jurídico"?». ¿Quién les había comunicado todas esas normas irrefutables? Se quedaron perplejos. Como ocurre en muchas organizaciones, el miedo formaba parte de la cultura que se había fomentado y transmitido durante años.

Entonces les pregunté a quién podíamos llamar para averiguar si sus temores estaban bien fundados. Recuerda, se trataba de un programa informático, no de un instrumento médico o un motor a reacción. No estaba en juego la vida ni el sustento de nadie, así que me pareció que valía la pena explorar si existía alguna vía para realizar el experimento.

El equipo determinó que la única persona que realmente podía responder a esa pregunta era el director jurídico de la división. Ante mi insistencia, lo llamamos por teléfono y nos encogimos de miedo en torno al altavoz de una de las salas de reuniones, a la espera de que «jurídico» contestara. Cuando el director jurídico contestó, el equipo formuló la pregunta de la peor manera posible: «¿Hay algún problema si la empresa asume responsabilidad ilimitada por recopilar datos de tarjetas de crédito y cobrar por un producto que quizá nunca lleguemos a entregar?». Ya puedes imaginarte la respuesta.

Antes de que el director tuviera tiempo de pronunciar un sermón, lo interrumpí: «Señor, disculpe la confusión, pero lo que este equipo realmente quiere hacer es recoger los datos de las tarjetas de crédito de no más de cien clientes, a quienes se cargará individualmente un importe máximo de 29,95 dólares siempre y cuando el producto finalmente se despache». A lo que el director jurídico respondió: «¿Me está diciendo que, en el peor de los casos, la empresa sería responsable de un importe total de tres mil dólares?». Cuando le confirmamos que sí, añadió: «¿Se da cuenta de que ya ha gastado más dinero desperdiciando mi tiempo en esta conversación? Por supuesto que puede realizar su experimento. Adiós».

El equipo no se lo creía. Su experimento había sido aprobado. Se trataba de una excepción, pero la situación ofreció un atisbo de un nuevo método de trabajo. No fue hasta mucho tiempo después, durante la Tercera etapa, que la empresa adoptó una política más sistémica. Para la Primera etapa bastaba con simples excepciones.

¡Todos a cubierta! (¿O no?)

Lo que le sucedió a ese equipo de software suele ocurrir durante la Primera etapa. No siempre todo irá viento en popa; en la organización surgirán conflictos tanto con los sistemas existentes como con las personas. Esto es lo que yo llamo «problema todos a cubierta». La empresa tiene un problema, tal vez el trimestre no esté yendo bien o la organización esté a punto de obtener financiación y las cifras no llegan a los niveles deseados. La persona a cargo se lo transmite al consejero delegado, y el consejero delegado, preocupado, se lo comunica al consejo de administración: «¡Todos a cubierta! ¡Todas las personas de esta empresa ahora estarán dedicadas, al ciento por ciento, a resolver este problema!». Pero ¿qué pasa con los pequeños equipos dedicados a la innovación que no guardan relación alguna con el trimestre en curso? Hay algo terriblemente decepcionante que resulta de este «casi todos a cubierta» o «esfuerzo del 99 por ciento» ante un problema urgente: los proyectos de innovación se cancelan.

Precisamente en este tipo de situaciones los patrocinadores ejecutivos son fundamentales para evitar que la transformación quede obstaculizada por los conflictos y el choque entre sistemas. Ellos pueden proteger a los equipos de innovación y tranquilizar a los demás empleados explicándoles que responder al llamamiento de la empresa en momentos de necesidad también es lo correcto. Ésta es una de las formas en que las organizaciones empiezan a desarrollar la capacidad para desempeñar simultáneamente ambos tipos de trabajo. De lo contrario, el crecimiento sostenido a largo plazo será imposible.

7. Traduce este método de trabajo a un lenguaje comprensible para la organización

Una de las tareas más importantes que debe llevar a cabo la organización en las etapas iniciales de la transformación es hacer suyo el proceso. Eso implica hablar del proceso en un lenguaje que tenga sentido para esa organización en concreto. Como afirma Beth Comstock refiriéndose a FastWorks (nombre inspirado en el eslogan de General Electric «Imagination at Work»): «Creo que todas las empresas tienen que hacerlo a su manera. Nosotros tomamos lo mejor de lo que nos ofrecieron y lo adaptamos, y pienso que esto explica también parte de la historia. Añadimos otras herramientas, como un proceso de comité de crecimiento más riguroso inspirado en la inversión de capital riesgo y las máximas culturales. Creo que si juzgas una cultura por su comunicación, por las palabras que utilizan las personas, puedes tener la certeza de que se ha producido un cambio». Recuerda que en Toyota ni siquiera hablan de «producción lean», sino del Sistema de Producción Toyota.

Aprender a trabajar con este nuevo método no implica la adopción rígida de un conjunto de prácticas; se trata de descubrir la forma de adaptar e implantar las herramientas en función de cada empresa. Cuando la gente acude a Intuit buscando un modelo de innovación para su empresa —su programa de innovación Design for Delight ha sido un éxito rotundo—, en palabras de Bennett Blank, jefe de innovación de Intuit, «me preguntan: "¿Podemos copiarlo?"». ¿Su respuesta? «Lo primero que digo siempre es: "No puedes copiarlo. Haz tus propios experimentos, aplica todo a tu proceso y luego descubrirás lo que funciona en tu organización".» Es un consejo estupendo, y lo que ha hecho posible que las organizaciones que hemos abordado en este capítulo hayan avanzado con éxito. En este libro he intentado destacar las similitudes entre programas como FastWorks, Design for Delight y el proyecto de innovación del gobierno de Estados Unidos. No obstante, cada programa es distinto. Cada uno refleja la cultura y el carácter de su empresa matriz.

Desde que se ha corrido la voz de mi trabajo con General Electric, me han llamado varias empresas que quieren imitar el éxito de su programa FastWorks. Pero como no dirijo una consultora, a menudo me preguntan a qué empresa pueden contratar para llevar adelante el cambio.

Yo les digo a las empresas que pongan como responsable directo de esa iniciativa a una persona que ya forme parte de la plantilla y que le proporcionen los medios y recursos necesarios. Creo que es la única forma de lograr que un cambio como éste sea permanente. El cambio tiene que nacer dentro de la organización y percibirse como algo natural. Tiene que estar diseñado por personas que verdaderamente entiendan la cultura y los mecanismos de la empresa. Está bien que haya orientadores que ayuden durante el proceso, pero resultará en vano que alguien de fuera de la organización quiera imponer el cambio. Como afirma Ryan Holmes, consejero delegado de Hootsuite: «Los malos procesos no se arreglarán solos. A menudo se ocultan en un vacío de poder: los empleados de primera línea no poseen autoridad para implantar cambios, en tanto que el personal de alta dirección pasa por alto esas cuestiones o da por hecho que atañen a otras personas. Por eso resulta tan útil poner a alguien a cargo, porque aun cuando no se trate de un papel oficial desempeñado a tiempo completo, los empleados tienen a quien recurrir».[24]

Fue precisamente esa toma de conciencia la que llevó a Janice Semper a reunirse con su jefe para pedirle que la asignara a tiempo completo al proyecto de transformación de General Electric. Además de que los equipos individuales carecían de una persona que los dirigiera, en general General Electric intentaba implantar un cambio abismal sin ninguna guía autorizada.

Unos tres meses después de que el primer grupo de ocho equipos con los que había trabajado en General Electric retomara su trabajo habitual, Semper y Viv Goldstein les pidieron que regresaran a la sede central de la empresa para informar sobre cómo iban con la implementación de las prácticas lean. Semper y Goldstein, que también desempeñaban otras funciones en la compañía, fueron las encargadas, a petición del equipo ejecutivo, de determinar los próximos pasos a seguir en este proceso que había despertado el entusiasmo de todos. «Lo que tanto Viv como yo esperábamos oír era "Pues mira, ¡iva todo fantástico!" y algunas ideas interesantes relacionadas con la ampliación del programa —recuerda Semper—. Lo que oímos fue: "Vaya, ha sido realmente difícil". Automáticamente, cuando retomaban su trabajo habitual, vivían una situación de rechazo. Tenían otra mentalidad y empezaban a trabajar de otra forma, pero nadie de

24. <https://www.fastcompany.com/3068931/why-this-ceo-appointed-an-employee-to-change-dumb-company-rules>.

su entorno entendía lo que estaban haciendo, por qué lo hacían ni cómo lo hacían.»

Fue en ese momento cuando Semper supo que el proceso implicaba algo más que formar a unas cuantas personas y esperar a que el mensaje se propagara. «Nos dimos cuenta de que teníamos que redefinir y reformular la forma en que queríamos que nuestros empleados pensaran, actuaran y lideraran.» A partir de ese momento el trabajo de Semper y Goldstein estuvo únicamente enfocado a la creación de una cultura que sustentara el nuevo método de trabajo. Ambas se convirtieron en cofundadoras del programa que poco tiempo después se conocería como Fast-Works. «Empezamos a observar el proceso y a pensar cómo podíamos trasladar la esencia y las bases de ese proceso a General Electric de una manera que nos funcionara aquí en la empresa», comenta Semper. Esta comprensión dio lugar a cambios más importantes durante los meses siguientes.

Reuniendo todas las piezas: las creencias de GE

Después de que Janice Semper se diera cuenta de que General Electric necesitaba redefinir y reformular el modo en que quería que los empleados pensaran y actuaran («No puedes limitarte a formar gente y esperar que todo vaya bien»), se preguntó lo siguiente: «¿Cuáles son los motores del cambio?». Uno de ellos eran los arraigados valores de General Electric, una lista de principios que, en palabras de Semper, constituían «valores de crecimiento. Históricamente, estaban profundamente arraigados en nuestros procesos de recursos humanos, en el proceso de gestión de talentos, en el sistema de contratación de personal, en la manera de fomentar el desarrollo profesional de los empleados, en el sistema de evaluación». Estos principios representaban la «estrella polar» de la empresa, y General Electric sabía que si realmente quería cambiar el método de trabajo de los empleados, debía encontrar su «nueva estrella polar».

En lugar de adaptar la antigua lista de principios, decidieron empezar de cero. «No es algo progresivo —recuerda haber pensado Semper—. Se trata de un salto, de un claro reposicionamiento de la forma en que tenemos que trabajar.»

Después de analizar otras empresas que habían adoptado los principios que Semper y Goldstein deseaban formular —más rápidos, más simples y más orientados al cliente— el equipo inició la redacción. No querían copiar las ideas de los demás, sino instruirse sobre lo que era factible.

Fueron reduciendo la lista de «PMV» hasta quedarse con doce características principales de las empresas que habían logrado el tipo de resultado que General Electric buscaba. A continuación, el equipo de Semper decidió proceder a la validación con los «clientes», en este caso, los empleados de General Electric. Presentaron las nuevas ideas directamente a «los directivos, los doscientos líderes máximos, y los cuatro mil empleados del programa de liderazgo inicial de GE». Formularon dos preguntas:

- De estas doce características, ¿en cuáles sobresale General Electric?
- ¿Cuáles de esas características representan nuestros puntos débiles?

Los datos fueron inequívocos: prácticamente todos coincidían en que había siete características en las que General Electric sobresalía, y cinco características que tenía que mejorar para poder crecer. El equipo de Semper se centró en los puntos débiles de la empresa e hizo de ellos una prioridad. «Estaban muy relacionados con la adopción de un enfoque mucho más centrado en el cliente y el usuario en vez de en el producto —afirma Semper—. Tenían que ver con la simplicidad y la agilidad, con el funcionamiento veloz y la experimentación después de haber formado a los mejores equipos posibles con integrantes que representaban la voz de los distintos sectores de la organización.»

Cuando el equipo de Semper hubo redactado los principios reales, volvieron a presentarlos a los empleados para conocer su opinión. A fin de diferenciarlos de los antiguos valores de General Electric, decidieron nombrarlos de otra forma. «Decidimos llamarlos "Creencias de GE", porque fueron creados con la intención de reflejar la emoción y el espíritu, no sólo el intelecto. La gente tiene que sentirlo en cada fibra de su ser, porque no se trata solamente de implantar un nuevo proceso. Se trata de modificar tu mentalidad, tu paradigma, tu manera de pensar. Luego, de ello se desprende el cambio de conducta.»

Tras algunas rondas de modificaciones y comentarios, presentaron las Creencias de GE en la reunión anual de directores celebrada en agosto de 2014:

1. Los clientes determinan nuestro éxito.
2. Mantenerse ágil para avanzar rápido.
3. Aprender y adaptarse para triunfar.
4. Potenciar e inspirar mutuamente.
5. Lograr resultados en un mundo incierto.

La razón por la que General Electric fue capaz de asumir cambios a este nivel, en esa etapa, radica en que la transformación estuvo impulsada desde un primer momento por personas sumamente comprometidas con la iniciativa. He recogido este relato porque, como mencioné en la introducción de este libro, fui testigo directo de este proceso de transformación. Sin embargo, aquí el tema central no es General Electric, sino los fundadores comprometidos —a veces elegidos deliberadamente, otras por azar— que constituyen el motor del espíritu emprendedor dentro de la organización. Todas las empresas tienen estos motores. Lo único que necesitan para ponerlos en marcha es valor.

VII

Segunda etapa: ampliación

Así pues, ¿cuál es el punto de inflexión del camino hacia el Lean Startup? ¿Cuándo y cómo cataliza la empresa sus primeros éxitos e implanta el método a gran escala?

Como he mencionado anteriormente, a veces el proceso forma parte de una transformación planificada. Otras está impulsado por una crisis, que puede ser positiva, como el crecimiento astronómico durante la etapa inicial de una startup, o negativa, como la crisis que siguió a la debacle del proyecto HealthCare. gov del gobierno federal.

Al margen de cómo se desencadene el proceso, cuando llega el momento de tomar medidas decisivas, el arduo trabajo y la preparación de la Primera etapa son recompensados. Durante la abrupta pendiente ascendente de la curva en «S» de la Segunda Etapa no es momento para dar pequeños pasos ni aprender nuevas teorías. Con suerte, llegado el momento, el nuevo manual de estrategias ya se habrá probado o, por lo menos, se habrá examinado y revisado en cierta medida. Porque por mucho que nos guste quejarnos de que nuestra organización avanza a paso de tortuga, cuando el cambio tiene lugar, éste puede producirse a un ritmo sorprendentemente rápido.

Tal vez resulte extraño comparar el fascinante potencial ilimitado de empresas como Facebook o Dropbox con el discreto despliegue de una nueva iniciativa empresarial en una empresa consolidada, pero después de haber visto ambos de cerca, puedo dar fe de algunos paralelismos sorprendentes.

La transformación libera una inmensa cantidad de creatividad y talento latentes. En un abrir y cerrar de ojos convierte aquello aparentemente imposible en posible. La clave radica en estar preparados.

SEGUNDA ETAPA: PAUTAS COMUNES

Esta etapa consiste en la rápida ampliación e implantación de los métodos que, mediante los esfuerzos de la Primera etapa, fueron identificados como adecuados para la organización. En General Electric primero demostramos que nuestras ideas funcionaban bien en un área en concreto y luego probamos que podían aplicarse al resto de las áreas de la empresa, a través de proyectos individuales. Demostramos que ése podía ser el nuevo método de trabajo de la empresa, aun cuando el nuevo estilo todavía no se había adoptado de manera uniforme. En el gobierno, el éxito del programa Becas Presidenciales de Innovación dio lugar a la contratación de un mayor número de tecnólogos y a la creación de dos organizaciones internas destinadas a brindar apoyo digital a todas las agencias gubernamentales.

Al igual que en la Primera etapa, no existe una manera «correcta» de abordar la Segunda etapa. No obstante, existen algunas pautas y tareas comunes a todas las organizaciones que se abren camino hacia esta próxima etapa del cambio.

- Revisión e identificación de las dificultades a las que se enfrentaron los equipos y proyectos de la Primera etapa.
- Desarrollo e implantación de un sistema a gran escala para trabajar con el nuevo método.
- Identificación y uso adecuado de los paladines de nivel ejecutivo para reforzar los nuevos métodos.
- Inclusión de todas las áreas al proceso de transformación.

- Creación de un programa interno de orientación.
- Establecimiento de consejos de crecimiento y utilización de financiación dosificada para la asignación de recursos.

FASTWORKS, SEGUNDA ETAPA

Casi un año después de que iniciara mi colaboración con General Electric, me pidieron que volviera a asistir a la reunión anual de directores, para informar sobre la situación de la transformación y el aprendizaje que habíamos extraído. En esta ocasión, sin embargo, iba a hablar en representación del equipo corporativo que había secundado mis esfuerzos y de los muchos adoptadores entusiastas de la empresa que se habían convertido en verdaderos aliados en la consecución de esta monumental tarea. Quería destacar los logros de los últimos doce meses, pero también ser sincero con respecto a los principales problemas sistémicos que nos habíamos encontrado.

Expliqué cómo habíamos reunido pruebas en todas las áreas de la empresa y experimentado en todos los negocios y regiones. Hice todo lo posible por ser franco en cuanto a los problemas que estábamos afrontando (al fin y al cabo, yo era el único que no pertenecía a la empresa y podía permitirme el lujo de que alguien se ofendiera). Sin embargo, lo más importante fue que mis copresentadores eran paladines de nivel directivo superior que habían sido testigos directos de la transformación. Ellos aportaron credibilidad a la sala, algo que ninguna persona de fuera de la empresa podía hacer.

Juntos, presentamos una visión equilibrada de los éxitos y fracasos de la Primera etapa de los proyectos piloto. Jeff Immelt había solicitado al equipo corporativo de FastWorks que desarrollara un plan para implantar el método de trabajo a mayor escala. Examinó la propuesta integral del equipo para el inicio de la Segunda etapa, que contemplaba la capacitación de todos los consejeros delegados y altos cargos de la empresa, la creación de un programa de orientación interno y la puesta en marcha individual por parte de cada división de su propio proceso Fast-

Works. El equipo calculó que eso llevaría dos años. Immelt respondió: «Me parece fantástico, pero lo quiero para finales de este año».

Era junio.

Immelt quería un cuadro de mando que mostrara quién había completado (y quién no) la capacitación requerida. Como recuerda Beth Comstock: «De un momento a otro, se convirtió en algo personal». Acto seguido, las agendas que habían estado demasiado saturadas para una formación de tres días milagrosamente tuvieron disponibilidad.

La gira

Así pues, comenzó una increíble vorágine de actividades. Estuve casi medio año de gira junto con el equipo de General Electric compuesto por Janice Semper, Viv Goldstein y David Kidder.[25] Mientras viajábamos por todo el país y nos enfrentábamos a salas repletas de ejecutivos, algunos de los cuales —seamos sinceros— no querían estar allí, recopilamos pruebas de la Primera etapa para ganarnos su confianza. Pero a las formaciones que impartimos a la alta dirección no sólo asistían directores. Cada director tenía que trabajar in situ con un equipo de proyecto real de su división. En la iniciativa emprendedora básicamente se aprende haciendo. No se permitían proyectos «hipotéticos» ni simulacros.

Los participantes elaboraron nuevos planes, inventaron PMV y formularon preguntas complicadas: ¿cómo explicas esto? ¿Cómo lo integras en Seis Sigma? ¿Qué relación guarda con las operaciones comerciales? ¿Qué ocurre si está sujeto a la normativa federal? En esencia las preguntas albergaban la misma preocupación: «¿Cómo sé que esto va a funcionar cuando en mi carrera he cosechado éxitos haciendo otra cosa?».

Ofrecimos una mina de ejemplos de cada una de las divisio-

25. En el viaje también nos acompañaron otras personas que realizaron un trabajo de campo arduo y complejo: Aubrey Smith, Tony Campbell, Marilyn Gorman y Steve Liguori.

nes y áreas de la empresa. Alguien dijo: «Entiendo que eso sea un problema en esa división, pero en la nuestra no tenemos ese problema. Mis muchachos nunca harían eso». Gracias a todas las pruebas internas que habíamos reunido, la mayoría de las veces podía responder: «Es curioso que digas eso. He trabajado como orientador de los equipos de tu división. Permíteme que te cuente la realidad a la que se enfrentan cada día». Como era de esperar, me di cuenta de que plantear la cuestión en estos términos constituía una manera eficaz de que la gente escuchara. Decirles «Soy de la oficina central, estoy aquí para ayudar» no iba a funcionar.

Cruzar el abismo

La mayoría de las personas de desarrollo de producto estaban familiarizadas con lo que el consultor de gestión Geoffrey Moore denominó «Ciclo vital de adopción de tecnología» en su libro *Cruzando el abismo*. El «abismo» se refiere al recurrente problema de que entre la adopción visionaria de un producto y su aceptación general pragmática existe un abismo que sólo es posible cruzar cambiando la manera de comercializar y vender el producto. La cuestión no sólo radica en que el producto no está lo suficientemente logrado, sino en que los clientes generalistas buscan una referencia afín para dar el salto y comprarlo.

Todos tenemos algún amigo en el que confiamos a la hora de pedir recomendaciones de nuevos productos innovadores. Sin embargo, también tenemos amigos que están un poco «desfasados» como para tener en cuenta sus recomendaciones. Las ventas empresariales funcionan de la misma manera: los clientes generalistas presentan aversión al riesgo y quieren tener la certeza de que el producto realmente les va a servir antes de comprarlo. Sólo los denominados «primeros adoptadores», es decir, los primeros usuarios, tienen la imperiosa necesidad de una nueva solución que es lo suficientemente fuerte para superar esta desavenencia. Lo mismo ocurre con las nuevas ideas y, sobre todo, con las nuevas prácticas de gestión. Los productos nuevos al principio pueden ganar terreno con un PMV más acotado y un mercado de prueba estratégico. Pero al final tienen que convencer a los escépticos clientes generalistas de que prueben el producto, sin la ventaja de las recomendaciones de otros clientes.

Esta misma dinámica entra en juego en la Segunda etapa. Y puede dar lugar a tensas conversaciones. Las personas que trabajan en la empresa adoptan nuevos métodos, de la misma manera que los clientes y los mercados. Algunas serán primeros adoptadores, pero muchas otras no. A la mayoría de los directores no se los convence fácilmente de que aquello que los denominados innovadores promocionan como el próximo gran éxito es precisamente eso. Es normal. Por eso el patrocinador ejecutivo mencionado en el capítulo VI fue de inestimable ayuda durante esta etapa. El simple hecho de que en la formación participara una persona de cada división que pudiera decir «Creo en esto» marcó una gran diferencia. Los testimonios de esas personas fueron mucho más importantes que cualquier cosa que pudiera decir un consultor externo.

Pero los patrocinadores no fueron los únicos que impulsaron la transformación. Para entonces había un número suficiente de altos cargos que se tomaban muy en serio su papel de divulgadores de FastWorks.

El método de la pizarra

Recuerdo patentemente el final de un taller con el presidente de una división. Pidió a cada responsable de cuenta de resultados que nombrara un proyecto en concreto al que iba a aplicar la mentalidad Lean Startup en el siguiente trimestre y que asignara un responsable a ese proyecto. Los responsables de cuenta de resultados no estaban especialmente ilusionados por asumir ese compromiso, pero el presidente fue implacable. Así que al final tuvieron que obedecer: cada uno eligió un nombre y, a petición del presidente, lo escribió en una pizarra blanca.

El presidente de la división soltó una bomba: al final del trimestre tenía previsto reunirse individualmente con todas y cada una de las personas que figuraban en la pizarra para preguntarles: «¿Cómo rindes cuenta de los resultados a tus jefes?» «¿Qué tipo de preguntas te formulan en las revisiones?». La clave de estas preguntas radica en que no hay respuestas correctas. Si alguna reunión no ponía de relieve un cambio radical en el método de trabajo actual, el presidente quería que el responsable de la cuenta de resultados pertinente le explicara por qué.

Esas preguntas exigían un cambio en la conducta personal tanto de los responsables de cuenta de resultados como de su personal. A medida que se fueron percatando de ello, la temperatura de la sala descendió unos cuantos grados. Todos se dieron cuenta de que el cambio no era negociable y que si no se lo tomaban en serio, habría consecuencias reales. Más importante aún, el grupo comenzó a proponer distintas formas de impulsar el cambio en niveles inferiores de la organización, porque la mayoría de las personas cuyos nombres figuraban en la pizarra se encontraban dos o tres niveles por debajo de los ejecutivos presentes en la sala. Los responsables de cuenta de resultados reflexionaron sobre lo que tenían que hacer para lograr cambios en el equipo, de arriba abajo de la jerarquía, y analizaron las preguntas que formulaban durante las revisiones.

Quizá no sorprenda el hecho de que esta división fuera una de las primeras en adoptar la transformación. Lo que quizá sí sorprenda es que al que se le ocurrió la idea de la pizarra fue al presidente. Como sus incentivos estaban bien alineados, se tomó el proceso muy en serio y eso le permitió ser no sólo eficiente, sino también creativo a la hora de motivar a su gente.

La formación FastWorks dirigida al personal de alta dirección de la empresa tuvo una duración aproximada de seis meses, período durante el cual formamos a casi tres mil ejecutivos y generamos prácticamente cien proyectos FastWorks. Y, como vimos después, esto apenas era la punta del iceberg.

Fue una época emocionante, aunque también agotadora. Se trató de un experimento, un PMV de la formación, si se quiere. Debido a que el equipo tenía que elaborar rápidamente un plan e implementarlo en cuestión de pocos meses, no podíamos perder tiempo perfeccionando el programa. La manera tradicional de enfocar el proyecto en una empresa grande, por supuesto, hubiera consistido en la creación de un documento detallado, la contratación de varios orientadores y la implantación paulatina del programa. Nuestra primera sesión de capacitación, en cambio, tuvo lugar apenas unos meses después de la petición de Immelt. Impartíamos los talleres durante el día, luego pasábamos las noches integrando lo que habíamos aprendido en la siguiente iteración de la formación. «Después de cada sesión, nos reuníamos y nos preguntábamos: "¿Qué ha funcionado? ¿Qué no ha funcionado? ¿Qué no está haciendo mella? ¿Qué necesitamos ajustar, incluir o excluir?" —recuerda Janice Semper—. Fue duro.»

Si bien estoy muy orgulloso de haber formado parte de esta experiencia, el trabajo realmente difícil —la ardua labor de planificación logística y política tras bambalinas— lo llevaron a cabo los empleados de la empresa. No se les concede el mérito en las revistas o en los casos de negocio, pero he sido testigo directo de su entrega. Y hoy continúa inspirándome.

1. Identificación de las dificultades a las que se enfrentaron los equipos piloto

Cuando la empresa llegue a la Segunda etapa de la transformación dispondrá de dos fuentes principales de información a las que podrá recurrir. Ésa es la recompensa por haber concedido a los equipos la libertad para fracasar y triunfar.

La primera fuente consiste en todas las excepciones que hubo que hacer para que el equipo pudiera iniciar su proyecto: cumplimiento normativo, contratación, autorizaciones y otras cuestiones que abordaremos en el capítulo VI. ¿Cuáles fueron las mayores dificultades que afrontaron los equipos? Los problemas tienden a ser variados, pero el mensaje común a todos ellos es claro: «Lo que se hizo sólo para un fin determinado y por decreto en la etapa inicial ahora debe sistematizarse».

La otra fuente consiste en los resultados de los proyectos iniciales. Algunos habrán resultado satisfactorios y se convertirán en modelos a imitar. Muchos otros habrán fracasado y proporcionarán información detallada acerca de los motivos.

Todos los cambios resultan difíciles, por eso la mejor forma de seguir avanzando es nombrando a un agente de cambio interno como Viv Goldstein o Janice Semper para que se encargue de dar seguimiento a todo este aprendizaje específico de la empresa. El trabajo de ambas consistió en hacer un seguimiento de los éxitos y fracasos de las startups, elaborar un informe con sus observaciones y luego analizar cómo y por qué se originaron los fracasos, y cómo podían evitarse a futuro.

La resistencia constituye un tipo específico de desafío

Uno de los mayores desafíos a los que se enfrentan los equipos de innovación en la Segunda etapa es la resistencia interna. Gran parte de esa resistencia proviene de un lugar totalmente legítimo: de los directores, que durante toda su carrera se formaron para actuar de una manera específica. A menudo mi labor consiste en comunicar a los ejecutivos la mala noticia de que en realidad están pagando a los empleados para inhibir la innovación en la organización. No es tan fácil modificar esos incentivos. Y una vez que se modifican, las secuelas remanentes de años de utilización de esa estructura de incentivos no desaparecen de la noche a la mañana.

Los mandos intermedios, en particular, tienen muchas dificultades con los cambios corporativos. Ellos son los que tienen que salvaguardar el «trabajo estandarizado» de la empresa y además lograr resultados, si bien a menudo carecen de la autoridad para modificar el estándar a su antojo. Los mandos intermedios sufren la presión constante de los niveles jerárquicos superiores e inferiores. Como vimos en el capítulo I, la teoría de gestión que seguramente les han enseñado hace hincapié en la estandarización y la eliminación de la variación. Puesto que la innovación constituye una forma de variación positiva, existe un conflicto intrínseco al que todos los directores de la organización deberán enfrentarse. En lugar de tildar a estos directores de villanos, debemos tomar muy en serio su escepticismo y sus objeciones, y hallar el modo de ayudarlos a secundar la transformación en vez de entorpecerla.

2. Implantación de un sistema a gran escala

Los meses que dedicamos a viajar y formar a ejecutivos fueron, como he mencionado antes, una forma de difundir el cambio en una organización concreta de General Electric. La iniciativa estaba en consonancia con la influyente cultura de la empresa así como con el deseo de Jeff Immelt de introducir cambios con la mayor celeridad posible. Pero, por supuesto, no es la única forma de avanzar al siguiente nivel.

¿Te acuerdas de Mikey Dickerson y el equipo de HealthCare. gov? Como ya he comentado, algunos de los integrantes de ese equipo provenían del programa Becas Presidenciales de Innovación (PIF), que para entonces llevaba dos años funcionando y había aumentado el número de becados de dieciocho a cuarenta y tres. Tras haber obtenido una serie de logros, Todd Park convenció a Jennifer Pahlka, fundadora y directora ejecutiva de Code for America, para que desempeñara el cargo de directora adjunta de Tecnología de Estados Unidos durante un año. Pahlka ayudó a dirigir el programa PIF y además se encargó de trazar tanto el alcance como los detalles de una organización con carácter más permanente. A través de Code for America, había proporcionado servicios digitales al gobierno local y aportado un gran acervo de conocimientos relacionados con la gestión de cuestiones jurídicas, políticas y tecnológicas en la ejecución de planes gubernamentales.

Como recuerda Haley van Dyck, el plan consistía en «crear un equipo central con recursos consolidados de ingeniería y talento para el diseño, para ver si podíamos contribuir a la transformación de los principales servicios de atención al ciudadano ofrecidos por las agencias». El nuevo grupo, llamado Servicio Digital de Estados Unidos (USDS), abarcaba dos divisiones independientes: una compuesta por equipos de apoyo a proyectos específicos de las agencias identificados como críticos; la otra funcionaba por contrata para agilizar la asociación con los equipos de las agencias que estaban interesados en trabajar con este nuevo método.

Al final, esas dos divisiones se convirtieron en organizaciones distintas. El USDS se quedó en la Casa Blanca como equipo de guardia para solventar los problemas más urgentes, y la división que prestaba servicios por contrata, llamada 18F (por la calle donde se sitúa el edificio en Washington), se trasladó a la Administración de Servicios Generales.

El momento en que el gobierno digital pasó de la Primera etapa —en la cual se habían sentado las bases del proyecto, incluidos los planes para el USDS— a la Segunda etapa fue cuando Todd Park llamó a algunos integrantes del programa Becas Presidenciales de Innovación, reunió un equipo y celebró aquella reunión en la que se debatió el rescate de HealthCare.gov a la que Dickerson se conectó a las 5.30 de la madrugada. «Dijimos: "Muy bien, pongamos en marcha todo lo que hemos estado comentando" —recuerda Van Dyck—. En parte habíamos descubierto el modelo, las autoridades responsables de la contratación, la manera de implicar a la gente, todas esas cosas. Estábamos buscando una herramienta que ya tuviéramos en nuestro arsenal en vez de tener que inventar una en el acto. Contábamos con el apoyo y la capacidad para cambiar, a ultranza, la manera de hacer las cosas.»

Seis semanas después la página web estaba recuperada y en funcionamiento. Posteriormente, recuerda Van Dyck, «mantuvimos una reunión muy distinta en torno a la solicitud presupuestaria y la idea de crear lo que terminó llamándose Servicio Digital de Estados Unidos. [Las personas que analizaron nuestra solicitud de financiación] dijeron: "Sí, entendemos perfectamente el valor y la importancia de esto"». La crisis permitió implantar la reforma a mayor escala.

El equipo decidió empezar poco a poco, contratar a unas diez personas y seccionar algunos proyectos de alto impacto de las agencias donde la iniciativa ya contaba con un fuerte apoyo. Luego recibieron la respuesta a la solicitud presupuestaria: les habían otorgado 20 millones de dólares de los 35 millones que habían solicitado, lo cual fue toda una sorpresa, porque la solicitud había sido aprobada por un Congreso republicano para poner en marcha un programa del gobierno demócrata. «Nos gusta decir que fue nuestra financiación Serie A del Congreso —bromea Van Dyck—. Nos abrió las puertas a una posibilidad completamente nueva en cuanto a lo que podíamos abarcar y los proyectos que podíamos asumir en el gobierno.» En verano de 2016 el USDS recibió otros 30 millones de dólares, señal de que sus esfuerzos no sólo eran valorados sino que además tenían gran demanda.

Es importante reparar en que si bien la creación del USDS y el 18F estuvo propiciada por el colapso de la página web <HealthCare.gov>, estas instituciones no fueron el mero producto de esa debacle. Toda la labor que ya se había realizado representaba un indicio de que la oficina del director de Tecnología estaba preparada para asumir el desafío cuando se presentara el momento. Y aunque nadie estaba contento con la catástrofe ocurrida, había un resquicio de esperanza porque se había eliminado un enorme obstáculo que impide el cambio: el riesgo. Como afirma Mikey Dickerson: «No había otros riesgos... La señal e instrucción inequívoca del más alto nivel de la agencia [era] que en ese momento nada era más importante que restablecer el funcionamiento de HealthCare.gov. Combinas todas esas cosas, y puedes moverte con rapidez».

«Creo que tan importante, si no más —explica Van Dyck—, fue la sorpresa que se llevó la gente de todo el país con conocimientos especializados en la gestión de servicios digitales a gran escala al enterarse de que el gobierno necesitaba talentos como el suyo y que los proyectos públicos no eran meras actividades burocráticas y papeleo. Eran servicios reales y muy amplios que afectaban a millones de personas, personas que intentaban acceder a la sanidad pública.» Toda la frustración de aquellos primeros años de caos y la aparente imposibilidad de implementar los cambios que ella esperaba hacer a mayor escala al final fueron recompensadas.

Puesto que el intercambio de información sobre los nuevos métodos en todos los niveles de la organización constituye un componente clave de la Segunda etapa (como hicimos en General Electric por medio de las formaciones, el material que elaboramos y, finalmente, las creencias de la empresa), el USDS creó el Manual de Servicios Digitales, que presentó públicamente en su página web el día de la inauguración oficial de la organización. Basado en una lista de trece «estrategias» clave extraídas de los sectores público y privado, el manual ofrece otra vía para que la organización difunda los métodos en el gobierno.[26]

3. Identificación y uso adecuado de los paladines de nivel ejecutivo para reforzar los nuevos métodos

En las empresas grandes surge un papel importante en la Segunda etapa: el del paladín de nivel ejecutivo. A diferencia del orientador y también del papel desempeñado en la Primera etapa por el patrocinador ejecutivo (que debe involucrarse profundamente en el día a día del programa), la función primordial del paladín de nivel ejecutivo consiste en allanar los obstáculos que los equipos se van encontrando a medida que el método ágil de trabajo se propaga. Pero en lugar de tratarse de excepciones puntuales, estas interacciones son más sistémicas y proactivas.

Basta con un repaso fugaz a la mesa redonda que mantuve con algunos miembros de uno de los negocios de General Electric para ilustrar las principales diferencias. La atención se centró en un proyecto en particular que no podía obtener la financiación que necesitaba. Al final de la presentación, el director del equipo abrió el turno de preguntas.

El consejero delegado de la empresa se encontraba entre el público y preguntó: «¿Puedes explicar más detalladamente lo que ocurre con esta situación?». El director explicó la situación y el consejero delegado respondió: «Muy bien, voy a autorizar el presupuesto que necesitáis».

Lo que sucedió a continuación constituye un ejemplo perfecto del fenómeno al que yo llamo «no puedo aceptar un sí por respuesta». El director del equipo no entendía lo que ocurría, le parecía insólito que una decisión de esa índole se adoptara con tal rapidez y eficacia. Parte del problema de las prácticas de gestión actuales es que no se concede a muchas personas la responsabilidad ni la oportunidad de pensar en grande. Cuando a este director se le concedió esa oportunidad, reaccionó entablando una discusión con el consejero delegado:

26. <https://playbook.cio.gov/>.

—Bueno, tendremos que convencer a finanzas de que...

El consejero delegado se dirigió al director financiero, que también estaba presente en la sala:

—¿A ti te parece bien?

—Sí —respondió el director financiero.

—Perfecto, finanzas está de acuerdo. ¿Qué más necesitas? —preguntó el consejero delegado.

—Bueno, necesitamos autorización para transferir a esta persona. Eso depende del departamento de recursos humanos.

—Muy bien, ¿entonces, necesitas al jefe de recursos humanos de mi división? También está aquí presente. Hola, ¿alguna objeción?

El director de recursos humanos no tuvo ninguna objeción.

De hecho, el consejero delegado tuvo que convencer a la persona cuyo proyecto estaba autorizando de que él se tomaba muy en serio la decisión que había adoptado en un primer momento. Recuerda, no se trataba de una decisión trivial, sino del presupuesto de todo el programa. Éste fue el inicio de la transformación del proceso de asignación presupuestaria de esta división.

Resulta fundamental enfocarse en el papel del paladín ejecutivo que aboga, con eficacia y en público, no sólo por el progreso del proyecto sino también por el método de trabajo en general. El apoyo ejecutivo es crucial para transmitir el mensaje de que así es como la organización pretende trabajar.

LA MÁGICA REAPARICIÓN DE UN PROYECTO

Durante el intenso proceso de formación, nos apoyamos en otro recurso importante: los equipos que ya habían pasado por etapas anteriores. En cada una de nuestras paradas, formábamos grupos de debates en los que participaban personas que ya habían trabajado con el método lean y habían sido testigos de los resultados.

Un aspecto curioso de las startups en el contexto corporativo es que tienden a desaparecer. No me refiero a que se cancelan en una reunión etapa-puerta. Me refiero a que desaparecen completamente del mapa.

¿Te acuerdas de Michael Mahan de GE Appliances? Su equipo estaba trabajando en una nueva línea de frigoríficos, fue uno de los primeros proyectos de formación de General Electric que dirigí de una cohorte de ocho. Un día me comunicaron que uno de los equipos ya no iba a participar en la formación Lean Startup porque su proyecto había sido cancelado. Lo tomé como nuestro primer fracaso, pero no me sorprendió demasiado. Estamos hablando de startups (en terreno hostil, además), de modo que se espera una alta tasa de mortalidad.

Sin embargo, el proyecto cancelado resultó ser el de Mahan.

No le di demasiada importancia, hasta la siguiente vez que leí una evaluación corporativa de la transformación. El documento incluía siete proyectos. Siete logos de equipos. Una tasa de éxito del ciento por ciento. Lo que indicaba que todo el mundo hacía de cuenta que el proyecto «faltante» nunca había formado parte de la transformación. Lo atribuí a las típicas contradicciones de las empresas.

Unos meses después, presidí uno de los talleres de formación para un numeroso grupo de directores de nivel superior e intermedio de la empresa. Parte del programa incluía los testimonios de algunos directores de proyecto. ¿Adivina quién se encontraba entre ellos? Michael Mahan, el director de nuestro proyecto «faltante», que había vuelto con un gran caso de éxito, pero sin hacer ninguna mención al hecho de que tanto él como el proyecto habían desaparecido del programa.

Más tarde Mahan contó lo que había ocurrido. Su proyecto había sufrido dificultades políticas y algunos ejecutivos de su división lo consideraban un fracaso. En lugar de arriesgarse a que lo cancelaran, Mahan continuó trabajando en la clandestinidad, con un equipo de voluntarios que seguían desempeñando su labor habitual mientras mantenían el proyecto vivo a escondidas. Aunque los habían quitado de la formación oficial del método Lean Startup, mantuvieron su espíritu startup y ejecutaron el plan que habían elaborado en los talleres originales. Como afirma Beth Comstock: «Su proyecto no quedó seleccionado entre los que íbamos a controlar, financiar e incubar, pero nos dijo: "Al diablo con eso, voy a hacerlo de todos modos. La idea es buena.

Me gusta esta herramienta". Emprendió de forma independiente una especie de proyecto *skunkworks* con el método Lean Startup, que al final le valió un ascenso».

En un perfecto ejemplo de paladín ejecutivo, Mahan había recurrido a su consejero delegado en busca de apoyo para el proyecto, a pesar de que oficialmente ya no formaba parte del programa FastWorks. La idea de su equipo, en palabras de Steve Liguori, consistía en «inventar la próxima generación de neveras, con funciones radicalmente distintas, iluminación LED, estantes locos que se plegaban con facilidad y se movían en todas las direcciones. Querían probar esas funciones y sabían que la forma más rápida de hacerlo era poniendo las neveras en manos de los clientes para conocer su opinión». Querían fabricar sólo sesenta unidades, someterlas a prueba con los clientes durante sesenta días y luego pedir su opinión. Para una empresa que tiene capacidad para fabricar mil frigoríficos por semana, eso no debería representar ningún problema, ¿verdad?

Sin embargo, incluso un lote tan pequeño como ése exigía cierto cumplimiento normativo. Los componentes eléctricos requerían la aprobación de UL, una dificultad que el equipo de Mahan solventó utilizando el sistema electrónico estándar para el prototipo. Otro elemento con el que experimentaban eran las bisagras fabricadas con impresoras 3D. En circunstancias normales, las puertas de los frigoríficos se prueban con una máquina que las abre y las cierra un millón de veces, el uso aproximado que se hará de la puerta durante la vida útil de la nevera, estimada en unos quince años. Estos sesenta frigoríficos de prueba estarían en casa de los clientes sólo sesenta días. Haz los cálculos: si 15 años = 1 millón de aperturas y cierres; 60 días es igual a... bueno, muchas menos.

Después de escuchar su plan, el departamento de ingeniería, obligado por la normativa, comunicó que no se entregaría a los clientes ninguna nevera que no se hubiera sometido a la prueba de las bisagras, proceso que costaría medio millón de dólares y tardaría tres meses, un mes más que la duración total de la prueba con los clientes. Cuando Mahan preguntó si alguien estaba al tanto de que sólo fabricarían sesenta unidades, recibió esta respuesta: «No importa, da lo mismo. Es la política». Mahan insistió. «¿Alguien se lo ha comentado al director de ingeniería?» De nuevo, no importaba, por la «política».

Fue entonces cuando Mahan adoptó una decisión simple que cambió drásticamente el futuro del equipo, y también el suyo. Como sabía que el director de ingeniería estaba literalmente al final del pasillo, y como contaba con el respaldo de su paladín ejecutivo, decidió preguntárselo personalmente:

—¿Le importa si por esta vez no seguimos ese procedimiento? Porque los clientes sólo tendrán los prototipos sesenta días —le explicó.

—Claro que no me importa. Es una prueba, ¿verdad?

Fue así de sencillo. A partir de ahí el equipo pudo seguir trabajando, bajo el radar, pero aun así con las salvaguardias creadas para la atenuación de riesgos y responsabilidad (el sistema electrónico aprobado por UL y la realidad casi certera de que el prototipo podía resistir sesenta días de aperturas y cierres de puerta).

Al final, el equipo de Mahan logró avances suficientes para que los ejecutivos cambiaran de parecer y reincorporaran el proyecto (la empresa estaba sometida a una fuerte presión para demostrar su compromiso con la transformación).

Cuando imparto talleres, a los directores de nivel medio suelen molestarles estas anécdotas, porque temen que representen el colapso de los procesos de la empresa, el incumplimiento de los procedimientos por parte de los empleados y una pérdida total de control. Sin embargo, los directores de nivel superior en raras ocasiones actúan de manera imprudente o impulsiva, aun cuando intentan resolver un problema por excepción. Siempre que el experimento se lleve a cabo con prudencia, sin un riesgo excesivo de responsabilidad, con transparencia y bajo el mando de una clara autoridad ejecutiva, es posible convencer a la mayoría de los directores de nivel medio de que estos emprendedores internos constituyen un recurso fundamental para la empresa.

El mayor respaldo ejecutivo del mundo

En primavera de 2015, Lisa Gelobter estaba sentada en su escritorio de BET, en Nueva York, cuando recibió la llamada telefónica de la oficina del director de Tecnología de la Casa Blanca invitándola a participar en una mesa redonda donde se debatiría la utilización de las tecnologías digitales para mejorar la prestación de los servicios a la ciudadanía. Unas semanas más tarde Gelobter se encontraba en la sala Roosevelt del ala oeste de la Casa Blanca, junto con personas de Facebook, Google y Rackspace, con Todd Park, entonces director de Tecnología, el director de Información de Estados Unidos y el subsecretario de la Oficina de Administración y Presupuesto.

Park y sus colegas revelaron al grupo que no se trataba de una mesa redonda sino de un viaje de reclutamiento. Él y su equipo querían que los invitados a la Casa Blanca trabajaran para el gobierno en la mejora de los sistemas tecnológicos. «El presidente Obama quiere que esto forme parte de su legado. Nunca haréis algo tan significativo en vuestra vida», dijeron al equipo. A continuación alguien preguntó: «¿Quién será el paladín aquí? ¿Con qué tipo de apoyo contamos?».

El presidente entró en la sala, directo desde el Despacho Oval.

Intimidada, Gelobter supuso que Obama estaba allí para una sesión de fotos («Soy una neoyorquina totalmente cínica y apática», bromea). Al fin y al cabo, se había presentado con un camarógrafo y un fotógrafo. Obama recorrió la mesa y estrechó la mano a los invitados. «Me quedé en plan: vale, qué atento», recuerda.

A continuación el presidente tomó asiento. Durante cuarenta y cinco minutos.

—El gobierno es burocrático, pero la Casa Blanca no —dijo al grupo, intentando convencerlos de que se mudaran a Washington—. Si tengo que llamar a vuestros cónyuges o hijos, así lo haré.

Todos se rieron.

—No estoy bromeando —añadió el presidente.

«Mientras el presidente hablaba —recuerda Gelobter— en lo único que yo podía pensar era: "¿No tienes nada mejor que hacer con tu tiempo que hablarnos a nosotros? ¿Esto es tan importante para ti?". Mi madre siempre decía que, cuando estás buscando trabajo, tienes que quedarte con la empresa en la que te ha entrevistado la persona de mayor jerarquía. De esta forma sabes que están realmente comprometidos con el trabajo que vas a hacer. No hay nadie que supere en jerarquía al presidente de Estados Unidos.»

Como puedes intuir por su participación en el proyecto College Scorecard (véase capítulo IV), Gelobter aceptó el trabajo. Obama dio un nuevo significado al título «paladín ejecutivo» y, como aprendió Gelobter, cuando los innovadores cuentan con el respaldo de los de arriba pueden alcanzar grandes logros. Al eliminar el obstáculo de la duda, Obama hizo posible que Park contratara a un equipo de primera categoría. Ese es el papel del paladín: asegurar que quienes se inclinan a favor del cambio dispongan de los recursos para allanar los obstáculos que quizá ellos, sus mentores y sus directores no encuentran en su camino.

4. Formación para representantes de todas las áreas funcionales

Al reflexionar sobre la manera en que ha cambiado su empresa, Jeff Immelt me comentó hace poco: «Uno de los aspectos que distingue a FastWorks de otras cosas que hemos hecho es que ciertas áreas de la empresa podían frenarlo. Si pertenecías a una de las funciones de validación, podías decir: "No tenemos presupuesto" o "Me preocupa el cumplimiento normativo"». ¿La solución? «Necesitas enviar un mensaje, no tanto a la gente encargada de la ejecución, sino a la gente que puede frenar las cosas. Los pones sobre aviso y les dices: "Vas a fracasar. Haces eso por tu cuenta y riesgo". Creo que ahí es donde el cambio cultural es difícil, porque tienes un movimiento, y el movimiento puede avanzar rápido, pero no sólo estás intentando que la gente te siga. Tienes que poner un freno a la gente que quiere impedirlo.»

Las personas de toda la organización pueden formarse en este método de trabajo; pueden conseguir el apoyo de los paladines de nivel ejecutivo para abrirse camino. Sin embargo, llega un punto en el cual resulta crucial la implicación de todas las áreas funcionales de la empresa; de lo contrario, los equipos de innovación no contarán con el respaldo necesario para salir adelante.

Por este motivo también es fundamental que los ejecutivos participen en las formaciones de todas las áreas. A menudo en las sesiones de capacitación de la «sede central», a la que asiste gente del área de tecnología de la información, jurídica y de otras áreas que nunca habían participado en un debate en la sede central, oigo comentarios de descontento de los ejecutivos que no entienden por qué están allí. «Esto es absurdo. Soy el jefe de Recursos Humanos. ¿Por qué estoy aprendiendo sobre la tecnología de rayos X de un equipo que la utiliza para observar roturas en las tuberías de los yacimientos petrolíferos de Arabia Saudí? ¿Qué tiene eso que ver conmigo?»

Lo cierto es que habrá reacciones negativas. Para algunos ésta no es más que otra iniciativa empresarial del montón: en el pasado, las formaciones y los mandatos solían traducirse en una mayor carga de trabajo y un menor número de empleados. Por eso siempre comienzo con un turno de preguntas y respuestas. He descubierto que hasta los escépticos muestran mejor predisposición una vez que sus preocupaciones han sido abordadas. Como me gusta decir, lo que hacemos es establecer un marco donde el escepticismo sea probado o refutado. Sólo buscamos la verdad.

5. Creación de un programa interno de orientación

Aunque el Lean Startup puede tener a veces carácter preceptivo, los buenos ejecutores del método no se caracterizan por seguir los pasos de memoria, sino por vivir su filosofía. Las prácticas y estrategias constituyen pautas para ayudar a que los equipos encuentren un vocabulario común y herramientas compartidas, pero son, forzosamente, de alto nivel.

Cada organización es distinta. Cada sector es distinto. Cada persona es distinta. El éxito en la utilización de estos métodos deberá juzgarse por los resultados: por la cultura del equipo, el trato que los equipos dan a los clientes y el impacto que tiene en el mundo.

No obstante, hay un papel para los expertos, para los veteranos que deseen «devolver el favor». Los expertos originales en lean manufacturing que vinieron de Japón recibieron el nombre de *senseis*. La comunidad startup está repleta de personas que ejercen de mentores y asesores. Y el movimiento Lean Startup ha generado una industria familiar de consultores y otros expertos.

Cuando trabajo con organizaciones, por lo general recomiendo el término «orientador» (*coach*) para hacer referencia a este papel. Me parece que ayuda a evitar los malentendidos comunes que originan otros términos. Una vez que la iniciativa pasa en efecto cascada a la Segunda etapa, es fundamental formar un cuadro de orientadores internos que ayude a los equipos a realizar la transición mental hacia el nuevo método de trabajo.

Orientación en el camino hacia el lean startup

En una oportunidad trabajé con una startup del sector energético. La empresa disponía de una tecnología avanzada que, en caso de que funcionara, podía aumentar extraordinariamente la eficiencia tanto en la generación como en la transmisión de energía eléctrica. Sin embargo, la tecnología aún no se había probado. El equipo se estaba preparando para el gran lanzamiento que tendría lugar en una exposición sectorial, donde tenían previsto presentar el nuevo producto y empezar a generar ingresos como ponía de manifiesto la curva ascendente del gráfico con forma de palo de hockey proyectada en el plan de negocio.

Seguramente ya te imaginas por dónde van los tiros. Aunque el plan estaba sujeto a varios supuestos sobre los clientes y sus preferencias, en realidad el equipo no había pasado demasiado tiempo con ellos. A mi parecer, el equipo se movía a ciegas y tenía muchas probabilidades de llevarse un chasco. Este tipo de eventos a veces son letales para las startups, porque hacen que sea más difícil pivotar, aun cuando la idea que se presenta en el lanzamiento apenas difiere de aquello que fascinaría a los clientes.

Lo que esta anécdota tiene de particular es la plena confianza del equipo. A diferencia del equipo del motor Series X u otros equipos sobre los que he escrito, este grupo no tenía ningún interés en analizar sus supuestos. Creían que sabían todo lo que tenían que saber sobre los clientes a raíz del éxito que habían tenido con otros productos. Mis preguntas parecían molestarles. Me dio la impresión de que a los fundadores les preocupaba que socavara la moral del equipo cuestionando la confianza que tenían en su visión.

Si hay un consejo que distingue ante todo al movimiento Lean Startup, es la importancia de involucrar a los clientes desde el principio y con frecuencia. Nuestro eslogan más famoso probablemente sea la frase de Steve Blank: «Sal a la calle».[27] Si alguien presentara un plan como ése en un encuentro sobre Lean Startup, con seguridad lo echarían a abucheos del estrado. Y sin embargo, cuando oriento a los equipos, casi nunca les aconsejo «habla con los clientes». Los fundadores son tozudos. La mayoría de ellos creen que ya han dedicado suficiente tiempo a hablar con los clientes o han decidido que no merece la pena hacerlo.

En cambio, considero que mi trabajo consiste en ayudar al equipo a crear un buen experimento que, desde su punto de vista, confirme sus creencias preexistentes. Ellos ya estaban convencidos de que iban a vender muchas unidades en la exhibición, así que no pude conseguir que empezaran por un PMV. Tampoco pude lograr que crearan un cuadro de mando de la contabilidad de la innovación (véase capítulo IX). Ni siquiera que se pusieran de acuerdo con los supuestos de fe.

Les dije: «Encontremos una manera de demostrar que tenéis razón. Tenéis previsto cerrar muchas ventas en la exhibición. Que todo el mundo escriba en una ficha de tres por cinco centímetros, cuántas ventas cree que cerrará la empresa». Luego les pedí que pusieran los pronósticos en un sobre cerrado que abriríamos una semana después de la exhibición.

El único aspecto de la teoría Lean Startup que conseguí que aceptaran fue que trataran el futuro lanzamiento como un experimento, con al menos una hipótesis. Como orientador, me pareció que era un comienzo.

Llegó el día de la exhibición y —¡agárrate!— el equipo no vendió ninguna unidad. En nuestra siguiente reunión, hubo un intenso proceso de racionalización a posteriori. Dijeron que en realidad no esperaban cerrar ninguna venta pero que habían detectado gran interés en los clientes y que habían reunido un montón de tarjetas de presentación. Estaban convencidos de que

27. <https://www.inc.com/steve-blank/key-to-success-getting-out-of-buil ding.html>.

las tendencias del sector estaban de su lado. Así pues, en lo que a ellos concernía, el plan seguía en marcha.

A continuación les pedí que abrieran los sobres con el pronóstico de ventas de la semana anterior.

La energía de la sala cambió por completo. Miraban de un lado a otro, como queriendo averiguar si era apropiado decir en voz alta lo que todo el mundo estaba pensando: «Fracasamos, estrepitosamente».

Una vez aceptado el problema obvio que nadie quería reconocer, el equipo comenzó a elaborar un nuevo plan. Sugirieron nuevas ideas para modificar el producto. Pidieron ayuda para hallar distintas formas de conocer la opinión de los clientes sin tener que pasar por el mismo tipo de situación embarazosa que habían vivido en la exhibición. Incluso preguntaron cómo podían hacerlo con mayor celeridad, ¿tal vez podían reducir el alcance de la siguiente versión del producto? Que fuera un poco más minimalista, siempre y cuando continuara siendo viable... Estaban entusiasmadísimos. Apenas dije alguna palabra.

Recuerda: yo nunca les dije que hablaran con los clientes; no me habrían hecho caso, de todos modos. Lo único que hice fue ayudarlos a inventar un experimento que revelara lo que tenían que aprender por sí mismos. Naturalmente, la mayoría de los equipos son capaces de inventar experimentos mucho mejores que éste y de sacar mayor partido de la experiencia del orientador. Sin embargo, siempre que el equipo se abra camino hacia la experimentación aprenderá de la experiencia.

Sin embargo, hay otro motivo por el que este tipo de orientación es especialmente importante para las startups. Siempre les digo a los equipos con los que trabajo: «Voy a suponer que tú tienes razón y yo me equivoco con respecto a tu plan. Creemos un experimento para demostrarlo».[28] Además de los beneficios

---

28. A los estudiantes del método científico quizá les preocupe el hecho de que no enseñemos a los equipos la importancia de las hipótesis falsables o refutables. Es cierto que, por lo general, reservo esta parte de la teoría para sesiones más avanzadas, pero ten en cuenta que la arrogancia startup en este sentido nos favorece. La idea de que todas las personas del planeta adorarán el produc-

de aprendizaje antes mencionados, este enfoque presenta una ventaja adicional: ¡a veces el equipo tiene razón!

Estructura del programa de orientación

En el mundo de las startups la orientación ha formado parte de nuestra práctica desde hace mucho tiempo. Los inversores siempre han mantenido una red de mentores y asesores que contribuyen al desarrollo y crecimiento de los equipos. Algunos programas de aceleración más recientes, como los de Y Combinator y Techstars, y las sociedades de capital riesgo (SCR) más modernas, como Andreessen Horowitz, han formalizado este enfoque en un programa más estructurado de servicios y apoyo. Las startups en cartera tienen a su disposición asesoría y orientación, pero estos servicios nunca —jamás— sustituyen el liderazgo. Nadie está obligado a hablar con un mentor en concreto ni a hacer lo que le dice el mentor. Los asesores adoptan el papel de orientadores: no son espías, ni jefes, ni ejecutivos, ni sustitutos de los miembros del consejo de administración.

Cuando una empresa decide crear un ecosistema de startups internas, también debe crear un programa de orientación. Para una startup que crece más allá del encaje producto-mercado, éste representa otro de esos momentos «a través del espejo». Incluso en Silicon Valley hay escasos programas dirigidos a empleados de categorías inferiores, en comparación con los miles de métodos de los que disponemos para asesorar a los fundadores, consejeros delegados y directores de tecnología. Y en contadas ocasiones tratamos a esos empleados como fundadores internos.

Para las empresas consolidadas existen legiones de consultores externos que están listos para poner en marcha todo tipo de programa de formación concebible. Sin embargo, resultaría imposible que un grupo de consultores externos, por muy grande que sea, se familiarice lo suficiente con la empresa para generar el tipo de impacto que necesitamos en la Segunda etapa.

En las empresas de todos los tamaños ya hay muchas perso-

---

to constituye la máxima expresión, y la más sencilla de refutar, de las hipótesis falsables.

nas que poseen un talento innato para orientar y asesorar a los equipos. Pasar por alto este recurso preexistente constituye un despilfarro, puesto que los primeros en adoptar el método combinan un talento especial para adaptarse a la nueva mentalidad con un profundo entendimiento de la situación actual de la empresa.

Un segundo beneficio de la orientación interna radica en el peso que aporta a la transformación. Tradicionalmente, en la mayoría de las organizaciones el poder de los directores se mide por el número de subordinados directos (o por el número de personas sobre las que ejercen influencia a través de la gestión matricial). Esto supone un gran aliciente para que los directores perspicaces aumenten su poder abogando por partidas presupuestarias cada vez más cuantiosas y un número de empleados cada vez mayor. Sin embargo, esto representa un peligro para una iniciativa que aspira a la interfuncionalidad. Al inicio de la transformación, muchos directores de departamento suelen oponer resistencia. Pero una vez que la iniciativa ha tenido su momento eureka y pasa a la Segunda etapa, muchos de los refractarios cambian de parecer. Entonces insisten en que la transformación lógicamente puede seguir adelante ¡sólo si se sitúa en su departamento!

No importa en qué parte del organigrama se ubique, la transformación tiene que crecer. Cuanto mayor sea el número de personas de la organización cuyas carreras estén ligadas al éxito de la transformación, mayores probabilidades habrá de que ésta sobreviva. Los orientadores internos constituyen una excelente forma para lograrlo sin tener que contratar a cientos de empleados nuevos o consultores costosos.

Al margen de la forma que adopte el programa de orientación, resulta fundamental asegurarse de que los orientadores no sean meros participantes ocasionales y que reciban una formación rigurosa. Nada corroe más rápido un programa de orientación que el hecho de llenarlo de personas que creen que sus colegas o la empresa en su conjunto no se toman en serio su trabajo. Ed Essey, director del principal programa de Microsoft Garage, observa tres problemas que suelen aflorar en esta situación: 1) Los orientadores necesitan mucho estímulo y apoyo para continuar como voluntarios, 2) Los orientadores más motivados tienden a abandonar la empresa y encontrar un lugar donde pueden dedicarse más a fondo a ese trabajo, y 3) Cada orientador está dotado de un conjunto de habilidades distintas —en marketing, diseño o tecnología—, hecho que se traduce en que ninguno de ellos puede representar por completo el método lean.

Al conceder al programa de orientación un espacio real y vital dentro de la organización, vinculado al futuro éxito y crecimiento de todos los que trabajan en ella, la empresa adquiere recursos para capacitar a las personas de manera interfuncional y ofrecerles una motivación para que permanezcan en la organización con una carrera profesional clara.

Orientación a un equipo de operaciones financieras de Intuit: un replanteamiento

Algunos integrantes del equipo de operaciones financieras de Intuit participaron en un curso interno de Lean Startup impartido por el orientador Bennett Blank en el que propusieron ideas para solventar varios problemas de los clientes. Durante dos días, Blank instruyó al equipo en las técnicas Lean Startup y los principios de Design for Delight, como las distintas formas de enfocarse en los problemas de los clientes y las posibles soluciones, utilizando datos de clientes reales. El equipo estaba listo para explorar sus ideas, pero uno de los retos a los que se enfrentaba era el de tener que dirigirse a dos clientes distintos, uno de ellos interno: el personal de atención telefónica al cliente de Intuit, que ayudaba a los clientes externos en cuestiones de facturación. El equipo decidió llevar a cabo pequeños experimentos, con el personal de atención al cliente, relacionados con varios aspectos, desde el tono de voz hasta las comunicaciones relativas a la facturación y otras características más tradicionales. Como resultado, el equipo progresó rápidamente y replanteó su concepción del personal de atención al cliente como «potenciales clientes de la startup», en palabras de Blank. Este pequeño cambio de planteamiento tuvo una importante repercusión en el enfoque del equipo a medida que sus integrantes fueron aplicando los principios del Lean Startup al nuevo «cliente».

Las ventajas de este replanteamiento han sido constantes. Blank continuó observando los avances del equipo y se dio cuenta de que los integrantes se habían implicado más cuando tuvieron las herramientas para trabajar con este nuevo método con el que podían ganarse la empatía del cliente y llevar a cabo experimentos rápidos. El equipo participó en otras dos sesiones de orientación de una semana de duración cada una, junto con otras personas de operaciones financieras, y abordó otros problemas que había identificado al final del curso de orientación inicial. Enseguida dieron con varias soluciones que arrojaron resultados comerciales reales, y tanto su nivel de compromiso como de confianza continuaron al alza.

La etapa final de la transformación del equipo llegó cuando comenzaron a modificar los mecanismos operativos que utilizaban para gestionar el trabajo. «Empezaron a presentar su "plan" como un conjunto de experimentos que había que probar, en vez de como el tradicional plan "de ejecución" —explica Blank—. Fundamentalmente estaban reconociendo la incertidumbre inherente a las ideas propuestas, y al mismo tiempo preparando un plan para reducir la incertidumbre con experimentos.» Además, siguieron realizando sus sesiones maratonianas de dos días una vez por mes, que los conducían continuamente a la siguiente ronda de experimentos y les ofrecían la oportunidad de afinar sus nuevas habilidades. Tras descubrir el poder de las sesiones de orientación, varios integrantes del equipo han dado un salto y hoy ejercen de orientadores voluntarios para enseñar los principios del Lean Startup en organizaciones sin ánimo de lucro y escuelas secundarias.

Orientación en acción

Éstos son algunos ejemplos de los programas de orientación de distintas empresas, para que te hagas una idea de cómo pueden ser. Como he comentado, cada programa será distinto dependiendo del tamaño de la empresa, su cultura y otros factores.

El Manifiesto del Mentor de Techstars

Techstars, un programa de aceleración tecnológica, se toma muy en serio su papel de orientador, al punto de publicar su propio manifiesto con «lo que los emprendedores pueden y deben exigir a sus mentores» y «lo que los mentores deben tener en cuenta si quieren entablar relaciones eficaces con los emprendedores con los que trabajan».[29]

- Sé socrático.
- No esperes nada a cambio (te alegrarás con lo que recibas).
- Sé auténtico; predica con el ejemplo.
- Sé directo. Di la verdad, por dura que sea.
- Escucha.
- Las mejores relaciones con el mentor son las que con el tiempo se tornan recíprocas.
- Sé receptivo.
- Elige como mínimo una empresa al año. La experiencia cuenta.
- Separa claramente las opiniones de los hechos.
- Respeta la confidencialidad de la información.
- Comprométete a ejercer de mentor o no asumas ese papel. Ambas opciones son válidas.
- Sé consciente de aquello que desconoces. Di «no lo sé» cuando no sepas algo. Es preferible un «no lo sé» a la bravuconería.
- Guía, pero no controles. Los equipos deben tomar sus propias decisiones. Guíalos pero nunca les digas lo que tienen que hacer. Entiende que la empresa es de ellos, no tuya.
- Acepta a los otros mentores que se involucren en el proceso y comunícate con ellos.
- Sé optimista.
- Ofrece consejos factibles, no difusos.
- Cuestiona y sé firme, pero nunca destructivo.
- Sé empático. Recuerda que las startups son difíciles.

IBM

En IBM los orientadores asisten a los equipos no sólo en las áreas donde tienen dificultades, sino también en el proceso de organi-

29. <http://davidgcohen.com/2011/08/28/the-mentor-manifesto/>.

zación y reorganización de los grupos. Los orientadores se enfocan en tres áreas: prácticas de liderazgo, prácticas de colaboración y prácticas técnicas. El programa de orientación no es obligatorio, pero todos los equipos interfuncionales de entre ocho y diez integrantes tienen una evaluación trimestral y los resultados se hacen públicos, lo cual representa un incentivo para participar en el programa.

IBM también ofrece un programa llamado «The Agile Doctor Is In», que permite que los empleados o los equipos programen una sesión de una o dos horas con uno de los treinta orientadores de IBM en todo el mundo para tratar un problema en concreto que necesiten resolver.

Antes de que se adoptaran el método ágil y el método lean, en la empresa había trece niveles entre el director de tecnología de la información, Jeff Smith, y el director de primera línea de las «cuadrillas» (término utilizado por IBM para referirse a los equipos). Hoy hay cinco. Smith sostiene que los aceleradores son los orientadores.

El programa «My Innovation» de Cisco

En Cisco las sesiones de orientación se enmarcan en un programa llamado «My Innovation», que funciona junto con otras iniciativas de la empresa con el propósito común de fomentar la experimentación con nuevas ideas entre sus 70.000 empleados. El programa incluye recursos en línea y un portal para las personas que buscan capacitación o mentores en la empresa. Hasta la fecha, dos mil personas se han apuntado al curso impartido por los orientadores.

Si bien la empresa aún trabaja en la estructura del programa, su responsable, Mathilde Durvy, comenta que el objetivo consiste en formar a los orientadores en tres áreas: innovación (pensamiento de diseño y creación ágil de prototipos), comercial (ventas y marketing) y técnica. Durvy explica que todos los equipos deben elegir orientadores que cubran las tres áreas, ya sea un orientador que posea las tres habilidades, o varios con sus respectivas especializaciones. La orientación que ofrece la empresa es un recurso típicamente utilizado por los equipos que están en el proceso de desarrollo de nuevas ideas, pero incluso aquellos equipos que no logran llegar a las etapas finales del proyecto o de la transformación han descubierto el valor de este recurso.

6. Establecimiento de mecanismos de financiación dosificada y consejos de crecimiento

Financiación por derecho frente a financiación dosificada
Prácticamente todas las empresas que conozco con más de un centenar de empleados utilizan el mismo procedimiento presupuestario. Hay un proceso de consignación de fondos, en el cual se evalúan todos los proyectos, las iniciativas y los departamentos propuestos. A los ganadores se les fijan objetivos de financiación para el año siguiente, con sujeción a ajustes trimestrales (o, en algunas organizaciones, con mayor periodicidad). Cuando la empresa pasa por un trimestre malo, no es raro que durante el año se recorten drásticamente los presupuestos o que se practiquen ajustes a las asignaciones presupuestarias.

A resultas de ello, los directores dedican una gran cantidad de tiempo a la preparación de la junta anual y más tiempo aún a la defensa de su presupuesto por la vía política. Yo denomino a este sistema financiación por derecho debido a la dinámica subyacente que siempre entra en juego. Resulta extremadamente complicado que un proyecto favorito logre llegar a la mesa de financiación de la junta anual. Sin embargo, una vez que lo consigue, accede a lo que la mayoría de los directores denomina «grifo»: siempre abierto, con un flujo de financiación variable de un período a otro.

A menos que se produzca un fracaso catastrófico muy notorio (o que se perciba como tal), se espera que el proyecto siga avanzando trimestre a trimestre, incluso año a año. La mayoría de los proyectos financiados en un año determinado también recibirán financiación al año siguiente, quizá no al mismo nivel, pero casi nunca se cancelan.

Si los equipos se sienten con el derecho a recibir financiación, es prácticamente imposible generar la energía y el enfoque que requieren las startups. La innovación sin restricciones no es una ventaja: la tasa de mortalidad de startups es excepcionalmente elevada para los proyectos que reciben exceso de financiación, con numerosos ejemplos nefastos.

Reflexionemos sobre los incentivos que crea la financiación por derecho para los equipos de proyectos. Supón que un equipo se debate entre lanzar un producto hoy o aplazar el lanzamiento durante un tiempo. En lo que respecta al presupuesto del equipo, casi siempre el aplazamiento será la mejor opción. Si lanzas el producto ahora, te arriesgas a un fracaso estrepitoso y a la cancelación del proyecto. Si aplazas el lanzamiento, tal vez tengas que afrontar las críticas de la dirección, pero siempre que tus motivos estén justificados (y siempre es posible apelar a infinitas razones de peso), lo más probable es que sobrevivas para luchar otro día. Y con el aplazamiento, quizá puedas perfeccionar el producto, por lo que las probabilidades de éxito futuro aumentan.

Lo morboso del asunto es que algunos directores se dan cuenta de que, al demorar la fecha de lanzamiento y los plazos de rendición de cuentas, pueden lograr un ascenso antes de que se les exija cualquier tipo de responsabilidad. En ese caso, su sucesor se verá obligado a afrontar las consecuencias. Si todo sale bien, el mérito es fácil de compartir. Si todo va mal, por lo general es el sucesor quien tiene la culpa.

El otro problema de la financiación por derecho radica en el coste político. La cantidad de reuniones relacionadas con el presupuesto a las que asiste el director del equipo de proyecto puede ser sorprendente.

En las empresas que están acostumbradas a trabajar de esta manera, cambiar la cultura es un proyecto a largo plazo que requiere un conjunto de reformas interrelacionadas, muchas de las cuales abordaremos en las páginas restantes del libro. Sin embargo, como el procedimiento presupuestario es fundamental, el principal antídoto contra la financiación por derecho es lo que yo llamo financiación dosificada.

Esto es lo que ofrece la financiación dosificada: libertad absoluta para gastar el dinero, con criterios sumamente estrictos para obtener más financiación, que responden únicamente al aprendizaje validado.

Si una empresa de capital riesgo te concede un millón de dólares de capital inicial, el inversor nunca te va a llamar al mes siguiente para decirte: «Hola, lamento informarte de que como tuvimos un pésimo trimestre necesitamos que nos devuelvas 200.000 dólares». Si eso ocurriera, el inversor sería inmediatamente expulsado de la ciudad. Además, la realidad es que la empresa de capital riesgo no tiene forma de recuperar su dinero; las startups son empresas independientes y una vez que cobran el cheque, fin del asunto.

Esta libertad constituye un factor esencial que posibilita la existencia de las startups. Es difícil saber con antelación en qué momento la empresa va a tener que pivotar, pero a menudo ocurre repentinamente. Por eso es importante que la empresa sepa cuánto dinero le queda y que pueda usarlo rápidamente, sin tener que pasar por evaluaciones interminables. Además, las startups suelen triunfar súbitamente: la mayoría de las startups más famosas surgieron semanas o incluso días después de haberse quedado sin dinero en algún momento de su existencia. El recorte de los presupuestos en un momento clave, incluso en un 10 por ciento, es mortal para las startups.

Son muchas las ventajas de la financiación dosificada cuando se la traslada al contexto corporativo:

- Mentalidad de escasez.
- Cambios en la ecuación de quién es el culpable si el proyecto fracasa.
- Permite gestionar un conjunto de proyectos como una cartera explícita, con sus propios indicadores.
- Importante reducción de los compromisos políticos de los equipos.
- Considerable mejora del enfoque en «¿qué tengo que aprender para acceder a más financiación?».
- Favorece la colaboración interfuncional (porque el sueldo de todos se paga de un presupuesto común).
- Reduce las injerencias de los directores de nivel medio (porque los recursos no se obtienen de la sociedad matriz).

La financiación dosificada se asemeja mucho más a la inversión de capital riesgo que al comité de asignaciones del Congreso. No obstante, como han descubierto muchas empresas a través de la experiencia, no basta por sí misma para cambiar la cultura. Esto se debe a que los sistemas existentes son extremadamente resistentes al cambio. Conviene acompañar la financiación dosificada de otros cambios, como los consejos de crecimiento, para lograr un cambio real en la cultura.

FINANCIACIÓN DOSIFICADA

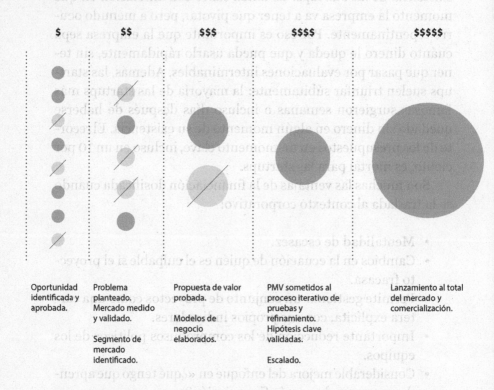

El impacto de la financiación dosificada en organizaciones sin ánimo de lucro

El Fondo Global para la Innovación (GIF, del inglés *Global Innovation Fund*), fundado en 2014 y con sede en Londres, es una organización sin ánimo de lucro que invierte en la experimentación rigurosa y la ampliación de proyectos innovadores orientados a mejorar la vida de las personas más desfavorecidas de los países en vías de desarrollo.[30] Los proyectos que financia crean oportunidades para millones de personas. «Somos un híbrido de organización benéfica y fondo de inversión, que se centra ante todo en la rentabilidad social», comenta Alix Peterson Zwane, consejera delegada del fondo.

El GIF concede subvenciones, créditos y capital utilizando un método de financiación por etapas. «La idea es combinar lo mejor de la financiación de capital riesgo, que acompaña las ideas y el camino de los emprendedores, con el rigor del sistema de arbitraje *inter pares*», explica Zwane. A medida que los equipos de proyecto generan resultados, «se activan más recursos en función de las pruebas de impacto social presentadas». Este enfoque difiere de la filantropía tradicional que, por lo general, financia proyectos específicos de organizaciones sin ánimo de lucro, pero supervisa las actividades para medir el éxito del proyecto, en vez de los resultados o el impacto.

El GIF dispone de tres niveles de financiación. En la etapa inicial las subvenciones a emprendedores que quieren poner a prueba sus innovaciones pueden alcanzar los 230.000 dólares (aunque muchas son por importes inferiores). «El dinero es para el aprendizaje, no para los resultados», explica Zwane. Se espera que el equipo encuentre respuestas a las preguntas clave y aumente sus probabilidades de éxito. Por ejemplo, el GIF financió el programa piloto de una startup ugandesa llamada SafeBoda —«un Uber en versión mototaxi»— destinado a reducir los accidentes de moto y los traumatismos craneales sensibilizando a la gente sobre el uso del casco. «Su visión del éxito consiste en que tanto los conductores como los pasajeros usen casco, por lo que sus servicios comportarán beneficios para la salud. Y en parte, el motivo por el

30. Con el apoyo del Departamento de Desarrollo Internacional del Reino Unido, la Agencia de Estados Unidos para el Desarrollo Internacional, la organización Omidyar Network, el Organismo Sueco de Cooperación para el Desarrollo Internacional, el Departamento de Relaciones Exteriores y Comercio de Australia y el Departamento de Ciencia y Tecnología de Sudáfrica.

que la gente contratará sus servicios será la disponibilidad de cascos —sostiene Zwane—. Es una muy buena hipótesis. Pero una pregunta clave para la etapa inicial es si la gente realmente querrá usar el casco.»

En la siguiente etapa de financiación se concede hasta un máximo de 2,3 millones de dólares a los innovadores que pasan de la experimentación a la ampliación de la iniciativa. Es entonces cuando las startups tienen que probar el modelo de negocio y su rentabilidad, a la vez que aportan rigurosas pruebas del impacto del proyecto. Siguiendo con el ejemplo de SafeBoda (aunque en el momento de redactar estas líneas la empresa se encuentra todavía en etapa experimental), la empresa podría recopilar datos sobre los cambios mensurables en la tasa de lesiones craneales a medida que aumenta su cuota de mercado y otros empiezan a imitarlos. «Si en la Primera etapa el 80 por ciento del dinero se destina a aprendizaje y el 20 por ciento a los resultados, en la Segunda etapa la proporción se acerca más al 50-50», afirma Zwane.

En la Tercera etapa de financiación el GIF ofrece hasta 15 millones de dólares a los emprendedores que estén preparados para ampliar la escala de la innovación. Los emprendedores reciben ayuda para hacer crecer su negocio y conseguir que uno o varios países en vías de desarrollo adopten su proyecto. «Estás pagando casi el 80 por ciento por los resultados y el 20 por ciento por el aprendizaje», comenta Zwane. Esta etapa abarca distintos aspectos, como la resolución de problemas operativos que surgen a raíz del crecimiento de la empresa, el trabajo con socios que prestan ayuda para que el proyecto avance más allá de la Tercera etapa del GIF, y la adaptación de las innovaciones para satisfacer las necesidades de una clientela más variada.

Cambiar la forma de asignar y utilizar las ayudas es difícil pero, como demuestra el GIF, no es imposible. Y piensa en las ventajas. «Si descubrimos cómo crear incentivos para generar impacto y somos sinceros sobre lo que hacemos, podemos preservar, proteger y fomentar el apoyo político y popular a los sistemas de desarrollo —afirma Zwane—. Para nosotros, como organización sin ánimo de lucro, el valor real de la financiación por etapas es que mantiene nuestro enfoque en los aspectos importantes: riesgo, pruebas e impacto.»

Consejos de crecimiento

Como vimos en el capítulo III, todas las startups responden ante un consejo de crecimiento, que está constituido por un grupo de personas ante el cual rinden cuentas de los asuntos convenidos por las partes interesadas. De esta manera se establece una relación directa entre la financiación del proyecto y los avances logrados. En las organizaciones grandes, las evaluaciones, los directores y la matriz de desempeño crean un ambiente donde la gente se torna experta en PowerPoint modificando una y otra vez las presentaciones para satisfacer las expectativas del director de turno con el que se reunirá ese día. Esto es algo que debe cambiar en la Segunda etapa.

Una startup interna funciona igual que una startup independiente: mediante la rendición de cuentas. En un contexto corporativo más amplio el salario de los empleados corre por cuenta de una división en particular. Pero lo que falta es un sistema de rendición de cuentas para los equipos. Aquí radica el valor de los consejos de crecimiento. A menudo he visto que el consejo de crecimiento empieza con un único equipo y con un director que se pregunta: «¿Cómo sé si debo darle más dinero a mi equipo?». A partir de ahí, se puede crear fácilmente una estructura sencilla. (Para más información sobre la creación de consejos de crecimiento, consulta el capítulo IX.)

A medida que otros equipos empiezan a funcionar de esa forma y los casos de éxito se van difundiendo, la estructura se reproduce. En General Electric, por ejemplo, nos aseguramos de que los equipos tuvieran un consejo de crecimiento en el momento de la implantación de la Segunda etapa de FastWorks.

El equipo interno de una corporación con la que trabajé hace unos años ideó un plan para reducir en casi dos años el tiempo de lanzamiento al mercado estableciendo una asociación de colaboración con un cliente. En lugar de pasar por el proceso habitual de desarrollo, demostración y ventas, decidieron aprender más y a un ritmo más rápido con un producto basado en las opiniones y los comentarios de los clientes a la mayor brevedad posible.

Sin embargo, al poco tiempo, sus colegas de finanzas empezaron a preguntarles: «¿Cuál es el rendimiento de la inversión (ROI)?».

El equipo hizo los cálculos, y (por supuesto) el rendimiento de la inversión de su PMV era negativo. Como el equipo utilizaba un método de trabajo distinto, la cifra sólo reflejaba la Primera etapa del plan. Calcular el rendimiento de la inversión de un PMV equivale a medir una bellota y luego cortar el suministro de agua porque aún no se ha convertido en un árbol.

Los integrantes del equipo se preguntaban si había alguna forma de excluir el ROI de la ecuación, pero eso no estaba permitido. Cruzaron los dedos y fueron a mostrar su presentación a la gente de finanzas: el proyecto se canceló de inmediato.

Omitir el ROI en el contexto de una empresa tradicional no es una opción. Sin embargo, si desde un principio el equipo no tiene que calcular el rendimiento de la inversión, porque recibe financiación dosificada y rinde cuentas a un consejo de crecimiento, nunca tendrá que enfrentarse a esa situación. Por eso resulta tan importante la creación de estos mecanismos en esta etapa.

A CONTINUACIÓN

En General Electric y el gobierno de Estados Unidos la Segunda etapa de transformación dio lugar a la creación de equipos dedicados a la difusión del nuevo método de trabajo. Ambas entidades formaron a muchas personas talentosas en el nuevo método y crearon una imponente cartera tanto de éxitos como de fracasos. Entre los equipos, sus directores, orientadores, patrocinadores ejecutivos y paladines hablamos de miles de personas.

No obstante, para este tipo de organizaciones colosales, esas cifras son relativamente pequeñas. Todos saben que los equipos pequeños son siempre vulnerables a los cambios de liderazgo, las reestructuraciones o el surgimiento de nuevas tendencias. Para los equipos que han «cruzado el abismo» y modificado la dinámica de los directores de toda la organización, las reacciones negativas y la resistencia del resto de la empresa pueden ser devastadoras.

La única manera de que el cambio perdure es recurriendo a los primeros logros y el peso institucional que los avala para abordar los sistemas arraigados en la empresa, a saber: estructura de incentivos, mecanismo de rendición de cuentas y sistema de asignación de recursos. Piensa en el sistema de contratación pública y en cómo está fuertemente arraigado en el Estado. En la mayoría de las organizaciones, casi todos los empleados consideran que estos sistemas son intocables. Sería en vano que el cambio de los sistemas establecidos fuera un prerrequisito para embarcarse en el proceso de transformación. Sin embargo, tenemos que cambiarlos. ¿Cómo lo hicieron estas empresas? Ése es el tema que abordaremos en el siguiente capítulo: la Tercera etapa.

VIII

Tercera etapa: sistemas arraigados

Todos sabemos lo que implica fundar una empresa. Todo empieza con una visión y, como hemos comentado en el capítulo III, con un líder visionario. La mayoría de las startups tecnológicas que se han convertido en casos rotundos de éxito tienen algún tipo de historia emblemática, ya sea sobre dos tipos en una habitación, tres fundadores en una cafetería o una pareja que recorre el país en coche con un sueño y un ordenador portátil donde esboza su primer plan de negocio.

Creo que todas las empresas que han crecido con éxito también tienen una segunda historia: una que comienza después de la emocionante aventura de hacer realidad una idea y encontrar un lugar para ella en el mercado.

A ese momento yo lo llamo segunda fundación. Se trata del período de crecimiento en que la organización deja de ser una más del montón y se convierte en una institución consolidada. Es el momento en que la empresa madura y adopta una cultura de gestión. He sido testigo de este proceso y, lamentablemente, el mundo entero ha visto lo que ocurre cuando las empresas no pasan esa prueba. En la gran mayoría de las empresas, la segunda fundación coincide con el momento en que se instalan la burocracia y el letargo, y la mayoría de las personas innovadoras —frustradas por verse atadas de pies y manos— se quedan al margen o directamente se marchan. Algunas empresas han sido capaces de realizar esta transición sin perder su «ADN startup». ¿Qué las diferencia del resto y cómo pueden las futuras startups imitar sus resultados? ¿Cómo pueden las organizaciones consolidadas recuperar el espíritu startup?

Este trabajo corresponde a la Tercera etapa, cuando las organizaciones transforman sus procesos internos. El objetivo consiste en dotar a las áreas funcionales de la capacidad para innovar de manera continua. Es el momento de cambiar los sistemas arraigados en la organización para que apoyen la innovación y, a largo plazo, incrementen el valor de la empresa.

Este capítulo es, en muchos sentidos, el más confuso del libro. He intentado ofrecer un panorama de transformaciones reales a gran escala desde distintos ángulos. Pero precisamente porque se trata de transformaciones tan grandes, tan profundas y tan distintas en cada empresa resulta difícil sistematizarlas. No es que la Tercera Etapa sea menos rigurosa que las anteriores. De hecho, es algo más exigente. Pero como los sistemas que cada organización considera que tiene que cambiar estarán basados en los resultados del trabajo previo, las pautas no siempre son comunes. El trabajo de la Tercera etapa consiste en tomar aquello que la transformación ha revelado en etapas previas y utilizarlo para crear soluciones que afecten a todas y cada una de las áreas funcionales de la organización. Los casos aquí presentados ilustran cómo se ha acometido ese proceso en diversos contextos.

LA SEGUNDA FUNDACIÓN DE AIRBNB

Airbnb Trips, del que hablé en el capítulo I, marca la segunda fundación de Airbnb. Sin embargo, antes de su lanzamiento, Trips había quedado relegado a un segundo plano porque la empresa no tenía la capacidad organizativa para centrarse en ese proyecto al tiempo que continuaba desarrollando su negocio central. La imperiosa necesidad que sentía Brian Chesky de conducir su empresa a la siguiente etapa lo llevó a consultar las fuentes de inspiración que habían propiciado el éxito inicial. Entre ellas se encontraba el libro que lo había llevado a mudarse a San Francisco y fundar Airbnb: la biografía *Walt Disney: The Triumph of the American Imagination*, de Neal Gabler. Al releer el libro, Chesky quedó cautivado por la forma en que Disney había utilizado las viñetas para crear *Blancanieves*, la primera película totalmente animada, una característica que hasta entonces nadie creía posible. Airbnb contrató a un artista de Pixar para que realizara el guion gráfico de un viaje de principio a fin, desde el punto de vista del anfitrión y del invitado: así fue como la empresa encontró lo que podía ser su próxima gran idea. «Enseguida nos dimos cuenta de que estábamos realmente ausentes durante la mayor parte del viaje», comenta Joe Zadeh, vicedirector de producto. De ahí nació el concepto de ofrecer experiencias de viaje completas. «¿Y si en lugar de intentar construir progresivamente sobre nuestra plataforma existente, replanteamos los viajes de principio a fin partiendo de cero?», pensó Zadeh. El equipo llamó a la nueva iniciativa «Proyecto Blancanieves».

Y luego no sucedió nada. Pasaron meses y los fundadores de la empresa no habían logrado avances significativos hacia la visión que creían que iba a contribuir al crecimiento de Airbnb. Así pues, fundaron una startup dentro de la propia empresa. Un equipo de seis personas dirigido por Joe Gebbia, cofundador y director de producto, y compuesto por diseñadores, personas de producto e ingenieros, emprendió un viaje a Nueva York por tres meses y puso en marcha un programa de incubación interno. Probaron varias ideas que la empresa podía emprender y que tenían previsto presentar cuando finalizara su estancia en la Costa Este. De regreso en San Francisco, se reestructuraron y formaron «un equipo llamado Home to Home... para explorar y probar más ideas, [la más prometedora de todas se llamaba] Experience Marketplace». Como explica Leigh Gallagher en su libro *The Airbnb Story*, era «una plataforma donde los anfitriones con una habilidad concreta o un conjunto de conocimientos podían ofrecer a los invitados experiencias de pago en su ciudad».[31] El Proyecto Blancanieves volvía a estar en marcha.

---

31. Gallagher, L., *The Airbnb Story: How Three Ordinary Guys Disrupted an Industry, Made Billions... and Created Plenty of Controversy*, Houghton Mifflin Harcourt, Nueva York, 2017, pp. 177-178.

La empresa formó otro equipo interfuncional (esta vez sin fecha de caducidad) para retomar el proyecto, compuesto por un diseñador, un ingeniero, un gestor de proyecto y dos personas encargadas de buscar experiencias. Brian Chesky se incorporó al equipo como director de proyecto, aportando tanto autoridad moral como apoyo ejecutivo a la nueva empresa.

Una tarde el equipo se dirigió a Fisherman's Wharf (San Francisco) para hablar con los clientes. Las primeras preguntas, que formulaban a cualquier persona que se detuviera para responderlas, eran simples: «¿Por qué estás aquí?» y «¿Qué quieres hacer?». Durante dos años desarrollaron discretamente la tecnología de Trips iterando en línea (online) y fuera de línea (offline).

«Optimizamos esa especie de fragmento de la startup —recuerda Zadeh—. Todos los del equipo lo veían así. Teníamos una startup dentro de una startup.» Chesky había aprendido una vez más de su mentor original, Walt Disney, que había creado Disneyland como una empresa separada que más tarde se reincorporó a la sociedad matriz.

Aunque el Proyecto Blancanieves siempre funcionó dentro de Airbnb, el concepto era el mismo. «Este producto fue diseñado en torno a los principios de Disneyland», dijo Chesky a Leigh Gallagher. Luego, aludiendo a las sabias palabras de Elon Musk, fundador de Tesla, que había explicado a Chesky las tres «eras» de la startup —creación, desarrollo y gestión— añadió: «Airbnb nunca estará en la era de la gestión. Estará siempre en la era del desarrollo».[32]

Con ese propósito, en 2016 la empresa fundó Samara, un estudio interno de innovación y diseño compuesto por diseñadores e ingenieros, y dirigido por Gebbia. «Nos preocupamos tanto por crear una marca longeva, que decidimos que era el momento de crear un espacio para hacer justamente eso —comentó Gebbia en una entrevista—: una marca sin ataduras a las limitaciones del día a día, una con libertad para asumir grandes riesgos y fracasar.» Gebbia espera que Samara, que ha participado, entre otros proyectos, en una iniciativa para mitigar la crisis mundial de los refugiados, contribuya al

32. Ibíd., p. 196.

260 · El camino hacia el Lean Startup

crecimiento y la evolución constantes de la empresa. «Plantamos una semilla en 2008 y creció este increíble árbol con raíces de alcance mundial en 191 países —comentó a la revista *Metropolis* aludiendo a los inicios de la empresa—. Ningún árbol sobrevive, ni se convierte en un bosque, si no se plantan otras semillas a su alrededor. Hemos creado Samara como un estudio de diseño interno para plantar más semillas por ahí. Esperamos que nuestras ideas nos lleven lejos del árbol.»[33]

CONSTRUIR EL AVIÓN

Parte de la segunda fundación de las empresas tiene que ver con el periplo del fundador de fundadores, que, como Brian Chesky y Joe Gebbia, debe asumir con los emprendedores que trabajan en la empresa el mismo compromiso que asumió con su carrera profesional. Este cambio de actitud representa un momento crítico para el éxito a largo plazo de cualquier organización.

Sin embargo, el cambio de perspectiva del fundador resultará irrelevante si en la empresa faltan los sistemas de apoyo a esos esfuerzos. Esta nueva comprensión de la necesidad de apoyo es lo que permite que las organizaciones empresariales y heredades también experimenten una segunda fundación. Tal vez estas organizaciones tengan que llevar a cabo un trabajo de reestructuración más profundo que una startup de hipercrecimiento, pero el momento de la segunda fundación de la empresa es similar. Los ejecutivos que dirigen la transformación deben tener la misma mentalidad de fundador que los de Silicon Valley para tener éxito.

Los equipos que trabajan en experimentos y productos mínimos viables pueden obtener temporalmente financiación dosificada, pero ¿qué pasa cuando tienen éxito? La gente inevitablemente empieza a preguntarse cómo va a afectar su carrera el nuevo método de trabajo: cómo serán las futuras evaluaciones de desempeño, los ascensos y el modo en que serán percibidos por sus compa-

33. <http://www.metropolismag.com/interiors/hospitality-interiors/whats-next-for-airbnbs-innovation-and-design-studio/>.

ñeros. Surgirán dificultades relacionadas con la contratación, la cadena de suministro y el cumplimiento normativo, que aún mantendrán su antigua estructura de funcionamiento. También se producirán cambios en las áreas de finanzas y tecnología de la información. Si la empresa va a pedir a todas las divisiones que adjudiquen un porcentaje de su presupuesto para financiación dosificada y consejos de crecimiento, la propuesta es muy distinta a tener algunos equipos que realizan experimentos con poco dinero. Para reemplazar un contrato de tecnología de la información multimillonario en el gobierno los sistemas que hicieron posible ese contrato también tuvieron que cambiar.

Está bien funcionar por excepción en las primeras etapas de la transformación. Los equipos exitosos tienen que despegar de alguna manera, al margen de que la empresa esté creando una organización nueva o implantando cambios. Los directores pueden dar un salto al aire y desafiar la gravedad, pero si no encuentran un apoyo caerán al suelo. Si quieres volar tienes que subirte a un avión. La etapa final de la transformación consiste en construir ese avión. Intentar tocar los sistemas arraigados en la empresa antes de esta etapa es un acto suicida. Los directores no pueden acometer la tarea hasta que hayan conseguido el capital político y reunido las pruebas de todo el trabajo realizado en la Primera y la Segunda etapas. Una vez que lo consiguen, la función emprendedora que la dirección ha implantado a pequeña escala puede llevarse a nivel de toda la organización.

DIEZ PÁGINAS EN EL DOCUMENTO DE UNA PÁGINA

En el capítulo VI hablamos del equipo de software que tenía miedo a pedir la aprobación de su experimento a «jurídico». Al final, el abogado de la empresa tardó sólo unos minutos en dar luz verde al experimento.

Pero la historia no terminó ahí. El equipo lanzó su experimento y recopiló gran cantidad de datos valiosos sobre los países donde le convenía lanzar el producto y aquellos en los que no merecía la pena el esfuerzo. La noticia del proceso por el que pasó el equipo para reunir esa información no tardó en llegar a oídos del director de división, que además había sido el patrocinador ejecutivo del proyecto. El director reparó en que la relación entre la gente que intentaba innovar y el departamento jurídico estaba rota, y que a raíz de ello probablemente se habían desaprovechado muchas oportunidades. Ese equipo en particular, en esa ocasión, había logrado una excepción. Pero ¿qué pasaba con los equipos que no habían sido capacitados en el nuevo método de trabajo? ¿O con aquellos que no se atrevían a hablar con el departamento jurídico por temor o por considerarlo una pérdida de tiempo?

El director de división decidió que era hora de cortar con ese ciclo. Me planteó lo siguiente: «¿Podemos conseguir el apoyo del director jurídico y todo su equipo para que este tipo de problema cueste menos dinero a la empresa?». Yo creía que era factible. No obstante, sabía que la clave para que funcionara era la participación del propio departamento jurídico. El siguiente paso consistió en convocar una reunión con todas las personas del departamento jurídico. El abogado que había ayudado al equipo con su experimento, por cierto, no era un miembro extremista de un departamento falto de imaginación repleto de gente que disfrutaba rechazando proyectos y poniendo trabas. De hecho, como manifestó él mismo: «Detestamos ser los vigilantes. No nos gusta decir que no todo el tiempo. ¿Cómo podemos ayudar a los equipos que están experimentando?». Como suele ocurrir, no estaban limitados por la falta de conocimientos o de interés en hacer las cosas de otra manera, sino por los procesos arraigados que cumplían la finalidad de mitigar los riesgos. Unos procesos que en vez de proteger a la empresa, la estaban perjudicando.

Mi propuesta fue sencilla: elaborar un documento guía de una página que estableciera, en lenguaje llano, un conjunto de parámetros que preautorizaran el trabajo de los equipos de innovación:

1. Si llevas a cabo un experimento con un PMV que afecte a menos de X clientes y conlleve una responsabilidad total de Y y un coste de Z, tu experimento está preaprobado.

2. Si el experimento es un éxito y deseas «ampliar el PMV», lo cual entraña mayor complejidad y supone cifras más elevadas de X, Y y Z, se considerará aprobado siempre y cuando: *a)* se haga a partir de un PMV inicial y *b)* la dirección lo haya autorizado.

3. Si quieres sobrepasar estas directrices para llevar a cabo un experimento de mayor envergadura o más complejo, deberás consultarlo con el departamento jurídico. Éste es el número al que tienes que llamar...

Probablemente no te sorprenderás si te digo que la primera versión de este documento de una página que había redactado el equipo jurídico ocupaba... diez páginas.

En ese momento, comenzamos a aplicar los métodos lean al proceso. El equipo jurídico creía que era imposible reducir la extensión del documento, de manera que lo tratamos como un PMV y realizamos una serie de experimentos, luego se lo presentamos a los equipos (los «clientes» en este caso) y les pedimos que compartieran su opinión. A continuación, preparamos una nueva versión y se la volvimos a enseñar a los equipos. Después de varias iteraciones, redujimos la información esencial a una página, en lenguaje llano y fácil de entender.

A partir de ese momento, los equipos contaron con una fuente de asesoramiento jurídico para las etapas iniciales de experimentación, sin tener que llamar a nadie ni incurrir en gastos para incorporar a un abogado a tiempo completo al proyecto. Por supuesto, hay algunos proyectos en los que se debe consultar al abogado desde el primer momento. Algunos proyectos entrañan complejos problemas de cumplimiento normativo que merecen una seria revisión por parte de los juristas. No obstante, en la mayoría de los proyectos, el temor del equipo por lo que pueda hacer o decir «jurídico», combinado con el desconocimiento de las normas, puede impedir que la gente pruebe nuevas ideas. La redacción de este documento cambió la relación entre el área jurídica y los equipos: el departamento jurídico dejó de ser un obstáculo y se convirtió en un impulsor del proyecto.

La elaboración de un conjunto de directrices como éstas

comporta otro aspecto valioso. Al servir como una estructura de incentivos, anima a los equipos a crear mejores experimentos.

El equipo tiene una idea, y espera respaldarla incluyendo grandes cifras en su plan de negocio. Para producir indicadores vanidosos, los integrantes del equipo creen que necesitan mostrar el experimento a miles de clientes. Sin embargo, cuando leen la hoja de directrices y descubren que para hacerlo tienen que llamar al departamento jurídico, bueno, ¿quién quiere hacer eso? Se dan cuenta de que en realidad es más fácil empezar poco a poco, digamos, enseñando el experimento a cien clientes en lugar de tener que pedir autorización al departamento jurídico para mostrárselo a diez mil clientes. Cuando los equipos comienzan a pensar de esta manera, su comportamiento cambia. El departamento jurídico ahora forma parte de la solución.

DE FUNCIONES DE VIGILANCIA A FUNCIONES DE VALIDACIÓN

La forma en que funcionaba ese equipo jurídico es característica de las dificultades que presentan las «funciones de vigilancia». Veamos entonces algunos de los reincidentes que supervisan los sistemas arraigados en la empresa. El objetivo del camino hacia el Lean Startup consiste en ayudarlos a adoptar una mentalidad de servicio al cliente. Los vigilantes retrasan el trabajo de otras áreas mediante evaluaciones, burocracia y normas rígidas. Las funciones de validación ayudan a acelerar el trabajo de los equipos. Los aspectos concretos que deben modificarse, como veremos, varían según el área funcional. Casualmente, todos y cada uno de los ejemplos que presento a continuación corresponden a áreas que alguien, en algún momento, me dijo que eran imposibles de cambiar. ¿Realmente es así? Compruébalo tú mismo.

Área jurídica

Analicemos el caso de otra organización que modificó el departamento jurídico para responder a las necesidades de los clientes. Pivotal es una empresa de desarrollo de software que nace de EMC y VMware en 2012.[34]

Como el modelo de negocio de Pivotal está basado en software gratuito de código abierto, surgieron varias preguntas de índole jurídica: ¿Quién es el propietario de los derechos de autor? ¿Es válido el código? ¿Se está vulnerando involuntariamente algún tipo de propiedad intelectual? «Los abogados tienen alergia al código abierto», comenta Andrew Cohen, director jurídico de Pivotal. «No quieres que por desconocimiento haya cosas ocultas en tu software», afirma. El equipo jurídico de la empresa se embarcó en un proyecto a fin de «armonizar la protección de la propiedad intelectual y el cumplimiento de las normas de código abierto». Imitando la idea de VMware, la empresa creó un proceso para investigar el software que utilizaba, que consiste en una serie de preguntas en línea y una revisión jurídica. «Una vez que has hecho eso, tienes un repositorio de software de código abierto previamente verificado y validado —explica Cohen—. Ése fue, como si dijéramos, el punto de partida.» Ése era su producto mínimo viable.

A continuación, dos abogados del equipo jurídico de Cohen, entonces integrado por nueve personas, fueron a hablar con los ingenieros de Pivotal. «Les dijeron: "Hola, aquí está nuestro proceso de código abierto. En realidad es demasiado manual y demasiado lento —recuerda Cohen—. Vosotros cambiáis constantemente el software de este modelo. Llevamos meses verificando lo que usa la gente, ¿y adivinad qué? Los clientes ahora nos piden que especifiquemos y detallemos lo que hay detrás del envoltorio de nuestro producto. No podemos ofrecerles una respuesta clara y rápida a menos que trabajemos juntos y creemos un proceso mejor".»

Cohen explica que fue una ventaja que los dos abogados que trabajaron en la solución junto con los ingenieros tuvieran conocimientos de ingeniería. Todos los equipos coincidían en que se trataba de un problema relacionado con la confianza de los clien-

34. <https://www.bloomberg.com/news/articles/2015-08-18/emc-vmware-spinout-pivotal-appoints-rob-mee-as-new-ceo>.

tes. «En vez de que el departamento jurídico se mantuviera al margen, creando el marco normativo... nos implicamos plenamente como científicos y expertos», afirma Cohen.

El objetivo final era automatizar el proceso, algo que todos sabían que quitaría la carga que suponía el cuestionario y los detalles técnicos para los ingenieros, y mejoraría su situación así como la de los clientes y el departamento jurídico.

Empezaron con un solo proyecto. «Uno de los problemas del software de código abierto es averiguar qué licencia es aplicable», explica Cohen. Ese proceso fue automatizado y reemplazado por algo a lo que Pivotal llama «License Finder». A partir de ahí, el departamento jurídico creó un filtro usando los colores verde, amarillo y rojo para indicar las licencias que podían utilizarse y las que no. El verde pasaba sin ningún problema por el sistema y significaba que podía usarse. El rojo casi nunca podía utilizarse; el amarillo indicaba que se requería una revisión adicional.

Al final, afirma Cohen, Pivotal fue capaz de hallar una solución que afectara lo menos posible a los ingenieros y fomentara la confianza de los clientes sin recurrir a la «legión de abogados» que tienen otras empresas. «Funcionamos a gran escala en lo que respecta al tamaño de nuestras operaciones de ingeniería, que cuentan con todo el apoyo de dos abogados a tiempo parcial que además se encargan de muchas otras tareas.»

Finanzas

Libros contables. Realmente no es un término que la gente asocie con las startups. Suena... anticuado. Sin embargo, los libros contables son, en efecto, la base de las finanzas de cualquier empresa. Uno de los proyectos más fascinantes en los que he trabajado hasta la fecha consistió en el desarrollo de un software de planificación de recursos empresariales (ERP, por sus siglas en inglés) para la consolidación contable de General Electric. Quizá parezca aburrido desde fuera, pero el hecho de que una empresa haya llegado al punto de poder impulsar cambios reales en un área tan conservadora como finanzas demuestra cuán profundo ha calado el cambio de cultura en la organización.

Cuando me uní al proyecto, la empresa se había embarcado en un plan a cinco años para simplificar la red de sistemas ERP utilizada por sus negocios en todo el mundo. Con el tiempo, a raíz de las adquisiciones y los nuevos modelos de negocio y recursos, General Electric operaba con más de 500 sistemas ERP en todo el mundo, que comprendían todos los principales segmentos de negocio. Los procesos de integración, visibilidad de operaciones y cierres financieros eran más complicados de lo necesario.

Por ejemplo, en las operaciones centralizadas había más de 40 sistemas ERP en más de 150 países. Cuando General Electric empieza a operar en un nuevo país, una de las primeras cosas que hace es implementar un sistema de planificación de recursos empresariales. Luego todos los negocios de General Electric en ese país utilizan el mismo sistema ERP hasta que crecen lo suficiente para implantar su propio sistema.

Para este proyecto, el objetivo final consistía en crear un único sistema ERP que permitiera que todos los negocios industriales de General Electric se consolidaran de la misma manera, utilizando un único plan contable, para que el trabajo financiero pudiera llevarse a cabo de manera centralizada desde el área de operaciones globales de la empresa. El equipo esperaba que el proceso de simplificación fuera un 50 por ciento más económico y un 50 por ciento más rápido. «Sabíamos que no podíamos volver al viejo hábito de tardar entre seis y nueve meses en elaborar los requisitos y luego intentar crear una solución a medida para cada negocio», comenta James Richards, entonces director de tecnología de la información de finanzas de General Electric (en la actualidad es director de tecnología de la información de GE Healthcare).

El equipo empezó poco a poco con un nuevo enfoque, en sólo dos países de América Latina: Chile y Argentina. Los equipos compuestos por personas de finanzas, operaciones y tecnología de la información trabajaron in situ, y se volcaron en el proyecto con el objetivo de que el software con funcionalidad estándar estuviera listo en un mes. Luego simplificaron aún más el proceso. En lugar de crear todos los módulos del programa informático en simultáneo (el libro mayor es sólo una de las funciones, que además incluye cuentas acreedoras, cuentas por cobrar, gestión de tesorería y cadena de suministro) y luego lanzar todo en un ciclo de dieciocho meses, empezaron con un solo módulo por país. «Buscamos el mayor punto débil en cada lugar —comenta Richards— o lo que creíamos que podía ser un punto débil; si no lo hacíamos bien, no íbamos a poder continuar. Luego nos centramos en el PMV de ese campo en concreto.» Continuaron enfocándose en los equipos interfuncionales, que trabajaban en la misma sede, y como afirma Richards, en «la corta carrera para presentar la funcionalidad a los usuarios. Íbamos a tomar lo que tuviéramos listo y pasaríamos directamente al modo de prueba».

Fue un giro de 180 grados con respecto al viejo método. Ahora la responsabilidad de indicar a los equipos lo que no funcionaba recaía en los clientes (los clientes internos de General Electric). «Ésa fue la clave de todo —afirma Richards—. Supusimos que el software que estábamos implantando funcionaba [...], luego sólo íbamos a arreglar o a configurar lo que nos ocasionara problemas de cumplimiento o deficiencias en la base de usuarios.» Cuando uno de los módulos estuviera prácticamente terminado, el equipo pasaría al siguiente. Al trabajar de esa forma, disminuyeron el tiempo de implantación de dieciocho meses a un período de entre cuatro y seis meses.

Con cada país que añadían al proyecto, el equipo sumaba otra prueba que apoyaba la adopción generalizada del sistema y justificaba la ampliación de la iniciativa a otros países. Cuando General Electric hizo la transición al Oracle ERP Cloud, volvieron a ampliar el alcance y comenzaron a trabajar por grupos de países. El proyecto en su conjunto fue «un marco que ayudó a que la empresa alcanzara otra velocidad y que la gente se comprometiera a trabajar más deprisa y a menor coste. Fue algo visible en toda la empresa que se celebró cuando conseguimos grandes resultados», comenta Richards.

Muchos segmentos de negocio de General Electric comenzaron a adoptar enfoques similares, y los equipos globales han conseguido disminuir el número de sistemas ERP de más de 500 a menos de 100, una reducción del 80 por ciento en apenas cuatro años. El proyecto no estuvo exento de dificultades, pero en palabras de Richards, se benefició del «fuerte impulso de los niveles más altos de GE que aspiraban a la simplificación y la aceleración. Siempre habrá personas que seguirán aferradas a las viejas costumbres, pero también habrá un grupo de personas dispuestas a todo [...]. Confiamos en ese grupo para convencer al resto de la organización».

Cuando cuento este caso a emprendedores o personas de producto, a menudo se muestran escépticos (y por lo general las quejas del público se oyen desde el escenario). Todos suponemos que este equipo es la hidra policéfala de las finanzas y la tecnología de la información, y que está compuesto por burócratas vitalicios que no tienen ni un ápice de innovación en las venas. Sin embargo, lo que yo he visto de primera mano es esto: la transformación del equipo en una startup apasionada por resolver problemas con rapidez y creatividad. El cambio en su actitud y comportamiento después de asistir al taller de tres días fue tan sorprendente que incluso algunas personas de la empresa no terminaban de creérselo. ¡Hasta me acusaron de haber puesto algo en el agua! Pero no fue ni magia ni un milagro farmacológico. Fue simplemente el resultado de haber cambiado los sistemas, los incentivos y la mentalidad que frenaban al equipo. Es un «milagro» del que he sido testigo una y otra vez, incluso en los contextos más aburridos, intransigentes o imposibles.

Tecnología de la información

En uno de mis viajes a Washington, pasé por las oficinas recientemente ampliadas del Servicio Digital de Estados Unidos (USDS). Tenían muchos proyectos en marcha, así que me puse al corriente con varios de los equipos. Comentábamos la posibilidad de que el USDS abarcara otros proyectos además de los conceptuales y abordara algunos de los problemas más graves de la burocracia del Estado.

En ese momento, uno de los directores dijo: «Cuéntale sobre la cueva».

Y me contaron lo siguiente: Imagínate una pila de papeles con una altura que prácticamente duplica la de la Estatua de la Libertad. Ésa es la cantidad de papel que el Servicio de Ciudadanía e Inmigración de Estados Unidos (USCIS) solía recibir cada día de las 7 millones de solicitudes que procesa al año. Tenían razón: procesaban millones de solicitudes en papel y a mano.

El tecnólogo que hay en mí estaba horrorizado. ¡Qué terrible ineficiencia!

Pero el equipo del USDS me aseguró que no entendía ni la mitad del asunto. Con tanto papel, ¿dónde se guardan las solicitudes cuando ya han sido tramitadas? El papel en realidad es bastante denso y pesado. El volumen del que estamos hablando es tan inmenso que no se puede almacenar en oficinas normales. Los edificios deben reforzarse para soportar el peso.

Incluido un centro de procesamiento que, por motivos estructurales, se construyó en una cueva.

Al principio, pensé que era una broma o tal vez una metáfora sobre las condiciones laborales de los funcionarios públicos. Tardé varios minutos en entender que el trabajo se llevaba a cabo en una cueva real. Y en esa cueva trabajan empleados cuyo trabajo consiste en ayudar a mover todo esos papeles de la cueva a las oficinas locales de todo el país, con el propósito de aprobar las solicitudes de inmigración.

No parece el tipo de sistema que debería tener el gobierno en el siglo XXI, ¿verdad? Pero ésa era la situación en 2008, cuando el USCIS, que forma parte del Departamento de Seguridad Nacional, emprendió lo que denominó «Programa de Transformación» para crear el Sistema Electrónico de Inmigración (ELIS). El objetivo era cambiar los procesos de la agencia de soporte papel a soporte electrónico para ofrecer un servicio más rápido y eficiente a las personas que esperan la ciudadanía, la renovación de la tarjeta verde y otros trámites.

En ese momento, por ejemplo, el proceso para realizar la comprobación de antecedentes era el siguiente: un empleado se sentaba frente a un ordenador (en la cueva, también conocida como Centro Nacional de Prestaciones) con una pila de expedientes a su izquierda. Abría el expediente superior de la pila, a continuación abría el programa de comprobación de antecedentes y tecleaba el nombre y la fecha del expediente. Imprimía la pantalla —en muchos casos, ¡en una impresora de matriz de puntos!—, arrancaba las perforaciones de los bordes de la página impresa, la grapaba al expediente y luego lo colocaba en otra pila ubicada a la derecha del ordenador. Ese mismo proceso se repetía varias veces por solicitud, dependiendo de la cantidad de sistemas con los que había que contrastar al solicitante.

Este proceso, y muchos otros similares, dieron lugar al Programa de Transformación. Sin embargo, en 2014 el propio programa necesitaba una transformación. Desde su lanzamiento en 2008, se había ejecutado de acuerdo con las prácticas de tecnología de la información del gobierno, con todas las características típicas: dos años de requisitos, contratistas heredados y un historial de fracasos. El nuevo sistema de tecnología de la información era en realidad más lento que el proceso en soporte papel.

Fue entonces cuando Mark Schwartz, director de Tecnologías de la Información del USCIS, y Kath Stanley, directora de la transformación y funcionaria pública con una trayectoria de treinta años en el gobierno, decidieron probar algo nuevo, utilizando varias técnicas que, a estas alturas, te resultarán familiares.

Durante casi dos años, el equipo del USCIS se dedicó a la reestructuración de los contratistas y el lanzamiento de nuevas características cada cierto tiempo, algo que lo condujo al momento posterior al caso de HealthCare.gov, cuando Mikey Dickerson visitaba Silicon Valley para medir el interés de la gente en el trabajo del gobierno.

Una de las personas que respondió a la llamada de Dickerson fue un ingeniero de software de Google llamado Brian Lefler. «Creo que yo, personalmente, como en aquel momento trabajaba en Google Maps y estaba muy contento, tenía que ver <HealthCare.gov> en llamas para asegurarme de que había un problema. Luego observar cómo lo solucionaban. Tenía que saber si mis conocimientos realmente iban a ser útiles.» Su participación duró seis meses, y el primer proyecto que asumió, junto con otros dos miembros del USDS, Eric Hysen y Mollie Ruskin, fue una carrera de dos semanas en el USCIS.

Lefler se quedó para ayudar con el proceso más tiempo que las dos semanas oficiales convenidas, y seis meses después el departamento había adoptado todas las recomendaciones del

272 · El camino hacia el Lean Startup

equipo. Para entonces ya se había creado el Servicio Digital de Estados Unidos. Brian Lefler se incorporó a un equipo de cinco personas, dirigido por Mark Schwartz y Kath Stanley, cuya labor consistía en ayudar al personal del USCIS a realizar la transición del soporte papel a los sistemas electrónicos. Abordaron problemas de las áreas de ingeniería, producto y diseño. «La gente cree que sabe lo que los usuarios quieren porque está escrito en un documento que alguien redactó hace dos años», comenta Lefler. Entre otras cosas, el equipo del USDS convenció a la agencia de que merecía la pena hacer un esfuerzo económico para que la gente volara hasta «la cueva» y observara cómo se tramitaban las solicitudes. Además, a medida que los prototipos evolucionaban los iban llevando a la cueva para que los trabajadores los probaran y opinaran, creando un ciclo continuo de retroalimentación.

Hacia noviembre de 2014 el equipo estaba listo para el lanzamiento parcial del producto, lo cual le permitió realizar una prueba integral del sistema y abordar los problemas detectados a través de las pruebas automatizadas que había desarrollado (y perfeccionado continuamente) antes del lanzamiento completo del nuevo proceso I-90 en febrero de 2015. Cuando se lanzó el producto, el 92 por ciento de las personas que lo utilizaron para renovar o reemplazar sus permisos de residencia afirmaron haber quedado «satisfechas con la experiencia».[35] Los plazos de tramitación disminuyeron muchísimo, de forma casi inmediata. Inmediatamente después del lanzamiento, una persona recibió la aprobación de su solicitud de permiso de residencia y su tarjeta verde en dos semanas, cuando antes había una demora de seis meses. «Creímos que se trataba de un error de programación —recuerda Brian Lefler—. Supusimos que la gente tardaría aproximadamente un mes en conseguir una cita para que le tomaran las huellas digitales y demás, pero alguien sacó el comprobante del sistema y se las arregló para presentarlo en un centro de citas, en plan "¡tómame ya las huellas digitales!".»

A partir de ese momento, en colaboración con el equipo del

35. <https://www.usds.gov/report-to-congress/2016/immigration-system/>.

USDS, el Servicio de Ciudadanía e Inmigración de Estados Unidos continuó añadiendo nuevas funciones al Sistema Electrónico de Inmigración (ELIS). Buscaron la forma de gestionar la seguridad en un mundo de rápidos lanzamientos y redujeron de once a dos las revisiones de ese proceso. En los dieciocho meses posteriores al lanzamiento parcial de la aplicación I-90 digitalizaron prácticamente el 40 por ciento del sistema.

Hoy el departamento cuenta con su propio equipo interno: el Servicio Digital del Departamento de Seguridad Nacional. Ya no tienen que pedir ayuda al grupo del USDS, porque han integrado la innovación tecnológica en su departamento. En la actualidad, la labor que desempeña el Servicio de Ciudadanía e Inmigración de Estados Unidos forma parte de un conjunto de servicios a los que pueden acceder otros sectores del departamento. Como afirma Hysen, el director del equipo, el método antiguo «enriqueció a muchos contratistas. No nos ayudaba realmente a satisfacer las necesidades de las personas que dependen de nuestro departamento con la máxima rapidez y eficacia». No es raro que el USCIS reciba visitas de otras agencias del Departamento de Seguridad Nacional, como la Administración de Seguridad en el Transporte (TSA), la Agencia Federal para el Manejo de Emergencias (FEMA) o el Servicio Secreto, «que han estado estancados durante años», según Hysen, y quieren ver cómo se trabaja con el nuevo método. La agencia emplea a 14.000 funcionarios federales, que cuentan con el apoyo diario de 6.000 contratistas, y la labor que realizan afecta a cuatro millones de personas al año. En la actualidad, el personal de las ochenta y cinco oficinas locales de todo el país, muchas de las cuales habían estado utilizando los mismos sistemas durante treinta años, utilizan el sistema ELIS, y el proceso de transformación continúa su curso.

Recursos humanos

El sistema de gestión de personal de GE

El área de recursos humanos de General Electric es de primer orden. Otras empresas han reestructurado sus departamentos de recursos humanos para imitarla. Así que puedes imaginarte que cuando sugerí modificaciones para esa área como parte de la transformación, todos creyeron que me había vuelto loco. Descubrí por qué había que hacerlo en una de las primeras reuniones que mantuve con un equipo que trabajaba en la creación de una turbina de gas.

El equipo estaba logrando grandes avances en uno de los primeros talleres FastWorks, y debatía la rapidez con la que podía sacar el nuevo producto al mercado. Nadie estaba satisfecho con el ciclo de desarrollo tradicional de cinco años. Al final, el equipo decidió recurrir a una técnica lean clásica llamada «ingeniería concurrente basada en conjuntos» (SBCE)[36] que permitía sacar al mercado un PMV inicial en menos de dieciocho meses.

El equipo trabajó con ahínco para identificar a los primeros clientes y descubrir la manera de vincularlos lo antes posible al proceso de desarrollo. Todos coincidían en que el nuevo plan tenía mayores probabilidades de éxito que el antiguo, porque el equipo podía detectar los posibles problemas de su plan en cuestión de meses, en vez de años. Entusiasmado, pregunté: «¿Estamos listos para presentar el nuevo plan al personal de alta dirección?». La respuesta fue unánime: «No, por supuesto que no».

¿Por qué narices no podíamos avanzar? Uno de los ingenieros resumió la respuesta en una palabra: «SGP».

Los ingenieros me explicaron pacientemente que el trabajo en paralelo con múltiples componentes a la vez, que exige la ingeniería concurrente basada en conjuntos, le costaba más dinero a la empresa porque cuando diseñas piezas de forma independiente hay que realizar forzosamente más ajustes y adaptaciones. Les pedí que cuantificaran el coste adicional, que calcularon en un millón de dólares. Estaba confundido: ¿Acaso ese coste no era minúsculo en comparación con el presupuesto general del proyecto (que era considerablemente mayor)? ¿Acaso no merecía la pena un modesto incremento de los costes a corto plazo a cambio de la enorme reducción del tiempo de ciclo y la tremenda reducción de los costes totales por medio del aprendizaje validado? Todos estuvieron de acuerdo en que sí, merecía la pena.

36. <https://www.lean.org/lexicon/set-based-concurrent-engineering>.

De manera que, se mirara por donde se mirase, parecía una ventaja, ¿verdad?

Todos estuvieron de acuerdo.

—Entonces, ¿estamos de acuerdo en seguir adelante con el nuevo plan?

—No, claro que no.

—¿Por qué no?

—SGP.

Nadie podía creer que yo no hubiera oído hablar del SGP (el Sistema de Gestión de Personal de General Electric) hasta ese momento. Sin embargo, ¿qué tenía que ver eso con la toma de decisiones subóptimas de ingeniería?

Al final, un ingeniero se compadeció de mí y me explicó que todos los ingenieros presentes en la sala tenían un objetivo anual que se evaluaba a través del SGP de acuerdo con una matriz funcional que establecía los parámetros de excelencia de cada categoría profesional. En esta división, la cantidad de adaptaciones que conllevara el trabajo de los ingenieros constituía uno de los parámetros claves. De manera que cualquier plan que se tradujera en un aumento de las adaptaciones repercutiría negativamente tanto en la evaluación anual como en la carrera del ingeniero. Adelantar la salida al mercado de este proyecto, aunque era algo indudablemente digno de admiración e incluso conveniente para la empresa en su conjunto, dificultaba las posibilidades de ascenso de los integrantes del equipo.

El caso fue que Janice Semper y Viv Goldstein oían lo mismo de otros equipos que se estaban formando en FastWorks: el sistema de evaluación de desempeño en la empresa, vigente desde 1976, constituía «una parte importante de la cultura», según Semper, pero no apoyaba el nuevo método de trabajo. No me malinterpretes: el SGP es un sistema impresionante, sólo que no fue concebido para los tipos de proyectos que la empresa empezaba a asumir, porque la incertidumbre extrema exigía un nuevo enfoque.

El SGP funcionaba anualmente, los objetivos de los empleados se fijaban a principio de año y la evaluación tenía lugar a final de año. Como lo describe Jennifer Beihl, miembro del equipo de recursos humanos: «Era totalmente incoherente con lo que intentábamos hacer».

La gente se acercaba a Semper y le decía cosas como: «Estoy poniendo en práctica FastWorks y aprendiendo, y en muchos casos estoy invalidando supuestos. Debería pivotar pero no puedo hacerlo por la forma en que se evalúa mi trabajo». Enseguida comprendió que el Sistema de Gestión de Personal impedía el proceso de cambio por el que la empresa tanto se esforzaba.

Semper recurrió al equipo de cultura que había ayudado a crear las Creencias de GE (véase el capítulo VI) para desarrollar un nuevo enfoque de desempeño que estuviera en consonancia con el programa FastWorks. Insistió en que se probara el nuevo enfoque con los empleados para averiguar si funcionaba a partir de datos reales que revelaran un aumento de la productividad, velocidad y participación. El proceso que siguió el equipo de cultura constituye un claro ejemplo del doble papel que desempeñan las áreas en la Tercera etapa: Ambos secundan los esfuerzos emprendedores de los equipos de producto y proyecto, y crean sus propios procesos emprendedores para agilizar el desempeño de sus responsabilidades. (Véase el organigrama del capítulo V, página 156).

PD@GE (Desarrollo del Desempeño en GE)

La primera medida adoptada por el equipo consistió en la creación de un comité de alta dirección compuesto por casi una docena de altos ejecutivos para facilitar un diálogo continuo sobre el proceso y la evolución de este cambio sumamente importante. A continuación, realizaron una investigación externa sobre la forma en que otras organizaciones estaban modificando su enfoque hacia estructuras menos jerárquicas; incluso conversaron con una orquesta sin director para comprender mejor cómo podían crear un proceso más acorde con los resultados que quería la empresa.

Con algunas ideas en mente, el equipo seleccionó a tres grupos de clientes internos para que trabajaran con los nuevos enfoques, y recabó la opinión de casi mil personas de todas las áreas, los negocios y los lugares donde operaba la empresa.

CLIENTE #1: Empleados de GE
PROBLEMA #1: El sistema de gestión de personal no crea un vínculo personal con los objetivos, tampoco fomenta el desarrollo personal ni profesional. («Necesitamos un proceso más continuo y fluido, en vez de uno motivado por hechos concretos.»)

CLIENTE #2: Directores de GE
PROBLEMA #2: El sistema de gestión de personal no les brinda la oportunidad de inspirar, motivar, ni dirigir a los equipos hacia su mejor desempeño posible. («Se desperdicia demasiado tiempo analizando los hechos pasados.»)

CLIENTE #3: Alta dirección de GE
PROBLEMA #3: El sistema de gestión de personal carece de la capacidad de mejorar el desempeño de los empleados y los equipos en apoyo de los negocios de General Electric y su cultura en constante evolución.

Las respuestas de los clientes fueron muy valiosas para el equipo. No obstante, el mayor aprendizaje no fue ése, sino la invalidación de un supuesto de fe tan inamovible que el equipo ni siquiera lo había contemplado como un punto a incluir en las preguntas a los clientes.

Durante años, General Electric había utilizado un famoso sistema de clasificación de cinco puntos para clasificar a los empleados en distintas categorías, desde «insatisfactorio» hasta «ejemplar».[37] Al inicio del proceso de reestructuración, el equipo había supuesto que, al margen de los cambios que realizara, mantendrían ese modelo. «Luego a raíz del diálogo con los empleados y directores aprendimos que se trataba de un terrible punto débil para muchas personas —recuerda Beihl—. Para la mayoría de ellos, la etiqueta carecía de significado o incluso los desmotivaba.» Puesto que las categorías repercutían en el salario y otros beneficios, el equipo se dio cuenta de que el antiguo sistema requería una reforma integral.

La toma de conciencia fue asombrosa. Habían dejado de ser

37. <http://www.businessinsider.com/ge-is-ditching-annual-reviews-2016-7>.

vigilantes para convertirse en emprendedores, y además habían descubierto que tenían que tratar a los empleados como emprendedores. Este entendimiento se asemeja a la manera en que el fundador de una startup tiene que dejar de ser el líder de un pequeño equipo para convertirse en el líder de un ecosistema de pequeños equipos (como vimos en el capítulo I) para guiar a la empresa al siguiente nivel. Janice Semper recuerda que su equipo «no consideró el área de recursos humanos, tradicionalmente encargada de este proceso, como un grupo de clientes, sino como un facilitador clave para el enfoque».

Comprobación de componentes del PMV

Tres meses después del inicio del proyecto, el equipo lanzó su primer PMV, una nueva aplicación que podía utilizarse para el intercambio de información, el diálogo y la evaluación. Entre los tres grupos de clientes a los que había encuestado, surgió un claro mandato para mantener una cultura meritocrática. Los empleados estaban acostumbrados a recibir comentarios de desempeño de los directores —evaluación del personal superior a los subalternos—, pero a esto querían añadir comentarios ascendentes y los comentarios de sus colegas. El equipo identificó otros dos supuestos de fe antes de crear su PMV:

1. Si encontramos la forma de que los empleados compartan sus comentarios tal como nos pidieron, utilizarán esta función.
2. Si la utilizan, les parecerá valiosa.

Luego inventaron un experimento y lo pusieron en marcha:

- Crearon una aplicación «rápida y sucia» que admitía los tres tipos de comentarios (y omitieron otras funciones que iban a incorporar más adelante).
- Formaron a cien empleados y directores para que aprendieran a usar la aplicación.
- Concedieron a la cohorte capacitada dos semanas para probar la aplicación.

¿Qué pasó una vez transcurridas esas dos semanas? «Nos pusimos a recopilar las lecciones aprendidas, y lo que aprendimos fue que nadie había hecho nada», recuerda Janice Semper.

¿Qué salió mal? Primero, el equipo buscó el problema en la aplicación. ¿Era demasiado complicada? No. La primera prueba no había fracasado porque la herramienta tecnológica fuese mala, sino porque no existían los comportamientos ni el entorno necesarios para implantarla de manera eficaz. Los empleados dijeron que querían evaluar a sus superiores y colegas, pero a la hora de hacerlo, se sentían incómodos. No había antecedentes de este tipo de intercambio en General Electric, y no sabían cómo podían reaccionar sus compañeros, de modo que se decantaron por la opción más segura, es decir, por no hacer nada.

El pivote, una vez aceptado por el equipo (con el mantra «no eludamos el pivote»), consistió en centrarse en los comportamientos y la cultura necesarias para que la herramienta fuera útil, en vez de esperar que la herramienta diera lugar a esos comportamientos. «Ese aprendizaje concreto nos ayudó a hacer la transición de la tecnología como centro de nuestro enfoque en materia de desempeño al uso de la tecnología como una herramienta posibilitadora del enfoque —afirma Beihl—. Nos ayudó a centrarnos realmente en el enfoque de desarrollo del desempeño como un producto basado en los comportamientos, el nuevo diálogo y el nuevo método de trabajo.» Está claro que en los viejos tiempos, comenta Beihl, el equipo hubiera lanzado la aplicación en toda la empresa, marcado la casilla «hecho» en la lista de pendientes y pasado a la siguiente tarea. Sin embargo, en la Tercera etapa, a pesar de que las organizaciones perciben el éxito y el empuje de la transformación, las pruebas y la validación son más importantes que nunca.

Por este motivo el equipo de recursos humanos —que ya era una verdadera startup— se embarcó en un conjunto de experimentos para probar distintos enfoques orientados al cambio de conducta, que fueron probados en pequeñas cohortes compuestas por veinte (y hasta un máximo de cien) empleados y directores. A raíz de lo que aprendieron de los experimentos, se dieron cuenta de que ninguna de las herramientas de gestión de desempeño disponibles en el mercado apoyaba el tipo de resultados que buscaban. Decidieron rediseñar la aplicación inicial basándose en el nuevo conocimiento adquirido y en tres meses tuvieron lista una versión del PMV basada en información real para probar en una cohorte más grande. Así pues, además de tiempo, ahorraron mucho dinero que de otra forma hubieran tenido que destinar a la compra de complejos programas informáticos que no se adecuaban a lo que querían ofrecer y medir.

Prueba piloto de extremo a extremo
Hacia el cuarto trimestre de ese primer año el equipo estaba listo para realizar una prueba más grande (aunque seguía siendo pequeña en comparación con las dimensiones de General Electric). Presentaron el nuevo enfoque y lanzaron la aplicación, diseñada para facilitar y respaldar el diálogo constante entre empleados y directores, que incluía un sencillo resumen de final de año, a 5.500 empleados de cinco organizaciones mundiales. Un millar de esos empleados utilizaban además un nuevo enfoque «sin calificaciones» que el equipo estaba probando en reemplazo del sistema de calificación por puntos. Se pidió a los participantes de la prueba piloto que hicieran de cuenta que el último trimestre equivalía al año completo, a fin de que pasaran por el proceso de principio a fin.

El aprendizaje que obtuvieron de la prueba piloto contemplaba varios aspectos, desde cambios sutiles en el lenguaje —el uso de la palabra *insight* (percepción) en vez de *feedback* (comentarios) y una opción para indicar a los colegas que continúen así o que revisen sus acciones— hasta observaciones que llevaron a cambiar, en la siguiente iteración, la manera en que la herramienta registraba los comentarios de todas las partes implicadas. «Con el antiguo método de trabajo —explica Beihl— les hubiéramos dicho que estaban haciendo algo "mal" y los hubiéramos ayudado a "arreglarlo". Ahora entendemos realmente cómo actuaban y cambiamos el enfoque en consecuencia.»

Además, hubo un indicador adelantado importante que arrojó buenas noticias: hacia finales de enero, el 80 por ciento de los empleados que utilizaban el nuevo sistema había completado el resumen de final de año, en tanto que menos del 2 por ciento de los empleados que aún utilizaban el antiguo SGP había completado el resumen.

A la luz del éxito de los resultados, a principios de 2015 el equipo comenzó a ampliar la prueba valiéndose de dos métodos elementales:

- La totalidad del área de recursos humanos de la empresa inició la transición al nuevo sistema, independientemente de que sus negocios u organizaciones formaran o no parte de la creciente cohorte de prueba.
- Se preguntó a los negocios que tenían equipos en el programa piloto cómo querían llevar a cabo la ampliación (por subunidades de negocio, por unidades enteras de negocio, etc.). Se alentó a los negocios que no habían participado en el programa piloto para que incorporaran un pequeño equipo a la cohorte. Nadie estaba obligado a participar; los negocios que accedieron a probar el sistema lo hicieron de manera voluntaria. El hecho de que tantas personas se apuntaran al programa fue otro indicador adelantado del éxito de la iniciativa.

En el transcurso de 2015 el número de integrantes de los grupos de prueba aumentó de 5.500 a casi 90.000. Dentro de esos grupos, el número de empleados que probaban el sistema de evaluación «sin clasificación» aumentó de 1.000 a 30.000 (comentaremos las implicaciones de esto en unos instantes). En 2016 la aplicación se implantó en toda la empresa, junto con herramientas de apoyo para ayudar a que los empleados la utilizaran con eficacia.

En dos años el equipo de PD@GE (el nombre que le dieron a la aplicación) cambió el método de evaluación del desempeño de «un proceso anual sumamente prescriptivo y formal a un enfoque que nos permitió establecer un marco en el que fomentamos la libertad», según Semper. Pero eso no fue todo, el equipo también cambió la manera de entender el éxito de la gente de la empresa. Y algo muy importante: demostró que hasta el área de recursos humanos puede actuar como una startup.

Este tipo de reestructuración en el seno de PD@GE no sólo mejora el funcionamiento de la empresa sino que además constituye un medio eficaz para transmitir un claro mensaje a todos los niveles y divisiones de la organización de que el nuevo método de trabajo es el nuevo estándar.

RETRIBUCIÓN Y ASCENSO

Cuando uno pasa de un sistema de calificación como el que tenía antes General Electric, mediante el cual se calificaba anualmente a los empleados con una de las cinco etiquetas,[38] a un sistema que considera el aprendizaje, la sinceridad y los resultados como indicios de éxito, es difícil prever cómo traducir eso en avances profesionales. Sin embargo, eso no supuso ningún problema, como puso de manifiesto el subconjunto de pruebas piloto.

El equipo eligió tres indicadores concretos:

- La capacidad (comunicada por los directores) para planificar y preparar los salarios y las primas, y diferenciar eficazmente entre ambos.
  - El 77 por ciento afirmó que la planificación salarial era idéntica o más sencilla que antes del PD@GE, y los hallazgos fueron los mismos para aquellos que utilizaban el sistema de calificaciones.
- La media de aumento de méritos y primas tanto para los empleados que participan en la prueba sin calificaciones como para los que aún reciben calificaciones.
  - No se apreciaron cambios, hecho que indicaba que el nuevo sistema permitía diferenciar las recompensas con independencia de que se utilizaran o no las calificaciones.
- La creencia de los directores de que con el nuevo sistema sin calificaciones podían relacionar de manera efectiva el desempeño con los aumentos salariales.
  - El 70 por ciento de los directores afirmó que esto no era un inconveniente.

38. Ibíd.

Estos aprendizajes demostraron que el nuevo sistema sin calificaciones representaba un buen plan en lo concerniente a las recompensas económicas (otros indicadores revelaron que los empleados mantenían conversaciones más significativas con sus colegas y directores, y que los directores tenían un mejor panorama del impacto de los empleados, todos buenos indicios). En 2016 General Electric decidió abandonar por completo su antiguo sistema de calificación del desempeño.[39]

La retribución como herramienta de contratación

Repara en el debate sobre la participación en el capital social abordado en el capítulo III. Los incentivos son fundamentales para las startups, no sólo por el aspecto económico, sino también para que las personas que trabajan en ellas tengan intereses en los resultados y sientan que son dueñas de un destino común. Para los primeros fundadores y empleados, la participación en el capital de la empresa aporta esa creencia. Sin embargo, para los empleados que se incorporan más tarde, sobre todo durante el período de crecimiento de la empresa, la participación directa en el capital puede representar un sistema de incentivos más complejo, debido a que la propiedad fraccionaria es demasiado baja.

WordPress —la plataforma de blog de código abierto con la que opera más del 27 por ciento de las páginas web— posee una estructura abierta y no jerárquica. Más de 500 personas de todo el mundo trabajan en la empresa, y ninguna de ellas lo hace del mismo modo. «Quiero crear un ambiente donde la gente tenga autonomía y un propósito —explica Matt Mullenweg, cofundador de la empresa—. En parte, eso implica transmitir que no vas a decirle a nadie cómo tiene que hacer su trabajo. Todo se trata de los resultados.» Los mismos principios aplican a la forma en que WordPress maneja el proceso de rendición de cuentas y los incentivos. «Intentamos no hacer nada por decreto —afirma Mullenweg—. La gente puede cambiar radicalmente cuando se suma a un equipo, o el equipo

39. <https://www.wsj.com/articles/ge-does-away-with-employee-ratings-14 69541602>.

puede cambiar cuando alguien se suma a él.» Muchos puestos clave de la empresa van rotando con el tiempo, pero eso no implica cambios en la remuneración del empleado. Mullenweg quiere que la gente se sienta totalmente cómoda cambiando de puesto si cree que no lo disfruta o no es la persona adecuada para desempeñar esa función. «En muchas estructuras corporativas te ascienden cuando tienes más gente a tu cargo. No quiero que nadie piense que para crecer profesionalmente tiene que llegar a ser director. Ni tampoco quiero que nadie se sienta mal por dejar pasar esa oportunidad.»[40]

WordPress ha estructurado los incentivos de esa forma desde su fundación en 2003. No obstante, en organizaciones más consolidadas es preciso cambiar la manera de recompensar a los empleados. Esto puede resultar sumamente complicado, sobre todo en las empresas que han operado durante mucho tiempo con los mismos sistemas. Cuando converso con ejecutivos corporativos, a menudo me dicen que les gustaría poder ofrecer a sus empleados «participación» directa en el éxito a largo plazo de los proyectos en curso. Para las startups internas evidentemente es algo lógico. Y sin embargo, los ejecutivos sostienen que las misteriosas fuerzas «financieras» no se lo permiten. No obstante, al conversar con jefes financieros de todo el mundo todos coinciden universalmente en que los mecanismos para crear esta especie de «participación interna» no son complicados. Lo que falta a los directores generales es voluntad para comprometerse con hitos específicos que permitan valorar el éxito del proyecto.

El trabajo colaborativo e interfuncional nos muestra un posible camino a seguir: un sistema para que las startups internas participen en los resultados, creado por finanzas y respaldado por la convicción del personal de alta dirección.

Como afirma Ryan Smith, jefe de Recursos Humanos Globales de GE Business Innovations, «la remuneración en las empresas suele ser un ámbito bastante arraigado en la consistencia y el proceso. Puede ser un ámbito muy difícil a innovar». Esto, por supuesto, es lo que convierte al proyecto en un candidato perfecto para la

40. Matt Mullenweg participó en la Conferencia Lean Startup de San Francisco en 2013: <https://www.youtube.com/watch?v=adN2eQHd1dU>.

Tercera etapa. Cuando has visto tantos logros en equipos y proyectos, experimentar con algo tan sagrado como la retribución parece menos arriesgado. La gente entiende cómo funciona la experimentación y, por lo general, está dispuesta a darle una oportunidad.

Ése fue el caso de GE Ventures, el brazo inversor de General Electric, que se fundó en 2013. Los directivos de la empresa sabían que si querían atraer a los mejores trabajadores tenían que hacer algo más que ofrecer un contrato tipo y cruzar los dedos. «Tenemos un gran camino recorrido con los ingenieros —apunta Smith—. Pero los inversores de capital riesgo no son ingenieros. Buscan algo distinto en términos de retribución.»

Lo que antes hubiera sido una ruptura del protocolo, en ese momento era más o menos un día más en la oficina. «Fuimos a ver a nuestro equipo de dirección con una idea y le dijimos: "Queremos retribuir de otra forma a este grupo de directores. Queremos probar esto, ¿podemos hacerlo?"» A los directivos les gustaron algunas partes del experimento y estuvieron de acuerdo en realizar la prueba, que era bastante pequeña (el poder de atenuación de riesgo de un PMV surte efecto con independencia de lo que se someta a prueba).

Éstas eran sus hipótesis: 1) Este nuevo sistema de retribución nos permitirá recompensar y mantener en la empresa a talentos clave y extraordinarios y 2) El nuevo enfoque de retribución nos permitirá mejorar el proceso de contratación.

Llevaron a cabo la prueba, realizaron algunas modificaciones basándose en lo que habían aprendido e implantaron el sistema. «Si el resultado que buscamos es recompensar, retener y contratar a los mejores talentos del mundo —comenta Smith— esto nos ha permitido hacerlo en un mercado donde nunca antes habíamos estado. Cuando no puedes innovar en nuevos ámbitos, no puedes cumplir los objetivos empresariales. Lo que ocurre es que, en este caso, el objetivo que intentamos alcanzar consiste en captar a los mejores talentos y conservarlos en la empresa.»

Procedimientos de compras y contratación

Como mencioné al inicio del capítulo, este tipo de transformación puede ocurrir, y de hecho así lo hace, en todas las áreas de la empresa. He visto resultados increíbles en organizaciones de todo tipo, incluso en los departamentos de compras y contratación y cadena de suministro. En el gobierno, proyectos como el RFP-EZ[41] (del inglés *Request for Proposal EZ*, Solicitud de Propuesta EZ), uno de los primeros proyectos del programa Becas Presidenciales de Innovación, que creó un mercado digital donde las pequeñas empresas podían licitar, y el Contrato Global de Suministro Ágil (*Agile Blanket Purchase Agreement*, en adelante «Contrato Ágil»),[42] que permite que el gobierno entre en contacto con contratistas y proveedores que prestan servicios ágiles como Operaciones de Desarrollo (DevOps), diseño centrado en el usuario y desarrollo ágil de software, han reducido sustancialmente el tiempo y los requisitos necesarios para la adquisición de bienes y la contratación de servicios, dando lugar a la resolución más rápida de problemas críticos. Pero esto no es todo.

Hasta los códigos nucleares necesitan una reforma en materia de adquisición

Quizá parezca imposible que la reforma del proceso de compras, que muchos consideran aburrido por naturaleza, guarde relación con algo tan importante y delicado como la generación de códigos nucleares. Sin embargo, no sólo es posible, ¡sino que es real! En 2016, Matt Fante, director general de Innovación de la División de Seguridad de la Información de la Agencia de Seguridad Nacional (NSA), puso en marcha una incubadora de startups, en la actualidad llamada I-Corps (del inglés *Innovation Corps*, Cuerpo de Innovación). En uno de sus primeros proyectos, un colega de Fante de la misión de Comando y Control Nuclear propuso modificar el funcionamiento de la «*no-lone zone*», la zona militar donde se generan de forma continua los códigos nucleares, cuyo acceso está restringido a dos o más soldados.

Se trata de una responsabilidad solemne. El antiguo sistema

41. <https://obamawhitehouse.archives.gov/blog/2013/05/15/rfp-ez-delivers-savings-taxpayers-new-opportunities-small-business>.

42. <https://ads.18f.gov/>.

que estaba vigente cuando se propuso el proyecto exigía la presencia de dos personas en la sala en todo momento (de ahí *no-lone*, literalmente «no en solitario») para garantizar la seguridad del funcionamiento del equipo de sistemas de los procesos de comando y control. En ocasiones se requerían tres personas para cubrir ambos puestos durante los descansos y la hora de la comida. Esas personas estaban encerradas en una minúscula sala segura durante muchas horas. «Lo que más ansiaban era libertad. ¿Podíamos ofrecerles libertad? El equipo enseguida se dio cuenta de que ése era el principal problema del cliente», recuerda Fante.

El equipo de I-Corps empezó a trabajar con la idea de crear un conmutador KVM (en inglés la abreviatura de *keyboard, video and mouse*, «teclado, vídeo y ratón»): una persona utiliza el equivalente a una tarjeta inteligente para entrar en el sistema; la segunda persona hace lo mismo, el sistema se conecta y activa el vídeo, el teclado y el ratón. A no ser que se conecten dos personas, el KMV no se autenticará y los sistemas estarán inoperativos, y al final se consigue el mismo objetivo que con dos personas sentadas todo el día en una habitación. El equipo llamó «Ortos» al dispositivo que estaba diseñando, en honor al monstruoso perro bicéfalo de la mitología griega.

A pesar de que el equipo estaba trabajando en el desarrollo del producto, no recibían los componentes a tiempo debido al proceso de cadena de suministro excepcionalmente rígido y seguro del gobierno. En una oportunidad, cuando les faltaba un componente llamado placa *breakout*, Fante se acercó al equipo, pidió un cable USB y lo cortó en dos. «Aquí tenéis vuestra placa *breakout*», dijo.

Con los nuevos cables cortados, el equipo pudo terminar un PMV en siete semanas y empezar a iterar, lo que dio lugar a una herramienta de trabajo que satisfizo las necesidades del cliente en poco tiempo. Fante y su equipo crearon uno de los sistemas, luego trabajaron en otros veinticinco durante el segundo año, e intentarían seguir ampliando el proyecto con posterioridad. «Descubrimos una forma totalmente nueva de ser productivos, todo con un dispositivo de doscientos dólares —afirma—. Ponerlo en funcionamiento en un año, en ese contexto, es algo fascinante.» La presteza es muy inusual en ese contexto.

Como resultado de esa experiencia, el equipo hoy cuenta con

procesos que le permiten comprar componentes de forma más rápida, en tanto que continúa la búsqueda de valor y nuevas soluciones. «Luego revisaremos el proceso de compras en toda su extensión cuando llegue el momento de la ejecución», explica Fante.

El almacén del Hospital de Niños de Seattle

La reforma del proceso de compras también ha llegado al ámbito de la sanidad. Lo que comenzó con la reorganización de un almacén del Hospital de Niños de Seattle (basada en los métodos del Sistema de Producción Toyota) se propagó a través del sistema y se convirtió en toda una filosofía que combina las ideas del lean manufacturing con las del Lean Startup dando lugar a un ciclo de mejoras continuas llamado Seattle Children's Improvement and Innovation.[43]

En 2006, cuando Greg Beach se trasladó del departamento de ingeniería clínica al de cadena de suministro del Hospital de Niños de Seattle, se llevó consigo un profundo conocimiento de los métodos lean. El hospital se convirtió en uno de los primeros del país en adoptar los principios lean que facilitaron la mejora del sistema en todos los departamentos.

Al inicio del proceso de adopción, cuando Beach se incorporó al área de cadena de suministro, esperaba que todo marchara sobre ruedas. Pero en cambio, se encontró con una unidad que carecía de parámetros o pautas de trabajo. «La gente llegaba a las siete o a las ocho y se marchaba a casa a las tres y media, y lo que hacía durante esas horas no estaba definido —comenta Beach—. Por la tarde me llamaba nuestro jefe de enfermería diciendo: "Te quedaste sin pañales, y ésta es una institución pediátrica".»

Beach enseguida descubrió que algunas enfermeras hacían los pedidos por su cuenta. Llamaban a los proveedores y procesaban los pedidos en el sistema, y como solían pedir más de la cuenta para asegurarse de que el material no se acabara, se terminaban acumulando pilas de material en su unidad. A veces se

43. <http://www.seattlechildrens.org/about/seattle-childrens-improvement-and-innovation-scii/>.

quedaban ahí y nadie las usaba. «El personal que tenía que atender a los pacientes o hacer los análisis de laboratorio en realidad se encargaba de tramitar los pedidos», comenta.

Fue entonces cuando el departamento de cadena de suministro recurrió a Toyota. Beach y sus colegas viajaron a Japón. Allí aprendieron cómo Toyota había capacitado y proporcionado los recursos a sus trabajadores para que propusieran ideas de mejoras, y les enseñaron formas de reducir derroches y gestionar con eficacia el inventario.

A resultas de ello, en 2008, la cadena de suministro del hospital hizo la transición a lo que ellos llaman «sistema de dos cubos» (*two-bin system*). Por cada material se llenan dos cubos. Cuando el primero se vacía se saca el segundo, que está guardado detrás del cubo vacío. En ese momento se cursa automáticamente un pedido al proveedor, que está vinculado al código de barras del recipiente, para reponer los suministros.

Aunque esta pequeña modificación parece sencilla, implicó numerosos cambios en la organización (imagínate el nivel de coordinación interfuncional requerido). Pero mereció la pena: se tradujo en una reducción de 80.000 horas de trabajo al año. «Eso equivale casi a cuarenta personas que el hospital recuperó, que volvieron a las salas para hacer su trabajo, para cuidar a los pacientes y hacer lo que mejor saben hacer», afirma Beach. Como ya no se distraen abriendo cajas y haciendo pedidos, las enfermeras pueden enfocarse más en su trabajo.

El Hospital de Niños de Seattle cuenta con clínicas regionales y un centro satélite de cirugía ambulatoria, y todos ellos funcionan con el sistema de dos cubos, que ha sido imitado por hospitales de todo el país. Además, hoy la tramitación, la recepción y la distribución de los suministros son más ágiles. «El objetivo consistía en reducir el tiempo de búsqueda de material y desplazamiento de las enfermeras», afirma Beach. Gracias al nuevo edificio, donde se guardan y clasifican todos los suministros, el tiempo de búsqueda y desplazamiento del material se redujo en un 50 por ciento.

Beach comenta que hace poco estuvieron trabajando en la creación de unos carros de suministros provistos de artículos de uso común para que las enfermeras no tuvieran que dejar a los pacientes solos tan a menudo. En la unidad de cuidados intensivos y el servicio de urgencias, estos carros permiten que las enfermeras estén más tiempo en las habitaciones con los pacientes y disminuyen la frecuencia con la que tienen que quitarse y sustituir las batas y lavarse las manos, lo cual ayuda a prevenir infecciones.

INNOVACIÓN EN TODA LA EMPRESA

En definitiva, el objetivo del camino hacia el Lean Startup consiste en permitir que la totalidad de la organización funcione como una cartera de startups. Ésa es la clave para realizar el tipo de apuestas a largo plazo que facilitan el crecimiento y la sostenibilidad. Al igual que ocurre con una cohorte de startups en sitios como Y Combinator, en organizaciones de mayor envergadura también se espera que los proyectos de innovación tengan una elevada tasa de mortalidad. No obstante, los proyectos que logren sobrevivir de un año a otro pueden tener gran impacto.

La creación de Soluciones Sanitarias Sostenibles de General Electric

En 2011, Terri Bresenham, presidenta y consejera delegada de Soluciones Sanitarias Sostenibles de General Electric, viajó a India en calidad de consejera delegada de GE Healthcare para ayudar a introducir nuevas soluciones en un mercado donde GE Healthcare tenía algunas dificultades. Como Bresenham había cursado estudios de ingeniería, congeniaba muy bien con el equipo de ingeniería sobre el terreno de aquel momento.

Cuando Bresenham llegó a su destino, el equipo estaba entusiasmado con el nuevo método de trabajo porque ya había empezado a experimentar para mejorar el acceso a la sanidad en un mercado limitado aproximadamente a 5.800 millones de personas en todo el mundo, que en India estaba fuera del alcance de casi 600 millones de personas. El equipo de I+D había desarrollado un electrocardiógrafo portátil de muy bajo coste que podía realizar esa prueba por menos de 10 rupias (20 centavos de dólar).

En 2012, John Flannery, entonces consejero delegado de GE India y en la actualidad consejero delegado de GE Healthcare, decidió financiar un programa de innovación ICFC (es decir, en el país y para el país, del inglés *in country for country*) como parte de una iniciativa global dirigida por la división Global Growth Organization de General Electric, que había creado un fondo para mercados emergentes. Al igual que los otros negocios regionales, Bresenham y su equipo presentaron su trabajo, incluido el electrocardiógrafo y otros proyectos que tenían en marcha, y Flannery les concedió 6,5 millones de dólares del fondo de innovación para India. Quizá parezca una inversión importante, pero para que entiendas la magnitud del desafío al que se enfrentaba el equipo, ten en cuenta que el presupuesto total de I+D ascendía a 1.000 millones de dólares. «Los escépticos argüían que los productos de gama baja podían debilitar nuestra marca, ofrecer rentabilidades deficientes o pertenecer a un mercado que no era suficientemente grande como para que valiera la pena», recuerda Bresenham.

Con el capital inicial en mano, el equipo de I+D decidió centrarse en un único ámbito de la atención sanitaria a efectos de simplicidad: un conjunto de productos para la atención materno-infantil, «dispositivos esenciales de muy bajo coste que se necesitaban en los partos para la reanimación, ventilación y termorregulación, que, en conjunto, podían reducir la tasa de mortalidad infantil». Cuando me encontré por primera vez con este equipo en una de las primeras rondas de proyectos FastWorks, su objetivo consistía en disminuir el coste de los productos como mínimo en un 40 por ciento. Los logros del equipo —entre ellos el diseño de un elemento calefactor para la incubadora, que ha sido patentado— dieron lugar a otros proyectos, y todos ellos no sólo mejoraron la atención brindada al paciente sino que además incrementaron los ingresos. En palabras de Bresenham: «Es un beneficio para todos. Hay un resultado positivo para General Electric y un resultado clínico positivo para los pacientes». En 2012 los ingresos globales provenientes de estos productos más económicos fueron de 30 millones de dólares. Hacia finales de 2015 la cifra ascendía a 260 millones de dólares.

Estos éxitos llevaron a la creación de un nuevo negocio dentro de la empresa, Soluciones Sanitarias Sostenibles (SHS), que se fundó a principios de 2016 con una inversión de 300 millones de dólares y agrupa el área sanitaria de la empresa de India, Asia Meridional, África y el Sudeste Asiático. «Creamos todo un negocio en torno a la cartera —explica Bresenham— centrándonos exclusivamente en la creación de tecnologías y soluciones asequibles para que las economías en desarrollo se beneficien de los nuevos enfoques, las tecnologías innovadoras y los sistemas sanitarios más competentes.» El nuevo negocio opera al estilo de FastWorks al más alto nivel y constituye en sí un experimento. «Estamos experimentando internamente con estructuras organizativas para permitir que nuestros equipos trabajen para favorecer a los mercados emergentes —afirma Bresenham—. Por ejemplo, estamos probando una red de equipos en reemplazo de la tradicional jerarquía compuesta por supervisores y subordinados.» Aunque cada región cuenta con un director de marketing, todos ellos trabajan de manera conjunta y asumen el control de esferas estratégicas concretas en representación de sus colegas, con lo cual: 1) se fomenta la responsabilidad colectiva de la totalidad del negocio y 2) es posible llevar las lecciones aprendidas al resto de los mercados de forma mucho más rápida. Además, toda la financiación de SHS se obtiene a través de un consejo de crecimiento, hecho que guarda relación con la decisión inicial de financiar al equipo. Si John Flannery no hubiera adoptado esa decisión, General Electric no sólo habría perdido la oportunidad de crecimiento y ampliación de su cuota de mercado (más del 35 por ciento de los clientes que recientemente han comprado un escáner TAC nunca habían comprado un producto de General Electric), sino también la oportunidad de mejorar la vida de millones de personas.

CÓMO EL CAMINO HACIA EL LEAN STARTUP FOMENTA LA ACLIMATACIÓN DE LA CULTURA

El éxito real en la adopción del camino hacia el Lean Startup implica mucho más que aplicar el método a los productos y procesos existentes en la organización. El mayor impacto se produce cuando las ideas y el método de trabajo se consolidan en el ADN de la empresa. Es entonces cuando la innovación deja de limitarse únicamente a proyectos o divisiones concretos y, como explica Viv Goldstein, «ahora es nuestra nueva manera de trabajar». El nuevo método de trabajo se convierte, en otras palabras, en parte de la cultura. Ben Horowitz, cofundador de la sociedad de capital riesgo Andreessen Horowitz, define claramente el término: «Los perros en la oficina, el yoga, la comida orgánica... eso no es cultura. [Cultura] es el comportamiento colectivo de todas las personas de la organización. Es lo que hace la gente cuando actúa a su propio arbitrio. Es la forma en que la organización hace las cosas».[44]

Quiero compartir algunas anécdotas más que ilustran la mentalidad startup en los niveles jerárquicos más bajos de la organización. Si bien no son grandes proyectos de innovación, dejan entrever los beneficios que comportan los pequeños actos de innovación, pruebas e iteración en toda la organización. Imagina que estas pequeñas estampas se repiten una y otra vez entre los miles o cientos de miles de empleados de la empresa. Son pequeños actos, pero la suma de todos ellos tiene un impacto colosal. Y luego reflexiona en lo siguiente: ¿Cuántos avances y descubrimientos que cambiaron el mundo empezaron por algo pequeño?

FastWorks Everyday

Casi dos años y medio después de iniciar la implantación FastWorks en General Electric la empresa puso en marcha FastWorks Everyday, una iniciativa para ayudar a que los empleados se plantearan un conjunto de preguntas distintas en torno al desarrollo de producto pero también a todas las actividades que realizaban, desde la elaboración de una presentación hasta la publicación de una oferta de trabajo. Se trata tanto de la mentalidad de trabajo como del desempeño de tareas específicas. Cuando los empleados adoptan este enfoque, dice Goldstein, «se crea la base del cambio cultural en toda la empresa». Al igual que la implanta-

44. <https://a16z.com/2017/03/04/culture-and-revolution-ben-horowitz-toussaint-louverture/>.

ción del propio programa FastWorks (¿te acuerdas de la gira?), FastWorks Everyday ha crecido mediante la iteración, no por decreto. Son los mismos empleados quienes eligen apuntarse a la formación; de hecho, eso hicieron más de treinta mil trabajadores. Los trabajadores pueden optar por el curso en línea, que se complementa con foros de debate y charlas de seguimiento, o el curso presencial, que dura entre seis y ocho horas. General Electric está ampliando el programa y ha creado una cohorte de formadores de FastWorks Everyday para impartir los cursos. A medida que el programa cobra impulso, los formadores recopilan un archivo de pruebas y casos para demostrar el poder de este método de trabajo a los incrédulos.

En el plano corporativo, Ryan Smith (véase anteriormente en este capítulo el relato sobre la prueba de la estrategia de retribución) aplicó FastWorks a las ofertas de empleo de Current, la nueva startup de energía digital de la empresa.[45] «Dijimos: "Probemos algo distinto". Si el resultado que buscamos es un negocio distinto, novedoso, más contemporáneo y más afín a una startup, tenemos que mantenernos al día de lo que ocurre en el mercado.» Con un pequeño grupo, probaron la inclusión de vídeos con las descripciones de los puestos, con miras a averiguar la opinión de los usuarios y ampliar el proyecto si todo salía bien. A la hora de tomar la decisión, comenta Smith, «no nos tomamos seis meses, ni preparamos un caso de negocio enorme, tampoco lo evaluamos con veinte personas, ni pedimos fondos por cien millones de dólares. Dijimos: "Es una idea fantástica; probémosla con veinte ofertas de empleo y hagámoslo rápido. Aprendamos de esa experiencia y luego ya veremos si queremos ampliarla". Ésas son conductas FastWorks».

«Decidimos tratar la cultura como un producto»[46]

Otro indicio de la aceptación cultural de estos principios se evidencia cuando éstos son adoptados por empleados que no necesa-

45. <https://www.currentbyge.com/company>.
46. <https://www.fastcompany.com/3069240/how-asana-built-the-best-company-culture-in-tech>.

riamente participan en los procesos Lean Startup. La startup tecnológica de hipercrecimiento Asana se fundó en base a los conceptos de concienciación e intencionalidad. «La mayoría de las empresas terminan con una cultura como un fenómeno emergente —afirma Justin Rosenstein, cofundador de Asana—. Nosotros decidimos tratar la cultura como un producto.»[47] Dustin Moskovitz, también cofundador de la empresa (y también cofundador de Facebook), añade: «Desde el principio quisimos aspirar a la intencionalidad. Muchas empresas tienen esa conversación cuando llevan varios años de existencia. Nosotros la tuvimos en las primeras dos semanas. Luego nos ocupamos de manifestarla y ampliarla».

Asana trabaja para reexaminar y rediseñar constantemente sus valores fundamentales, y cuando la empresa adopta un cambio, introduce un nuevo valor en toda la organización de la misma manera que introduciría cualquier producto nuevo. A continuación pasa por un proceso de valoración e iteración en el camino hacia la resolución. Asana llama a estos problemas «errores culturales» y trabaja para erradicarlos de la misma manera en que lo haría con un software defectuoso. Cuando los subalternos comunicaron a la dirección que se sentían «falsamente empoderados» —es decir, tenían poder de decisión, pero sus decisiones a menudo quedaban anuladas por sus superiores— la empresa puso en marcha un proceso para resolver este problema. Asana es una iniciativa que nació de algunos de los mejores fundadores del mundo. Y cuando llevan su talento emprendedor más allá del producto esto es lo que puede ocurrir: la reestructuración de la propia empresa.

Innovación social en Intuit

En 2013 Brad Smith, consejero delegado de Intuit, fue el anfitrión del acto benéfico que celebra anualmente la Asociación Estadounidense de Cardiología (AHA). Tal vez no salte a la vista que este evento representaba una oportunidad de innovación, pero Intuit por entonces estaba tan inmerso en el proceso

47. Ibíd.

de innovación que pudo llevarlo más allá de las fronteras de su trabajo habitual. Seis semanas antes del acto benéfico, Smith formó un equipo de cinco personas —integrado por dos diseñadores, un ingeniero, un director de producto y un director de innovación— y les pidió que lo ayudaran a presentar el evento de recaudación de fondos más exitoso en la historia de la AHA.

En cuestión de un mes el equipo diseñó una aplicación móvil para que los voluntarios realizaran el seguimiento de las donaciones recibidas, que estaría conectada a una pantalla de la sala principal y mostraría el total de dinero recaudado. «Cada vez que alguien donaba dinero durante el evento, la cifra de la pantalla se actualizaba en tiempo real.» El equipo tenía dos hipótesis: 1) Si todas las personas podían ver los avances logrados hacia el objetivo, nadie se permitiría no alcanzar el objetivo, y 2) Al crear emoción y expectativa en la sala, la pantalla motivaría a los asistentes a aunar sus esfuerzos, ya que se darían cuenta de que todos compartían un mismo objetivo. Para probar las hipótesis, dos semanas antes del evento real organizaron un simulacro del acto benéfico, que incluía hasta a un falso subastador. Cada falso invitado representaba a un personaje que estaba dispuesto a donar una cantidad de dinero determinada. Después del simulacro realizaron algunas modificaciones basadas en lo que habían aprendido, y más tarde presentaron la herramienta en el evento real, donde funcionó a la perfección.

El objetivo consistía en recaudar 1 millón de dólares, y el ingeniero del equipo, Justin Ruthenbeck, recuerda: «Estábamos en 947.000 dólares y el subastador dijo: "¿Alguien que pueda ayudarnos?". Entre varias mesas se pusieron de acuerdo y dijeron: "Oíd, si alguien da veinticinco nosotros igualamos la cifra. Nosotros damos treinta y cinco y vosotros dais treinta y cinco". Estaban jugando entre ellos, y al final de la noche se superó la marca del millón de dólares y se recaudaron 170.000 dólares más que el año anterior». A raíz del éxito de la herramienta, la AHA volvió a utilizarla en los actos benéficos celebrados en la costa Oeste. Posteriormente Ruthenbeck y su equipo pusieron la herramienta a disposición de todas las organizaciones de forma gratuita.[48]

48. <http://give.intuitlabs.com/>.

UNA COSA MÁS...

Espero que los relatos de este capítulo te hayan inspirado y te lleven a emprender esta ardua labor en tu organización, con independencia de la etapa de transformación en la que te encuentres en este momento.

No obstante, hay un tema más que he reservado para el final de la Segunda parte, porque no es tan inspirador. Se trata de un trabajo tedioso y minucioso, del pegamento que aglutina todas las técnicas que he compartido hasta ahora contigo.

Es el conjunto de mecanismos y métodos que se combinan en un marco llamado contabilidad de la innovación, el tema del siguiente capítulo.

ADVERTENCIA: No intentes hacer esto en casa hasta dominar los cálculos matemáticos que lo hacen posible.

IX

Contabilidad de la innovación

En los primeros tiempos de IMVU, la empresa que cofundé en 2004, intentamos conseguir financiación de algunos de los principales inversores de capital riesgo de Silicon Valley. Recorrimos Sand Hill Road de arriba abajo, con una presentación que resumía nuestros avances hasta ese momento. Habíamos incluido algunos de los gráficos que mencioné en el capítulo III, cuando conté la anécdota de que nos daba vergüenza presentar cifras tan modestas a pesar de que reflejaban un claro progreso. No obstante, nos ganamos la confianza y la financiación de los inversores de capital riesgo, que no sólo entendieron nuestra mentalidad de equipo (todo se trata del equipo) sino que además supieron cómo interpretar esas cifras minúsculas de una manera más sofisticada.

Esos inversores entendieron que la verdadera lección de nuestra presentación no residía en el hecho de que nuestra empresa ya había alcanzado un importante «valor patrimonial». Al examinar la situación de la empresa más allá de las métricas de vanidad, pudieron ver que: 1) nuestros indicadores por cliente eran realmente prometedores[49] y 2) la variación de los indicadores en el

49. Puede tratarse de algo tan simple como el porcentaje de clientes que encargan por adelantado un PMV, el porcentaje de clientes que aceptan parti-

tiempo revelaba que había ocurrido algo importante que estaba provocando el despegue del palo de hockey. Esto no constituía una prueba definitiva de que habíamos encontrado el encaje producto-mercado, pero era una métrica adelantada prometedora. Significaba que si los primeros resultados se mantenían a medida que crecíamos, tendríamos una gran empresa. En otras palabras, habíamos abordado dos elementos importantes de la fórmula de valoración de una startup: nuestra probabilidad de éxito futuro y la posible magnitud del éxito futuro.

El reconocimiento de que estos primeros indicios de éxito merecen que se siga invirtiendo en la startup constituye una habilidad clave que impulsa el éxito del capital riesgo. Sin embargo, en la mayoría de los contextos corporativos los equipos de finanzas cancelarían con mucho gusto un proyecto como éste. Un tipo de crítica muy habitual a los proyectos corporativos en ciernes, cuando las cifras brutas son pequeñas, es que aun cuando los primeros resultados son prometedores, el tamaño de la muestra se considera insignificante.

Lo que hace falta en un proyecto startup es una nueva forma de interpretar los primeros resultados que resuelva este dilema elemental y recurrente al que se enfrentan todos los equipos de innovación. De hecho, una vez que tengamos el marco adecuado, los equipos pueden usar mi respuesta favorita a estas críticas frecuentes: «Dice que el tamaño de la muestra es demasiado pequeño. Estupendo. Nos alegra que esté de acuerdo en que deberíamos aumentar nuestro presupuesto. Ampliemos el experimento y obtengamos una muestra más grande». Esta respuesta funciona porque la crítica lleva implícita la premisa de que los primeros resultados son prometedores.

EL DISCURSO FATAL

He sido testigo de la misma negociación, casi palabra por palabra, en tres contextos muy distintos. Esa negociación tiene lugar cuando una startup de Silicon Valley presenta su plan de negocio

_____

cipar en un programa de formación o el porcentaje de clientes que utilizan un sistema de TI (en el caso de que se trate de un proyecto interno).

a una empresa de capital riesgo para conseguir financiación, pero también cuando un equipo corporativo presenta el plan a su director financiero, e incluso cuando un inventor que trabaja en el garaje le intenta vender la idea de negocio a su cónyuge. Todo emprendedor rinde cuentas a alguien, porque los emprendedores tienen la pésima pero persistente costumbre de gastar el dinero de los demás.

La presentación empieza con un discurso con pompa como éste:

> Querido [inversor/director financiero/cónyuge]: ¡Tengo una oportunidad de negocio! Si me concedes [un equipo de cinco personas/ un millón de dólares/nuestros ahorros de toda la vida] y un año, te prometo que conseguiré resultados alucinantes. Generaremos ingresos por miles de millones de dólares, tendremos millones de clientes ¡y saldremos en las portadas de las revistas! Será igual que la formidable startup que sale en esa película famosa o en ese sonado caso de la escuela de empresariales.

En el círculo de las startups a esto lo llamamos formular la «promesa plausible»: qué magnitud de impacto se puede prometer que sea lo suficientemente grande para apelar a la codicia del inversor, pero no tan grande como para que el fundador que hace la promesa parezca un loco. La clave de la promesa radica en saber cuán grandes deben ser las cifras. He trabajado con empresas donde una nueva línea de negocio de 25 millones de dólares al año se consideraría un punto de inflexión y otras donde se consideraría algo tan pequeño como un error de redondeo. Los buenos emprendedores tienen la habilidad de afinar su discurso para conseguir su objetivo.

Así pues, supongamos que la respuesta es afirmativa y que a la startup se le concede dinero y tiempo. Y ahora avancemos rápidamente. Supongamos que ha transcurrido un año. ¿Qué sabemos con certeza acerca de nuestra nueva y prometedora empresa? Puedo casi garantizar que:

1. La empresa gastó todo el dinero, según lo previsto. Casi

nunca oyes en ningún contexto que una startup devuelve dinero porque no se le ocurrió cómo o en qué gastarlo.

2. Todo el mundo estuvo muy ocupado (otro superpoder emprendedor). Los hitos fueron y vinieron, y se hicieron muchas cosas.

3. Y si has seguido las anécdotas de este libro, seguramente puedes intuir que la mayoría de las veces los resultados empresariales que se prometieron en un principio no estaban a la altura de las circunstancias.

Piensa en la conversación que mantuve con los inversores de capital riesgo en IMVU. Es siempre la misma cantinela: «De modo que [inversor/director financiero/cónyuge], tengo buenas y malas noticias. La mala noticia es que no pudimos cumplir nuestros objetivos en materia de rendición de cuentas, pero por poco. En lugar de millones de clientes, tenemos cientos de clientes. En lugar de haber obtenido ingresos por miles de millones de dólares, conseguimos ingresos por miles de dólares. Pero, pero, pero... ¡tenemos buenas noticias! ¡Hemos aprendido muchísimo! Estamos a punto de triunfar; si tan sólo nos dieras un año más y otros 10 millones de dólares, te prometo que...».

Este discurso siempre es motivo de risa y suscita no pocas quejas entre el público, al margen de que te encuentres en el barrio más moderno de San Francisco o en la sala de juntas más aburrida de cualquier empresa. Todos sabemos lo que ocurre a continuación: despiden al emprendedor. Nuestra experiencia en IMVU es un caso atípico, pero la mayoría de las startups simplemente no sobreviven a aquello que se percibe como un fracaso de esta magnitud.

Ahora bien, cuando los emprendedores —respaldados por empresas o por capital riesgo— nos reunimos en privado, nos encanta quejarnos y decir pestes de «los capitalistas buitres» y los directores financieros trajeados de gris que continuamente —¡continuamente!— ponen fin a empresas nuevas y prometedoras justo antes de que tengan la oportunidad de triunfar. De hecho, la historia del desarrollo tecnológico está plagada de anécdotas sobre estos tipos de errores, como la vez que los fundadores de Twitter estaban tan avergonzados de sus primeros resultados que ofrecieron a varios inversores la posibilidad de retirar su dinero.[50] ¡Y algunos aceptaron!

Pero analicemos el problema desde el punto de vista financiero. En situaciones corporativas normales, el director que no cumple sus objetivos financieros trimestrales —aunque sea por un margen muy estrecho— está en apuros. En la mayoría de las organizaciones, el hecho de no alcanzar el objetivo trimestral por un 10 por ciento probablemente no sea suficiente para que te despidan en el acto, pero ¡pobre el director que haga un hábito de ello! Y esta política tiene cierta lógica. Como vimos en el capítulo I, la gestión del siglo xx desarrolló un sistema de rendición de cuentas para garantizar que ningún director pudiera eludir sus responsabilidades por acontecimientos externos o la suerte. Sólo aquellos que pueden hacer y batir previsiones razonables (supervisadas por finanzas, por supuesto) de forma constante son dignos de elogios y ascensos.

Entonces, ¿cómo se ve a los emprendedores desde este punto de vista? No estamos hablando de directores que no cumplen los objetivos de rendición de cuentas por un 10 por ciento, sino por dos, tres o cuatro órdenes de magnitud. Es decir, ¿quién tiene el descaro de pedir más financiación cuando ha fallado el objetivo apenas por un 10.000 por ciento?

Un equipo puede acudir al departamento financiero prácticamente sin clientes y sin ingresos y pedir que lo traten como un caso de éxito. Sí, es posible que el equipo haya aprendido muchas cosas, pero también es posible que no haya hecho más que quemar el dinero de la empresa y darse la gran vida en la playa. Desde el punto de vista de la contabilidad tradicional, es imposible distinguir entre estas dos posibilidades. Las mátricas de vanidad son idénticas en ambos casos: casi nulas. ¿Cómo se supone que finanzas puede juzgar si el proyecto merece más financiación? Lo que en realidad determina la decisión del departamento fi-

50. <https://www.quora.com/What-was-it-like-to-make-an-early-investment-in-Twitter-What-was-the-dynamic-like>; <http://www.nbcnews.com/id/42577600/ns/business-%20us_business/t/real-history-twitter-isnt-so-short-sweet/#.We9oW2i0NPZ>.

nanciero, en casi todas las organizaciones que he conocido, es siempre lo mismo: la política.

Así pues, en realidad nuestros compañeros de finanzas no tienen la culpa. Si tu sistema de contabilidad no es capaz de distinguir entre el próximo Facebook y el payaso Bozo, estás sufriendo una crisis de paradigma. Ha llegado el momento de cambiar.

CONTABILIDAD DE LA INNOVACIÓN: ¿QUÉ ES?

El método Lean Startup ha dado lugar a muchos eslóganes de moda. Algunos de ellos quedan fantásticos en pegatinas para el parachoques del coche: ¡Pivota! ¡Producto Mínimo Viable! Y la célebre frase de Steve Blank: ¡Sal a la calle! (No estoy de broma, puedes comprar camisetas con estos eslóganes.) Puedo decirte qué partes del libro se leyeron más por la frecuencia con la que recibo preguntas y correos electrónicos sobre ciertos conceptos.

Uno de los conceptos más importantes de *El método Lean Startup*, sin embargo, no cabe en una pegatina. Y tal vez no resulte sorprendente el hecho de que no recibo muchos correos de los lectores al respecto (aunque los pocos que he recibido son excepcionales). Verás, este concepto implica muchos cálculos matemáticos. Se trata de la contabilidad.

Pocas cosas en este mundo se consideran más aburridas que la contabilidad, y la gente que lee libros sobre innovación y start-ups, por lo general, busca algo un poco más emocionante. Créeme, si fuera posible lograr el objetivo de la creación de un motor de innovación continua sin reformar la contabilidad sería el primero en hacerlo. Pero, según mi experiencia, es imposible.

Cuando transformamos nuestras organizaciones y nuestro método de trabajo también tenemos que transformar la contabilidad. Nos hace falta algo que ponga en consonancia las finanzas con este modelo emprendedor. A esto yo lo llamo contabilidad de la innovación (mis colegas que trabajan en finanzas siempre me piden que añada esta cláusula de exención de responsabilidad: no confundir con la contabilidad «innovadora», que constituye un delito por el que podrías ir a prisión, así que ve con cuidado).

La contabilidad de la innovación (CI) es una forma de evaluar el progreso cuando todos los indicadores típicamente utilizados en las empresas consolidadas (ingresos, clientes, rendimiento de la inversión, cuota de mercado, etc.) son prácticamente nulos.

- Proporciona un marco de indicadores adelantados encadenados que individualmente pronostican el éxito. Cada eslabón de la cadena es esencial y, en caso de ruptura, requiere atención inmediata.
- Es un dispositivo de enfoque para los equipos, porque centra su atención en los supuestos de fe más importantes.
- Es un vocabulario matemático común para negociar el uso de recursos entre distintas áreas, divisiones o regiones.
- Proporciona una forma de vincular el crecimiento a largo plazo y la investigación y el desarrollo a un sistema que sigue un claro proceso de financiación de la innovación que puede auditarse por su capacidad para impulsar la creación de valor.

La contabilidad de la innovación permite hacer comparaciones válidas y fiables entre dos o más startups, a fin de evaluar cuál de ellas merece inversión continua. Es una forma de entender la startup o el proyecto de innovación como un instrumento financiero formal, como una «opción de innovación»[51] si se quiere, que posee un valor exacto y refleja un abanico de costes y resultados financieros a futuro.

La contabilidad de la innovación es un sistema para traducir del vago lenguaje del «aprendizaje» al complicado lenguaje del dinero. Pone un precio no sólo al éxito sino también a la información.

La contabilidad de la innovación permite que las organizaciones cuantifiquen el aprendizaje en términos de futuros flujos de caja (y que lo relacionen con la estructura de participación comentada en el capítulo III). En otras palabras, proporciona a

---

51. <https://medium.com/@dbinetti/innovation-options-a-framework-for-evaluating-innovation-in-larger-organizations-968bd43f59f6>.

finanzas una forma de entender las variables que intervienen en la valoración de una startup: valor de los activos, probabilidad de éxito y magnitud del éxito. Es probable que las cifras iniciales, como los ingresos, sean muy pequeñas, y que el ROI (rendimiento de la inversión) sea negativo. Esto entraña un peligro real para los proyectos de innovación desde el punto de vista político, de forma que tenemos que ser capaces de explicar —con rigurosidad— cómo esas cifras modestas pueden aumentar considerablemente sin hacer extrapolaciones ingenuas.

No obstante, es importante aclarar que la contabilidad de la innovación no es lo mismo que el cálculo del patrimonio neto. Cuando calculamos el valor actual neto (VAN) de los potenciales beneficios futuros estamos calculando la posible magnitud del éxito, no su probabilidad. De este modo, la contabilidad de la innovación actúa como un marcador que mide el progreso del equipo a medida que éste atraviesa el «campo de la innovación» delimitado por dos zonas de anotación:

cero -> valor actual de la CI -> valor del patrimonio neto -> plan de fantasía

Una advertencia: Este capítulo está forzosamente incompleto. Proporciona herramientas de alto nivel para establecer un marco de la contabilidad de la innovación único en tu organización, a fin de fomentar la ardua labor de aprendizaje de los cálculos matemáticos implicados. No hace falta ser un genio, pero hay que hacer bien los cálculos para que sea eficaz. Así como resulta imposible aprender contabilidad de costes en unos minutos leyendo un libro de negocios como éste, la contabilidad de la innovación también exige que se la estudie con detenimiento y, como se trata de una disciplina incipiente, que se aplique con prudencia.

LOS TRES NIVELES DE LA CONTABILIDAD DE LA INNOVACIÓN

Siempre que intento enseñar este tema a los equipos, lo presento de forma gradual. La estructura general es demasiado compleja como para ponerla en práctica de inmediato, incluso para los equipos más avanzados. Por eso suelo desglosar el concepto en tres «niveles». A cualquier escala —ya sea a nivel de equipo o de toda la empresa—, tanto los orientadores como los directores deben ser expertos en el uso del nivel de complejidad adecuado al exigir rendición de cuentas a los equipos. Y a medida que los equipos se tornan más sofisticados, pueden profundizar más en las prácticas.

Nivel 1: Cuadro de mando

Cada aspecto de la contabilidad de la innovación está pensado para demostrar de manera rigurosa el aprendizaje validado. Como recordarás del capítulo IV, esto implica demostrar un cambio en el comportamiento de los clientes de un experimento a otro. Estos comportamientos son los datos iniciales del modelo de negocio, los indicadores adelantados que impulsarán los futuros resultados como el ROI y la cuota de mercado.

El proceso de la contabilidad de la innovación comienza con un cuadro de mando sencillo con los indicadores que los equipos consideran importantes. Muchos equipos aún no se han percatado de los motores que impulsan sus proyecciones de ingresos. Se centran, en cambio, en los objetivos o «resultados» financieros —como el ROI, la cuota de mercado y los márgenes— en vez de prestar atención al poder que se requiere entre bastidores para que esos resultados afloren.

Esto al final se traduce en que los equipos abultan las previsiones en un esfuerzo por conseguir financiación. Si el plan de fantasía parece prometedor desde un principio, obtienes más dinero. Sin embargo, a los equipos —y también a las empresas— les iría mejor si analizaran los verdaderos motores de crecimiento e intentaran comprender cómo, con el tiempo, esos motores podrían contribuir al éxito de la empresa. La contabilidad de la innovación nos permite seguir la trayectoria de este tipo de progreso y ulteriormente traducir lo que hemos aprendido a un lenguaje comprensible para el departamento financiero.

La información clave en este proceso son los datos por cliente, algo que puede medirse en una muestra de cualquier tamaño; da igual que englobe a uno, diez o cien clientes. Fundamentalmente, puedes mostrar cómo cambian esos datos con el paso del tiempo mucho antes de que puedas presentar cualquier otra cifra bruta significaba.

Las métricas de aprendizaje por cliente incluyen:

- Tasas de conversión (por ejemplo, el porcentaje de clientes que utilizan la versión de prueba gratuita del producto y posteriormente se convierten en clientes de pago).
- Ingresos por cliente (el importe medio que pagan los clientes por el producto).
- Valor de vida del cliente (el importe que obtiene la empresa del cliente medio durante el tiempo que dura su relación con la empresa).
- Tasa de retención (el porcentaje de clientes que continúan utilizando el producto una vez transcurrido cierto período).
- Coste por cliente (cuánto cuesta atender al cliente en promedio).
- Tasa de recomendación (el porcentaje de clientes existentes que recomiendan el producto a nuevos clientes y, en promedio, la cantidad de recomendaciones que hacen por unidad de tiempo).
- Adopción de canal (el porcentaje de canales de distribución relevantes del producto).

Muchas startups empiezan con un plan de negocio complicado. Por lo general, miran las proyecciones en una hoja de cálculo elaborada y a partir de ahí intentan trabajar en retrospectiva, del estado final al inicial. Sin embargo, un medio más eficaz para empezar con la contabilidad de la innovación es un cuadro de mando simple. Durante la etapa inicial, los equipos pueden elegir los indicadores que prefieran, siempre que sean sencillos y accionables.

¿Necesitas ayuda para determinar los primeros indicadores? Como mínimo, todo cuadro de mando de la contabilidad de la innovación debería intentar responder a las cuatro «preguntas clave» descritas en la sección «Contabilidad de la innovación a escala» de la página 315.

Los indicadores ni siquiera tienen que estar relacionados entre sí en este momento. La idea simplemente consiste en empezar con algo manejable, observar las cifras en el tiempo y contar con un plan. Por ejemplo, esta semana, intenta conseguir tres clientes con varias preguntas que aclaren tus objetivos y sus necesidades. La próxima semana intenta captar cinco clientes y la tercera semana, siete, y después, a partir de las cifras expresadas en porcentaje, comprueba si ha habido alguna mejora. Esto se parece a la obsesión de Y Combinator de medir el crecimiento de sus startups de una semana a otra.[52]

Este cuadro de mando es simple pero poderoso. Por un lado, inicia el proceso de percepción del cliente como un «flujo» que circula por la fábrica de experimentos. En vez de decir «Creemos el producto y luego presentémoslo a x clientes», acostúmbrate a plantear: «Probemos todas las semanas nuestra última versión del producto con cinco clientes. Cuando estemos listos, podemos añadir diez clientes más por semana o incluso volver a cinco clientes». Se trata de establecer una cadencia de actualizaciones periódicas y contacto regular con el cliente. No conviene que la tasa de clientes caiga a cero, pero está bien dar un paso atrás si es necesario. Algunas cosas dejan de funcionar cuando se amplía la escala, es normal. Simplemente disminuye la tasa de clientes.

Por otro lado, el poder de este cuadro de mando radica en su efecto de enfoque. Si los clientes ni siquiera quieren probar nuestro producto la tasa de repetición de compra no tendrá ninguna relevancia. No importa cuál sea la tasa de retención a noventa días, ni nada que ocurra con posterioridad. El cuadro de mando nos da una noción de lo que funciona y de lo que no funciona.

A fin de utilizar el cuadro de mando de Nivel 1 para la rendición de cuentas del equipo, simplemente formula esta pregunta: ¿Qué indicadores están mejorando con el paso del tiempo? Por ejemplo, un equipo que intenta demostrar que puede cobrar un recargo sobre el precio de un nuevo producto podría hacer

---

52. <http://paulgraham.com/growth.html>.

un PMV inicial que nadie esté dispuesto a comprar. Así pues, los ingresos por cliente de la primera prueba equivaldrían a cero. Después de algunas modificaciones del producto, quizá los ingresos aumenten a 1 dólar. Esto es un avance, aun cuando el objetivo final consista en llegar a 10 dólares, 100 dólares o un importe superior.

CUADRO DE MANDO DE NIVEL 1

PLH – PMV 1: Puesto de limonada callejero / mesas y sillas

Hitos:			Lanzamiento de campaña en Instagram	Bajada de precios	Presentación línea de su- peralimentos	Contratación de un becario de marketing	Nueva ubicación geográfica	
	Semana 1	Semana 2	Semana 3	Semana 4	Semana 5	Semana 6	Semana 7	Semana 8
Núm. de transeúntes	100	100	125	150	175	200	400	450
Núm. de clientes	0	0	5	20	35	45	60	75
Tasa de conversión	0 %	0 %	4 %	13 %	20 %	23 %	15 %	17 %
Precio por limonada	9	9	9	5	6.5	6.5	7	7
Núm. de pedidos por cliente	0	0	1	1	1	2	2	2

Nivel 2: Caso de negocio

El Nivel 1 no pretende ser exhaustivo. Se trata, en cambio, de un primer paso necesario para ayudar a que los equipos entiendan el proceso de contabilidad de la innovación. Con el Nivel 2 profundizamos un poco más. Para este nivel hace falta tener un plan de negocio bien pensado y haber identificado los supuestos de fe (SF) que lo motivan (véase el capítulo IV). Éste es el momento de empezar a ver esos SF como datos que impulsan el caso de negocio.

Considera la etapa desde que el cliente oye por primera vez acerca del producto hasta el momento en que realiza la compra. En el Nivel 2 de la contabilidad de la innovación se elabora un cuadro de mando a fin de representar la interacción completa con el cliente. El cuadro de mando debe incluir todo el conjunto de indicadores que conforman el plan de negocio.

Por ejemplo, un típico cuadro de mando de Nivel 1 sólo incluirá los indicadores relacionados con los ingresos, pero no con los costes ni con la retención a largo plazo. Como bien saben los vendedores, siempre es posible incrementar los ingresos haciendo promesas poco realistas o inasequibles de antemano. El cuadro de mando de Nivel 2 tiene por objetivo impedir ese tipo de errores.

Este cuadro de mando debería proporcionar una visión global de lo que está ocurriendo en la empresa. Y debería ser lo suficientemente detallado y claro para que cualquier persona de finanzas pueda entenderlo. Lo más importante es que el conjunto de datos de entrada corresponda a los propulsores de la hoja de cálculo incluida al final del plan de negocio.

En concreto, cada indicador del cuadro de mando debe corresponder a un SF del plan de negocio, y no deberían incluirse indicadores superfluos. Un error habitual de Nivel 1 es seleccionar exclusivamente los indicadores que dejan bien parado al equipo. Por ejemplo, resulta fácil aumentar las ventas prometiendo el oro y el moro durante la comercialización inicial y la bajada de precios. Sin embargo, eso inevitablemente se reflejará de forma negativa en la retención, la repetición de compra o los márgenes. El cuadro de mando de Nivel 1 podría no incluir estas variables de etapas posteriores, pero el cuadro de mando de Nivel 2 debe hacerlo.

En particular, es fundamental que el cuadro de mando abarque la hipótesis de valor y la hipótesis de crecimiento (del capítulo IV). La cuantificación de estos dos conceptos representa una gran mejora con respecto a la forma habitual en que tanto inversores como emprendedores se refieren al encaje producto-mercado. Para la hipótesis de valor, ¿cuál es el comportamiento específico del cliente que demuestra deleite por el producto?[53] En el Nivel 1 podríamos utilizar una variable sustitutiva, como la métrica Net Promoter Score (NPS)[54] o la encuesta «muy decep-

53. Scott Cook, de Intuit, estableció la norma de deleite en 2007 en el curso Design for Delight, que posteriormente se convirtió en la estructura de innovación de la empresa. <https://hbr.org/2011/06/the-innovation-catalysts>.

54. <http://www.netpromoter.com/know/>.

cionado» elaborada por Sean Ellis, fundador y consejero delegado de GrowthHackers.[55] Ambos son buenas métricas de la satisfacción del cliente, pero resulta difícil traducirlos a dólares y centavos. ¿Cómo sabemos que el NPS es «suficientemente bueno» para convencer a la gente de que invierta más tiempo y dinero en el proyecto? En cambio, la métrica de la hipótesis de valor de Nivel 2 debería medir un comportamiento, como la repetición de compra, la retención, la buena predisposición a pagar el precio más elevado del segmento (*premium price*) o las recomendaciones. ¿Qué umbral es «suficientemente bueno»? Eso es fácil de responder, de momento: cualquier cifra que sea necesaria para cuadrar la hoja de cálculo de nuestro plan de negocio.

Motores de crecimiento

La hipótesis de crecimiento también puede cuantificarse. Podemos plantearnos lo siguiente: teniendo en cuenta que el cliente está encantado con nuestro producto, ¿qué comportamiento específico del cliente se traduciría en el aumento del número de clientes? Buscamos comportamientos que obedezcan a la ley de crecimiento sostenible: que los clientes nuevos provengan de las acciones de clientes existentes. Esto puede ocurrir de tres maneras:

1. El «motor de crecimiento pegajoso»: la recomendación de boca en boca es mayor que la tasa de abandono natural (por consiguiente, se produce un crecimiento).
2. El «motor de crecimiento remunerado»: podemos tomar los ingresos obtenidos de un cliente y reinvertirlos para captar nuevos clientes.
3. El «motor de crecimiento viral»: es posible conseguir nuevos clientes como consecuencia directa del uso habitual del producto, como es el caso de Facebook o PayPal, y otros productos de moda.

---

55. <https://www.slideshare.net/hiten1/measuring-understanding-product market-fit-qualitatively/3-Sean_Ellis_productmarket_fit_surveysurveyio>.

Para cada uno de estos «motores de crecimiento», hay una cifra específica que indica que el crecimiento sostenible es factible; esta cifra define el umbral del encaje producto-mercado. A diferencia del clásico consejo sobre el encaje producto-mercado que sostiene que «ya te darás cuenta cuando lo veas», esto nos permite responder a una pregunta más compleja: ¿Cómo sé cuán cerca estoy del encaje producto-mercado?

CUADRO DE MANDO DE NIVEL 2

PLH – PMV 2: Página web de destino con botón de pedidos

Hitos:			Lanzamiento de campaña en Instagram	Bajada de precios	Presentación línea de su-peralimentos	Contratación de un becario de marketing	Entrega garantizada en 30 min	
	Semana 1	Semana 2	Semana 3	Semana 4	Semana 5	Semana 6	Semana 7	Semana 8
Núm. de visitas	500	250	1.750	1.800	2.750	3.000	5.000	7.500
Núm. de clientes	0	0	100	500	1.200	1.250	2.500	5.000
Tasa de conversión	0 %	0 %	6 %	28 %	44 %	42 %	50 %	67 %
Precio por limonada	9	9	9	7	7	7	8,5	8,5
Núm. de pedidos por cliente	1	1	1	1	2	3	3	3
Recomendaciones por cliente	0	0	0	1	2	2	3	3
Coste por limonada	2	2	2	2	4,5	4,5	4,5	4,5
Desarrollo web	1.000	250	500	0	250	0	750	0
Transporte de entrega	100	100	100	100	100	100	2.500	2.500
Presupuesto de marketing	0	0	500	150	500	1.000	1.000	1.000

Nivel 3: Valor actualizado neto (VAN)

En el Nivel 3 de la contabilidad de la innovación el objetivo consiste en traducir el aprendizaje a dólares actualizando el caso de negocio por cada nuevo punto de datos.

Todos tienen un modelo de negocio inicial en alguna parte (a menudo en una hoja de cálculo incluida en el Apéndice B del plan de negocio —una antigua tradición— en tamaño de fuente de dos puntos). Esta hoja de cálculo es valiosa: si se ha elaborado correctamente, muestra cómo ciertos comportamientos de los clientes se van acumulando y repercuten positivamente a futuro. Pero en raras ocasiones la modificamos a medida que el proyecto avanza para reflejar lo que realmente está ocurriendo. Sin embargo, esto es lo que requiere el tercer nivel de la contabilidad de la innovación. Aquí el objetivo consiste en actualizar esa hoja de cálculo inicial con las cifras obtenidas de los experimentos y observar los cambios. Con toda probabilidad, cuando hagamos esto con nuestro primer PMV, el gráfico del palo de hockey será una línea plana (un primer paso deprimente pero necesario). A partir de ese momento, cada experimento nuevo aportará un nuevo conjunto de datos al modelo. Cada actualización del modelo arrojará un gráfico distinto y un nuevo conjunto de proyecciones. Y esas proyecciones luego pueden expresarse en términos de valor actualizado neto utilizando herramientas financieras estándar. Las variaciones del cálculo del valor actualizado neto representan la conversión directa del aprendizaje en impacto financiero.

Por ejemplo, las pequeñas mejoras de la tasa de conversión llevarán a la empresa de x a 2x o 10x en términos monetarios. De repente, el plan se torna mucho más claro —y más emocionante—. Con cada aprendizaje, la información se refleja en términos financieros actualizando el modelo. El resultado último es un sistema de rendición de cuentas relevante para el departamento financiero. Todo puede traducirse a impacto futuro (y su correspondiente flujo de caja).

Permíteme reiterar este concepto clave: el cuadro de mando de Nivel 3 nos permite reflejar todo lo que aprendemos en términos de valor actualizado neto. Si aprendimos cómo aumentar la tasa de conversión de nuestro producto del 1 al 2 por ciento, podemos decir con exactitud el valor que tiene, si el producto crece como esperamos. Y además podemos proporcionar cálculos revisados con respecto al plazo para lograr ese crecimiento. Con el tiempo, estamos perfeccionando eficazmente la hoja de cálculo del plan de negocio para dotarlo de mayor precisión (a medida que introducimos nuevos datos).

Más importante aún, se establece un «campo de juego» que nos permite observar los avances logrados en el tiempo. Supón que nuestro primer PMV arroja malos resultados, y que el nuevo cálculo del VAN equivale a cero. ¡Me ha pasado! En lugar de interpretarlo como algo negativo, podemos considerarlo como una de las zonas de anotación del campo de juego. La otra zona de anotación está representada por el plan de fantasía que prometimos en un principio. Cada PMV nuevo, cada prueba nueva, revelará un nuevo VAN que, con suerte, se acercará un poco más al plan de fantasía.

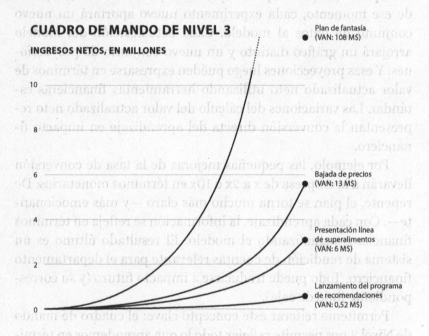

CUADRO DE MANDO DE NIVEL 3

INGRESOS NETOS, EN MILLONES

Plan de fantasía (VAN: 108 M$)

Bajada de precios (VAN: 13 M$)

Presentación línea de superalimentos (VAN: 6 M$)

Lanzamiento del programa de recomendaciones (VAN: 0,52 M$)

Así pues, cuando negociemos con el departamento financiero, las sociedades de capital riesgo u otras partes interesadas, tendremos una forma de demostrar los avances. Sólo ellos pueden juzgar si hemos avanzado a un ritmo suficientemente rápido como para que confíen en que estamos modificando la probabilidad última de éxito (puesto que aún tendrán que recurrir a su buen juicio para decidir si creen que continuaremos logrando avances). Pero de momento por lo menos disponemos de un marco y un lenguaje comunes para que esa evaluación se lleve a cabo con rigurosidad. La mayoría de los equipos con los que trabajo —tanto en Silicon Valley como en fábricas— están, la mayor parte del tiempo, enterrados por completo en el lodo. Están muy ocupados sacando adelante el trabajo, creando nuevos productos y añadiéndoles nuevas características. Sin embargo, si lo analizas con detenimiento, realmente no están mejorando las métricas clave que son importantes para el negocio. Quizá suene deprimente, pero en realidad son excelentes noticias, porque cuando los equipos se percatan de ello pueden pivotar con más facilidad que aquellos que no están seguros de que su estrategia esté funcionando. En otras palabras, aquí el departamento financiero desempeña un papel constructivo, ya que contribuye a que los equipos sean más eficaces en vez de limitarse a ejercer de vigilante que frena a todo el mundo.

Hasta aquí, nos hemos referido a la contabilidad de la innovación como un método sencillo para que los equipos informen sobre sus avances y se comuniquen en términos financieros. Sin embargo, la CI también es extremadamente útil para analizar cómo cambian los proyectos, las carteras de proyectos o incluso las empresas en el tiempo. Y aún más importante, nos permite resumir las distintas iniciativas utilizando un vocabulario y un marco de rendición de cuentas comunes.

CONTABILIDAD DE LA INNOVACIÓN A ESCALA: «LOS CARTONES DE BINGO»

Otra ventaja que comporta el uso de la contabilidad de la innovación es que crea un vocabulario y un conjunto de normas de rendición de cuentas comunes que pueden utilizarse para los proyectos de innovación en toda la organización. Recuerda las «tres escalas» que constituyen uno de los ejes de la tabla de progreso presentada en la introducción de la Segunda parte (página 175). La contabilidad de la innovación nos permite elaborar cuadros de mando y normas en las tres escalas. Incluso podemos utilizarla para juzgar el éxito del esfuerzo global de transformación.

Las tablas tipo «cartón de bingo» presentadas en las dos páginas siguientes muestran cómo se desarrollan los experimentos no sólo en las tres escalas (desde el nivel de equipo hasta el institucional) sino también en los cuatro horizontes temporales que representan el progreso del proceso de adopción: ejecución, cambio de comportamiento, impacto en el cliente e impacto financiero. Las métricas adelantadas (consultar el capítulo VI para más información) de cada período pronostican las métricas avanzadas del próximo intervalo temporal y sirven como un mecanismo de enfoque que permitirá que los equipos, los negocios y las empresas detecten de inmediato si algo se ha desviado de su curso.[56]

Cada columna y fila de la primera tabla sirve como indicador adelantado de la siguiente. Los equipos proporcionan indicadores adelantados de cambio a nivel de división, y las divisiones hacen lo mismo a nivel corporativo. A fin de utilizar los gráficos para identificar un área conflictiva y enfocarse en ella, responde a la pregunta de cada casilla hasta dar con una respuesta insatisfactoria. A continuación, regresa a la casilla anterior a fin de determinar qué cambio es necesario para avanzar.

Cada una de estas preguntas clave da lugar a un conjunto de indicadores pensados para llegar a la respuesta. Estos indicadores, que constituyen el segundo «cartón de bingo», evidentemente dependen del equipo, la división y la escala. Sin embargo, este marco permite que la organización elabore un cuadro de mando integral que contemple el rendimiento de todas las carteras de equipos.

56. Los «cartones de bingo» están basados en mi trabajo con General Electric y se utilizan con la autorización de la empresa.

«CARTÓN DE BINGO» DE PREGUNTAS CLAVE

	EJECUCIÓN ⟩	CAMBIO DE COMPORTA-MIENTO ⟩	IMPACTO EN EL CLIENTE ⟩	IMPACTO FINANCIERO
	«¿Hicimos lo que dijimos que íbamos a hacer?»	«¿Está trabajando la gente de manera distinta?»	«¿Notan los clientes (internos o externos) alguna mejora?»	«¿Estamos abriendo nuevas fuentes de crecimiento como empresa?»
EQUIPOS DE PROYECTO	¿Hemos formado equipos orientados al éxito? (Asignación de recursos; un líder claro; interfuncio-nalidad; financiación dosificada; etc.)	¿La formación ha llegado a las personas que realmente desempeñan el trabajo?	¿Perciben los clientes alguna diferencia?	¿Cuáles son las métricas avanzadas de rendimiento financiero o productivo?
UNIDAD DE NEGOCIO/ CONSEJO DE CRECIMIENTO	¿Han implementado las divisiones y áreas el proceso de consejos de crecimiento?	Si consideramos los proyectos como una cartera, los proyectos de este negocio ¿utilizan el proceso de manera satisfactoria?	¿Cómo demostramos que la división o el área en su conjunto está mejorando la satisfacción del cliente y los resultados?	¿Estamos abriendo nuevas fuentes de crecimiento y participación, o reduciendo drásticamente los costes?
CORPORATIVO/ TRANSFORMA-TIVO	¿Quién se ha formado y tiene directores que apoyan el sistema?	¿Se ha convertido en el nuevo método de trabajo de los empleados?	¿Está la empresa atendiendo a los clientes de manera más rápida y sencilla?	¿Está creciendo la empresa y aumentado su productividad?

«CARTÓN DE BINGO» DE EJEMPLOS DE INDICADORES CLAVE

	EJECUCIÓN >	CAMBIO DE COMPORTA-MIENTO >	IMPACTO EN EL CLIENTE >	IMPACTO FINANCIERO
	«¿Hicimos lo que dijimos que íbamos a hacer?»	«¿Está trabajando la gente de manera distinta?»	«¿Notan los clientes (internos o externos) alguna mejora?»	«¿Estamos abriendo nuevas fuentes de crecimiento como empresa?»
EQUIPOS DE PROYECTO	Equipo de proyecto capacitado Director y patrocinador ejecutivo claros Proyecto estructurado para el éxito	Tiempo de ciclo más rápido Mayor/más temprana participación de los clientes Adopción más temprana de la decisión pivotar/perseverar SF claro	Acelerar el tiempo de salida al mercado/primeros ingresos Aumento de la satisfacción del cliente Recomendaciones de clientes	ROI / Margen / Participación VAN del modelo de negocio (valoración auditada) Ahorros de productividad
UNIDAD DE NEGOCIO /CONSEJO DE CRECIMIENTO	% de financiación concedida por medio de consejos de crecimiento % de proyectos que adoptan consejos de crecimiento	Tasa de éxito de los proyectos Moral de los empleados Identificación y cancelación de proyectos que estén derrochando Coste por proyecto (antes y después del lanzamiento)	Tasa de victoria (win rate) Satisfacción de los clientes frente a los competidores Cuota de cartera Mejora del tiempo de salida al mercado Disminución del coste de salida al mercado	Crecimiento Productividad / Gastos de venta, generales y administrativos Rendimiento de la cartera (ROI global) Liderazgo de mercado Valoración auditada de la cartera
CORPORATIVO/ TRANSFORMA-TIVO	% de la empresa (áreas, empleados, negocios) que adopta el nuevo método % de personas capacitadas por nivel % de orientadores de alto nivel	Tasa de éxito del nuevo producto Cambio en el comportamiento de las áreas que desempeñan funciones de vigilancia Simplificación de todos los procesos Moral de los empleados	Impacto de marca Satisfacción del cliente frente a los competidores Divisiones y áreas operan al ritmo del mercado	ROI Gastos de venta, generales y administrativos Crecimiento Cotización de las acciones

Como vimos antes, estas tablas sirven como una herramienta de enfoque. He visto muchos equipos de procesos internos (de tecnología de la información, por ejemplo) que lanzan un nuevo «producto», imponen su uso en toda la empresa y luego empiezan a medir el impacto en la productividad. Sin embargo, como se saltaron algunas preguntas clave, no se dieron cuenta de que nadie estaba utilizando el nuevo sistema. Si nadie lo usa, entonces cualquier cosa que midamos en etapas posteriores —como la satisfacción del cliente o la mejora de la productividad— no será más que ruido.

También he observado el problema opuesto: equipos que nunca llegan a medir el impacto de su negocio. Piensa en la cantidad de programas corporativos de formación que se contentan con presentar métricas vanidosas que muestran cuántas personas han completado la formación, sin tener en cuenta si esas personas han modificado su comportamiento a raíz del programa.

Al establecer un marco común para todos los tipos de iniciativas emprendedoras, la contabilidad de la innovación dota a la «función faltante» de un manual de estrategias que puede utilizarse en distintos ámbitos (y también de algunas sorpresas que descubriremos en el próximo capítulo).

El papel del departamento financiero

Algunos de los indicadores exigidos por este enfoque ya están contemplados en el curso normal de las operaciones comerciales de la empresa. Algunos requerirán trabajo adicional a fin de determinar si los nuevos métodos están funcionando. ¿Quién es el responsable de desarrollar estos indicadores y dotar de uniformidad a toda la cartera o incluso a toda la empresa? Si se tratara de cualquier otro tipo de proyecto, la respuesta sería obvia: finanzas. El departamento financiero que pretenda fomentar la innovación (en lugar de entorpecerla) tendrá que realizar esta labor, a ser posible en colaboración con la nueva función emprendedora. En organizaciones de mayor envergadura, esa labor incluirá la implantación de un proceso de «auditoría de innovación» a fin de garantizar la adopción de la nueva norma de trabajo en toda la empresa.

Es por esta razón por lo que, en General Electric, el personal de auditoría (CAS, del inglés *Corporate Audit Staff*) participó en el lanzamiento inicial de FastWorks. No fue una iniciativa de un área específica como ingeniería, recursos humanos o marketing. El departamento financiero estuvo implicado desde el principio. A cada uno de los primeros proyectos FastWorks se asignó un miembro de alto potencial del CAS. A simple vista, puede parecer extraño (¿quién quiere a un contable en el equipo de una startup?).[57] Sin embargo, para estos primeros equipos interfuncionales los miembros del CAS fueron de gran ayuda a la hora de crear los tipos de modelos requeridos por la contabilidad de la innovación.

La auditoría de la contabilidad de la innovación no funciona igual que la auditoría financiera tradicional. Se asegura de que los equipos apliquen la contabilidad de la innovación al nivel que corresponde a la etapa del proyecto en la que se encuentran. Los equipos en etapa inicial con presupuestos reducidos pueden arreglarse muy bien con un cuadro de mando sencillo que mida entre tres y cinco métricas clave en relación con los hitos de aprendizaje. No obstante, para los proyectos que requieren mayores inversiones, los equipos deberán contar con un caso de negocio plenamente desarrollado y un cuadro de mando de la contabilidad de la innovación de Nivel 3 que presente el valor financiero del aprendizaje validado obtenido hasta el momento.

Aquí la clave radica en no comparar el avance temporal (que a menudo será bastante modesto) con el plan de fantasía del caso de negocio, sino con el hito anterior. De esta forma los equipos pueden demostrar los avances logrados en el tiempo. Los consejos de crecimiento pueden determinar el valor total de la cartera, y la empresa puede confiar en que sus inversiones serán recompensadas.

Así como la cartera de capital riesgo se valora en función de la valoración en papel de cada empresa (durante financiaciones posteriores), la cartera de la empresa puede valorarse en función

---

57. Quienes hemos intentando fundar una startup sin contar siquiera con un director financiero a tiempo parcial hemos aprendido la lección por las malas.

del valor actualizado neto auditado del aprendizaje extraído. Y esto nos lleva a una técnica a la que he aludido a lo largo de todo el libro, el sistema que permite a la dirección exigir rendición de cuentas al equipo y asignar fondos para el crecimiento a largo plazo (no para los beneficios contables a corto plazo), y que puede funcionar en toda la división: el consejo de crecimiento.

¿QUÉ ES UN CONSEJO DE CRECIMIENTO?

Un consejo de crecimiento no es más que una versión puramente interna del consejo de administración de la startup: un grupo que se reúne periódicamente para evaluar el progreso de los equipos y tomar decisiones en materia de financiación. «Los consejos de crecimiento son fondos de capital riesgo llevados a la práctica», explica David Kidder, cofundador y consejero delegado de Bionic, empresa que ofrece una solución integrada de consejos de crecimiento y métodos lean a grandes empresas. (Kidder y yo trabajamos en estrecha colaboración en la creación de consejos de crecimiento en General Electric.) «El consejo de crecimiento establece un marco de decisión para la dirección ejecutiva de la empresa y permite gestionar una cartera de startups en etapa inicial como lo harían los inversores de capital riesgo», afirma Kidder.

En una startup el consejo por lo general atiende a los fundadores de la empresa. En organizaciones más grandes el consejo de crecimiento interno crea un único punto de rendición de cuentas para los equipos que funcionan como startups. Los consejos de crecimiento constituyen el marco de todas las técnicas de contabilidad de la innovación de este capítulo.

El consejo de crecimiento de Dropbox

En el capítulo I conté cómo Dropbox pasó por el momento de su segunda fundación y tuvo que reaprender algunas lecciones emprendedoras para tener éxito en el desarrollo de productos innovadores como Paper. La inclusión del consejo en la estructura de la empresa fue clave para esta transformación.

322 · El camino hacia el Lean Startup

«La idea de tener un consejo de autoridad —y llamarlo consejo— resultó muy poderosa», afirma Aditya Agarwal, vicepresidente de Ingeniería de la empresa. Dropbox siempre tiene en marcha siete u ocho iniciativas de innovación. Cada uno de estos proyectos cuenta con un director de ingeniería, uno de producto y otro de diseño. Luego, dependiendo de la situación específica, un consejo compuesto por los directores de esas áreas más un grupo de altos ejecutivos de la empresa —Agarwal, Todd Jackson y los cofundadores Drew Houston y Arash Ferdowsi— se reúne con cada equipo cada dos meses. «Les pedimos que rindan cuentas y les ofrecemos asesoramiento estratégico sobre la forma en que pueden evolucionar o sólo señalamos la necesidad de desarrollar o modificar su plan», explica Agarwal. Para aquellos proyectos que los directivos de la empresa consideran que necesitan asesoramiento con mayor asiduidad, las reuniones del consejo se celebran una vez al mes. Este consejo también decide qué proyectos reciben más financiación para continuar con sus ideas y qué equipos tienen que abandonar lo que están haciendo y emprender algo distinto.

En ocasiones, Dropbox ha experimentado con estos consejos internos y los ha tratado como consejos externos de startups en los que participan miembros externos (como los consejeros independientes del consejo de administración). También he visto que ese modelo funciona en otras empresas, donde el papel se define como «emprendedor residente». Pero desde el punto de vista de la mayoría de las startups internas, cualquier persona que no pertenezca a la cadena de mando directa de los directores del equipo es un «consejero externo». Así pues, la incorporación de expertos en otros campos al equipo, como los homólogos del patrocinador ejecutivo en otras áreas, resulta muy efectiva. Y la mayoría de las empresas cuentan por lo menos con algunas personas con experiencia en capital riesgo o startups externas (sobre todo en desarrollo corporativo o funciones de validación) cuyas voces pueden desempeñar bastante bien el papel «externo».

Lo más importante no es tanto la composición exacta del consejo como la constancia de sus miembros. Es preferible reunirse con menos frecuencia a que los miembros falten a las reuniones.

Al igual que ocurre con las juntas de inversores, el atributo más importante de todo buen director del consejo de crecimiento es la convicción. Los miembros del consejo deben tener un punto de vista sobre sus inversiones y no abandonar a los equipos —si están demostrando avances reales— aun cuando los indicadores sean modestos. Los miembros, además, tienen una opinión clara sobre qué tipos de indicadores avanzados son valiosos y conducirán a mejores resultados (como el ejecutivo del capítulo VI que se dio cuenta de que un tiempo de ciclo más rápido se traducía en la mejora tanto de los productos como de la satisfacción de los clientes).

CÓMO FUNCIONAN LOS CONSEJOS DE CRECIMIENTO

Además de las obligaciones jurídicas y de cumplimiento normativo, el consejo de la startup tiene tres responsabilidades fundamentales:

1. Ofrecer orientación sólida a los fundadores y ejecutivos, ayudarlos a definir estrategias, y organizar la reunión pivotar o perseverar (véase capítulo IV).
2. Ejercer de centro de intercambio de información sobre la startup, asumiendo la responsabilidad de informar en nombre de los fundadores a los agentes financieros implicados como los socios colectivos o comanditarios de la sociedad de inversión (véase capítulo III).
3. Ejercer de guardianes de la financiación futura, ya sea extendiendo cheques o buscando (o vetando) fuentes de financiación externa (véase capítulo III).

Recuerda el patrocinador ejecutivo del capítulo IV que mantenía reuniones periódicas con uno de sus equipos de startups internas que se estaba formando en el método Lean Startup, y terminó aplicando el método que utilizaba en esas reuniones pivotar-perseverar en una delicada llamada telefónica sobre un proyecto fallido. No se trató de un ejercicio institucional; nadie fuera de su división estaba siquiera al tanto del consejo. Sin embargo, quiso disponer de una vía para poder formular las preguntas clave: ¿Qué has aprendido? y ¿Cómo lo sabes?

Con el tiempo, ese consejo de crecimiento *ad hoc* se convirtió en un modelo a seguir en toda la empresa. Y como el proceso se fue asentando cada vez más en el tejido de la empresa, se convirtió en un proceso más sofisticado. Esa evolución refleja en líneas generales la estructura desde la Primera etapa hasta la Tercera etapa comentada del capítulo VI al VIII, aunque he visto distintas formas de adoptar estos elementos.

Al consejo de crecimiento, entonces, incumben esas mismas tres responsabilidades:

1. Ser el único punto de rendición de cuentas de las startups internas de la empresa. Algunos consejos de crecimiento se crean a medida para atender a un único equipo. Otros atienden a varios equipos a la vez. Algunos incluso agrupan deliberadamente varias cohortes de equipos, como en el caso de las aceleradoras de startups.

    Independientemente de la forma que adopte, el consejo de crecimiento debe aspirar a ser el sitio donde se adoptan las decisiones pivotar o perseverar de las startups internas que supervisa. Los mejores consejos son capaces de motivar a los fundadores para que reflexionen en profundidad acerca de sus avances y se cuestionen si realmente han extraído aprendizaje validado o alimentado una ilusión. Este proceso difiere de la evaluación etapa-puerta («proseguir/cancelar») y no resulta eficaz si es acusatorio o imperioso.

2. Ejercer como único centro de intercambio de información sobre la startup para el resto de la empresa. Esta responsabilidad requiere una verdadera labor por parte de los ejecutivos miembros del consejo, y muchos ejecutivos y equipos tardan meses o incluso años hasta que llegan a estar cómodos con este papel.

    La clave radica en que cada equipo cuente con un consejo de crecimiento para no sentirse incómodo evadiendo las infinitas peticiones de actualización de estado de los mandos intermedios. No es que los miembros del equipo se nieguen a responder, sino que les han dicho que cualquier petición deberá redirigirse al director ejecutivo X, que forma parte del consejo de crecimiento. Los mandos intermedios en contadas ocasiones piden actualizaciones de estado; y cuando lo hacen, casi siempre son el preludio de una solicitud de modificación del plan. Formular estas peticiones a directores de primer nivel o nivel bajo entraña un coste prácticamente nulo. Pero si esas mismas peticiones se plantean a un ejecutivo sénior el coste es mucho más caro, políticamente hablando. La existencia del consejo de crecimiento obliga a que los mandos intermedios piensen detenidamente si en realidad tienen un problema que necesitan resolver, y, en caso de que lo tengan, les proporciona un camino claro y directo para resolverlo.

3. Asignar financiación dosificada a los equipos startup. He expuesto los beneficios de la financiación dosificada frente a la financiación corporativa por derecho en el capítulo VII. Para los consejos de crecimiento más avanzados, la financiación dosificada es una herramienta decisiva para impulsar el cambio cultural en la organización. Una startup interna financiada —y orientada— por un consejo de crecimiento posee una verdadera mentalidad de escasez. A fin de que la financiación dosificada resulte eficaz, las decisiones del consejo en materia de financiación han de ser simples: expresadas en un presupuesto fijo en tiempo o dinero. Por ejemplo, una de las estrategias de Todd Parks consistió en implantar en el gobierno un presupuesto fijo «a noventa días». Los equipos se disolvían en un plazo de noventa días si no lograban resultados suficientemente prometedores.

Mi recomendación: permitir que la startup gaste el dinero concedido por el consejo de crecimiento en lo que quiera, sin microsupervisión. No obstante, deberá sufragar íntegramente todos los costes: salarios, equipos, instalaciones, etc. Tampoco es cuestión de asignarle los costes indirectos de la sociedad matriz. Recuerda del capítulo VI que las únicas personas que deberían trabajar en la startup son los empleados dedicados a tiempo completo o los voluntarios a tiempo parcial (que no cobran por su trabajo). No debería haber ningún coste parcial, salvo que la startup decida contratar mano de obra externa o a una persona a media jornada. He visto startups internas que recurren a proveedores externos, como tecnologías de la información, cuando los vigilantes son intransigentes. Está bien, siempre que lo paguen con sus fondos.

Sin embargo, la regla de oro del consejo de crecimiento ha de ser la siguiente: el dinero es vuestro, pero no obtendréis ni un centavo más si no demostráis aprendizaje validado. Se trata de una técnica avanzada. La mayoría de los equipos sencillamente no se tomarán en serio esa regla hasta verla aplicada. Pero además, la mayoría de los ejecutivos caen en la tentación de inyectar más dinero para compensar resultados deficientes. Y recuerda, muchos subordinados han elevado a arte su estrategia disuasoria para que los jefes financien los proyectos. Los argumentos para que se conceda otra oportunidad siempre resultan convincentes. Sin embargo, el propósito de la contabilidad de la innovación radica en adoptar esas decisiones de manera rigurosa. Para eso, tanto los equipos como los ejecutivos que participan en el proceso del consejo de crecimiento deben aprender y crecer.

Así como no hay dos sociedades de capital riesgo que sigan exactamente el mismo proceso, tampoco hay dos empresas que aborden los consejos de crecimiento de la misma manera. Y así como cualquier proceso emprendedor riguroso (como el Lean Startup) no elimina de la startup el juicio humano, los consejos de crecimiento se rigen fundamentalmente por las personas que los componen. Ellos son el mecanismo de enfoque que contribuye a que los equipos y los consejos desempeñen mejor su trabajo. Con el tiempo, he comprobado que los ejecutivos empiezan a tomar mejores decisiones en materia de financiación cuando los equipos utilizan con mayor eficiencia la financiación al estilo startup.

David Kidder, de Bionic, que ha dirigido a más de cien consejos de crecimiento para General Electric, Citi y otras corporaciones, ofrece estos consejos a las empresas que quieran crear consejos de crecimiento:

1. *Un grupo pequeño, las personas adecuadas*: Los consejos de crecimiento deben estar compuestos por un número de entre seis y ocho miembros de alta dirección. El grupo ha de ser ágil, debe tener autoridad para actuar y transmitir a la organización que su trabajo no sólo está permitido sino también muy valorado.

2. *Reuniones frecuentes*: Los consejos de crecimiento deben reunirse como mínimo una vez por trimestre; a medida que el número de equipos va aumentando, quizá un subgrupo podría reunirse con más frecuencia.

3. *Orientados a la acción*: Los consejos de crecimiento deben adoptar decisiones a favor o en contra de la continuidad del proyecto en la reunión. Las solicitudes de seguimiento, dictámenes adicionales, etc., deben ser la excepción, no la regla.

4. *Basados en hechos*: Los consejos de crecimiento deben superar las ideas preconcebidas sobre la respuesta que consideran «adecuada» y basar la toma de decisiones en las pruebas reveladas por los equipos.

5. *Sin asistencia no hay voto*: Sólo tendrán derecho a voto los miembros del consejo de crecimiento que asistan a la junta; no se permite el voto por delegación o representación.

GE Oil & Gas

Eric Gebhardt, hoy vicepresidente de Gestión de Producto de GE Energy Connections, fue paladín de FastWorks de la división GE Oil & Gas durante el período de implantación del programa. Al observar cómo los equipos triunfaban, fracasaban y adoptaban nuevas estrategias, él y su equipo de ejecutivos realizaron un hallazgo. «Nos dimos cuenta de que tenía que haber un mecanismo operativo para dirigir FastWorks —recuerda—. Dimos un paso atrás y dijimos: "Si consideramos FastWorks como un método para que los proyectos individuales funcionen como startups, necesitamos un modelo similar al de capital riesgo".» La pregunta entonces fue: «¿Cómo podríamos añadir un modelo de capital riesgo al modelo startup para todos los proyectos individuales y asegurarnos de mantener el enfoque estratégico y nuestro espíritu emprendedor?».

Enseguida surgió la respuesta: los consejos de crecimiento. La división de Gebhardt pasó de los consejos de equipos individuales a lo que denominó «directores de cartera», que formulaban una tesis de crecimiento para cada cartera y luego evaluaban cómo encajaban los distintos proyectos con la tesis.

Con el capital inicial aportado por Lorenzo Simonelli, presidente y consejero delegado de GE Oil & Gas, y con su pleno apoyo, el equipo puso en marcha la primera ronda de consejos. La estructura inicial asignaba un consejo de crecimiento a cada responsable de cuenta de resultados de Nivel 2 de la división Oil & Gas: superficie, submarino, medición y control, turbomaquinaria e hidráulico. Cada grupo planteaba una tesis de crecimiento y a continuación el consejo analizaba la cartera de proyectos tal como existía en el momento de su creación y el flujo de datos de entrada.

La pregunta que intentaban responder, explica Gebhardt, era la siguiente: «¿Cómo logras que el flujo de entrada concuerde con la tesis de crecimiento en la mayor medida posible? Fue un cambio fundamental en nuestra forma de operar».

Además de modificar la gestión financiera, la nueva configuración sirvió como una excelente forma de inculcar los principios FastWorks no sólo a los equipos sino también a los directores. (Abordaremos este tema con más detalle en el capítulo X, cuando veamos cómo la transformación de cada uno de los procesos internos debe llevarse a cabo como una startup.)

«Una de las ventajas fue que abordamos los consejos de crecimiento al estilo FastWorks. Formulamos supuestos en torno a las características que debía tener un buen consejo de crecimiento, y pensamos en las posibles formas de validar o invalidar esos supuestos en cada ronda y aprender en el proceso. Diría que supusimos que la presentación tomaría cinco minutos, que tendríamos dos minutos para formular preguntas y luego cinco minutos para debatir y tomar una decisión inmediata a favor o en contra. Lo que descubrimos fue que el consejo carecía del contexto para evaluar cómo encajaban los proyectos. Así surgió la idea de la tesis de crecimiento, para demostrar "¿cómo encaja esto con la cartera?"».

También extrajeron aprendizajes prácticos y cotidianos sobre la forma idónea de presentar los proyectos al consejo. «Al principio dijimos: "Hacedlo libremente, ya escogeremos las mejores partes"; luego elaboramos algunos modelos y establecimos pautas para estructurar mejor la disertación —explica Gebhardt—. Trajimos a expertos externos para abarcar mayor diversidad de opiniones. Creo que nuestra humildad al reconocer con franqueza a los equipos que nada sería perfecto, así como el hecho de que nos vieran cambiar y mejorar constantemente, fue algo muy positivo. No fue fácil, pero, como suele suceder, a medida que los equipos pasaban por el proceso, otros se iban sumando.»

El equipo de GE Oil & Gas llevó a cabo una ronda más de consejos de crecimiento con excelentes resultados. Lo que ocurrió a continuación constituye un perfecto ejemplo de cómo se propaga la transformación. Encargaron la tercera ronda de financiación directamente a las empresas de producto de la división y dijeron: «Dirigid vosotros un consejo de crecimiento. Invertid el dinero y luego nos explicáis en qué lo habéis gastado».

Al delegar la responsabilidad en las personas del siguiente nivel, depositaron su confianza en ellos (aunque continuaron ejerciendo de orientadores, por supuesto). Los resultados fueron inmediatos. «Hicimos descender el proceso por la cadena de mando —comenta Gebhardt— y eso realmente hizo posible gran parte de la innovación.»

Métricas (y resultados) de GE Oil & Gas

Examinemos dos métricas muy sencillas que utilizó el equipo de GE Oil & Gas para medir su progreso.

1. ¿Cuál es el porcentaje de proyectos cancelados y cuánto tiempo se tarda en frenarlos?
   - *Antes de los consejos de crecimiento*: Sólo se cancelaba el 10 por ciento de los proyectos de la división. Eso implicaba que el 90 por ciento de los proyectos generaba algún tipo de resultado, independientemente de que fuera relevante para alguien.
   - *Primera ronda de consejos de crecimiento*: Se eliminó el 20 por ciento de los proyectos al final de un ciclo de noventa días y se logró un ahorro de dinero considerable.
   - *Segunda ronda de consejos de crecimiento*: Se frenó el 50 por ciento de los proyectos, muchos de ellos después de un ciclo de apenas sesenta días.

2. ¿Cómo se cancelan los proyectos?
   - *Antes de los consejos de crecimiento*: En términos generales no se cancelaban, por los motivos hasta ahora comentados.
   - *Primera ronda de consejos de crecimiento*: El consejo de crecimiento cancelaba los proyectos.
   - *Segunda ronda de consejos de crecimiento*: Se delegó la responsabilidad en los equipos. «Los equipos llegaban y presentaban el proyecto como queriendo que lo frenáramos.»
   - *Tercera ronda de consejos de crecimiento* (tras la entrega del capital inicial a las empresas de producto): Los equipos se presentaban ante el consejo y exponían: «Ya hemos frenado el proyecto». Algo que representó un paso importante en muchos sentidos, según Gebhardt. «Lo cierto era que se sentían cada vez mejor por poder tomar esa decisión, estaban seguros de que era lo co-

rrecto y se daban cuenta de que estaban ahorrando dinero a la empresa y estábamos agradecidos por lo que estaban haciendo.»

Todo el proceso se llevó a cabo en apenas nueve meses. En nueve meses reemplazaron los proyectos zombis, caros e interminables por equipos de producto autosuficientes que tomaban por sí mismos decisiones informadas sobre la continuidad de los proyectos.

Desde entonces, el programa ha seguido expandiéndose y ajustándose a las necesidades de la división GE Oil & Gas. Dividieron sus inversiones en tres etapas:

ETAPA INICIAL: Aprende todo lo posible acerca del mercado, el modelo de negocio y la tecnología implicada.

ETAPA DE PUESTA EN MARCHA: Desarrolla la tecnología. (En esta etapa algunos productos pasan por un proceso etapa-puerta, sobre todo los más grandes, como los bloques obturadores de pozos o las turbinas de gas, que tienen un proceso de seguridad de fundamental importancia.)

ETAPA DE CRECIMIENTO: Ampliar el aprendizaje y aumentar la producción.

«Discover 10X» en Citi

Basado en la disciplina del capital riesgo y los principios del Lean Startup, el programa Discover 10X (D10X) de Citi busca soluciones como mínimo diez veces mejores para sus clientes. D10X fue concebido, puesto en marcha y desarrollado por Citi Ventures como un modelo estructurado para la creación de una rica cartera de conceptos de crecimiento validado en todos los negocios de Citi. La empresa ha implementado este método de trabajo al nivel más alto, y hoy es una entidad propia, con múltiples carteras supervisadas por seis consejos de crecimiento. David Kidder y Bionic se asociaron con Debby Hopkins, exdirector general de Innovación de Citi, a fin de crear y dirigir los consejos de crecimiento del programa D10X. Como explica Vanessa Colella, actual directora general de Innovación y directora de Citi Ventures, el brazo de capital riesgo e innovación de la empresa, la mayoría de las ideas se desarrollan dentro de cada unidad, pero algunas pasan por el consejo de crecimiento de la empresa, sobre todo cuando se quieren implementar en toda la empresa.

Cada consejo de crecimiento organiza una reunión —llamada «Deal Day»— cada seis u ocho semanas. Se trata de reuniones de presentación en las que los equipos pueden exponer sus ideas en un panel. Es un proceso anual continuo, lo que significa que prácticamente se celebra un Deal Day por semana en algún sector de la empresa.

En los Deal Days, el consejo de crecimiento da el visto bueno y concede una pequeña cantidad de fondos a algunos equipos. A diferencia de muchas otras empresas con este nivel de innovación, Citi no tiene asignada una cantidad fija de horas, semanas ni dinero, sino que ésta varía en función del proyecto. Para un equipo que está haciendo avances, cada Deal Day representa un paso más en el camino. Aproximadamente entre el 30 y el 40 por ciento de las ideas sobreviven a la primera ronda, y luego pasan por etapas posteriores de validación.

En lo que respecta a la financiación de estos nuevos emprendimientos, Colella explica que la visión a largo plazo consiste en integrar plenamente el coste en las unidades de negocio. Los consejos de crecimiento ofrecen la financiación inicial, pero a medida que los proyectos se aproximan al lanzamiento del producto y empiezan a generar ingresos o mejoras para los negocios, los equipos regresan a sus unidades para obtener más financiación.

El proceso de validación de clientes y abonados que ha implantado Citi es muy económico. «Estamos hablando de que muchos equipos no gastan más que unos pocos miles de dólares en la validación —comenta Colella—. Porque hasta que no llegues a las etapas posteriores de creación y lanzamiento del producto las pruebas no pueden ser caras. Se trata de un ciclo bastante rápido con importes de financiación muy pequeños para ir avanzando. Una de las cosas que hemos podido establecer gracias a D10X es un proceso riguroso que permite la experimentación de bajo riesgo.»

Por ejemplo, comenta Colella que un equipo tuvo la idea de ofrecer a los clientes corporativos un producto existente que formaba parte de los servicios para inversores institucionales. Muchos de los clientes corporativos más importantes de Citi en parte tenían las mismas necesidades que los inversores institucionales, como varias cuentas bancarias y operaciones globales. La situación puede complicarse cuando los clientes empiezan a gestionar su presencia en Citi en varios países, mercados y monedas.

La idea del equipo de innovación de D10X sobre la posibilidad de ofrecer a los clientes corporativos los mismos servicios a los que tenían acceso los clientes institucionales fue recibida con gran entusiasmo por el consejo de crecimiento. «Dijimos: "Perfecto. Financiaremos vuestra idea. Id a hablar con algunos clientes corporativos"», recuerda Colella. Sin embargo, lo que aprendió el equipo fue que si bien los clientes estaban de acuerdo en la complejidad que entrañaban sus negocios, utilizaban múltiples cuentas bancarias —algo que esta iniciativa iba a eliminar— para hacer frente a la complejidad y las consiguientes regulaciones. El equipo enseguida validó que no se trataba de una necesidad de los clientes corporativos de Citi. El proyecto no estaba bien encaminado hacia la solución que resolvería el problema de los clientes, de modo que se canceló.

Colella comenta que el cambio más grande desde el inicio de los consejos de crecimiento ha sido ver que a las personas de todos los niveles no les molesta el hecho de no tener todas las respuestas, aunque confían en que podrán hallarlas. «Eso es importante, y desde luego hemos visto sobresalir a nuestros directores a la hora de presionar, empujar y cuestionar a sus equipos —dice Colella—. Creo que más importante aún es que el cuestionamiento se haya aceptado en las categorías subalternas de la organización.»

Los consejos de crecimiento también han puesto de relieve la capacidad de Citi para cumplir su promesa de atención al cliente.

334 · El camino hacia el Lean Startup

«Este proceso nos ha proporcionado un lenguaje para hablar de validación y clientes de una manera completamente distinta, en vez de limitarnos a decir "vamos a centrarnos en el cliente"— afirma Colella—. Nos ha proporcionado un proceso y un sistema para validar lo que necesitan nuestros clientes, aun cuando en muchos casos todavía no saben lo que necesitan.»

CONSEJOS DE CRECIMIENTO CORPORATIVOS

He permitido deliberadamente que este capítulo sea complejo porque quiero que tengas una idea completa de la teoría de la contabilidad de la innovación, pese a que por motivos de extensión (y de cordura de aquellos de nosotros que no somos matemáticos) tengo que pasar por alto muchos detalles. Quiero aclarar que no todas las empresas que adoptan este nuevo método de trabajo asumen un grado elevado de complejidad contable. Algunas organizaciones (y para el caso, muchas empresas de capital riesgo prestigiosas) se gestionan con cuadros de mando de Nivel 1. Éstos dependen en gran medida del juicio y el carácter de la gente que adopta las decisiones de inversión. Existe una razón por la que hasta las sociedades de capital riesgo más exitosas son bastante pequeñas en comparación con los criterios corporativos. Para mantener estas prácticas a escalas cada vez mayores es imprescindible conocer mejor la teoría que subyace a este capítulo.

Cada organización tendrá que hallar su propio camino. Lo que deseo para ti, como lector, es que estés armado de respuestas más complejas, por si alguna vez las necesitas.

Y quiero hacer una última sugerencia.

Uno de los problemas de los equipos de innovación internos radica en que las divisiones existentes de la empresa quieren imponer «impuestos sin representación». A menudo quieren controlar el proyecto (porque temen consecuencias negativas para el *statu quo*), pero no quieren financiarlo (porque preferirían invertir a largo plazo en lo que están trabajando). Esta combinación da lugar al problema descrito en *The Innovator's Dilemma*, de Clayton Christensen.

La contabilidad de la innovación sugiere una posible solución a ese problema. Junto con los consejos de crecimiento a nivel de división y área, que asignan financiación a los equipos y les exigen que rindan cuentas dentro de las estructuras existentes, ¿por qué no crear un consejo de crecimiento a nivel de toda la organización para financiar y acelerar las nuevas startups que ninguna división quiera financiar? Crea la versión de «M&A» (fusiones y adquisiciones) y «OPI» (oferta pública inicial) como una startup externa. Si en algún momento de la vida de una startup interna una división quiere controlar su destino, déjala que adquiera esa startup interna con su presupuesto de M&A. La contabilidad de la innovación proporcionará a finanzas una rigurosa metodología para valorarla a un precio justo. Y si ninguna división está dispuesta a pagar ese precio, crea un mecanismo para la «oferta pública inicial» de la startup y conviértela en una división independiente, si los resultados lo justifican.

Si has llegado a ese punto, ¿por qué no aprovechar la oportunidad de M&A y OPI para animar al departamento financiero a crear una participación real en la startup interna vinculada al éxito del proyecto? No me refiero a incentivos pagados por hitos intermedios a corto plazo —como es el caso de tantos planes de incentivos corporativos mal concebidos—, sino como una participación real vinculada únicamente al rendimiento a largo plazo.

Para la gran mayoría de las organizaciones estas ideas son demasiado radicales, por eso las planteo aquí a modo de provocación. Pero sobre todo para la próxima generación de fundadores que están contemplando el tipo de organización que quieren dejar atrás, ¿por qué no querrías que tus mejores empleados se beneficiaran de las recompensas, el enfoque y el crecimiento que acompañan a la iniciativa empresarial de alto riesgo?

Lo que naturalmente suscita las siguientes preguntas: «¿Exactamente qué empleados deberían ser considerados emprendedores?» Y si creamos esta nueva «función faltante», «¿cuál debería ser su alcance?», «¿de qué actividades sería responsable?». Las respuestas pueden sorprenderte. Éste es el tema que abordaremos en la Tercera parte.

TERCERA PARTE

La visión global

Quizá sea lógico preguntarse: «¿En qué consiste la Cuarta etapa o la Quinta etapa del camino hacia el Lean Startup?». Por otro lado, «¿cuándo termina la transformación?». Ambas preguntas son lícitas y, sin embargo, en mi experiencia, no son del todo correctas.

Una vez que este método de trabajo se integra en el día a día de la estructura de la organización deja de ser una transformación. Eso no quiere decir que no se den a conocer las nuevas técnicas y herramientas. Pero precisamente porque el método de trabajo Lean Startup es sumamente flexible, con equipos que se autoorganizan en torno a nuevas ideas y orientadores que difunden las prácticas que funcionan, los procesos posteriores no serán tan disruptivos ni tan complejos como la transformación original que dio lugar a la plataforma para la difusión de esas prácticas. El ciclo de innovación continua estará completamente arraigado en la empresa y será capaz de absorber el cambio y el crecimiento.

Así pues, ¿qué ocurre a continuación?

La organización tiene que hacer la transición de la innovación continua a la transformación continua: un ciclo de cambio constante que puede transformar no sólo un área, un proyecto o un equipo, sino la estructura misma de la organización.

LA TRANSFORMACIÓN CONTINUA
EXIGE UN ENFOQUE RIGUROSO

Los fundadores que han pasado por el proceso de crear la cultura empresarial desde cero poseen una gran ventaja a la hora de iniciar la transformación. Parte de esa ventaja radica en la autoridad moral que ejercen como fundadores, y otra parte, en las habilidades y la fuerza que desarrollan para llevar la iniciativa a buen puerto.

Uno de los beneficios de revitalizar la organización con los métodos que he descrito es que en realidad lo que uno hace es refundar la empresa (véase el capítulo VIII para más información sobre la segunda fundación). Esto implica que la gente que impulsó el cambio constituye un recurso extremadamente valioso. Como pone de manifiesto la experiencia de Janice Semper dirigiendo la startup de Desempeño del Desarrollo de General Electric, los directores que asumen este tipo de proceso cambian. Aprenden a pensar de una forma distinta, más experimental. Son capaces de brindar apoyo a los equipos para que emprendan proyectos más audaces y de exigirles que rindan cuentas utilizando el riguroso proceso de la contabilidad de la innovación. En el futuro, cuando se perfile un cambio importante —como sabemos que ocurrirá— ésas son las personas a las que cualquier directivo inteligente sabe que debe acudir. La gente que trabaja codo con codo con ellas tiene muchas probabilidades de convertirse en líder de futuras transformaciones.

Todas las organizaciones deberían contar con un programa activo de experimentación con nuevas formas organizativas y métodos de gestión. Estos programas en sí constituyen los PMV, y hay que embarcarse en ellos con cautela, asumiendo una responsabilidad estrictamente definida, y bajo la dirección del tipo de personas que un día podrían ser los fundadores de la próxima transformación de la empresa.

LA TRANSFORMACIÓN RIGUROSA ES ESPÍRITU EMPRENDEDOR

Así pues, ¿quiénes son exactamente esas personas? Son emprendedores. La transformación corporativa es —en todos los sentidos— una verdadera startup, con el mismo tipo de riesgo, crecimiento acelerado e impacto que una startup externa. El rendimiento de la inversión de estas transformaciones puede ser colosal, por lo que exigen el mismo tipo de gobierno, financiación y modelos de procesos que las startups. La excelencia en la implantación de la transformación requiere un conjunto de habilidades similares a las que se necesitan para crear una nueva startup desde cero.

Si sigues esta línea de razonamiento, espero que repares en la necesidad de tratar el cambio organizativo como un elemento clave de la «función faltante», la función emprendedora. Necesitamos desarrollar carreras profesionales y sistemas de rendición de cuentas para este tipo de papel. Y ofrecer formación interdisciplinaria a la gente cuya experiencia emprendedora se centra en la creación de nuevos productos o nuevos tipos de empresas. Esta formación interdisciplinaria, de hecho, no sólo resulta necesaria en las empresas consolidadas. También constituye una parte muy importante del poder de Silicon Valley (véase la tesis sobre *blitzscaling* de Reid Hoffman, cofundador de LinkedIn).[58] Hasta hoy, la capacitación interdisciplinaria ha consistido en conocimientos esotéricos transmitidos por inversores y fundadores a la próxima generación. Sin embargo, todos podemos beneficiarnos de la sistematización y la apertura de este método (como creo que ha demostrado *El método Lean Startup*).

LA VISIÓN GLOBAL

En la segunda parte nos centramos y profundizamos en los mecanismos que dan lugar a la transformación, así como en sus po-

58. <https://hbr.org/2016/04/blitzscaling>.

sibles resultados. En la tercera parte deseo formular preguntas más generales. ¿En qué parte de la organización debería situarse el motor de transformación continua? Y una vez que esté en funcionamiento, ¿cómo puede utilizarse, dependiendo del tipo de organización, para modificar no sólo las prácticas empresariales sino también las leyes y los sistemas que nos conciernen a todos? ¿Cómo funciona una economía compuesta por organizaciones realmente modernas?

Creo que este tipo de transformación tiene implicaciones más amplias que sobrepasan los escenarios hasta aquí contemplados. Una vez que nos sentimos cómodos con la magnitud del cambio continuo que se presenta en este libro podemos pensar más allá de los límites de la organización. Podemos reflexionar sobre cómo la innovación y la transformación pueden afectar a la sociedad en su conjunto. ¿Cómo podemos valernos de la innovación y la transformación para cambiar nuestra manera de apoyar a las personas, formular políticas y crear una base operativa no sólo para las empresas sino también para nuestro país? ¿Cómo podemos garantizar un ciclo de transformación continua en la sociedad? ¿Cómo sería un mundo repleto de instituciones que trabajan de esta forma?

Estas preguntas, desde luego, son muy amplias y tienen enormes repercusiones. Sin embargo, eso no implica que no podamos abordarlas. Recuerda: al principio del libro seguramente creías que las transformaciones de la cultura empresarial como las que llevaron a cabo General Electric y el Servicio de Ciudadanía e Inmigración de Estados Unidos eran imposibles. Así que probemos juntos un experimento más: pensemos de forma exhaustiva en lo que el camino hacia el Lean Startup—junto con los emprendedores que saca a la luz— puede lograr.

X

Una teoría unificada del espíritu emprendedor

¿Puedo ser sincero?

¡Vamos! ¿Cuáles son las probabilidades de que yo, sentado aquí en California, redactando este libro, haya inventado el Verdadero Sistema de Gestión de Todos los Tiempos? ¿Cuáles son las probabilidades de que las futuras disrupciones en las comunicaciones, el trabajo, el sector industrial e incluso en la ciencia misma se sustenten en esta única estructura? Un simple vistazo al porcentaje de cambios impulsados por las tecnologías exponenciales debería darnos que pensar antes de cantar victoria. ¿Y cuántos ambiciosos «gurús» de la gestión han desfilado en los últimos cincuenta años, prometiendo una especie de nirvana permanente si sigues sus consejos?[59]

No pretendo ser tu «gurú». Para mí, ésa es una forma sumamente absurda de abordar la cuestión. Así que permíteme proponer otra forma de hacerlo.

Una de las empresas con las que trabajé volvió a llamarme después de haber llevado a cabo unas cuantas revisiones importantes de su sistema Lean Startup en el transcurso de varios años.

---

59. Yo pertenezco a la escuela de gurús de Peter Drucker: <http://www.drucker.institute/about-peter-f-drucker/>.

La empresa había seguido más o menos la trayectoria esbozada en la segunda parte, con una versión «1.0» del sistema que fue reemplazada por la versión «2.0» y posteriormente por la versión más avanzada «3.0». Mientras la empresa preparaba la versión «4.0», querían comentar conmigo lo que podía ocurrir en los próximos años cuando refinaran lo que habían aprendido o incluso añadieran —¡Dios me libre!— nuevas técnicas de otras fuentes distintas a la del Lean Startup. Creo que estaban preparándose para deshacerse de mí amablemente, con la esperanza de que no me ofendiera ante su falta de ortodoxia. Pero por supuesto, nada podría hacerme más feliz que ver las nuevas ideas integradas en el tejido de la empresa, siempre y cuando realmente funcionen.

Ésta es la cruda realidad de todos los fundadores que emprenden transformaciones o startups. En un momento dado, cuando la transformación es suficientemente poderosa para afectar a toda la empresa, cuando se ha impuesto por completo sobre la cultura que tenía que reemplazar, también es demasiado grande para realizar cambios radicales. En General Electric, por ejemplo, cualquier modificación del programa FastWorks tiene que llegar a cientos de miles de empleados. Forma parte de la naturaleza humana percibir cualquier cambio como una jugada arriesgada que podría costar muy cara de no ser la decisión adecuada.

Ya hemos comentado la solución a este problema, aunque en otros ámbitos. El enfoque correcto una vez que la transformación se ha expandido consiste en iniciar una nueva transformación, con un nuevo fundador y un nuevo equipo startup. Prueba, experimenta y aprende. Comprueba cómo (o si) el nuevo enfoque mejora el anterior. Y dependiendo del resultado de los experimentos, integra el nuevo enfoque en el sistema existente o reemplázalo por completo. Como siempre, los experimentos nos permiten el lujo de pensar con audacia sin asumir excesivos riesgos, así como de ampliar rápidamente la escala si nuestras arriesgadas apuestas merecen la pena.

En otras palabras, así como *El método Lean Startup* abogaba por un cambio de mentalidad de la innovación a la innovación

continua, espero que este libro avive tus ansias no sólo de transformación, sino de transformación continua. O, en palabras de
Viv Goldstein, que despierte la sed por crear un ciclo infinito
de procesos para «el cambio constante. Porque todo estriba en
desafiarse constantemente a uno mismo y en desafiar constantemente el *statu quo*».

De hecho, creo que sería más beneficioso concebir la transformación como la realidad del futuro inmediato. Mi pronóstico
es que los directores del siglo XXI pasarán por tantas transformaciones organizativas como plataformas de nuevos productos y
llegarán a percibir las formas organizativas de la misma manera
que percibimos nuestros smartphones: como un objeto desecha-
ble que es el mejor de su gama durante unos años y luego queda
rápidamente obsoleto. Las últimas líneas de la parodia del «falso
Steve Jobs», «Carta abierta a los habitantes del mundo», escrita
con motivo del lanzamiento del primer iPad, lo expresan a la perfección: «Sostén tu iPad. Míralo bien. Rézale. Deja que te trans-
forme. Y hazlo rápido, porque antes de que te des cuenta vamos
a sacar la versión 2, que hará que el que tienes ahora parezca una
bazofia. La paz sea contigo».[60]

Sin embargo, a diferencia de las infinitas reestructuraciones
de la gestión de finales del siglo XX, las reestructuraciones del
mañana no podrán permitirse el ingente volumen de derroches,
políticas y burocracia resultante de la displicente reorganización
de las butacas de cubierta del *Titanic*. Tenemos que buscar una
nueva disciplina de cambios rigurosos, siempre asegurándonos
de que la nueva estructura supere a la antigua.

Ésta es la buena noticia que en los últimos años me ha sorprendido tanto como a cualquiera: las habilidades necesarias
para llevar a cabo la transformación Lean Startup son transferi-
bles. Es mejor considerarlas como una capacidad organizativa
permanente en vez de como algo aislado y temporal.

60. <http://www.fakesteve.net/2010/04/an-open-letter-to-the-people-of-
the-world.htm>.

EL ESPÍRITU EMPRENDEDOR CORPORATIVO

Repara en la definición original de startup que propuse hace más de cinco años: «Una institución humana diseñada para crear un nuevo producto o servicio en condiciones de incertidumbre extrema». Como seguramente ya habrás deducido, estoy convencido de que es el contexto donde trabajas lo que te convierte en emprendedor, no una cualidad superficial.

De manera que, en una organización, ¿quién se ajusta a esta definición? Creo que algunos candidatos saltan a la vista, como los responsables de dirigir a los equipos de proyecto cuya labor consiste en el desarrollo y el lanzamiento de productos o servicios radicalmente nuevos. En este caso, el que genera la incertidumbre es el propio equipo: no sabemos realmente si los clientes querrán el nuevo producto. Sin embargo, esto es fácil de ampliar a casos conexos. ¿Qué ocurre con la introducción de un nuevo producto en un nuevo mercado? Una vez trabajé con un equipo que intentaba llevar una serie de productos fabricados en Estados Unidos a Iraq en el período de posguerra. A primera vista, el equipo tenía un plan bastante razonable basado en los éxitos que había cosechado anteriormente en otros países con niveles similares de desarrollo, así como en otros países de Oriente Próximo, como Arabia Saudí y Qatar. Por otro lado, ¡era la posguerra de Iraq! La realidad en el terreno era complejísima; las políticas, opacas, y muchas de las pautas cuidadosamente redactadas en el manual de, por ejemplo, Arabia Saudí, no se traducían especialmente bien.

Lo mismo ocurre con la innovación del modelo de negocio, como ponen de manifiesto ejemplos como el de Dollar Shave Club. Cualquier proyecto nuevo que se esfuerce por experimentar con un nuevo enfoque estratégico añade incertidumbre.

Espero que hasta aquí todo parezca inobjetable, básicamente he retomado el argumento que expuse en los primeros capítulos del libro. Pero ahora quiero aventurarme a un terreno algo más exótico.

Si sigues mi argumento de que muchas organizaciones —entre ellas muchas startups recientemente fundadas— poseen el mismo defecto estructural, entonces creo que entenderás por qué he dedicado gran parte de los últimos cinco años de mi vida a ayudar a que las organizaciones heredadas evolucionen hacia la empresa moderna.

¿Qué pasaría si te dijera que tengo una excelente idea de negocio? Se trata de un sistema de tecnología de la información (TI) radicalmente nuevo que mejorará considerablemente la productividad en cualquier industria. El único requisito es que los clientes se comprometan a integrar este nuevo programa informático en su proceso de trabajo por un coste elevado y durante varios años. No obstante, al final, la recompensa será tan grande que estoy seguro de que el cliente estará contento de haber padecido el sufrimiento, y la empresa de absorber el coste de decenas de empleados que trabajarán a tiempo completo en este nuevo proyecto. (Esta descripción hipotética coincide a la perfección con los costosos disruptores de TI como Palantir.)

En esa historia, yo soy claramente el emprendedor. Pero afortunadamente, a estas alturas de *El camino hacia el Lean Startup*, ya sabes adónde voy con esto. Este panorama también describe un número no poco significativo de proyectos de TI puramente internos. El desarrollo de software a gran escala es intrínsecamente incierto, sobre todo cuando opera sin «requisitos», alterando de manera radical el proceso de trabajo existente. Y en la gran mayoría de las organizaciones la mejora de la productividad es una frase en clave (una muy temida) para aludir a despidos y reducciones de la plantilla, por lo que acarrea la grata sorpresa de la incertidumbre adicional que aportan los empleados renuentes. ¿Acaso el director de TI a cargo del proyecto no es también un emprendedor?

Ahora reemplaza la parábola del párrafo anterior por otra área, como recursos humanos. Recuerda la anécdota del capítulo VIII sobre Janice Semper y la dirección del nuevo proyecto de Desarrollo del Desempeño de General Electric. Tenía todas las características de una verdadera iniciativa startup, aunque no presentaba ninguna de sus características superficiales.

Es por esta razón por lo que me empeñé en trazar relaciones entre la transformación de una organización heredada en una empresa más moderna y la creación de una nueva startup desde cero. En realidad son dos caras de la misma moneda.

Entonces, ¿cómo llamamos a este trabajo que consiste en lograr que la organización «evolucione» para adaptarse mejor al mundo del que forma parte? Las mejores prácticas de reestructuración corresponden a la categoría general de gestión del cambio (*change management*). Sin embargo, esta evolución concreta requiere algo distinto. Durante años me he esforzado por explicar por qué este cambio en particular es tan difícil, tan agotador, que sólo puede llevarlo a cabo un tipo especial de persona. El cambio exige:

- Un tipo muy particular de dotes de liderazgo, puesto que la transformación enfrentará al líder con las reacciones hostiles de personas experimentadas que han consagrado su vida y su carrera al *statu quo*.
- Experimentación audaz, puesto que más allá del marco general que he presentado hasta aquí, cada organización tiene que encontrar su propia forma distintiva, la manera única de adaptarse al contexto específico en el que opera.
- Audacia para apostar por un cambio radical a nivel de toda la empresa (y paciencia para esperar el momento oportuno para asumir ese compromiso). También disciplina para comenzar con experimentos pequeños, que podrían adelantar la llegada del momento oportuno, sin crecer demasiado o a un ritmo demasiado acelerado.
- El tipo de colaboración interfuncional más difícil: contar con el apoyo de los responsables de departamento para la creación de nuevas áreas funcionales, lo cual implica romper los antiguos silos funcionales y hacer causa común con viejos enemigos.

Sin embargo, después de todo este esfuerzo desgarrador, puede que no funcione. Son muchísimos los factores que podrían conducir al fracaso: patrocinadores ejecutivos que tienen miedo y se echan atrás, fluctuaciones del mercado, reorganizaciones internas que compiten, un contraataque coordinado por enemigos poderosos dentro de la empresa y, más importante aún, cambios en la competencia externa o en las condiciones de mercado que pueden desbaratar incluso el mejor de los planes.

¿Empieza a sonarte familiar?

Tengo la convicción de que la transformación corporativa —la reforma integral de la estructura de una organización— es emprendimiento corporativo. Y se caracteriza por ser tan complejo, incierto y exponencialmente gratificante como cualquier otro tipo de espíritu emprendedor.

UNA TEORÍA UNIFICADA DEL ESPÍRITU EMPRENDEDOR

He aquí una grandiosa manera de abordar todas estas ideas juntas. Hoy en día, la mayoría de las organizaciones (sin importar su tamaño) realizan en mayor o menor medida algunas de las siguientes actividades:

- Creación de productos completamente nuevos y búsqueda de nuevas fuentes de crecimiento.
- Creación de nuevos «productos internos», como sistemas de TI y políticas de recursos humanos.
- Desarrollo corporativo: adquisición de otras empresas y startups, escisiones (*spinouts*), inversión en nuevas empresas o capital riesgo corporativo (*corporate venture*), concesión/cesión de licencias tecnológicas.
- Reestructuración o transformación corporativa: por ejemplo, la creación de un equipo corporativo (como FastWorks) para la implantación de un nuevo método de trabajo.

Creo que estas cuatro actividades comparten más aspectos que los que la mayoría de la gente percibe. De hecho, tienen tanto en común que deberían gestionarse de manera centralizada y bajo los auspicios de una única función de alcance global. Estas actividades constituyen los pilares de la «función faltante», la función emprendedora; al buscar la excelencia en todas ellas, la empresa moderna realmente empieza a diferenciarse.

Ahora bien, como expliqué en el capítulo II, cuando presenté por primera vez la «función faltante», no se trata meramente de una cuestión de organigramas ni de tarjetas de presentación. No estoy seguro de que importe que la empresa cree formalmente el cargo de director de emprendimientos. En algunas organizaciones «innovación corporativa» forma parte del departamento de marketing, en otras la función corresponde al director de tecnología. Estos detalles son irrelevantes. Lo principal es que la organización se encargue de lo siguiente:

1. Determinar quién es el responsable de la función emprendedora (la gran mayoría de las organizaciones no ha nombrado a ningún responsable).

2. Conferir a las personas responsables de esa función responsabilidad operativa real en vez de considerarlos como meros futuristas o instigadores (como es el caso de muchos «directores de innovación»).

3. Crear una carrera profesional y un proceso de desarrollo del desempeño especializado para el talento emprendedor (establecer una norma común que sea válida para todos los pilares, con independencia del área o la división a la que afecte).

4. Facilitar capacitación interdisciplinaria a los emprendedores de todos los pilares. (Es por este motivo por lo que los inversores de capital riesgo que han tenido experiencia como fundadores son tan preciados, aunque debo admitir que muchos han triunfado sin tener esa experiencia. Lo importante es la mentalidad, no el currículum.)

5. Ofrecer formación, asesoramiento, apoyo, orientación y buenas prácticas para el fomento de la excelencia emprendedora en toda la organización.

6. Aunque pueda parecer contradictorio: asumir la responsabilidad de instruir a los no emprendedores de la organización que, aunque no actúan necesariamente como motor de cambio, tendrán que adoptar un método de trabajo más emprendedor.

7. Contar con la participación de la función emprendedora

cuando las otras funciones —sobre todo las de vigilancia— establezcan la política de la empresa. Esto es de capital importancia sobre todo para los departamentos financiero, jurídico, de recursos humanos y de TI.

En conjunto, estos esfuerzos forman la estructura global del
espíritu emprendedor como una función corporativa. En la página 352 se incluye un organigrama que presenta cada uno de los
elementos de la teoría unificada del espíritu emprendedor. Presta especial atención a las nueve actividades cuya dirección asume
la función emprendedora.

TRANSFORMACIÓN CONTINUA

Los valientes que has conocido en los capítulos anteriores —personas como Janice Semper y Viv Goldstein en General Electric, Jeff
Smith en IBM, Ben Blank en Intuit, y Todd Park, exdirector de
Tecnología del gobierno de Estados Unidos— son todos ejemplos
de emprendedores corporativos tan reales como los fundadores de
startups que salen en las portadas de las revistas. Ya hemos comentado la insensatez de mandar a los equipos de nuevos productos a presentar batalla a la competencia atados de pies y manos.
Igual de insensato es mandar a los paladines de la transformación
a presentar batalla interna sin el respaldo necesario.

Los paladines necesitan lo mismo que los emprendedores: financiación limitada pero asegurada para poder comenzar, claro
acceso a recursos ampliables (cuando se acredite la necesidad),
criterios adecuados para una sólida rendición de cuentas, compromiso con la verdad a la hora de determinar si la transformación
funciona o no, un equipo interfuncional dedicado y un consejo de
crecimiento al que se informará sobre los avances logrados. Como
he comprobado en muchas organizaciones, los paladines realmente se benefician de una comunidad de emprendedores de ideas afines que trabajan en startups independientes bajo el mismo para-
guas corporativo.

Así pues, si los directivos de tu empresa no disponen de una

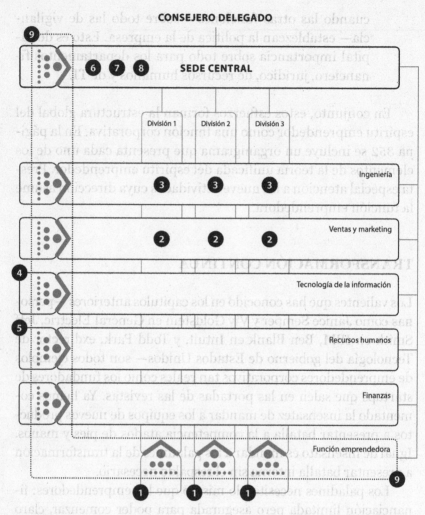

CONSEJERO DELEGADO

SEDE CENTRAL

División 1 División 2 División 3

Ingeniería

Ventas y marketing

Tecnología de la información

Recursos humanos

Finanzas

Función emprendedora

LEYENDA

1. Nuevos productos
2. Productos existentes en nuevos mercados
3. Productos que actúan como un seguro contra futuras disrupciones
4. Nuevos sistemas de TI
5. Nuevas políticas e iniciativas de las funciones de vigilancia (recursos humanos, finanzas, departamento jurídico)
6. Inversiones y adquisiciones: nuevas empresas, licencias de propiedad intelectual, empresas en participación *(joint ventures)*
7. Incubación de nuevas divisiones
8. Promoción de la transformación corporativa siguiendo las pautas del camino hacia el Lean Startup
9. Defensa de la transformación continua para adaptarse a un futuro incierto

Consejos de crecimiento

Equipos internos de startup

persona que hoy por hoy trabaje en la transformación de la organización, se trata de un descuido que debería subsanarse de inmediato. (Quizá en un futuro seas tú el agente de cambio.) Si la empresa ya cuenta con un agente de cambio, pero no se le trata con el respeto ni la autoridad que merece un verdadero emprendedor (quizá esa persona tiene instrucciones de trabajar a tiempo parcial en la transformación; quizá no esté experimentando sino meramente implantando directivas en toda la empresa desde la sede central), esa situación puede remediarse si los directivos se lo proponen.

Pero supongamos que trabajas en algunas de las empresas que hemos presentado en *El camino hacia el Lean Startup*. Tu empresa ha adoptado el espíritu emprendedor, ha suplido la «función faltante» y ha puesto en marcha una transformación importante como FastWorks. Se ha establecido un consejo interfuncional de altos ejecutivos cuya labor consiste en supervisar a los fundadores de la startup que persiguen el impacto exponencial del nuevo método de trabajo. Tal vez te encuentres en la Tercera etapa del camino hacia el Lean Startup, y el consejero delegado y otros altos cargos hayan manifestado públicamente y de manera categórica su compromiso con el nuevo método de trabajo.

¡Qué afortunado! Supongo que ha llegado el momento de relajarse, ¿no? No queda nada más por hacer. Hasta podrías creer que diste con este libro demasiado tarde: si se hubiera presentado la oportunidad, tú podrías haber sido el agente de cambio. Sin embargo, ahora todo el mérito —y las consiguientes recompensas profesionales— corresponde a otra persona.

¡Espera! ¡Un momento! Lo que acabamos de describir no es el final: es el principio.

Ésa es la doble ventaja secreta de toda transformación exitosa. No sólo compensa con creces porque ofrece las ventajas comentadas en capítulos anteriores, como las mejoras en el plazo de comercialización, la tasa de éxito, la productividad y la rentabilidad. También siembra la semilla para que la empresa desarrolle una nueva capacidad, la de la transformación continua. Las personas que llevan las cicatrices de la batalla ganada están en una situación inmejorable para ejercer de miembros del consejo de la futura transformación, de mentores de los futuros agentes de cambio o incluso una vez más de fundadores si —y sólo si— la empresa está preparada para invertir en ellos, valorar sus habilidades e implantar una estructura organizativa que los respalde.

Permíteme reiterar lo anterior.

La transformación continua —la capacidad de la organización para aprender de los experimentos relacionados con sus propios procesos y estructura, y promover en toda la empresa las mejores técnicas al tiempo que limita o descarta las demás— dotará a la organización de la capacidad para prosperar en tiempos modernos. Ésta es mi última sugerencia como añadidura al conjunto de herramientas de la gestión emprendedora.

A continuación, formalicemos y sistematicemos este enfoque, a fin de crear una masa crítica de emprendedores con mentalidad afín que sean capaces de hacer frente al conjunto heterogéneo de desafíos al que seguramente nos enfrentemos de ahora en adelante.

Ésta es la verdadera promesa del camino hacia el Lean Startup: un sistema de gestión que contiene las semillas de su propia evolución porque concede a todos los empleados la oportunidad de convertirse en emprendedores. De esta manera, crea oportunidades de liderazgo y conserva en la empresa a las personas más aptas para el liderazgo, reduce las pérdidas de tiempo y energía, y establece un sistema para resolver problemas con rapidez y flexibilidad, en tanto que todo esto se traduce en mejores resultados financieros.

No obstante, el objetivo más importante del camino hacia el Lean Startup no consiste en mejorar las empresas ni en aumentar su rentabilidad: el verdadero objetivo es que sirva como un sistema para construir una sociedad más inclusiva e innovadora. En esto nos enfocaremos en los últimos dos capítulos.

XI

Hacia una política pública proemprendedora

Espero fervientemente que los actuales y futuros responsables de formular políticas lean este libro. Algunos quizá hayan caído en la tentación de saltarse los primeros capítulos para pasar directamente a éste (si es así, ¡bienvenidos!), me parece muy bien. De los encargados de formular políticas que he tenido el privilegio de conocer —tanto políticos como funcionarios públicos— son pocos los que se consideran emprendedores; espero que quienes hayan leído los capítulos anteriores se cuestionen esa autoevaluación.

Un tema recurrente en este libro ha sido la importancia de concebir el espíritu emprendedor como una herramienta para el desarrollo de los ecosistemas empresariales. En una empresa esto implica establecer estructuras e incentivos a fin de cultivar la próxima generación de líderes emprendedores. En Sand Hill Road esto implica construir una comunidad de profesionales de la inversión capaces de identificar y asesorar a la próxima generación de fundadores de startups tecnológicas. En las páginas anteriores del libro he argumentado que estos dos ecosistemas no son tan distintos como aparentan. Ahora me gustaría añadir otro ecosistema a la ecuación: el de la política pública.

Los principios emprendedores que hemos comentado también pueden y deben utilizarse en la elaboración de políticas. De hecho, ya hemos visto varios ejemplos de esta mentalidad emprendedora en esferas políticas: relatos sobre cómo las agencias gubernamentales se valieron de los métodos lean a fin de crear un instrumento para poner en práctica las políticas ya formuladas, como la Ley de Asistencia Sanitaria Asequible, el proyecto College Scorecard y los documentos de inmigración del Servicio de Ciudadanía e Inmigración de Estados Unidos. Se trata de un paso muy importante, e insto a todos los responsables de la formulación de políticas a que sigan esos ejemplos.[61]

Este capítulo trata sobre los experimentos que podríamos llevar a cabo para la elaboración de políticas fructíferas que ayuden a los dirigentes a hacer frente a un desafío actual: la creación de las condiciones necesarias para que la próxima generación de emprendedores prospere. El concepto de innovación no debería aplicarse únicamente a los productos y procesos empresariales. Como escribió la economista Mariana Mazzucato:

> Salta a la vista que los ganadores escribieron los libros de historia. Los ganadores de Silicon Valley —los inversores de capital riesgo y los emprendedores— redactaron los argumentos que justificaron sus recompensas. Sin embargo, sus relatos no son una guía útil para la formulación de políticas en otros lugares. Para eso, tenemos que mirar más allá de ellos, a los hombres en los que se apoyaron, y crear ecosistemas simbióticos entre actores públicos y privados que reconozcan la creación de riqueza como un esfuerzo colectivo. Porque una sociedad emprendedora necesita primero un Estado emprendedor.[62]

---

61. Los emprendedores de los gobiernos del Reino Unido y de Estados Unidos mencionados en este libro han adoptado este enfoque con el lema «La estrategia es cumplir». Véanse: <http://mikebracken.com/blog/the-strategy-is-deli very-again/> y <https://gds.blog.gov.uk/usds-18f-and-gds-why-the-stra tegy-is-delivery-video-transcript>.

62. <https://hbr.org/2016/10/an-entrepreneurial-society-needs-an-entrepre neurial-state>.

SE TRATA DE POLÍTICAS, NO DE POLÍTICA

La política pública proemprendedora, la que aboga a favor del espíritu emprendedor, combina las categorías políticas tradicionales. En cierto modo, a fin de fomentar el crecimiento económico impulsado por las startups, necesitamos las políticas proempresariales que competen al tradicional terreno del conservadurismo: menos regulación, más competencia y más colaboración ente los sectores público y privado. Sin embargo, también necesitamos las políticas a favor de los trabajadores que tradicionalmente conciernen a la izquierda: protecciones laborales (como la supresión del pacto de no competencia poscontractual), un seguro médico transferible y políticas migratorias sensatas. Luego tenemos una serie de reformas que, en teoría, deberían gozar de un amplio apoyo bipartidista porque nos benefician a todos, aunque en la práctica tienden a quedar atrapadas en medio del politiqueo y la guerra partidista: reforma de patentes, un gobierno más responsable y eficaz, datos abiertos (de libre acceso), interfaces de programación de aplicaciones (API) abiertas para los datos del gobierno, educación, infraestructuras e I+D.

Si quieres que haya más emprendedores, tienes que pensar en lo que estaban haciendo los fundadores cinco minutos antes de fundar su empresa. Algunos legendarios titanes de la industria llegaron a fundar empresas exitosas; no obstante, la ley de los grandes números apunta a que la gran mayoría de las personas que fundan startups exitosas no eran ni consejeros delegados ni fundadores. ¿Qué eran entonces? Estudiantes, trabajadores rasos, inmigrantes, directivos de nivel medio.

Los emprendedores no pueden darse el lujo de esperar a que se lleven a cabo esas reformas políticas: todo nuestro ecosistema empresarial dependerá de las decisiones que tomemos en esta próxima generación.

Como ciudadano del mundo, confío plenamente en que el ecosistema emprendedor florecerá. La democratización de los conocimientos de las startups y las herramientas de bajo coste para la experimentación a escala comentadas en el capítulo I prácticamente lo garantizan. Por cada reforma, siempre habrá algún país del mundo que realice experimentos. Tomemos como ejemplo la idea de «la visa para startups», que se originó en Silicon Valley pero que fue adoptada por varios países mucho antes de que en Estados Unidos dispusiéramos de una versión a medias.[63]

Sin embargo, como ciudadano estadounidense, me preocupa nuestra capacidad para mantener el liderazgo en un sector tan decisivo como éste. Las startups, en términos muy rudimentarios, se componen de tres elementos: producto, capital y mano de obra. Si los albores del siglo XXI nos han enseñado algo, es que tanto los productos como el capital tienen suma facilidad para traspasar fronteras, pero la mano de obra definitivamente no. Piensa en la próxima generación de avances tecnológicos y sus consiguientes productos. Como consumidor mundial, gozaré de los frutos de esos avances tecnológicos al margen del país donde se produzcan. Los socios comanditarios que financian la clase de activo de capital riesgo no tendrán ningún problema en encontrar la forma de invertir en esos productos, como hemos comprobado recientemente en algunas economías en desarrollo como India y China. Sin embargo, los empleos creados por esas startups —y por consiguiente, los efectos económicos indirectos— serán mayoritariamente locales y estarán vinculados al país que fomenta su desarrollo. Durante mucho tiempo Silicon Valley (California, Estados Unidos) ha sido la envidia del mundo porque hemos aprovechado esos efectos para nuestro beneficio. Pero ahora estamos en una carrera contrarreloj. Si no invertimos proactivamente en políticas públicas que nos permitan conservar nuestra posición, la perderemos.

Desde esta perspectiva deseo compartir algunas ideas sobre las características de una verdadera política pública proemprendedora que no sólo promueva la innovación entre los ciudadanos sino que también pueda utilizarse para obtener mejores resultados.

63. Éstos son algunos ejemplos de los programas de visado de otros países: <http://startupchile.org/programs; <http://www.startupdenmark.info/>; http://italiastartupvisa.mise.gov.it/>.

¿Qué motiva a los emprendedores?

¿Qué mueve a alguien a dar el paso especulativo necesario para crear una empresa nueva o adoptar un nuevo método de trabajo? He guiado a cientos de personas en este ejercicio de reflexión. Una y otra vez, observo que sopesan los mismos tres conjuntos de factores.

1. Visión y potencial

El deseo de cambiar el mundo es fundamental, eso es la visión. Pero ¿de dónde sacan las ideas que conducen a cambios reales y valiosos? ¿Y qué ejemplos los inspiran? ¿Qué ejemplos los llevan a creer que están capacitados para hacer realidad esas ideas? Todo lo que podamos hacer para ayudar a las personas a encontrar ideas válidas de mejora y apostar por ellas aumentará el porcentaje de emprendimientos.

Por supuesto, para quienes estén dispuestos a padecer el sufrimiento de la iniciativa emprendedora, la recompensa ha de ser proporcionalmente generosa (aunque no siempre económica, como vimos en el capítulo III sobre la «participación en el resultado»). Esto repercute tanto en la política educativa como en la política fiscal.

2. Habilidades y recursos

La visión puede provocar desánimo. Hay mucha gente que no persigue sus sueños porque no sabe ni cómo ni por dónde empezar. Ofrecer una forma de hacerlo ha sido uno de los principales logros del movimiento Lean Startup, que anima a los futuros empresarios con el lema «Piensa en grande. Empieza poco a poco. Crece deprisa». Cualquier política que contribuya a que las personas den el primer paso aumentará el porcentaje de iniciativas emprendedoras, aun cuando la mayor parte de los experimentos fracasen.

También es importante reconocer que aunque a veces la innovación no requiere mucho dinero (al principio), quien tiene acceso a los recursos necesarios para emprender se encuentra en una posición sumamente privilegiada. Existe un motivo por el que los empresarios más famosos de la historia, como Henry

Ford, surgieron de la clase media alta: tenían abundantes conexiones familiares a las que podían recurrir en caso de que la empresa fracasara, así como fácil acceso al capital inicial y los equipos necesarios para poner en marcha el proyecto.[64] Jason Ford, emprendedor e inversor, escribió: «Es hora de que los emprendedores como yo dejen de contar la historia de cómo llegaron a la cima. Que dejen de atribuirse el mérito por haber llegado a la luna por sí mismos, como si toda la estructura de apoyo donde nacieron no hubiera tenido nada que ver. Ya es hora de que todos encontremos la forma de dotar a los emprendedores de mayor potencial del mundo de sus propios cohetes para que puedan mostrarnos las estrellas».[65] Considero que el talento está muy bien distribuido. Pero las oportunidades no.

3. Riesgo y responsabilidad

Todos los emprendedores, lo admitan o no, están obsesionados con el fracaso. Resulta imposible no pensar en las formas en que la empresa podría fracasar y la miríada de consecuencias, tanto personales como profesionales, que eso podría comportar. Desde luego, parte del arte del emprendedor radica en evaluar los riesgos racionalmente, separar los que son tolerables (como la vergüenza) de los que son más serios (como el fraude y los productos defectuosos) y mantener la confianza frente a estas realidades.[66]

En lo que respecta a responsabilidad, el hecho de poder renunciar al trabajo y crear una empresa sin percibir un salario es un lujo que muy pocas personas pueden permitirse. Existe un motivo por el que la famosa imagen de la cultura pop presenta al típico fundador de empresas tecnológicas de veintitantos años (casi siempre un hombre blanco, lo cual no es casual) trabajando

64. Watts, S., *The People's Tycoon: Henry Ford and the American Century*, Vintage, Nueva York, 2006.

65. <https://medium.com/tech-diversity-files/the-real-reason-my-startup-was-successful-privilege-3859b14f4560>.

66. Para más información sobre este tema véase: Shane, Scott A., *A General Theory of Entrepreneurship: The Individual- Opportunity Nexus*, Edward Elgar, Massachusetts, 2003.

en el garaje de sus padres. Resulta mucho más fácil crear una empresa cuando no tienes personas a tu cargo ni tienes que pagar una hipoteca o un alquiler.[67] Y sin duda es más fácil si no tienes que preocuparte por cómo va a quedar el fracaso en tu currículum. En algunas culturas, una startup fallida constituye no sólo un episodio embarazoso en el inicio de la vida adulta de la persona (como fue en mi caso), sino también una sentencia de muerte profesional que impide encontrar empleos remunerados en el futuro.

Como resultado, cualquier cosa que amortigüe las consecuencias del fracaso empresarial pagará grandes dividendos en lo que respecta al índice de iniciativas emprendedoras. No obstante, no resulta sencillo conseguir esa amortiguación sin que peligre la moral, como han observado muchos críticos de programas gubernamentales durante años. Tenemos que ser inteligentes.

––––––––––

Para que una política pública pueda considerarse realmente proemprendedora, debe afectar como mínimo a uno de los tres conjuntos de factores que acabo de describir. Si queremos que la gente apueste por el espíritu emprendedor, tenemos que facilitarle los medios antes de que se enfrente al momento de tomar la decisión; de lo contrario, la decisión realmente no existe. Éstos son los engranajes que tenemos que poner en marcha para crear no sólo empresas innovadoras, sino también una cultura innovadora. Muchas de las políticas actuales de fomento empresarial se enfocan en la rentabilidad, pero ése es sólo uno de los aspectos de una economía saludable. Y la rentabilidad no siempre conduce a un mayor dinamismo económico. Piensa en la cantidad de comportamientos motivados por la búsqueda de beneficios económicos que dificultan —en lugar de facilitar— la creación de nuevas empresas.

Se habla mucho de los «unicornios», las startups cuyo éxito

67. <https://papers.ssrn.com/sol3/papers.cfm?abstract_id=2896309>.

supera los 1.000 millones de dólares, e incluso llega a cientos de miles de millones de dólares. Pero la verdad es que no son esos casos de éxito casi míticos los que crean un sistema de oportunidades en constante evolución. De hecho, tal como están formuladas las políticas hoy en día, se fomenta que la gente desista de sus ideas. Según la Oficina del Censo de Estados Unidos, en el período 2005-2014 se crearon 700.000 empresas menos que en el período 1985-1994. El número de startups que contribuyen de manera desproporcionada al crecimiento del empleo y la productividad continúa en descenso desde el año 2000.[68]

Podemos mejorar. A continuación presentamos una serie de ideas, a modo de esbozo, para la creación de un verdadero contexto proemprendedor. No es mi intención elaborar una lista exhaustiva; he intentado no repetir las propuestas más obvias y me he limitado a incluir las ideas que se alejan del convencional discurso sobre las startups que prevalece en la actualidad. Y me he esforzado por dejar la política al margen de este capítulo. Creo que una de las ventajas del desarrollo de una política pública a favor del espíritu emprendedor es la oportunidad de terminar con el partidismo actual.

FOMENTAR EL CAPITAL HUMANO

Seguro de asistencia sanitaria

Durante años he intentado convencer a un gran número de personas de que se arriesgaran a poner en marcha su iniciativa empresarial. Antes de que se aprobara la Ley de Asistencia Sanitaria Asequible en 2010, el seguro de salud solía representar un importante obstáculo. Muchos potenciales emprendedores padecen alguna enfermedad crónica o tienen personas a cargo que dependen de ellos para pagar el seguro médico. Éstas no son preocupaciones menores (véase «Riesgo y responsabilidad» en la página 360).

68. <https://hbr.org/2017/02/a-few-unicorns-are-no-substitute-for-a-competitive-innovative-economy>.

Existen pruebas contundentes de que el efecto inhibidor que ejerce la incertidumbre de la cobertura médica no es meramente circunstancial. Por ejemplo, un estudio de RAND analizó la tasa de emprendimiento en la población de Estados Unidos por cohortes de edad. La tasa se mantiene constante para la mayoría de los grupos, pero esto es lo ocurre entre los estadounidenses de mayor edad: la tasa de emprendimiento se dispara a los sesenta y cinco años, momento en que la gente puede acceder a Medicare, el seguro médico ofrecido por el gobierno.[69] Reflexiona por unos instantes en esa estadística: ¿Realmente crees que las personas de sesenta y cinco años son más creativas o emprendedoras que las de sesenta y cuatro años?

Prestación de asistencia sanitaria

Hay una nueva generación de emprendedores que están experimentando con nuevos sistemas de prestación de asistencia sanitaria que ofrecen tratamiento y prevención de enfermedades a menor coste y con mejores condiciones tanto para los pacientes como para los médicos. Al igual que cualquier disrupción impulsada por una startup, estas innovaciones se enfrentan a una fuerte resistencia por parte de los viejos modelos de negocio y los intereses creados. Las decisiones políticas pueden acelerar u obstaculizar el desarrollo de empresas como Honor, One Medical, Athenahealth, Forward, Heal u Oscar Health. Creo que por el bien de todos debemos fomentar su desarrollo. El sistema sanitario actual es costoso, ineficiente y poco equitativo. A través de la experimentación y la innovación podemos hallar la manera de brindar una mejor atención sanitaria a más personas, siempre que los encargados de elaborar las políticas estén dispuestos a apoyar estos experimentos.

69. <https://www.rand.org/content/dam/rand/pubs/working_papers/2010/RAND_WR637-1.pdf>.

Inclusión de las habilidades emprendedoras
en el plan de estudios

En los cursos inferiores la toma de contacto con las habilidades emprendedoras es tan elemental como enseñar a los niños que el fracaso no sólo está bien sino que además representa una oportunidad para aprender algo que podremos aplicar en el próximo intento (esto a los adultos les cuesta muchísimo aceptar, como hemos visto). Incluso esta idea puede ser radical en un contexto donde las notas constituyen el centro del plan de estudios y la excelencia está vinculada a la financiación y el pago de la matrícula. Sin embargo, es fundamental educar a una nueva generación de ciudadanos que estén dispuestos a experimentar para llegar a resultados extraordinarios. El desarrollo de lo que los psicólogos llaman «mentalidad de crecimiento» es clave para impulsar a los niños a que asuman riesgos y aprendan de sus errores, algo que se asemeja bastante a la mentalidad del emprendedor.[70]

A nivel universitario he observado de primera mano los cambios que están teniendo lugar. He ejercido de emprendedor residente (ER) en la Escuela de Negocios de Harvard, donde Tom Eisenmann introdujo los principios del método Lean Startup en el plan de estudios. Todo comenzó en 2011 con una clase llamada «Lanzamiento de empresas tecnológicas», que fue creciendo hasta convertirse en un *Startup Bootcamp* obligatorio para los estudiantes de primer año del máster en dirección de empresas (MBA) y de los cursos de venta y marketing y gestión de producto.

En la Universidad de Stanford, que desde hace tiempo es un verdadero centro de innovación, Steve Blank inauguró en la primavera de 2016 una asignatura llamada «Hacking for Defense» (conocida como «Redefiniendo la defensa»), en la que los estudiantes aplicaban el método Lean Startup a la creación de complejos prototipos de fundamental importancia para las misiones de defensa, como sensores portátiles para los buzos de la Marina

70. Dweck, Carol S., *Mindset: The New Psychology of Success*, Random House, Nueva York, 2006. Versión castellana de Pedro Ruiz de Luna González, *Mindset: La actitud del éxito*, Editorial Sirio, Málaga, 2016.

o detectores de bombas de próxima generación. Los profesores compartieron en internet tanto el material como el plan de la asignatura para que otras universidades los aprovecharan. Como explica Blank: «Nuestro objetivo era llevar la asignatura a todo el país, para que los estudiantes tuvieran la oportunidad de prestar servicio al país mediante la resolución de problemas diplomáticos y de defensa reales utilizando los métodos lean». A día de hoy, veintitrés universidades y escuelas universitarias tienen previsto ofrecer esta asignatura, en la que también se han inspirado otras como «Hacking for Diplomacy», en Stanford, y «Hacking for Energy», enfocada en la innovación en el sector energético, en Columbia, la Universidad de Nueva York (NYU) y la Universidad de la Ciudad de Nueva York (CUNY).[71]

Blank, además, es el fundador de un programa gubernamental llamado ICorps, de la Fundación Nacional de Ciencias, que ha acercado las prácticas del Lean Startup a los investigadores a fin de enseñarles cómo convertir sus hallazgos en emprendimientos. Como afirma Blank: «La iniciativa ICorps cubre la brecha entre el apoyo público a la ciencia elemental y la financiación de capital privado para nuevos emprendimientos. Se trata de un modelo de programa gubernamental con un equilibrio justo de colaboración entre los sectores público y privado».[72] Más de mil equipos han pasado por el programa. El éxito fue tal que el Congreso, en el último día del período de sesiones de 2016, aprobó la Ley Estadounidense de Innovación y Competitividad, a fin de establecer el carácter permanente del programa. En virtud de esta ley (refrendada por el presidente Obama en enero de 2017) el programa ICorps entrará en vigor en otras agencias federales, a nivel del gobierno local y estatal, y en instituciones académicas. Y no nos olvidemos de que los emprendedores están llevando a cabo experimentos para aplicar técnicas emprendedoras al ámbito educativo y mejorar la educación en general. Empresas como AltSchool, Panorama Education y Summit Public Schools se valen de la innovación para crear nuevos sistemas educativos,

71. <http://stvp.stanford.edu/blog/innovation-insurgency-begins>.
72. <https://steveblank.com/category/nsf-national-science-foundation/>.

luego miden los resultados y aplican el aprendizaje para el beneficio de los estudiantes de todo el país.

Inmigración

El 42 por ciento de los fundadores de las startups de Silicon Valley son inmigrantes.[73] El 51 por ciento de las startups valoradas en 1.000 millones de dólares fueron fundadas por inmigrantes.[74] Un porcentaje mayor de startups estadounidenses tiene como mínimo un inmigrante entre sus cofundadores. La apertura a la inmigración constituye uno de los valores culturales que fomentan el desarrollo económico de las ciudades (uno de los tantos índices basados en datos reales que Silicon Valley lidera sistemáticamente). Como escribió Richard Florida en *The Flight of the Creative Class*, Estados Unidos «no posee ninguna ventaja intrínseca a la hora de fomentar la creatividad de las personas, generar nuevas ideas o crear startups. Su verdadera ventaja radica en la capacidad para atraer a esos motores económicos de otras partes del mundo. De fundamental importancia para el éxito que ha tenido Estados Unidos en este último siglo ha sido la enorme afluencia de talentos de todo el mundo».[75]

Sin embargo, Estados Unidos no ofrece ninguna categoría de visado para startups, y sus fundadores siempre lo han tenido muy difícil para residir en el país. Por eso la mayoría de los fundadores inmigrantes de mayor éxito han tenido que encontrar el modo de solicitar otra categoría de visado. Esto denota la estrechez de miras de la política migratoria de Estados Unidos, sobre todo en lo que respecta a emprendedores.

Muchos potenciales fundadores inmigrantes ya residen en Estados Unidos, en calidad de estudiantes o trabajadores con vi-

73. <https://www.bloomberg.com/news/articles/2016-02-10/how-tech-start up-founders-are-hacking-immigration>.

74. <https://blogs.wsj.com/digits/2016/03/17/study-immigrants-founded-51- of-u-s-billion-dollar-startups/>.

75. <https://www.citylab.com/equity/2013/04/how-immigration-helps- cities/5323/>.

sado H1B. Veamos un caso habitual: un estudiante que cursa un programa de doctorado en alta tecnología en alguna de las universidades de élite del país. Esta persona, entre sus diversas titulaciones de grado y posgrado, quizá haya residido en total unos doce años en Estados Unidos. Después de graduarse y de haber invertido una cantidad ingente de recursos en su educación, en el preciso momento en que deja de ser un consumidor de recursos para convertirse en un creador de empleo, ¿la enviamos de regreso a su país natal? Es un despropósito.

Recuerda: si esas personas fundan las empresas en su país, probablemente puedan introducir fácilmente sus productos en el mercado estadounidense. También es muy probable que tengan fácil acceso al capital riesgo estadounidense. Seremos sus clientes. Pero los puestos de trabajo se crearán en el extranjero.[76]

Relaciones laborales

Una de las afirmaciones más notables de la obra de 1915 de Frederick Winslow Taylor *Los principios del management científico* (42 Links Ediciones Digitales, 2013) sostiene que en los lugares de trabajo organizados en torno a los principios de la gestión científica jamás ha habido una huelga, porque cuando los trabajadores reciben un trato «óptimo» los conflictos laborales no existen. En retrospectiva, hoy sabemos que la afirmación es pretenciosa: muchas empresas organizadas de acuerdo con esos principios han sufrido, en efecto, huelgas con los años. Sin embargo, persiste la idea utópica de que un estilo de gestión más progresista evitaría los conflictos entre los empleados y la dirección de la empresa.

Esto es especialmente frecuente en Silicon Valley, donde muy pocas empresas están sindicalizadas y la mayoría de los emplea-

76. Un ejemplo es Kunal Bahl, licenciado por la Escuela de Negocios Wharton, de la Universidad de Pensilvania, que regresó a India, su país natal, para fundar la empresa de e-commerce Snapdeal, hoy valorada en 6,5 millones de dólares y que ha creado miles de puestos de trabajo en ese país (pero ninguno en Estados Unidos, donde se formó). Véase: <http://money.cnn.com/2017/02/02/news/india/snapdeal-india-kunal-bahl-h1b-visa/index.html>.

dos, por lo menos los que trabajan en oficinas y están bien remunerados, no simpatizan con los sindicatos. Resulta difícil hablar de sindicatos sin entrar en el hiperpolarizador mundo de la política partidista, pero me esforzaré por no hacerlo. Creo que existe un nuevo tipo de relación sindical-administrativa para las organizaciones que están dispuestas a romper el molde y probar algunos experimentos. En mi opinión se trata de un sindicato «proproductivo»: mayor flexibilidad a la hora de invertir en los trabajadores, la vinculación de los salarios e incentivos a la mejora de la productividad de la empresa y una agenda proactiva destinada a crear oportunidades emprendedoras para todos los miembros del sindicato. El objetivo del sindicato «proproductivo» consiste en alinear la situación económica de sus miembros con la de la empresa y fomentar la flexibilidad de la dirección a fin de mejorar la rentabilidad a largo plazo de la empresa.

¿Y si el propio sindicato dirigiera incubadoras para alentar a que los miembros con buenas ideas las pongan en práctica? Como condición para participar, los fundadores de la empresa tendrían que comprometerse a afiliarse al sindicato si la idea da buenos resultados. Este sistema podría llegar a perpetuarse.[77]

PRESTACIÓN POR DESEMPLEO Y STARTUPS

Me invitaron a participar en un programa de entrevistas de la cadena C-SPAN para conversar sobre varios temas relacionados con la iniciativa emprendedora y las políticas públicas. Con nuestro sistema actual,[78] cualquier persona que se encuentre en situación legal de desempleo tiene derecho a percibir una prestación durante un número determinado de semanas (las condiciones varían en función del estado). La idea es proporcionar a los trabajadores un colchón entre un trabajo y otro. Cuando la persona consigue empleo la prestación queda interrumpida.

77. <https://www.thenation.com/article/what-if-we-treated-labor-startup/>.
78. <https://www.thoughtco.com/intro-to-unemployment-insurance-in-the
-us-1147659>.

No obstante, este programa de renta universal plantea algunos problemas evidentes relacionados con la falta de incentivos. El primero es que cuanto antes consigues trabajo menos dinero recibes. Algunos arguyen que el programa realmente paga a las personas para que no busquen empleo. Sin embargo, desde el punto de vista emprendedor, la situación es aún peor. ¿Qué ocurre si decides crear una empresa mientras estás desempleado? A pesar de que es muy poco probable que la empresa disponga de los recursos necesarios para pagarte un salario, el gobierno considera que tienes trabajo y, por tanto, no tienes derecho a percibir la prestación. Aquí estamos frente a una situación en la que pagamos a los ciudadanos para que no emprendan.

En el programa sugerí, en vivo, que los ciudadanos deberían tener la opción de convertir su prestación por desempleo en un préstamo con buenas condiciones si tuvieran la intención de crear una empresa. Creo que esta política sería especialmente acertada en épocas en que la tasa de paro se dispara. Una comunidad repleta de parados carece de ingresos y de recursos, pero no carece de las necesidades que podrían ser atendidas por nuevas startups. Y durante el breve período en que los pagos de la prestación por desempleo estuvieran activos en esa comunidad (ejerciendo de estabilizador macroeconómico), las nuevas startups ya tendrían clientes.

Incluso al margen de la situación generalizada de desempleo, al brindar a las personas desempleadas la oportunidad de emprender se alcanzarían importantes objetivos políticos: contribuir a la transición hacia una nueva actividad profesional, hallar formas novedosas de reutilizar las habilidades desarrolladas en trabajos anteriores y (hasta para las startups que fracasan) promover la dignidad humana que comporta el empleo productivo en lugar de recibir subsidios. Existen abundantes pruebas de que el trabajo aumenta la autoestima y la satisfacción personal y disminuye significativamente la depresión.[79] Además, constituye una buena oportunidad para ofrecer formación emprendedora,

79. <https://www.ncbi.nlm.nih.gov/pmc/articles/PMC2796689/>.

espacios de trabajo compartidos y otras ventajas al estilo «aceleradora» a fin de estimular el crecimiento de esta comunidad de futuros fundadores.

En C-SPAN, estas ideas no fueron bien recibidas. Algunas de las respuestas que oí fueron del tipo «¿Qué pasa si no se devuelve el préstamo?», pese al hecho de que el dinero no se hubiera «perdido» en el caso del pago de la prestación por desempleo. Aun cuando un pequeño porcentaje de personas no reembolsara el préstamo, ¡es una ganancia neta para las cuentas del Estado! Además, esos emprendedores pueden crear una cantidad significativa de empleos.

PRÉSTAMOS PARA PEQUEÑAS EMPRESAS

Si el gobierno quisiera incrementar drásticamente el número de experimentos emprendedores entre los ciudadanos, la forma más sencilla de hacerlo sería poniendo el capital inicial directamente en manos de los ciudadanos de a pie. Muchos países disponen de programas como éste: el Estado financia programas de capital riesgo estatales, o bien se convierte en socio limitado de fondos privados. Sin embargo, el éxito de este modelo sólo ha sido parcial, porque se enfrenta al mismo problema que todas las inversiones del gobierno: la política.

¿Cómo podríamos solventar este problema al mismo tiempo que favorecemos el desarrollo de un gran número de startups? ¿Y si el gobierno ofreciera a los ciudadanos un programa de microcréditos? Podrían ser importes pequeños, quizá tan modestos como 100 dólares. Pero una vez que el prestatario reembolse íntegramente el crédito, se le concedería otro por un importe superior (supón que el importe concedido se duplica de un crédito a otro). En caso de incumplimiento de reembolso, se perdería el derecho al programa pero no devendría en una situación de insolvencia. Aun cuando el número total de créditos por ciudadano se limitara a un importe relativamente bajo, podría fundarse un número considerable de startups. En otros tiempos un programa de esta envergadura y alcance hubiera sido muy difícil de gestionar desde el punto de vista logístico. Sin embargo, la tecnología moderna lo simplifica muchísimo. Y desde luego, la Reserva Federal podría encargar la gestión del programa a entidades privadas, de la misma manera que los bancos ya ejercen hoy en día de intermediarios privados entre la Reserva Federal y la ciudadanía.

Francamente no sé cuántas personas no persiguen su sueño emprendedor por no arriesgarse a perder 1.000 dólares. Pero creo que el número podría ser elevado. Averiguarlo entraña un coste mínimo, y el programa sería muy fácil de probar en una comunidad o ciudad.

RENTA BÁSICA UNIVERSAL

Un concepto que hoy en día hace furor en Silicon Valley es el de la renta básica universal (RBU), que consiste en que los gobiernos garanticen a los ciudadanos una renta segura no vinculada a la situación laboral.[80] Incluso una RBU modesta se traduciría en la creación de más startups, porque reduciría el riesgo inherente al fracaso de la empresa. Si no existe el riesgo de perder el empleo y caer en la indigencia, la peor situación que podrían vivir los futuros emprendedores sería discutible.

En Oulu (Finlandia) se puso en marcha un experimento para averiguar si la RBU fomenta el emprendimiento. Finlandia se enfrenta al mismo problema que mencioné anteriormente: como el Estado ofrece prestaciones por desempleo generosas no compatibles con otros ingresos, a menudo los trabajadores despedidos están mejor económicamente cobrando las subvenciones del gobierno que emprendiendo. A principios de 2017, el gobierno seleccionó aproximadamente a dos mil personas desempleadas de distintos sectores, desde el tecnológico hasta el de

80. La RBU no es la única forma de crear una prestación universal. La garantía federal de empleo podría tener resultados similares: <https://jacobin mag. com/2017/02/federal-job-guarantee-universal-basic-income-investment-jobs-unemployment/>.

la construcción, para que participaran en un programa experimental de RBU y evaluar los resultados.[81]

Y Combinator también puso en marcha un experimento de renta básica. Para ello seleccionó a cien familias de Oakland (California) que recibirán entre 1.000 y 2.000 dólares mensuales como parte de un programa a cinco años destinado a analizar cómo repercute el dinero en «la felicidad, el bienestar y la situación económica de las personas, así como en lo que hacen con su tiempo». Los datos y los métodos de investigación se compartirán al final del proyecto para que otros puedan aprender y beneficiarse del experimento, cuyo objetivo consiste en someter a prueba la idea de que la renta básica, en palabras del presidente de Y Combinator, Sam Altman, podría «conceder a las personas la libertad para continuar sus estudios o formación, encontrar o generar mejores empleos y planificar su futuro».[82]

En Francia un experimento que permitía compatibilizar la prestación por desempleo con el emprendimiento resultó en un incremento del 25 por ciento mensual en la tasa de creación de nuevas empresas.[83] Y los neerlandeses y los canadienses siguen el mismo camino: ambos países también iniciaron experimentos similares en 2017.[84]

81. <https://www.nytimes.com/2016/12/17/business/economy/universal-basic-income-finland.html>.

82. <https://qz.com/696377/y-combinator-is-running-a-basic-income-experiment-with-100-oakland-families/>.

83. <http://www.kauffman.org/what-we-do/resources/entrepreneurship-policy-digest/can-social-insurance-unlock-entrepreneurial-opportunities>.

84. <https://www.theatlantic.com/business/archive/2016/06/netherlands-utrecht-universal-basic-income-experiment/487883/>; <https://www.theguardian.com/world/2016/oct/28/universal-basic-income-ontario-poverty-pilot-project-canada>.

FLEXIBILIDAD NORMATIVA PARA STARTUPS

Normativa «a escala variable»

La normativa puede acabar con las startups aun sin quererlo. En muchas jurisdicciones, se exige una cantidad tremenda de trámites para la constitución de una empresa: licencia de actividad, informe laboral, pago de impuestos, formación obligatoria, etc. Al margen del coste que conllevan estas normas, está la carga psicológica de tener que 1) averiguar qué son y 2) preocuparnos por que no se nos escape alguna e incurramos en una falta. Prácticamente en todas partes, el desconocimiento de las leyes no exime de su cumplimiento, pero la legislación actual se ha tornado tan intrincada y compleja que el pleno conocimiento de las leyes representa un trabajo a tiempo completo. La mayoría de las empresas respaldadas por capital riesgo pueden permitirse el lujo de pagar a un abogado para evitar estos problemas (y, cada vez más, también es de rigor contar con un director financiero a media jornada). Sin embargo, ¿qué ocurre con las startups que aún no están preparadas para la financiación de capital riesgo? Hoy, estamos limitando estrictamente la creación de nuevas startups que algún día podrían buscar financiación de capital riesgo, y aumentando inadvertidamente la desavenencia que impide que las personas emprendan.

En California se ha redactado minuciosamente la legislación a fin de eximir de varias leyes a las empresas con un número reducido de empleados. Los criterios de exención varían según la categoría, pero muchas leyes sólo son de aplicación cuando la empresa supera los cincuenta empleados. Se trata de un buen compromiso: las pequeñas empresas suelen ser limitadas en cuanto a los daños que pueden ocasionar, en tanto que cuando crecen pueden contratar a un abogado para asegurarse de cumplir con la normativa vigente.

Creo que esta idea puede ampliarse y desarrollarse aún más en la economía del siglo XXI. En primer lugar, el recuento arbitrario de asalariados no es tan útil como solía ser, gracias a la creciente ventaja que comentamos en el capítulo III, por la que los equipos pequeños pueden tener un impacto desmesurado. Y en muchos casos, el hecho de tener un único umbral por el que empieza a regir la mayoría de las leyes es injusto. Creo que sería más inteligente pensar en una normativa que funcione a escala variable, empezando por medidas sumamente flexibles para las empresas muy pequeñas (en función de una combinación de factores como el número de empleados, el nivel de ingresos y la capitalización bursátil) que luego se tornen poco a poco más estrictas a medida que la empresa crezca.

Un gobierno sensible debería aspirar a que fuera muy fácil iniciar la actividad empresarial. Puesto que la mayoría de los países exigen a las startups que presenten declaraciones de impuestos (por lo general documentando la magnitud de sus pérdidas, en los primeros años), ¿por qué no utilizar esta información para comunicarse proactivamente con los fundadores de la empresa? Imagina que para registrar una empresa y que ésta pueda iniciar su actividad existiera un proceso de inscripción simple en línea guiado por una autoridad reguladora que asumiera la responsabilidad de comunicar a la empresa la normativa que ésta ha de cumplir en cada etapa, así como las futuras medidas que serán de aplicación conforme vaya creciendo. Al facilitar la puesta en marcha de la empresa y aliviar la carga psíquica de tanta incertidumbre, el resultado son más startups, punto.

A fin de promover esta idea, creo que hay una serie de «acuerdos» políticos que deben adoptarse para ofrecer a las startups de alto crecimiento flexibilidad normativa a cambio de las inversiones en capital humano que buscan los responsables de formular políticas. Esto podría lograrse a través de una idea que estuvo circulando por Washington, que consiste en la creación de un nuevo tipo de entidad estatutaria para la «empresa startup de crecimiento» (*Growth Startup Corporation*), distinta de las categorías existentes, como sociedad anónima (*C corporation*), sociedad de responsabilidad limitada (LLC) o sociedad general (*partnership*). Sólo podrían acceder a esta categoría («G corp») las empresas que invirtieran intensivamente en capital humano y formación para los empleados, y que compartieran ampliamente los beneficios con todos los trabajadores, entre otros requisitos. A cambio, el gobierno podría obligar a la empresa al cumplimiento de más medidas y normas a medida que ésta crece.

Pacto de no competencia y Ley de Patentes

Una peculiaridad de la legislación de California da lugar a uno de los elementos clave de la próspera cultura emprendedora: los tribunales no exigen el cumplimiento de los contratos que contemplan cláusulas de no competencia.[85] Esto implica que uno tiene la libertad, en todo momento, de llevar sus ideas a otra parte. ¿Hay algo más favorable para la innovación? También se necesita una reforma urgente de la Ley de Patentes. En tanto que la propiedad intelectual constituye a todas luces un tema de fundamental importancia para los innovadores, las patentes también pueden utilizarse de ciertas formas que frenan la creatividad y la competencia.[86] Se debe terminar con los pleitos de «estrangulamiento» —o por lo menos aplazarlos— que permiten que las grandes corporaciones presenten demandas por infracción de patente contra startups que no pueden permitirse el lujo de defenderse.

Reforma del régimen de insolvencia

Siempre que viajo a un país donde la responsabilidad del fracaso de la empresa recae en los socios, éste es un tema prioritario que todo emprendedor que conozco quiere abordar. En algunos países el hecho de tener una startup fallida en el currículum representa un obstáculo a la hora de conseguir empleo, solicitar un crédito o incluso abrir una cuenta bancaria. Esta limitación es sumamente contraproducente. Cuanto más permisivo sea el código de insolvencia, mayores probabilidades habrá de que la gente se anime a tomar decisiones más arriesgadas. La situación

85. <https://www.vox.com/new-money/2017/2/13/14580874/google-self-driving-noncompetes>.

86. <http://www.kauffman.org/what-we-do/resources/entrepreneurship-policy-digest/how-intellectual-property-can-help-or-hinder-innovation>.

puede poner nerviosos a los políticos, pero precisamente se trata de una situación en la que una mayor asunción de riesgos, en general, merece la pena.

Reformas cívicas

Organizaciones benéficas, organizaciones sin ánimo de lucro y otras obras para el bien social

Ya has oído acerca de la utilización de los métodos lean en la recaudación de fondos para la Asociación Estadounidense de Cardiología (capítulo VIII) así como en el trabajo llevado a cabo por el Fondo Global para la Innovación (capítulo VII). El estudio Samara de Airbnb también ha seguido este camino con su trabajo en favor de los refugiados. No existen motivos por los que la metodología Lean Startup no pueda utilizarse para llevar a cabo cualquier tipo de bien social. Una de las ramificaciones del amplio movimiento Lean Startup ha sido la comunidad llamada Lean Impact, dedicada a llevar las ideas del Lean Startup al sector social.

Ann Mei Chang fue directora general de Innovación y directora ejecutiva del Laboratorio de Desarrollo Global de la Agencia de Estados Unidos para el Desarrollo Internacional (USAID). Ambos colaboramos en un libro de próxima publicación, provisionalmente titulado *Lean Impact*. Basándose en su experiencia tanto en Silicon Valley como en el sector social, Chang cree que el verdadero cambio puede surgir a raíz de la utilización de los métodos lean en sectores que marcarán una gran diferencia en la vida de las personas (y que incluso puede salvar vidas). Su experiencia en la USAID ha demostrado ser muy formativa. «El modo en que funcionan las subvenciones tradicionales refuerza el modelo de desarrollo en cascada —afirma—. Tienes que adoptar una solución de antemano y luego llevarla a cabo en un plazo de tres a cinco años.» Chang está abordando varias cuestiones, entre ellas cómo hallar un equilibrio entre la experimentación y la seguridad que necesitan los fundadores, maneras de acelerar la evaluación de lo que funciona en lo que respecta a impacto social y vías de crecimiento que permitan expandir la innovación social a gran escala. Y, para los fundadores, cómo financiar la empresa basándose en los resultados más que en la actividad. «A través de la USAID Estados Unidos ofrece ayuda humanitaria y ayudas para el desarrollo a los países más desfavorecidos —sostiene Chang—. El Laboratorio de Desarrollo Global se creó hace casi tres años para evaluar cómo las herramientas y los enfoques modernos pueden acelerar la consecución de nuestros objetivos. Los principios del laboratorio están en consonancia con el método Lean Startup, ya que creemos que la experimentación basada en datos es igualmente aplicable al terreno del desarrollo mundial para impulsar la innovación, por lo que podemos ofrecer intervenciones de mayor impacto y a mayor escala.»

Datos abiertos

Hemos visto varios ejemplos en este libro —incluso en este capítulo— de personas que comparten públicamente sus hallazgos y sistemas para que otras personas los utilicen, los adapten y aprendan de ellos. Si realmente queremos animar a todos a innovar, tenemos que dar el mejor de los ejemplos. De eso se trata el proyecto de datos abiertos del gobierno de Estados Unidos, conocido como «Government 2.0». Como escribió Tim O'Reilly: «¿Cómo hace el gobierno para convertirse en una plataforma abierta que permita innovar a las personas de dentro y fuera del gobierno? ¿Cómo crear un sistema en que los resultados no se definan de antemano, sino que evolucionen a través de las interacciones entre el proveedor de tecnología y su comunidad de usuarios?».[87]

En 2009, el gobierno de Obama puso en marcha Data.gov, un portal con datos en constante evolución que abarcan diversas materias, desde clima y agricultura hasta educación. En 2013 el presidente Obama firmó un decreto ejecutivo que estableció el libre acceso a los datos del gobierno: «La apertura del gobierno fortalece nuestra democracia, promueve la prestación de servicios eficientes y efectivos a la ciudadanía y contribuye al crecimiento eco-

---

87. <https://www.forbes.com/2009/08/10/government-internet-software-technology-breakthroughs-oreilly.html>.

nómico. Como una ventaja vital de un gobierno abierto, facilitar la búsqueda, el acceso y la utilización de los recursos informativos puede impulsar el espíritu emprendedor, la innovación y los descubrimientos científicos que mejoran la vida de los estadounidenses y contribuyen significativamente a la creación de empleo».[88]

Ésta es una verdad que hemos de defender en lo sucesivo. La información fehaciente constituye la base de la innovación: en ella se basan tanto el camino hacia el Lean Startup como el método Lean Startup. Los sectores en los que pueden incidir estos datos son ilimitados, desde la seguridad pública hasta la atención sanitaria y asuntos de orden mundial. Como sostiene Todd Park: «Si te mueves en estos ámbitos y no sabes que este recurso está disponible, es como estar en el negocio de la geolocalización y desconocer la existencia del GPS [...]. Los emprendedores pueden hacer de los datos abiertos una genialidad».[89]

Mercados de capitales, gobierno corporativo y cortoplacismo

Recientemente conocí al oficial de inversiones responsable de la cartera de inversión de una importante compañía aseguradora. Debido a que la compañía ofrece pólizas con fechas de vencimiento que abarcan decenios y siglos, la empresa mantiene naturalmente una visión a largo plazo de la inversión. Cuando le pregunté al oficial de inversiones cómo invertían los activos, me sorprendí al enterarme de que sólo invierten en valores un pequeño porcentaje de la cartera. En cambio, la compañía prefiere invertir en activos tangibles que comportan un modelo de administración y ofrecen una rentabilidad segura durante decenios o siglos. «¿Cómo qué?», le pregunté. «Como los bosques, por ejemplo», respondió.

Supuse que se refería a empresas agrícolas o tal vez a la madera como materia prima. Tuvo que dedicar varios minutos a ex-

88. <https://obamawhitehouse.archives.gov/the-press-office/2013/05/09/executive-order-making-open-and-machine-readable-new-default-government->.

89. Chopra, *Innovative State*, pp. 121-122.

plicarme que realmente hablaba de «bosques». Una vez que lo entendí, me pareció evidente que, para mantener esos activos en su cartera, la empresa tenía una visión única de la enfermedad que padecen nuestros mercados de valores. En un bosque puedes maximizar con facilidad, y en cualquier momento, las rentabilidades trimestrales. Sencillamente tienes que talar todos los árboles. Por supuesto, se trata del colmo de las soluciones cortoplacistas, puesto que una vez que lo has hecho el bosque carecerá prácticamente de valor.

No obstante, esto es lo que hace la mayoría de las empresas de capital abierto: sacrifican su valor a largo plazo destruyendo su propia marca, exprimiendo a los proveedores, ofreciendo un trato injusto a los clientes, no invirtiendo en los empleados y utilizando los recursos de la empresa para enriquecer a algunas personas privilegiadas e inversores a través de la ingeniería financiera. Todas estas actividades comportan el mismo problema: funcionan únicamente a corto plazo. En las empresas con «bosques» suficientemente grandes, frondosos y productivos, se puede cortar una cantidad ingente de leña antes de que el daño resulte evidente.

Éste es el resultado inevitable de tratar a las empresas como si la obligación de maximizar el valor de las acciones implicara la maximización de las rentabilidades trimestrales.

Como he comentado en *El método Lean Startup*, estos pésimos incentivos se filtran desde los mercados de valores e infectan todo aquello que tocan las empresas de capital abierto, incluidos el entorno, la política, la seguridad pública y, de particular interés para mí, la totalidad del ecosistema emprendedor. Si el objetivo de la «salida» de la startup consiste en ser adquirida por alguna de estas empresas cotizadas y someterse a la presión cortoplacista, o en salir a bolsa y luego depender directamente de ellas, entonces los fundadores se enfrentarán inevitablemente a la presión de potenciar al máximo el atractivo de sus empresas de cara a estos sistemas.

Peor aún, los departamentos de desarrollo corporativo de las empresas cotizadas luego terminan captando a la próxima generación de directores de los centros de startups sencillamente porque son quienes deciden qué empresas adquirir para aumentar las valoraciones. Es corrosivo.

Después de que LinkedIn tomara la decisión de dejarse adquirir por Microsoft, uno de los ejecutivos de la empresa me confió que creían que tendrían más libertad para innovar y menos presión para rendir a corto plazo como sociedad absorbida que como empresa independiente. Sólo algunos megaconglomerados tienen la envergadura necesaria para resistir esta presión. Y si continúa la tendencia actual, en pocos años no quedarán más que megacorporaciones en la bolsa de valores. El número total de empresas cotizadas en Estados Unidos ha descendido casi a la mitad desde 1997, y la tendencia se mantiene año tras año.[90]

Las empresas que salen a bolsa lo hacen tardíamente y esto acarrea varias consecuencias negativas:

1. *Aumento de la financiación privada, sin auditoría financiera ni transparencia.* Nuestros abuelos aprendieron por las malas lo que ocurre cuando hay demasiado dinero persiguiendo el crecimiento exponencial sin supervisión, gobierno ni transparencia. Aunque los casos documentados de fraude son pocos de momento, las tentaciones son muchas.

2. *Falta de liquidez para los socios comanditarios.* Sin un mercado secundario fuerte regido por algún tipo de gobierno y normas de divulgación, todas las transacciones del mercado secundario se realizan en la sombra. Éste es otro mercado que se presta al fraude: si el fundador de una empresa quiere vender sus acciones, pregúntate qué sabe él o ella que tú no.

3. *Falta de liquidez para los empleados.* En tanto que los empleados tienen que esperar aún más tiempo para obtener liquidez, hoy existe un nuevo abanico de opciones para privarlos de cualquier tipo de participación en el éxito de la empresa. Por ejemplo, muchas opciones sobre ac-

90. <https://hbr.org/2017/02/a-few-unicorns-are-no-substitute-for-a-competitive-innovative-economy>.

ciones se establecen con dos características negativas: un vencimiento a diez años y un plazo de ejercicio de noventa días. Cuando las empresas salían a bolsa con una antigüedad de entre cuatro y siete años desde su fundación[91] estas condiciones eran adecuadas. Pero como la salida a bolsa se va demorando cada vez más, ambas condiciones llevan a que los empleados terminen con opciones que no pueden ejercer. Una vez que la valoración de la empresa es extremadamente elevada, el ejercicio de las opciones es muy costoso. Y como veremos en un momento, incluso para los empleados que pueden hacer frente al precio del ejercicio, las consecuencias fiscales pueden ser graves. Si no hay un mercado líquido para las acciones subyacentes, el empleado puede devenir en situación de insolvencia por falta de liquidez a la hora de satisfacer el pago de los impuestos. El resultado es desastroso.

4. *Falta de acceso al crecimiento para los inversores públicos.* Ésta quizá sea la peor consecuencia de todas, desde el punto de vista político. Los inversores ordinarios quedan completamente excluidos de este ecosistema. En un mundo de oportunidades de inversión de bajo crecimiento y temor al «estancamiento secular»,[92] resulta especialmente cruel privar a los ciudadanos de acceso a las oportunidades de inversión de mayor crecimiento; sobre todo a los ciudadanos más jóvenes que invierten para la jubilación y tienen un horizonte temporal que les permite aprovechar al máximo los riesgos que conllevan estas empresas (con una gestión de cartera adecuada). Y sin embargo, debido a que estas empresas no cotizan en los mercados de valores, todas las oportunidades de inversión se limitan a los «inversores cualificados», es decir, a todos los efectos, a aquellos que ya son ricos. Es francamente injusto.

91. <https://site.warrington.ufl.edu/ritter/files/2017/06/IPOs2016Statis tics.pdf>.

92. <http://www.jstor.org/stable/1806983?seq=1#page_scan_tab_contents>, <http://larrysummers.com/2017/06/01/secular-stagnation-even-truer-today/>.

En parte, la solución a estos problemas radica en el nuevo tipo de sistema de gestión descrito en este libro. No obstante, con independencia de la eficacia del sistema de gestión, los incentivos con los que este sistema tropieza cada día harán que vuelva a caer en la mentalidad cortoplacista. A fin de abordar estos incentivos, tenemos que abordar el problema político subyacente.

Si las empresas van a tardar más tiempo en salir a bolsa, tenemos que crear una nueva categoría entre la última etapa de financiación y la oferta pública inicial. Yo la llamo «preoferta pública» (POP). La POP permite que las empresas pongan en marcha el proceso para entablar relaciones con grandes inversores institucionales en una etapa temprana de su ciclo de vida. Permite tener cierta liquidez con anterioridad, pero únicamente cuando los inversores disponen de información financiera real. Tanto los primeros inversores como los empleados deberían poder convertir una parte de su participación en un valor negociable bien definido, con sus correspondientes derechos, susceptible de ser vendido en momentos bien definidos; la empresa puede supervisar las subastas una vez al trimestre o dos veces al año, en lugar de realizar transacciones continuamente. Más importante aún, sólo quienes hayan sido informados podrán realizar transacciones, eliminando así la tentación de cometer fraude que existe en el sistema actual.

EL MERCADO DE VALORES A LARGO PLAZO

Cuando estaba redactando *El método Lean Startup* en 2010 investigué bastante sobre Toyota. Todo lo que leí evidenciaba que el éxito de la empresa estaba basado en su filosofía de mentalidad a largo plazo, algo que era posible gracias a su peculiar (y, según los criterios modernos, inusitada) estructura de gobierno corporativo. No es casual que se trate del mismo tipo de mentalidad que, como ya he mencionado en este libro, apoya a los consejeros delegados exitosos como Jeff Bezos y promueve la filosofía de inversores como Warren Buffett o Andreessen Horowitz.

Mientras trabajaba en aquella época, no dejaba de pensar en la filosofía, y en lo que había recomendado en *El método Lean Startup*, junto con la jerga pegadiza y toda la emoción inicial: que la gente debería imitar a Toyota y crear empresas que duraran décadas o incluso siglos.

Sin embargo, la creación de una empresa que perdure durante varias generaciones sencillamente no es compatible con la estructura actual de los mercados de valores. El énfasis se pone en el corto plazo, y la presión que se ejerce sobre las empresas es terrible. En mi trabajo con directores de todo el mundo, veo de cerca esa presión cortoplacista, y la forma en que actúa como una fuerza gravitatoria maligna que deforma y distorsiona el sistema de gestión de la organización.

No basta solamente con mejorar las prácticas de gestión. También tenemos que encontrar una solución a estos incentivos. Muchos directores que he conocido y con los que he trabajado saben que se les exige que hagan algo que no está bien, pero siguen haciéndolo de todas formas porque se sienten atrapados en un sistema de incentivos que no les permite hacer otra cosa. No me sorprende que el sistema actual esté en declive, con un escaso número de empresas que salen a bolsa, en tanto que las que lo hacen se demoran más de lo habitual. Este resultado se debe a que las empresas no se centran en la creación de valor fundamental. Y si las empresas no se centran en la creación de valor fundamental, son empíricamente menos valiosas. A resultas de ello, no sólo sufren las empresas, sino también sus inversores, porque la empresa no está haciendo lo que tiene que hacer para prosperar. Y en un mundo de bajo crecimiento esto también supone un mal resultado político, puesto que se impide que el público general asuma el tipo de riesgo prudente que produjo crecimiento en generaciones anteriores. Recuerda que la oferta pública inicial de Amazon.com recaudó sólo 54 millones de dólares.[93]

En el último capítulo de *El método Lean Startup* ofrecí una serie de ideas sobre posibles formas de avanzar con la esperanza de que la gente las adoptara en diversas áreas: educación, política

93. <https://techcrunch.com/2017/06/28/a-look-back-at-amazons-1997-ipo/>.

pública, investigación, etc. Una de esas ideas estaba orientada a abordar el problema que acabo de plantear: un mercado de valores «a largo plazo» que funcione como una nueva vía para salir a bolsa y establezca un nuevo contrato social que rija el comportamiento tanto de las empresas como de los inversores.

Casi todas las ideas que propuse al final de *El método Lean Startup* como mínimo se han sometido a prueba desde la publicación del libro. Con una única y notable excepción: hay una idea que es tan radiactiva que nadie quiso acercarse a ella. Se trata de la misma idea que me persigue y me ha mantenido en vela desde su publicación: un nuevo mercado de valores. Así pues, hace unos años decidí llevarla a cabo yo mismo y fundé una empresa que incorpora los nuevos principios. Se denomina Long-Term Stock Exchange (LTSE), literalmente: Mercado de Valores a Largo Plazo.

El LTSE es una bolsa nacional de valores que utiliza sus normas de cotización para promover el carácter a largo plazo de los incentivos de directivos e inversores. Inclinamos la balanza del poder del gobierno corporativo hacia los inversores a largo plazo, que tienen más poder de decisión que los inversores cortoplacistas. Reformamos la retribución ejecutiva para garantizar que los directores estén alineados con sus inversores a largo plazo, y realizamos una serie de reformas de las normas de divulgación y buen gobierno que permiten que las empresas se centren en los principios fundamentales en vez de en la gestión trimestral.

Se trata de una startup en un ámbito sumamente regulado, por lo que es limitado lo que puedo comentar sobre nuestro progreso. Si quieres saber más sobre esta iniciativa (¡espero que sí!), puedes visitar la página web LTSE.com.

POLÍTICA MÍNIMA VIABLE

Creo que todos podemos adherirnos a las reformas de este capítulo para ayudar a que nuestro país avance hacia lo que Samuel Hammond, analista de pobreza y bienestar social del comité asesor Niskanen Center, ha denominado sistema de «Política Mínima Viable», un tipo de PMV completamente nuevo. Tenemos que hallar el modo de reducir la brecha entre el pluralismo y los diversos intereses que forman parten de nuestra sociedad. Como escribió Hammond: «La pequeña zona de superposición que queda [...] representa el conjunto de valores compartidos o las normas potencialmente compatibles con una sociedad liberal». Sin embargo, lo que se minimiza no es el gobierno en sí mismo o la cantidad de dinero que se gasta, sino «la capacidad de un individuo o grupo de utilizar el proceso político para imponer sus cuestionables puntos de vista morales o metafísicos sobre otro».[94] Esto se remonta a lo que comenté al inicio del capítulo sobre el hecho de que la política pública proemprendedora combina las posturas políticas, puesto que se beneficia de ambos bandos, e intenta abordar las necesidades y preocupaciones de toda la sociedad y no sólo de ciertos grupos. En lo que respecta a la visión, ése es todo su valor.

94. <https://niskanencenter.org/blog/future-liberalism-politicization-everything/>.

Epílogo

Una nueva religión cívica

El camino hacia el Lean Startup se ha dedicado a ayudar a los directivos y empresarios a hacer frente a los desafíos del siglo XXI. No obstante, lo que hemos enfrentado hasta ahora palidece en comparación con el cambio que se avecina.

Tenemos que prepararnos para este nuevo futuro, por incierto que sea. Durante el curso del libro he intentado hacer hincapié en que el organigrama por el que abogo no constituye el final de la gestión. Tampoco constituye la quintaesencia del sistema de gestión. Es, en cambio, el primero que contiene las semillas para su propia evolución.

Al fomentar la experimentación constante con las propias estructuras organizativas, es mucho más probable que podamos utilizar los nuevos avances tecnológicos para crear nuevas y más poderosas formas organizativas. Para ello, tenemos que considerar el espíritu emprendedor como un requisito fundamental para todos los empleados, porque nunca sabemos dónde pueden surgir ideas novedosas y sorprendentes.

Y vamos a necesitar esta adaptabilidad en los próximos años, porque corremos el riesgo de enfrentarnos a los cuatro jinetes del estancamiento económico:

LA EPIDEMIA DE CORTOPLACISMO: La falta de inversiones sostenibles, las empresas que no salen a bolsa y la escasa circulación de retornos ilíquidos provocan la reducción de las inversiones en la próxima generación. El cortoplacismo se agrava por la sobrefinanciación de la economía y el aumento de la gestión a través de la ingeniería financiera en vez de la creación de valor para el cliente.

FALTA DE OPORTUNIDADES EMPRENDEDORAS: El aumento de las startups de alto crecimiento coincide con una enorme reducción de oportunidades para las pequeñas empresas. Las vías tradicionales de avance se cierran, y las nuevas no las están reemplazando lo suficientemente rápido. Los conocimientos sobre startups están ampliamente difundidos, pero no así las oportunidades para sacar partido de esos conocimientos.

PÉRDIDA DE LIDERAZGO: Los líderes políticos y empresariales se centran más en preservar los resultados de inversiones pasadas que en invertir en el futuro. Temo a la falta de I+D y desarrollo científico, la falta de prosperidad compartida, el desacertado impulso por proteger el capital en lugar de expandir las oportunidades, y la falta de avances tecnológicos y científicos que podrían salvarnos.

CRECIMIENTO LENTO E INESTABILIDAD: ¿Qué ocurre con nuestro contrato social cuando únicamente las personas con los niveles más altos de educación reúnen los requisitos para trabajar —a cualquier nivel— en la nueva generación de empresas que impulsan la mayor parte del crecimiento económico? A medida que las estructuras corporativas cambien, será más incierta la forma de encontrar nuevas oportunidades. La retirada de la globalización y las bajas rentabilidades de las inversiones de todas las clases de activos contribuirán a exacerbar la desesperación de quienes queden rezagados.

La pérdida de liderazgo, desde luego, está directamente relacionada con la mala gestión, y en la actualidad las investigaciones demuestran que hay una conexión directa entre la gestión deficiente y los bajos niveles de crecimiento y productividad. Tenemos que desarrollar y compartir mejores prácticas de gestión orientadas al futuro, entre las cuales incluyo el sistema emprendedor descrito en este libro. Como escribió Noah Smith: «La gestión estructurada al final representa el 17 por ciento de las diferencias de productividad entre empresas: un 50 por ciento más que las diferencias en el nivel de cualificación de los empleados, y el doble que el uso de la tecnología de la información».[95]

No digo que el espíritu emprendedor sea una cura mágica que, por sí sola, vaya a solucionar todos los problemas aquí expuestos. No obstante, estoy convencido de que es un elemento importante de la solución.

Nuestro proyecto en los próximos años consistirá en proponer una visión positiva de aquello que la economía liberal puede ofrecer con las nuevas herramientas que la tecnología pone a nuestra disposición. Sus pilares deben ser:

- Prosperidad ampliamente compartida.
- Rendición democrática de cuentas.
- Investigación científica y reivindicación de la verdad.
- Mentalidad a largo plazo.
- Oportunidad emprendedora universal.
- Abundante inversión en bienes públicos que nos beneficien a todos: ciencias básicas, investigación y desarrollo, educación, sanidad e infraestructuras.

Debemos guiarnos por investigaciones reales sobre las soluciones que pueden funcionar para mayor beneficio de la sociedad. Tenemos que aprovechar todas las herramientas de la cultura y la creatividad humanas para esta visión: las artes, la retórica, el liderazgo y la educación. Y por supuesto, hemos de aceptar el cambio y la disrupción. Debemos entender el desarrollo tecnológico como una fuente constante de renovación y posibilidades.

Tenemos que plantar las semillas de esta nueva visión hoy mismo. Espero que este libro ayude a demostrar que el espíritu emprendedor puede formar parte de la solución por medio de:

95. <https://www.bloomberg.com/view/articles/2017-04-12/here-s-one-more-thing-to-blame-on-senior-management>.

- La creación de nuevas fuentes de crecimiento y prosperidad.
- El desarrollo de una nueva cohorte de líderes de todas las generaciones que no estén limitados por convención u obligación a las ideas del pasado, sino vinculados a las posibilidades del futuro a través de los incentivos y la mentalidad a largo plazo.
- La integración del pensamiento científico en todo tipo de trabajo.
- La creación de nuevas oportunidades de liderazgo para las personas de todos los orígenes y contextos.
- La contribución al carácter a largo plazo de los objetivos de las políticas públicas.

La buena noticia es que esta nueva forma organizativa es más eficaz, trata el talento y la energía como recursos preciosos y está concebida para aprovechar la verdadera fuente de ventaja competitiva de los próximos años: la creatividad humana. Todas y cada una de las organizaciones deben a sus miembros esta sencilla declaración de derechos:

- Derecho a saber que el trabajo que realizo durante todo el día aporta valor a alguien más que a mi jefe.
- Derecho a convertir mi idea en un producto mínimo viable que sea evaluado de manera justa y rigurosa.
- Derecho a convertirme en emprendedor en cualquier momento, siempre que esté dispuesto a encargarme de la ardua labor de hacer realidad una idea con recursos limitados.
- Derecho a seguir implicado con mi idea a medida que ésta se amplía, siempre y cuando contribuya de manera productiva a su crecimiento.
- Derecho a ostentar participación en el crecimiento que ayudo a generar, con independencia de mi función o cargo.

Las organizaciones que no puedan incorporar estas tecnologías y prácticas de gestión de manera rigurosa y científica darán paso a aquellas que sí puedan hacerlo. (Pregúntale a la empresa de taxis de tu zona qué se siente al estar al otro lado de esta competencia.)

Nuestro objetivo como movimiento debería ser éste: modificar la práctica de gestión para que sea más flexible, más humana, más rigurosa y más eficiente. De conseguirlo, creo que se traducirá en inmensos beneficios para la sociedad en general:

1. Sustitución de incentivos cortoplacistas por incentivos a largo plazo.
2. Reversión de la tendencia decreciente de la creación de nuevas empresas, mejorando el acceso a la iniciativa emprendedora para todos.
3. Reversión de la tendencia burocrática de las grandes organizaciones y, por consiguiente.
4. Mayor crecimiento por medio de avances orgánicos basados en la satisfacción del cliente, en vez de en meras fusiones, reestructuraciones e ingeniería financiera.
5. La oportunidad de replantear nuestra economía para que sea más inclusiva, más sostenible y más innovadora (todo a la vez).

La consecución de estos objetivos en los distintos tipos de organizaciones no es una labor que ataña únicamente a políticos, directores, fundadores o inversores. Se requerirá un amplio movimiento de idealistas y visionarios con ideas afines para integrar estos valores en el tejido mismo de las organizaciones, de todas las industrias, geografías y sectores. La transformación tardará muchos años en materializarse. Encontraremos resistencia en todos los sectores. Busca aliados e innovadores, están a tu alrededor. No olvides cuán lejos hemos llegado y cuánto más nos queda por recorrer.

Y, sobre todo, ten fe en que los cambios que buscamos son factibles. Los he visto con mis propios ojos, a trancas y barrancas, en la veintena de ejemplos o más que he compartido en este libro. Espero que te sirvan de inspiración y que los utilices como plataforma de lanzamiento para superar con creces lo que hemos logrado hasta ahora. Así que adelante. Manos a la obra.

Recursos adicionales

LIBROS

La serie Lean

En los años que han transcurrido desde la publicación de *El método Lean Startup*, han salido a la luz varios libros para ayudar a que los directores apliquen los principios generales de este método a esferas funcionales concretas. Gracias a la asociación establecida con O'Reilly Media, hemos publicado una serie de libros con este propósito: <http://theleanstartup.com/the-lean-series>.

ALVAREZ, CINDY, *Lean Customer Development: Build Products Your Customers Will Buy*, 2014. Versión castellana de Javier López Manzano, *Desarrollo de clientes LEAN: cómo crear los productos que tus clientes comprarán*, UNIR Editorial, La Rioja, 2015.

BUSCHE, LAURA, *Lean Branding: Creating Dynamic Brands to Generate Conversion*, 2014.

CROLL, ALISTAIR, y Benjamin Yoskovitz, *Lean Analytics: Using Data to Build a Better Startup Faster*, 2013. Versión castellana de Javier López Manzano, *Lean Analytics: cómo utilizar mejor los datos para crear más rápido una startup mejor*, UNIR Editorial, La Rioja, 2014.

GOTHELF, JEFF, y Josh Seiden, *Lean UX: Applying Lean Principles to Improve User Experience*, 2013. Versión castellana de Javier López Manzano, *Lean UX: cómo aplicar los principios Lean a la mejora de la experiencia de usuario*, UNIR Editorial, La Rioja, 2014.

HUMBLE, JEZ, Barry Reilly y Joanne Molesky, *Lean Enterprise: How High-Performance Organizations Innovate at Scale*, 2015.

KLEIN, LAURA, *UX for Lean Startups: Faster, Smarter User Experience Research Design*, 2013. Versión castellana de Javier López Manzano, *Experiencia de usuario para lean startups: cómo investigar y diseñar con mayor inteligencia y rapidez*, UNIR Editorial, La Rioja, 2014.

MAURYA, ASH, *Running Lean: Iterate from Plan A to a Plan That Works*, 2012. Versión castellana de Miguel Marqués, *Running Lean: cómo iterar de un plan A a un plan que funciona*, UNIR Editorial, La Rioja, 2014.

Lecturas complementarias

BLANK, STEVE, *The Four Steps to the Epiphany: Successful Strategies for Products That Win*, K&S Ranch, California, 2013.

BLANK, STEVE, y Bob Dorf, *The Startup Owner's Manual: The Step-By-Step Guide for Building a Great Company*, K&S Ranch, California, 2012. Versión castellana de Javier García Álvarez / José Antonio de Miguel, *El manual del emprendedor: la guía paso a paso para crear una gran empresa*, Gestión 2000, Barcelona, 2013.

CHOPRA, ANEESH P., *Innovative State: How New Technologies Can Transform Government*, Atlantic Monthly Press, Nueva York, 2014.

CHRISTENSEN, CLAYTON M., *The Innovator's Dilemma: When New Technologies Cause Great Firms to Fail*, Harvard Business Review Press, Boston, 2013.

COOPER, ROBERT G., *Winning at New Products: Creating Value Through Innovation*, Basic Books, Nueva York, 2011, 4.ª ed.

ELLIS, SEAN, y Morgan Brown, *Hacking Growth: How Today's Fastest-Growing Companies Drive Breakout Success*, Crown Business, Nueva York, 2017.

FLORIDA, RICHARD, *The Flight of the Creative Class: The New Global Competition for Talent*, HarperBusiness, Nueva York, 2005.

GABLER, NEAL, *Walt Disney: The Triumph of the American Imagination*, Knopf, Nueva York, 2006.

GALLAGHER, LEIGH, *The Airbnb Story: How Three Ordinary Guys Disrupted an Industry... and Created Plenty of Controversy*, Houghton Mifflin Harcourt, Boston, 2017.

GOTHELF, JEFF, y Josh Seiden, *Sense and Respond: How Successful Organizations Listen to Customers and Create New Products Continuously*, Harvard Business Review Press, Boston, 2017.

Jeff Gothelf además es consultor lean. Su trabajo se centra principalmente en la creación y capacitación de equipos de ejecutivos y de producto enfocados en el cliente y en datos empíricos. Estos equipos a menudo utilizan los principios lean y el desarrollo ágil de software: <http://www.jeffgothelf.com/>.

HOROWITZ, BEN, *The Hard Thing About Hard Things: Building a Business When There Are No Easy Answers*, HarperCollins, Nueva York, 2014.

KLEIN, LAURA, *Build Better Products: A Modern Approach to Building Successful User-Centered Products*, Rosenfeld Media, Nueva York, 2016.

Laura Klein también trabaja como consultora con directores de producto, diseñadores y emprendedores que deben tomar decisiones relativas a la creación de productos que aporten valor añadido a los clientes. Visita su página web, <https://www.users-know.com/>, o descarga sus *podcasts* si te gustan los debates sobre los detalles del diseño de la experiencia de usuario.

LIKER, JEFFREY K., *The Toyota Way: 14 Management Principles from the World's Greatest Manufacturer*, McGraw-Hill, Nueva York, 2004. Versión castellana de Lluís Cuatrecasas Arbós, *Las claves del éxito de Toyota: 14 principios de gestión del fabricante más grande del mundo*, Gestión 2000, Barcelona, 2006.

MAURYA, ASH, *Scaling Lean: Mastering the Key Metrics for Startup Growth*, Portfolio, Nueva York, 2016.

Ash Maurya es emprendedor desde hace más de una década, y durante todo ese tiempo se ha dedicado a buscar un método más rápido y eficaz para la creación de productos exitosos. Ash empezó compartiendo sus aprendizajes en su blog, que luego se convirtió en un libro y posteriormente en una serie de productos dirigidos a los emprendedores que quieren incrementar sus probabilidades de éxito: <http://ashmaurya.com/>.

McCHRYSTAL, STANLEY, *Team of Teams: New Rules of Engagement for a Complex World*, Penguin, Nueva York, 2015.

McGRATH, RITA GUNTHER, *The End of Competitive Advantage: How to Keep Your Strategy Moving as Fast as Your Business*, Harvard Business Review Press, Boston, 2013.

MOORE, GEOFFREY A., *Crossing the Chasm: Marketing and Selling Disruptive Products to Mainstream Consumers*, HarperBusiness, Nueva York, 2014. Versión castellana de Albert Cuesta Zaragosi, *Cruzando el abismo: cómo vender productos disruptivos a consumidores generalistas*, Gestión 2000, Barcelona, 2015.

OHANIAN, ALEXIS, *Without Their Permission: The Story of Reddit and a Blueprint for How to Change the World*, Grand Central, Nueva York, 2016.

OLSEN, DAN, *The Lean Product Playbook: How to Innovate with Minimum Viable Products and Rapid Customer Feedback*, Wiley, Nueva Jersey, 2015.

OSTERWALDER, ALEX, e Yves Pigneur, *Business Model Generation: A Handbook for Visionaries, Game Changers, and Challengers*, Wiley, Nueva Jersey, 2010. Versión castellana de Lara Vázquez Cao, *Generación de modelos de negocio*, Ediciones Deusto, Barcelona, 2011

POUND, EDWARD S., Jeffrey H. Bell y Mark L. Spearman, *Factory Physics for Managers: How Leaders Improve Performance in a Post–Lean Six Sigma World*, McGraw-Hill Education, Nueva York, 2014.

REINERTSEN, DONALD G., *The Principles of Product Development Flow: Second Generation Lean Product Development*, Celeritas, California, 2009.

SAXENIAN, ANNALEE, *Regional Advantage: Culture and Competition in Silicon Valley and Route 128*, Harvard University Press, Massachusetts, 1994.

SHANE, SCOTT ANDREW, *A General Theory of Entrepreneurship: The Individual-Opportunity Nexus*, Edward Elgar, Massachusetts, 2003.

SLOAN, ALFRED P., *My Years with General Motors*, Doubleday, Nueva York, 1963. Editado por John McDonald, con la colaboración de Catharine Stevens. Versión castellana de DIORKI, *Mis años en la General Motors*, Universidad de Navarra, Pamplona, 1979.

TAYLOR, FREDERICK WINSLOW, *The Principles of Scientific Management*, Harper & Bros., Nueva York, 1915. Versión castellana de Alicia Arrufat Julian, *Los principios del management científico*, 42 Links Ediciones Digitales, Vizcaya, 2013.

CONFERENCIAS LEAN STARTUP

Las Conferencias Lean Startup llevan las grandes ideas de los libros de Eric Ries del papel a la práctica en un marco donde organizaciones de todo el mundo explican cómo trabajan para hacerlas realidad. Entendemos que mediante la lectura se adquiere un nivel de aprendizaje y que a través de la práctica (y de escuchar cómo otras organizaciones similares interpretan y llevan a cabo esta labor) se gana un entendimiento distinto.

Si eres emprendedor o innovador corporativo, aprenderás a implementar y desarrollar la metodología Lean Startup más allá de la etapa inicial —para expandirla— en empresas, gobiernos, organizaciones sin ánimo de lucro y los ámbitos menos esperados.

Además de las presentaciones y los casos de estudio que forman parte de nuestro evento insignia (la Semana Lean Startup en San Francisco), ofrecemos talleres y sesiones orientativas de inmersión donde abordamos una parte concreta de la práctica de la mano de nuestros expertos consumados. Por supuesto, a los miembros de nuestra comunidad también les encanta relacionarse y compartir sus proezas y batallas. Los conocimientos que adquirirás te servirán a todos los niveles, desde el inspirativo hasta el personal.

Estos eventos están organizados por Lean Startup Company, que ayuda a emprendedores e innovadores a crear mejores productos utilizando la metodología Lean Startup y las técnicas modernas de gestión. Sus miembros comparten ideas educativas, anécdotas y aprendizajes durante todo el año con personas y empresas de todos los tamaños y sectores.

Más información en <https://leanstartup.co/>.

ORGANIZACIONES Y CONSULTORES

Bionic: <http://bionicsolution.com/>.
He compartido varios clientes con Bionic desde su fundación en 2013. David Kidder y Anne Berkwitch fueron fundamentales en el proceso de desarrollo de FastWorks en General Electric, y han implantado «Sistemas Operativos de Crecimiento» en varias empresas de la lista Fortune 500. En la actualidad, Bionic es un equipo de emprendedores e inversores de capital riesgo que creen que las grandes corporaciones pueden crecer del mismo modo que las startups mediante la adopción de los métodos de financiación y el enfoque de gestión del mundo startup. En su trabajo con consejeros delegados y sus equipos, Bionic ayuda a identificar oportunidades de crecimiento y asesora a los emprendedores a medida que experimentan, crean y hacen crecer su negocio. Han desarrollado un modelo riguroso y exhaustivo para «instalar» un ecosistema emprendedor regido por consejos de crecimiento fuertes y una arquitectura de inversión-decisión patentada que es perfectamente compatible con los principios y la filosofía que he explorado en *El camino hacia el Lean Startup*.

Pivotal: <https://pivotal.io/>
Pivotal está cambiando el mundo mediante la creación de grandes empresas de software. Sólo Pivotal combina lo mejor de la mentalidad de Silicon Valley con los valores empresariales y la pericia en el campo de la innovación y la disrupción. Gracias a

sus décadas de experiencia, Pivotal utiliza los conocimientos tradicionales así como la infraestructura y los recursos líderes del sector para transformar el mundo.

Moves the Needle: <https://www.movestheneedle.com/>.
Moves the Needle es un grupo de arquitectos de transformaciones innovadoras. Su misión es transformar las empresas mundiales proporcionándoles los medios y recursos para que descubran y creen valor para sus clientes.

Mark Graban: <https://www.markgraban.com/>.
Mark Graban es consultor, autor y orador reconocido internacionalmente por su trabajo en el campo de la sanidad lean. Además es vicepresidente de los Servicios de Mejora e Innovación de la empresa de software KaiNexus.

Strategyzer: <https://strategyzer.com/>.
El objetivo de Strategyzer consiste en poner herramientas prácticas al alcance de todos los profesionales de la estrategia empresarial.

Con este propósito, ha reunido un portentoso equipo de profesionales creativos, técnicos y del ámbito empresarial de todo el mundo, que disfrutan creando productos y experiencias para el beneficio de las personas, las organizaciones y la sociedad.

Corporate Entrepreneur Community: <http://corpentcom.com/>.
La CEC (Comunidad de Emprendedores Corporativos) es una red de grandes empresas que comparten sus mejores prácticas y desafíos a fin de fomentar el crecimiento emprendedor. La CEC facilita el desarrollo de habilidades emprendedoras a través de una comunidad compuesta por líderes de innovación de distinguidas organizaciones.

APÉNDICE II:

Catálogo de PMV

MÉTODOS DE PMV de Intuit

Para descargar un PDF con ejemplos de cada método de PMV, visita la página <thestartupway.com/bonus>.

MÉTODO	CUÁNDO USARLO	CONSEJOS	VENTAJAS	ATENCIÓN
1. *Fast Cycle Sketch Test* (pruebas bosquejo de ciclo rápido) Este método consiste en la simulación física de una experiencia, por lo general utilizando elementos simples, como papel, cartulina, etc.	**Para nuevas soluciones:** Antes de programar. Utilizar para medir la «energía» de los clientes con respecto al concepto general (amor u odio). **Para soluciones existentes:** Cuando se tiene algo que requiere mejoras considerables. Utilizar para explorar nuevas direcciones audaces.	Céntrate en el comportamiento observado, cíñete al protocolo. Algunos equipos utilizan hojas de cálculo de Excel o Google para elaborar prototipos rápidos en lugar de bosquejos. Ofrece al usuario la opción de dejar o «abandonar» el prototipo. Contempla la posibilidad de registrar todas las sesiones.	Muy barato. Es posible crear muchas variaciones en cuestión de minutos con tan sólo un lápiz y papel. Rápido, sin programación. Evolución rápida: es posible realizar 4 ciclos en una tarde. Permite iterar rápidamente «en vivo» durante una sesión.	Busca una magnitud de impacto grande. Las pequeñas no pueden medirse. Si bien esta técnica puede indicar si una idea es «mala», no puede validar una idea como buena. Los testadores a menudo retoman la entrevista en lugar de observar el comportamiento (respeta el protocolo).
2. *Front Door Tests* (pruebas de página web principal) Este método consiste en una breve presentación de las ventajas para el cliente; en ella se invita al cliente a actuar para que indique su interés. A menudo esta prueba se realiza mediante una página web de destino simple (*landing page*).	**Para nuevas soluciones:** Para probar si el cliente quiere las ventajas de la solución propuesta. Utiliza este método para probar los mensajes de marketing y la eficacia del medio, y establecer los indicadores embudo preliminares. **Para soluciones existentes:** Para averiguar cómo van a reaccionar los clientes a las nuevas características o funciones antes de programarlas.	Asegúrate de describir las ventajas en la página web de manera eficaz, con un lenguaje sencillo que los clientes entiendan. Presenta al cliente una opción clara o una llamada a la acción evidente. Pide al cliente que proporcione «divisas» a fin de proceder; por ejemplo, una dirección válida de correo electrónico u otra información relevante.	Uno de los métodos más baratos y rápidos, puede crearse en cuestión de unas pocas horas utilizando herramientas de software externas, y por lo general, gratuitas. Los proveedores de SaaS ofrecen plantillas y sistemas de medición económicos para estas pruebas. Es posible generar datos cuantitativos a partir del comportamiento real del usuario.	Depende de tu habilidad a la hora de describir las ventajas. No siempre está claro si los usuarios no entienden cuáles son las ventajas, o sencillamente no encuentran valor en ellas. Evita centrarte en métricas de vanidad. No te olvides de crear un mecanismo en la prueba que te permita descubrir el PORQUÉ de los comportamientos.
3. *Fake-O Backend Tests* (pruebas simulacro de sistemas automatizados) Este método incluye técnicas en las que se utilizan personas u otras alternativas manuales a fin de imitar sistemas *backend* o sistemas automatizados. Estas pruebas suelen combinarse con pruebas «de página web principal».	**Para nuevas soluciones:** Para determinar si la solución tendrá valor real para el usuario, y lo que se necesitará para diseñar la solución. **Para soluciones existentes:** Para determinar si la solución tendrá valor real para el usuario, y lo que se necesitará para diseñar la solución.	Aunque se utilizan técnicas manuales, el cliente obtiene la ventaja REAL de un proceso automatizado. Flexibilidad en atributos como el tiempo, pero no en la ventaja. Contempla salidas analógicas como documentos PDF, imágenes estáticas, etc., que puedan automatizarse en el futuro.	Bastante económico. Puede crearse en cuestión de horas o días. Fácil obtención de datos cualitativos adicionales mediante la observación de los comportamientos del cliente. Los seres humanos y los procesos manuales no requieren reprogramación. Ayuda a determinar lo que será necesario automatizar en el futuro.	Aporta valor de una manera que se puede automatizar en caso de ser necesario. Buen administrador de los datos del cliente, si éstos se recogen. Posibilidad limitada de ampliar los experimentos y el número de usuarios por cohorte. ¡No dejes que los clientes sepan que forman parte de un experimento!

MÉTODO	CUÁNDO USARLO	CONSEJOS	VENTAJAS	ATENCIÓN
4. End-to-End Tests *(pruebas integrales)* También llamadas «Producto Mínimo Viable» o PMV; el objetivo consiste en simular una experiencia de principio a fin para conocer la reacción del cliente. Este método suele combinar pruebas de página web principal y pruebas simulacro de sistemas automatizados.	**Para nuevas soluciones:** Para mostrar el flujo de extremo a extremo, desde que los clientes tienen conocimiento del producto hasta el momento en que reciben el beneficio, y para ver cómo interactúan con la solución a través del tiempo. **Para soluciones existentes:** Para medir la reacción a una propuesta detallada de mejora del producto, para prever con relativa precisión el impacto.	Reutilización de tecnologías de fácil acceso, como aplicaciones de WordPress, correo electrónico, mensajes de texto, interfaces de usuario conversacionales, hojas de cálculo de Google, o soluciones tecnológicas «mínimas» similares. Planifica la refactorización (reestructuración del código fuente) de todo lo que hayas creado. Reduce el alcance, pero no reduce el impacto, es decir, se centra en unas cuantas funciones que tendrán gran impacto en el cliente.	La experiencia parece real para el usuario. Este método pronostica muy bien el comportamiento del «mundo real». El uso repetido puede medirse en horizontes temporales prolongados. A veces la «prueba» genera ingresos reales. En otras palabras, la prueba se convierte en el producto real sin necesidad de trabajo adicional.	ADVERTENCIA: Los equipos casi siempre diseñan en exceso. ¡No te excedas en la creación del PMV! No pierdas tiempo «haciéndolo real». Mide lo que es importante, evita las métricas de vanidad. Acepta el hecho de que hará falta refactorizar. Si la prueba es «escalable», ¡NO es una prueba rápida!
5. Dry Wallet *(cartera seca)* Métodos que incluyen opciones de pago para probar modelos de ingresos. Las opciones de pago pueden ser «simulacros».	Utiliza este método cuando haya que probar el modelo de ingresos o el precio. También es útil para un proceso de validación de ideas más riguroso. (Véase: Kickstarter.)	Crea una experiencia que sea lo más parecida posible al proceso de pago real. La capacidad real para procesar el pago no es necesaria, sólo simúlala.	Como el pago representa un gran obstáculo, el éxito constituye un indicador importante. Puede crearse fácilmente con sistemas o métodos de pago de terceros.	Probar modelos de ingresos con demasiada antelación puede limitar la mentalidad del equipo y repercutir negativamente en las decisiones a raíz del enfoque en los indicadores financieros o empresariales.
6. Yudo Métodos en los que se utiliza un producto de la competencia o una experiencia similar en lugar de un producto propio.	Cuando ya existe una experiencia similar en el mercado o se necesita entender el comportamiento del cliente con un producto de la competencia.	Simplemente observa cómo utiliza el cliente el producto «yudo» como tal. Pon una nueva imagen o modifica la experiencia tomando capturas de pantalla y luego modificándolas.	Se aprende del trabajo de los demás. El esfuerzo requerido es mínimo.	No te limites a copiar el producto de la competencia. Haz un esfuerzo por aprender por qué los clientes adoran (o no) el producto.
7. Analógico/ retro Creación de una versión física del concepto, como un PDF impreso o un prototipo físico.	Cuando la creación de una versión digital implica mucho tiempo y el contenido admite formatos físicos.	Vincula los resultados analógicos a la entrada de datos, por ejemplo formularios. Prueba formatos como «folletos» o «guías» para crear contenido.	Puede ser muy rápido, crear contenido es relativamente fácil. Los clientes están familiarizados con estos formatos físicos.	Con los formatos físicos puede ser imposible hacer un seguimiento de uso, sobre todo de la repetición de uso.
8. Pop-Up Shops *(tiendas emergentes)* Crea una tienda física, una tienda emergente o un puesto que ofrezca las ventajas propuestas.	Utilizar en lugares donde haya tráfico peatonal y la ventaja no pueda ofrecerse en tiempo real.	Recurre a expertos u otras personas que puedan ofrecer la ventaja. Incluye métodos para hacer preguntas o hablar con la gente.	Amplio número de clientes en un breve período de tiempo. Facilidad para hacer preguntas de seguimiento y aprender más.	El carácter social de las tiendas emergentes puede dar lugar a comportamientos que no ayudan al experimento, como sólo conversar. No te olvides de centrarte en lo que hace la gente, no en lo que dice.

Comentario sobre los métodos de investigación

Todos los años ayudo a organizar la Conferencia Lean Startup de San Francisco. El evento reúne a miles de emprendedores y se transmite en simultáneo a cientos de ciudades de todo el mundo. Se trata de una celebración global de los logros de este movimiento y de una oportunidad para que más personas conozcan el método Lean Startup y lo pongan en práctica en sus organizaciones.

Si bien hemos tenido una buena cuota de oradores de renombre —consejeros delegados y fundadores de startups famosas—, la mayoría de los oradores seguramente te resultarán desconocidos. Esto se debe a que realizamos una ardua labor para encontrar profesionales que estén dispuestos a hablar de la gran dificultad que entraña este trabajo en la vida real. (Puedes ver los vídeos de todos los oradores en <https://leanstartup.co>.)

Este libro está basado en una filosofía similar. He incluido unas cuantas voces prominentes, pero la mayoría de los relatos pertenecen a profesionales del sector. Siempre que ha sido posible, he recabado la autorización para nombrar a las empresas y sus productos. No obstante, si algo he aprendido es que muchos departamentos de comunicación corporativa se muestran renuentes a contar sus historias Lean Startup en público.

Al fin y al cabo, suelen comportar varios fracasos. (Quiero felicitar especialmente a Intuit y General Electric por ser tan abiertos a la hora de hablar de sus experiencias Lean Startup.)

Desconfío de la innovación tal como se presenta en los artículos de prensa motivados por los departamentos de relaciones públicas. Así pues, en gran medida, he basado los relatos de este libro en observaciones de primera mano de las empresas con las que he trabajado estrechamente y en decenas de entrevistas detalladas realizadas por mi equipo de investigación.

Con el propósito de proteger la información privada de algunas empresas, hemos adaptado cuidadosamente el material y creado relatos anónimos a fin de respetar la confidencialidad de la empresa en cuestión. En todos los casos, estos relatos están basados en mis observaciones personales o en entrevistas directas, aunque en ocasiones he combinado intencionalmente dos o más relatos similares para que el lector no pueda identificar a las empresas implicadas.

He puesto a prueba varios de estos relatos adaptados en las presentaciones que he ofrecido a lo largo de los años. No es raro que las personas del público se acerquen al final de la charla para decirme, con una tímida sonrisa, que saben exactamente de quién hablo. De hecho, por lo general, más de una persona me dice que puede identificar al protagonista de la historia —y luego cada una nombra a un sospechoso distinto—. Esto se debe a que muchas de las historias son arquetípicas: las estructuras organizativas comunes dan lugar a incentivos comunes y, por tanto, a comportamientos comunes.

Este enfoque me permite ofrecerte más detalles sobre cómo se vive realmente en las profundidades de las trincheras.

Nota

En *El método Lean Startup* intenté ofrecer una lista exhaustiva de las empresas mencionadas en el libro en las que tenía intereses económicos y personales, así como de la red de empresas de capital riesgo que podían dar lugar asimismo a conflictos de intereses.

En los años que han transcurrido desde entonces, los conflictos de intereses se han multiplicado, al punto de que resulta imposible recoger todas las fuentes. Basta con decir que mantengo vínculos con casi todas las empresas mencionadas en este libro y que, en el caso de muchas de ellas, soy inversor directo o tenemos inversores en común.

Cuando éste no ha sido el caso, he incluido las referencias a las fuentes externas de entrevistas y citas. Por lo demás, mi equipo y yo hemos extraído las citas directamente de las entrevistas. Aunque me he esforzado por recoger estos relatos en colaboración con las empresas, no me responsabilizo de las opiniones vertidas en el texto definitivo.

Agradecimientos

En mi recuerdo, la redacción de *El método Lean Startup* fue un ejercicio solitario. Y sin embargo, en el apartado de agradecimientos mencioné a ochenta y nueve personas (las conté).

Este libro, en cambio, me ha parecido un verdadero esfuerzo comunitario desde el principio. Sin duda, esto en parte se debe a que surgió a raíz de la comunidad que se creó en torno a mi libro-producto mínimo viable de Kickstarter, *The Leader's Guide*. Estoy más que en deuda con las 9.677 personas que apoyaron mi campaña de Kickstarter e hicieron posible la investigación que finalmente dio lugar a *The Leader's Guide*, así como con todos los que participaron en la comunidad de *The Leader's Guide* en Mightybell y crearon un espacio dinámico y activo para debatir los principios del libro. Estoy profundamente en deuda con Sarah Rainone, que realizó gran parte de la labor de investigación y desarrollo de *The Leader's Guide*.

De Lean Startup Company, quiero dar las gracias a Melissa Moore, Heather McGough, Julianne Wotasik y Kristen Cluthe.

Gracias a todo el equipo de Crown, que en todo momento ha confiado en mi trabajo y me ha brindado su apoyo: Roger Scholl, Tina Constable, Ayelet Gruenspecht, Campbell Wharton, Megan Schumann, Megan Perritt, Julia Elliott, Erin Little, Jill Greto,

Elizabeth Rendfleisch, Heather Williamson, Terry Deal y Tal Goretsky.

Si eres uno de esos autores inteligentes que miran la parte de atrás de los libros para averiguar quiénes son los mejores agentes, permíteme que te lo aclare ahora mismo: Christy Fletcher es la mejor. Es mucho más que una agente literaria. Ha sido una verdadera compañera, planificando e improvisando todos los aspectos de mi negocio, siempre con su ingenio y calma característicos. Estoy muy agradecido con ella y con toda su organización por haber construido este cohete conmigo.

También de Fletcher & Co., quiero dar las gracias a Grainne Fox, Veronica Goldstein, Erin McFadden, Sylvie Greenberg, Sarah Fuentes y Mink Choi.

Marcus Gosling siempre ha sido un colaborador, desde los años que compartimos como cofundadores de IMVU. Él diseñó la portada y los gráficos de este libro, así como la portada de *El método Lean Startup*. (Intenta imaginar la cantidad de trazos que esto ha requerido con los años.) También supervisó una extensa campaña de pruebas para el libro, que requirió de su combinación única de conocimientos de producto y diseño. E hizo todo esto mientras continuaba ejerciendo de responsable de producto de Long-Term Stock Exchange. Gracias.

Este libro se habría venido abajo por su propio peso hace años si no hubiera sido por mi sufrido y sumamente dedicado equipo editorial y de investigación: Melanie Rehak, Laura Albero, Laureen Rowland y Bridget Samburg. Melanie Rehak, en particular, se ha echado al hombro la evolución del presente volumen a través de sus numerosas iteraciones. Estoy en deuda con ella por haber ido mucho más allá de su deber una y otra vez. Laura Albero, encargada de la enorme tarea de gestionar las partes de este proyecto, también ha sido fundamental en este proceso.

Fue un placer volver a trabajar con Telepathy, los diseñadores de theleanstartup.com, la página web de *El camino hacia el Lean Startup*. Gracias a Chuck Longanecker, Arnold Yoon, Brent Summers, Eduardo Toledano, Bethany Brown, Dave Shepard y Megan Doyle por haber plasmado a la perfección los conceptos del libro en un hermoso diseño web. Échale un vistazo en <http://theleanstartup.com/>.

Me gustaría agradecer a General Electric haberme brindado la oportunidad de trabajar de una manera distinta, y haberme permitido compartir el relato de la increíble labor que la empresa ha realizado. Todos los que trabajan en la empresa son una verdadera inspiración. En especial quisiera dar las gracias a Jeff Immelt, Beth Comstock, Viv Goldstein, John Flannery, Janice Semper, Jamie Miller, Shane Fitzsimons, Susan Peters, Eric Gebhardt, Ryan Smith, Brad Mottier, Cory Nelson, James Richards, Giulio Canegallo, Silvio Sferruzza, Terri Bresenham, Valerie Van Den Keybus, Jennifer Beihl, Lorenzo Simonelli, Michael Mahan, Brian Worrell, David Spangler, Anne McEntee, Wolfgang Meyer-Haack, Vic Abate, Guy Leonardo, Anders Wold, Carolyn Padilla, Aubrey Smith, Marilyn Gorman, Tony Campbell, Shona Seifert, Rakesh Sahay, Chris Bevacqua, Kevin Nolan, Christopher Sieck y Steve Bolze. Mi especial agradecimiento también a Mark Little.

Leys Bostrom, de General Electric, fue más allá de lo que exige el deber para garantizar la exactitud de todas las anécdotas y los hechos de la empresa recogidos en este libro. Intuit también me permitió contar su historia en detalle, lo cual agradezco profundamente. Gracias a Scott Cook, Brad Smith, Hugh Molotsi, Bennett Blank, Rania Succar, Kathy Tsitovich, Steven Wheelis, Katherine Gregg, Michael Stirrat, Rachel Church, Mark Notarainni, Cassie Divine, Alaina Maloney, Catie Harriss, Greg Johnson, Allan Sabol, Rob DeMartini, Wcronika Bromberg y Justin Ruthenbeck.

De Washington, quisiera agradecer a Hillary Hartley, Aaron Snow, Haley van Dyck, Mikey Dickerson, Garren Givens, Dave Zvenyach, Brian Lefler, Marina Martin, Alan DeLevie, Jake Harris, Lisa Gelobter, Erie Meyer, Jennifer Tress, Jen Anastasoff, Eric Hysen, Kath Stanley, Mark Schwartz, Alok Shah, Deepa Kunapuli, Anissa Collins, Matt Fante, Mollie Ruskin, Emily Tavoulareas, Vivian Graubard, Sarah Sullivan, Wei Lo, Amy Kort, Charles Worthington y Aneesh Chopra.

He contado con la ayuda y el apoyo de personas de un gran

número de empresas, organismos y organizaciones sin ánimo de lucro. Muchas de sus historias aparecen en este libro, en tanto que otras influyeron profundamente en mi pensamiento. Todas estas personas contribuyeron enormemente a las ideas que conforman *El camino hacia el Lean Startup*. De Bionic: Janice Fraser, David Kidder y Anne Berkowitch. Drew Houston, Todd Jackson y Aditya Agarwal en Dropbox. De Asana: Emilie Cole, Dustin Moskovitz, Justin Rosenstein, Anna Binder, Sam Goertler y Katie Schmalzried. De Twilio: Jeff Lawson, Roy Ng, Patrick Malatack y Ott Kaukver. De IBM: Jeff Smith. En Airbnb: Joe Zadeh y Maggie Carr. De Cisco: Alex Goryachev, Oseas Ramirez Assad, Kim Chen y Mathilde Durvy. De Citi: Vanessa Colella. De Adopt-A-Pet: David Meyer y Abbie Moore. De Procter & Gamble: Chris Boeckerman. De Code for America: Jennifer Pahlka. De PCI Global: Chris Boeckerman. De Pivotal: Rob Mee, Andrew Cohen, Edward Heiatt y Siobhan McFeeney. De Gusto: Joshua Reeves, Jill Coln, Nikki Wilkin y Maryanne Brown. Del Área 120 de Google: Alex Gawley. Del Hospital de Niños de Seattle: Cara Bailey y Greg Beach. Jeff Hunter de Jeff Hunter Strategy LLC. De Pearson: Adam Berk y Sonja Kresojevic. De la NSA: Vanee Vines, Mike Halbig y Matt Fante. De Uber: Andrew Chen. De Telefónica: Susana Jurado Apruzzese. Suneel Gupta de Rise. Matt Kresse de AgPulse (y anteriormente de Toyota). Del Toyota Technology Info Center: Vinuth Rai. De ExecCamp: Barry O'Reilly. De Ligouri Innovation (¡y antes en General Electric!): Steve Ligouri. Aaron Feuer de Panorama. Y del Global Innovation Fund (GIF): Alix Peterson Zwane.

Estoy especialmente agradecido con mis lectores de prueba. Vuestros comentarios mejoraron infinitamente el libro y estoy seguro de que cualquier error que pueda haber quedado se debe a que no os escuché lo suficiente. Gracias a Morgan Housel, Mark Graban, Janice Fraser, Steve Ligouri, Beth Comstock, Viv Goldstein, Melissa Moore, Dan Debow, Vinuth Rai, James Joaquin, Tiho Bajic, Al Sochard, Kanyi Maqubela, Dan Martell, Roy Bahat, Tom Serres, Dave Binetti, Aneesh Chopra, Marina Martin, Andrey Ostrovsky, Laura Klein, Clark Scheffy, Bennett Blank, Art Parkos, Cindy Alvarez, Adam Penenberg, Kent Beck, Charles

Becker, Zach Nies, Holly Grant, Carolyn Dee, Jennifer Maerz, Ann Mei Chang, Nicole Glaros, Anna Mason, Ed Essey, Daniel Doktori, Janice Semper, Todd Park y Tom Eisenmann.

Mi especial agradecimiento a: Arash Ferdowsi, Ari Gesher, Brian Frezza, Dan Smith, Greg Beach, Justin Rosenstein, Matt Mullenweg, Matthew Ogle, Pedro Miguel, Raghu Krishnamoor-thy, Reid Hoffman, Samuel Hammond, Scott Cook, Marc An-dreessen, Margit Wennmachers, Sean Ellis, Shigeki Tomoyama, JB Brown, Simeon Sessley, Giff Constable, Philip Vaughn, Andy Sack, Brian Singerman, Craig Shapiro y James Joaquin.

Gracias a todo el equipo de LTSE, cuyo compromiso diario por mejorar el mundo pese a los complicados desafíos que ello conlleva me inspira más de lo que creéis. Gracias a: Marcus Gos-ling, Tiho Bajic, Michelle Greene, Lydia Doll, Carolyn Dee, Hyon Lee, Bethany Andres-Beck, Pavitra Bhalla, Zoran Perkov, Amy Butte, John Bautista, y en especial a mi jefa de personal, Holly Grant, el cerebro de nuestras operaciones y la encargada de la complicadísima tarea de coordinar una startup de alto gra-do de dificultad en tres ciudades. (Holly también elaboró los ejemplos del «Puesto de limonada de hipercrecimiento» de los capítulos IV y IX.)

Agradezco enormemente a mi asistente ejecutiva, Brittany Hart, haber dirigido la montaña rusa de este viaje con aplomo y destreza. Estoy muy agradecido por tener a mi lado a una perso-na en la que puedo confiar plenamente.

De Outcast, me gustaría dar las gracias a Alex Constantino-ple, Nicki Dugan Pogue, Sophie Fischman, Sara Blask y Jonny Marsh.

Quiero agradecer a Quensella y Simone haber ayudado a que mi vida continuara su curso sin dificultades mientras trabajaba en este proyecto. Mi profundo agradecimiento a Irma por brin-dar tanta alegría y apoyo a nuestra familia.

A mis amigos, que son muchos más de los que puedo dar las gracias en estas líneas, confío en que sepáis cuánto valoro vues-tro apoyo y amabilidad.

A mis padres, Andrew Ries y Vivian Reznik, que sentaron las bases de mis logros. Su apoyo inquebrantable —desde mis primeras y ridículas incursiones en el sector tecnológico y la iniciativa emprendedora hasta la falta de una carrera profesional tradicional— ha hecho posible todo lo que has leído en estas páginas. Como padre primerizo, valoro aún más sus sacrificios y heroísmo. Gracias.

Estoy en deuda con mis hermanas y cuñados, Nicole y Dov, Amanda y Gordon, y con vuestras familias, que se agrandan rápidamente. Se lo dedico con mucho amor a la próxima generación: Everett, Nadia y Teddy.

A mis suegros, Harriet y Bill: gracias por vuestra amabilidad y apoyo, y por haber criado una excelente hija.

A mi increíble esposa, Tara Mohr: no puedo creer que tenga el privilegio de construir una vida contigo. Tu amor me sostiene en todo momento y nutre mi alma día a día. Soy mucho mejor por haberte conocido. Gracias.

El mayor cambio en mi vida desde la redacción de *El método Lean Startup* ha sido el crecimiento exponencial de mi familia. A mi hijo y a mi hija: gracias por introducirme en el maravilloso club de la paternidad. Me habéis transformado en formas que nunca entenderéis por completo. Desde que llegasteis a mi vida, juzgo cada decisión por el hecho de si algún día estaré orgulloso de contárosla. Cada gota de mi energía está dedicada al deseo de que heredéis un mundo mejor. Os quiero.